Einfamilien-häuser

Single-Family Homes

best of DETAIL

Edition **DETAIL**

Impressum • *Credits*

Diese Veröffentlichung basiert auf Beiträgen, die in den Jahren von 2010 bis 2014 in der Fachzeitschrift **DETAIL** erschienen sind.
*This publication is based on articles published in the journal **DETAIL** between 2010 and 2014.*

Redaktion • *Editors:*
Christian Schittich (Chefredakteur • *Editor-in-Chief*);
Steffi Lenzen (Projektleitung • *Project Manager*); Marion Dondelinger, Kai Meyer, Jana Rackwitz

Lektorat deutsch • *Proofreading (German):*
Carola Jacob-Ritz, München

Lektorat englisch • *Proofreading (English):*
Stefan Widdess, Berlin

Zeichnungen • *Drawings:*
Institut für internationale Architektur-Dokumentation GmbH & Co. KG, München

Covergestaltung • *Cover Design:*
Cornelia Hellstern

Herstellung/DTP • *Production/Layout:*
Simone Soesters

Druck und Bindung • *Printing and Binding:*
Kessler Druck + Medien, Bobingen

Herausgeber • *Publisher:*
Institut für internationale Architektur-Dokumentation GmbH & Co. KG, München
www.detail.de

Bibliografische Information der Deutschen Nationalbibliothek
Die Deutsche Nationalbibliothek verzeichnet diese Publikation in der Deutschen Nationalbibliografie; detaillierte bibliografische Daten sind im Internet über <http://dnb.d-nb.de> abrufbar.

Bibliographic information published by the German National Library
The German National Library lists this publication in the Deutsche Nationalbibliografie; detailed bibliographic data is available on the Internet at <http://dnb.d-nb.de>.

ISBN 978-3-95553-235-2 (Print)
ISBN 978-3-95553-236-9 (E-Book)
ISBN 978-3-95553-237-6 (Bundle)

Inhalt • *Contents*

Vorwort • *Preface*

Trotz Sharing-Trends, zunehmender Anzahl von Singlehaushalten und steigendem Bedarf an Flexibilität aufgrund sich stetig wandelnder Lebensformen ist das individuelle Einfamilienhaus nach wie vor eine sehr beliebte Wohnform. Wie alle Bauaufgaben müssen auch private Einfamilienhäuser neben baurechtlichen Vorgaben hohe Anforderungen bezüglich Energie- und meist auch Kosteneffizienz erfüllen. Dennoch bieten sie nach wie vor viel individuellen Gestaltungsspielraum für Architekten und Bauherren.
»Best of DETAIL Einfamilienhäuser« bündelt die Highlights zu diesem Thema aus DETAIL – sowohl die klassischen Solitäre auf der grünen Wiese als auch individuelle Lösungen für Baulücken und spannende Interpretationen dieses Themas im urbanen Umfeld. Die Publikation beinhaltet neben theoretischen Fachbeiträgen einen ausführlichen Projektbeispielteil, der einzigartige Einblicke bietet in die unterschiedlichsten Realisierungen aus Holz, Beton oder Mauerwerk, als Passivhaus oder Bungalow, Doppel- und Reihenhaus oder als Villa mit Swimmingpool, von einfach bis luxuriös. Gemeinsam ist allen vorgestellten Projekten die anspruchsvolle ästhetische Qualität – kurz: gute Architektur, die eine Menge Inspirationen und konstruktive Lösungsbeispiele für die eigene Praxis liefert.

Despite a growing trend towards sharing, and an increasing number of single person households combined with a growing need for flexibility due to constantly evolving lifestyles, the individual single family home remains an extremely popular choice. In addition to following building guidelines, private single family homes are also expected to fulfil high standards when it comes to energy, and often cost efficiency. Nevertheless, they continue to provide considerable scope for architects and designers.
"Best of DETAIL Single-Family Homes" brings together a collection of relevant highlights from DETAIL from the classic standalone on a greenfield site to individual solutions for gap sites and exciting interpretations of this topic in urban surroundings. The publication is made up of theoretical articles and a comprehensive section containing examples of projects which provide unique insights into the various applications of wood, concrete or masonry in a range of passive houses, bungalows, double- and semi-detached houses, and villas with swimming pools, from the simple to the luxurious.
What these projects have in common is an ambitious aesthetic quality, which can be summed up as good architecture, providing readers with a great deal of inspiration and constructive solutions for their own practice.

Die Redaktion / *The Editors*

theorie + wissen
theory + knowledge

Die Ambiguität der kaiserlichen Katsura-Villa in Kioto

The Ambiguity of the Katsura Imperial Villa in Kyoto

Ulf Meyer

Es gibt ein Gebäude in Japan, das Architekten keine Ruhe lässt: Es ist die Katsura-Rikyu (oder »kaiserliche Katsura-Villa«) in Kioto. Für die Architekten der klassischen Moderne wurde die Katsura-Villa zu einer Quelle der Inspiration. Sie erkannten – angeleitet durch Bruno Tauts Beschreibung – in ihr Prinzipien der Moderne: Farb- und Ornamentlosigkeit, modulare Grundrisse, Skelettbau. Von Walter Gropius bis zu Kenzō Tange und unterstützt durch die Fotografien von Yasuhiro Ishimoto setzten sich die Architekten der Moderne mit der Villa ästhetisch und argumentativ auseinander. Der amerikanisch-japanische Fotograf wurde 1921 in San Francisco geboren und studierte Architektur und Fotografie (u. a. am New Bauhaus) in Chicago. Als einer der wenigen, die eine Erlaubnis erhielten, fotografierte er 1953 im Auftrag des Museum of Modern Art die Katsura-Villa in einer bahnbrechenden neuen Art und Weise. Sein Schwarz-Weiß-Bildband wurde in mehreren Sprachen und Auflagen veröffentlicht. In der Postmoderne jedoch kehrte sich die Interpretation der Villa plötzlich um. Ishimoto besuchte die Villa auf Anregung Arata Isozakis 1982 ein zweites Mal und brachte dieses Mal farbige Bilder von der Villa mit, die ein ganz anderes Bild zeichnen. Statt edler Zurückhaltung und Flächigkeit der Fassaden standen auf einmal die geschwungenen Dächer und farbigen Interieurs im Vordergrund. Die Katsura-Villa erschien plötzlich

vieldeutig und »postmodern«. Derselbe Fotograf hatte somit ein und dasselbe Gebäude zweimal grundverschieden interpretiert. Die Japan Foundation Köln hat jüngst eine Ausstellung mit den Schwarz-Weiß-Fotografien Ishimotos auf Reisen geschickt – es ist gut denkbar, dass dadurch eine erneute Fortschreibung der Rezeptionsgeschichte angeregt wird.

Kurze Baugeschichte

Die Villa Katsura liegt westlich von Kioto in Nishikyō-ku am Katsura-Fluss. Sie besteht aus einem Shoin (dt. »Schreibzimmer«), mehreren Teehäusern sowie einer großartigen japanischen Gartenanlage mit Teich und ist ein gutes Beispiel einer Prinzen-Villa der Edo-Zeit. Der Shoin umfasst drei Teile: den Alten Shoin, den Mittleren Shoin und den Neuen Palast. Die 1615 konzipierte Villa wurde von zwei Prinzen der kaiserlichen Familie, Toshihito und seinem Sohn Toshitada, in Auftrag gegeben, 1662 waren die wesentlichen Bauarbeiten abgeschlossen. Vergleicht man den heutigen Bauzustand mit historischen Abbildungen, fällt ein Unterschied auf: die Lage der Fassaden von zwei der drei Shoin (des Mittleren Shoin und des Neuen Palasts). Bei ihnen befanden sich ursprünglich die Shoji-Wände hinter der Veranda (Engawa). Damit waren die umlaufenden Veranden also ursprünglich offen und gestatteten Blicke in die Gärten. Die Villa mit ihren Teehäusern vereint verschiedene Baustile. Denn gerade in der Kanei-Epoche (1624–1644), aus der die Erweiterungsbauten der Katsura-Villa datieren, veränderte sich die Architektur in Japan stark, hinzu kommen spätere Ergänzungen. Und so lassen die unterschiedlichen Bauphasen und -stile der Katsura-Villa immer neue Interpretationen zu.

Die Ambiguität der Katsura-Villa

Die Katsura-Villa hat keinen dominanten Stil. Anfang des 17. Jahrhunderts existierten in Japan zwei Stile in der Wohnarchitektur nebeneinander: Der Shoin-zukuri, ein kräftiger und formaler Stil, entwickelte sich seit dem Mittelalter als Wohnbaustil für die Samurais

und Äbte. Der Sukiya-zukuri wurde für die Wohnungen der Massen und für Teezeremonieräume benutzt.[1] Der Shoin-zukuri basiert auf der Errichtung durch Meister-Zimmerleute und auf dem Kiwari-System (System der Holzaufteilung). Der Sukiya-zukuri ist flexibler und weniger förmlich. Er verbreitete sich im 17. Jahrhundert auch bei den Stadtwohnungen und Sommerhäusern der Samurai. Die Katsura-Villa wurde zu der Zeit errichtet, als sich diese beiden Stile überlagerten.[2] So zeigen die flachen Fassaden des Hauptgebäudes die Eigenschaften des Shoin-zukuri. Ansicht und Dekoration entsprechen aber eher dem Sukiya-zukuri. Eine Rolle spielte dabei die damalige politische Situation: In den frühen Jahren der Regentschaft des Herrschers Tokugawa befand sich der Prinz aus der kaiserlichen Familie, ein Mitglied am Kaiserhof in Kioto, in Opposition zum Tokugawa-Shogunat. Die Abneigung des Prinzen gegen die Samurai-Ästhetik und seine Neigung zum Geschmack der Bürger führten zu seiner Bevorzugung des volkstümlicheren Sukiya-zukuri Stils.[3]

Yasuhiro Ishimotos doppelter Blick auf die Villa

Yasuhiro Ishimoto gab 1960 zusammen mit Kenzō Tange das Buch, »Katsura – Tradition und Schöpfung der japanischen Architektur« heraus mit einem Vorwort von Walter Gropius, der die Villa 1953 besucht hatte. Mehr als 25 Jahre später veröffentlichte Ishimoto ein zweites Buch zum selben Thema: »Katsura Villa – Space and Form«.[4] Ishimotos Blick auf die Villa veränderte sich in diesem Zeitraum in dem Maße, dass, wer beide Bücher miteinander vergleicht, meint, es könne sich nicht um dasselbe Bauwerk handeln. In seinem ersten Buch hatte Ishimoto den Bau in seine Einzelteile auseinandergenommen und die Gebäude und Gärten in ebene Flächen in Schwarzweiß aufgelöst, um den gewünschten fotografischen Effekt zu erreichen.[5] Dabei beschränkte er sich auf ausgewählte Details, während er andere Elemente wegließ. Die visuelle Reduktion entsprach Tanges Absicht, der in seinem Vorwort bemerkte: »Die Katsura-Villa in diesem Buch zeigt nicht die Katsura-Villa, wie sie in

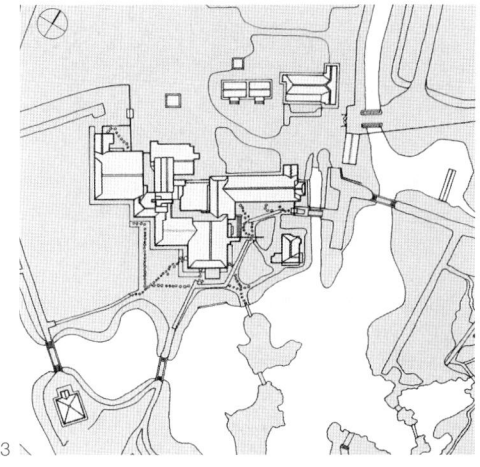

1 Alter Shoin, Mittlerer Shoin und Neuer Goten-
   Palast, Blick von Osten, von rechts nach links
2 Blick von Osten, Veranda des Musikzimmers
3 Lageplan der Katsura-Villa
4 zweiter Raum (links) und Hauptraum (rechts) im
   Mittleren Shoin (Blick von Nordosten)

1 Right to left: Old Shoin, Middle Shoin and New
   Goten, viewed from the east
2 Viewed from the east, veranda of the Music Pavilion
3 Site plan
4 Main Room, right, and the Second Room, left, of the
   Middle Shoin, viewed from the northeast

Wirklichkeit existiert. Dieses Buch ist eher ein Dokument des Gefühls eines Architekten und eines Fotografen.«[6] Die Methode der Auslassung prägte Tanges und Ishimotos ästhetische Wahrnehmung der Villa. So hatte Ishimoto beispielsweise viele Fotos von der Fassade des Shoin aufgenommen, aber ihre elegant gebogenen Dächer weggelassen.[7] Stattdessen lenkte er die Aufmerksamkeit auf die an Mondrian erinnernden Muster, die durch die Rahmen der Shoji-Wände und die Holzstützen entstehen.[8] Die nicht gezeigten Elemente waren nun aber gerade die, die den Ruf der Katsura-Villa als Verkörperung des Sukiya-zukuri gefestigt hatten.[9] Die Wahl der Bildausschnitte ist hier jedoch Ausdruck

der eigenen Zielsetzung der modernen Architekten Mitte der 1950er-Jahre. Im Gegensatz zu seinem ersten Buch zeigen die Fotografien in Ishimotos zweitem Buch von 1987 eine ganz andere Katsura-Villa. Die nun farbigen Fotos vermitteln viel mehr Details. Hier wird nicht mehr die Transparenz der Katsura-Villa betont, sondern im Gegenteil ihre Mehrdeutigkeit.

Obwohl Ishimotos Kamera abermals auf Details fokussiert war, ist dies nicht mehr so ausschließend der Fall; sie wird leicht vom Motiv zurückgezogen, um eine weitergehende Interpretation zu ermöglichen. Die Motive sind nun stärker mit ihrem jeweiligen Hintergrund verwoben.[10]

Bruno Tauts Interpretation

Die Architekten der Moderne haben die Interpretation der Katsura-Villa mit den Ideen ihrer Zeit verbunden und die Villa zu einem Mythos gemacht. Vor allem Bruno Taut, Sutemi Horiguchi und Kenzō Tange waren es, die an der Deutung der Katsura-Villa in der Moderne mitwirkten. Und dabei erhielt ausgerechnet ein ausländischer, deutscher Architekt das erste Wort bei der Interpretation dieses Meilensteins der japanischen Baukunst. Bruno Taut beschrieb die Katsura-Villa erstmals 1933 und sah in ihr den Ausgangspunkt der Moderne. Durch ihn wurde ihre Bedeutung für die japanische Baukunst in ganz Japan anerkannt. Seine Einschät-

9

5

6

zung muss allerdings unter den politischen Bedingungen der Zwischenkriegszeit gelesen werden. Der Import moderner Architektur nach westlichem Vorbild nach Japan hatte Mitte der 1920er-Jahre begonnen. Seit Anfang der 1930er-Jahre gab es dafür jedoch politische Hindernisse: Die Moderne in Japan musste gegen den imperialistischen »japanischen Eklektizismus« ankämpfen.[12] Ausdruck des erstarkenden japanischen Nationalismus war der Teikan-Stil. Er fügte modernen »Kästen« dekorative, »asiatische« Ziegeldächer hinzu. Wie auch in der Sowjetunion und im nationalsozialistischen Deutschland in den 1930er-Jahren die Moderne zugunsten eines monumentalen Baustils unterdrückt wurde, gab die politische Führung bald auch in Japan bei großen, staatlichen Bauaufträgen und Wettbewerben vorab bekannt: »Der Baustil muss östlich sein, d. h. japanischem Geschmack entsprechen.« Und so entwickelte sich der Teikan-Stil zum staatlichen Baustil in Japan.[13] Taut kam im Mai 1933 als Flüchtling über Sibirien nach Japan. Er war einer Einladung des Internationalen Architektenverbands Japans gefolgt. Der Architekt Isaburo Ueno und der Direktor der Daimaru Kaufhaus AG Shotaro Shimomura brachten ihn gleich am ersten Tag nach seiner Ankunft zur Katsura-Villa, die damals noch nicht öffentlich zugänglich war. Der starke Eindruck dieses Besuchs ließ Taut während der dreieinhalb Jahre, die er in Japan blieb, immer wieder über die Villa schreiben.[11]
Der Architekt Sutemi Horiguchi hatte 1932 zwei Abhandlungen zur »Anthologie von Architekturstilen« verfasst. Seine Texte waren eine Kritik am Teikan-Stil als alleinigem Ausdruck »japanischen Geschmacks«. Horiguchi untersuchte dabei den Teezeremonieraum, um in ihm positiv konnotierte, »moderne« Elemente zu entdecken.[14] Tauts Gastgeber verfolgte ähnliche Ziele. Das Verhalten des deutschen Architekten scheint wie aus einem von den japanischen Modernisten verfassten Drehbuch entnommen, beschreibt Taut doch in seinen Büchern die Katsura-Villa als »das ewig Gültige«, klassische japanische Gebäude.[15] Er pries die Katsura-Villa

und entdeckte ihre Architektur neu, wie er 1935 in seinem Tagebuch vermerkte: »Ich kann mich ›Entdecker‹ der Katsura-Villa nennen«. Tauts Begeisterung für die Katsura-Villa erregte große Aufmerksamkeit, was die Zahl der Publikationen über die Villa beweist.[16] Seine Interpretation, dass die Katsura-Villa »echte« japanische, kaiserliche Kunst sei – im Gegensatz zur »falschen« Kunst des Toshogun in Nikko –, war zwar eine Simplifizierung, aber der Internationale Architektenverband Japan als Förderer der Moderne in Japan, deren Standpunkt politisch zunehmend schwieriger wurde, machte sich die Interpretation Tauts zueigen. Taut war ein Pionier der modernen Architektur im Westen, sympathisierte aber mit der sozialistischen Revolution und war zunächst von der Sowjetunion eingeladen worden, um dort an Regierungsbauprojekten teilzunehmen. Er hatte Nazi-Deutschland verlassen, war aber im imperialistischen Japan gelandet. Die japanischen Architekten der Moderne nutzten seine Kommentare, um aus der Sackgasse herauszukommen, die die Verbindung der Moderne mit der sozialistischen Bewegung in Japan darstellte. Für Modernisten war Tauts Einschätzung der Katsura-Villa ein Kampfruf gegen den nationalistischen Teikan-Stil.[17]
Um 1935 entstanden in Japan die ersten modernen Gebäude, aber schon bald danach waren die Architekten gezwungen, einen Mittelweg zwischen Moderne und Nationalismus zu finden. Während des Zweiten Weltkriegs befasste sich Horiguchi mit der Weiterentwicklung von Tauts Interpretation zu einer Entwurfsmethode. Letztlich blieb es aber Kenzō Tange vorbehalten diese Methode zu verwirklichen.[18] Beide schrieben über die Katsura-Villa, denn sie bot sich ihnen als Bindeglied zur zeitgenössischen Architektur an.

Sutemi Horiguchis Interpretation
Sutemi Horiguchi stellte in seinem Buch »Kenchiku ni okeru, nihon teki na mono« von 1934 die Frage nach der »japanischen Kunst«. Er versuchte, aus der Geschichte der japanischen Architektur Gebäude, die von China beeinflusst waren, zu eliminieren und an Gebäuden wie dem Todai-ji in Nara,

den Ise-Schreinen und den Teezeremonieräumen »japanische Kunst« festzumachen. Die Katsura-Villa nannte er nicht. 1938 schrieb er in seiner Theorie »Stil ohne Stil«: »Architektur entsteht, wenn sie ein sachliches Bedürfnis erfüllt – und durch die Unterstützung der Ingenieure. Deshalb gibt es keinen Stil vor dem Entwurf. Erst nach seiner Errichtung kann man davon sprechen, dass die Form eines Gebäudes einem bestimmten Stil angehört. In diesem Sinne gibt es ›Stil ohne Stil‹. Es gibt gleichzeitig einen zeitgenössischen ›Holz-Stil‹ und einen ›Stahlbeton-Stil‹ usw. Ein Stil drückt also nur die zeitgenössische Ingenieurbaukunst aus, zusammen mit dem Zeitgeist, Ort und Material.«[19]
Im Jahr 1952 publizierte Horiguchi das Buch »Katsura Rikyu«. Den Text hatte er während des Zweiten Weltkriegs geschrieben, als er in Kioto und Nara die klassische Architektur erforschte. Im Nachwort berichtet er, wie die Wertschätzung der Katsura-Villa durch die Modernisten begann: »Schon vor Taut hatten ausländische Architekten die Katsura-Villa gesehen. Aber für sie war sie nicht so beeindruckend, weil die moderne Architektur noch nicht reif war für eine neue Sichtweise. Einige Jahre nach dem Ersten Weltkrieg hatte schon Gustav Prattz geschrieben, dass sich die europäische Moderne von japanischen Gebäuden ableitet. Nur wer sich bereits an asymmetrische Gestaltung und den modernen Stahl- und Stahlbetonbau gewöhnt hatte, konnte sich von der traditionellen europäischen ›Wand-Architektur‹ lösen und von der Architektur der Katsura-Villa so beeindruckt sein wie Taut. Die Schönheit ihrer asymmetrischen Gestaltung findet sich auch in der Ästhetik der Teezeremonie. Daher erkannten schon die Teemeister die Schönheit der Katsura-Villa.« Die Vereinigung des modernen Stils mit dem nationalen Teikan-Stil war für die Architekten in Japan die wichtigste Aufgabe in den 1930er- und 1940er-Jahren.[20] Taut nannte die Shogun-Kunst »kitschig«. Dagegen setzte er die Tenno-Kunst der Katsura-Villa. Wenn die Katsura-Villa sowohl kaiserliche als auch »moderne« Architektur ist, konnte sie als ein perfektes Modell für Modernisten und Konservative dienen.

7

Ishimoto Yasuhiro wurde 1921 in San Francisco geboren. Er studierte u. a. am Institute of Design (früher: New Bauhaus) in Chicago. 1953 kam er nach Japan und begann, die Katsura-Villa zu fotografieren. 1960 publizierte er das Buch »Katsura« mit Texten von Walter Gropius und Kenzō Tange. 1966 übersiedelte er nach Japan, und wurde 1969 japanischer Staatsbürger. Ishimoto Yasuhiro starb am 6. Februar 2012 in Tokio.

Ishimoto Yasuhiro was born in San Francisco in 1921. In 1948, he entered the Institute of Design, Chicago. He first photographed the Katsura Detached Palace in 1953. "Katsura: Tradition and Creation in Japanese Architecture" – with essays by Walter Gropius and Kenzō Tange – was published in 1960. He returned to Japan in 1966 and became a Japanese citizen three years later. He passed away there on 6 February 2012.

Literatur / *References*:
Tange, Kenzō; Gropius, Walter; Ishimoto, Yasuhiro: Katsura – Tradition and Creation in Japanese Architecture, New Haven 1960
Isozaki, Arata: Katsura Villa, Raum und Form. Stuttgart/Zürich 1987
Isozaki, Arata: Katsura – Vorbild einer postmodernen Architektur. Die Entstehung eines Mythos. In: Katsura – Der Kaiserpalast in Kyoto. Stuttgart / Zürich 1993
Isozaki, Arata u. a.: Katsura Imperial Villa. Berlin 2011
Isozaki, Arata: Japan-ness in Architecture. Cambridge 2006
Katsura – The Photographs of Ishimoto Yasuhiro, The Japan Foundation. Tokio 2010

Kenzō Tange

Es war Kenzō Tange, der am Ende des Zweiten Weltkriegs Horiguchis Theorie würdigte, die Moderne und japanischen Nationalstil miteinander verband. Er war es auch, der einen neuen, zeitgenössischen Architekturstil formte.[21] 1942 und 1943 hatte er mit seinen Entwürfen für das Greater East Asia Memorial Building und das Japan Cultural Center in Bangkok die beiden wichtigen Architekturwettbewerbe seiner Zeit gewonnen. Beide Projekte waren im Shinden-zukuri-Stil entworfen mit großen, japanischen Dächern und klassisch-symmetrischen Grundrissen, jedoch ohne Elemente des Teikan-Stils. Mit der Wiederbelebung des Shinden-zukuri-

Stils zitierte Tange dessen klare, verfeinerte Bauweise. Der Architekturkritiker Ryuichi Hamaguchi nannte ihn den »japanischen Nationalstil«, der auf dem Holzskelettbau basiert. Beide Entwürfe kamen jedoch nicht zur Ausführung. Nach dem Zweiten Weltkrieg wurde das nationale Element in der Architektur verworfen, und Tange knüpfte mit seinen bis 1960 entstandenen Arbeiten an seine Methodik aus der Vorkriegszeit an und erweiterte diese.[22] Er verzichtete auf traditionelle Dachformen, denn sie sähen auf einem modernen Bau wie ein Fremdkörper aus. So ließen Tange und Ishimoto in ihrem Buch über Katsura das Dach des Shoin mit Absicht weg. Tange baute im Weiteren vornehmlich flache Dä-

cher. Seine Entwürfe sind modern und zugleich typisch japanisch, da sie auf der traditionellen japanischen Konstruktion mit sichtbaren Stützen und Balken basieren. In den frühen 1950er-Jahren wuchs in Japan die Überzeugung, dass sich der Stahl- und Stahlbetonbau reibungslos auf die traditionelle japanische Architektur übertragen ließen. Schiebewände und Vorhangwände wurden in die offenen Räume eingefügt. Ende der 1950er-Jahre, nachdem Tange bahnbrechende moderne Stahlbetongebäude gebaut hatte, richtete sich sein Interesse auf andere Stilrichtungen wie den Stahlskelettbau von Mies van der Rohe und Le Corbusiers Sichtbeton-Brutalismus. Im Stahlskelett-

8

9

bau sah er den adligen Geschmack verwirklicht, während der Sichtbetonbau in seinen Augen den Stil des Volks widerspiegelte. In seiner Abhandlung über die Katsura-Villa spielt er die »adligen« Aspekte der Katsura-Villa herunter und entwirft von ihr stattdessen ein populäres Bild. Der Text handelt von der Entwicklung des Stils der »niederen Klassen« (Jomon-Zeit, bis 4. Jahrhundert v. Chr.) und der »höheren Klassen« (Yayoi-Zeit, bis 3. Jahrhundert v. Chr.), die sich sowohl gegenüberstünden als auch vermischten. Tange betonte den Bedarf an Einheit, damit Tradition zu Kreativität führe, und folgerte daraus, dass der Reiz der Katsura-Villa aus dem Zusammentreffen der beiden Aspekte entstanden sei.

Vier Historiker, vier Meinungen
Der Architekturhistoriker Tatsusaburo Hayashiya untersuchte den Stil der Sumiya (Eckhäuser) im Rotlichtviertel von Kioto und verglich sie mit dem Teeraum der Katsura-Villa. Er wies eine Verbindung zwischen der Adligen Villa und dem Baustil im Vergnügungsviertel nach. Die Adligen verbündeten sich hierdurch mit den Bürgern gegen die Samurai. Einen ähnlichen Ansatz hatte auch Tange verfolgt, der den adeligen Stil als Yayoi-Kunst und die volkstümlichen Elemente als Jomon-Kunst – und die Katsura-Villa als Ort des Konflikts zwischen beiden – interpretierte. Hirotaro Ota hingegen behauptete, seit der Nara-Zeit (710–794) hätten die Adligen Sehnsucht nach Blockhäusern und Bergdörfern verspürt. Ota glaubte, eines der frühesten Beispiele dafür sei der Ko-shoin der Katsura-Villa. Akira Naito betonte, dass das Tokugawa-Shogunat 1615 verkündete, der kaiserliche Hof trenne sich von der politischen Macht und konzentriere sich nur noch auf Kunst und Wissenschaft. Die Aristokraten, die Sehnsucht nach dem Landleben hatten, bauten plötzlich ländliche Gebäude. Die Katsura-Villa sei ein Abbild dieser Kultur und ihrer märchenhaften Fiktionen. Schließlich wies der Architekturhistoriker Hidetoshi Saito auf die Katsura-Villa als Übergang vom Shoin-zukuri zum Sukiya-zukuri hin. Er unterstrich ausdrücklich, dass die

Katsura-Villa nicht einem einzigen Stil angehöre, sondern als Mischung von zwei Stilen zu betrachten sei.

Interpretationsspielräume
Für Architekten, die Tauts Wertschätzung der Katsura-Villa teilten, bot der Bau eine Gelegenheit, den modernen Stil gegen den Angriff des konservativen Eklektizismus zu verteidigen. Für Horiguchi stellte sie ein Gesamtensemble dar, dessen innere Logik die widersprechenden Faktoren zwischen Moderne und Nationalstil, der europäischen und der japanischen Kunst, überbrückte. Für Tange war sie wie ein weites Feld, das den Anlass zu einer Neuschaffung bot und in dem die Jomon- und die Yayoi-Kunst zusammentrafen. Alle Interpretationen bescheinigen der Katsura-Villa eine enorme Komplexität – in Bezug auf ihre kulturelle Herkunft, ihren architektonischen Stil, politische Einflüsse und sogar die Beziehungen unterschiedlicher sozialer Klassen zur Zeit ihrer Entstehung. Ob man sich für Verschmelzung, Konflikt, Kompromiss, Versöhnung oder Synthese entscheidet, hängt vom Interpreten ab. Die Katsura-Villa hat widersprüchliche Facetten mit ganz verschiedenen Bedeutungen. Das macht ihre faszinierende Ambiguität bis heute aus. Auch wenn die Ausstellung der Japan Foundation sich auf Ishimotos ersten, »modernen« Blick auf die Villa konzentriert, erscheint die Katsura-Villa angesichts der vielen Interpretationsmöglichkeiten wie eine Sammlung von Anagrammen, die unbegrenzte Kombinationen erlauben.   DETAIL 04/2012

Anmerkungen / *References*:
[1] Isozaki, Arata: Japan-ness in Architecture (2006), S. 269 / *p. 269;* [2] ebd., S. 269f. / *ibid., pp. 269f.*
[3] ebd., S. 270 / *ibid., p. 270;*
[4] ebd., S. 251f. / *ibid., pp. 251f.*
[5] ebd., S. 252 / *ibid., p. 252*
[6] Tange, Kenzō; Ishimoto, Yasuhiro: Katsura – Tradition and Creation in Japanese Architecture (1960), S. 5 / *p. 5;* [7] Isozaki, S. 253 / *p. 253;*
[8] ebd., S. 254 / *ibid., p. 254;* [9] ebd., S. 254f. / *ibid., pp. 254f.;* [10] ebd., S. 255 / *ibid., p. 255;*
[11] ebd., S. 257 / *ibid.,p.257*
[12] ebd. / *ibid.;* [13] ebd. / *ibid.;* [14] ebd. S. 258 / *ibid., p. 258*
[15] ebd. / *ibid.;* [16] ebd. S. 259 / *ibid., p. 259;* [7] ebd. / *ibid.;*
[18] ebd. / *ibid.;* [19] ebd. S. 260f. / *ibid., pp. 260f.*
[20] ebd. / *ibid.;* [21] ebd. S. 263 / *ibid., p. 263*
[22] ebd. vergleiche mit S. 263 / *ibid., compare with p. 263*

The Katsura Imperial Villa in Kyoto has long been a source of inspiration to architects, associated with tenets of modern architecture such as modular floor plans, frame construction, and planar surfaces void of colour or decoration. With Yasuhiro Ishimoto's photos at hand, 20th century architects have grappled with the aesthetics and philosophy of the villa. Ishimoto (1921–2012) was born in San Francisco; he studied architecture and photography in Chicago. His first Katsura Villa series, shot in 1953 and published in "Katsura: Tradition and Creation in Japanese Architecture" (1960) in collaboration with Kenzō Tange, emphasised those modernist aspects. Years later, in a second series, he drew attention to other characteristics, such as the villa's slightly arched roofs and colourful interiors. The villa suddenly seemed ambiguous and post-modern. In his seminal essay on Katsura accompanying the second series, Arata Isozaki relates how Bruno Taut, Sutemi Horiguchi and Kenzō Tange's readings of the villa played a crucial role in their deployment of modernism.
Background: Katsura Villa was conceived as rural retreat in 1615 and commissioned by two members of the imperial family: Prince Toshihito and his son Toshitada; it consists of a shoin, gardens, a pond, and several teahouses. Katsura is a fine example of a prince's villa of the Tokugawa period. The shoin is made up of three parts: the Old Shoin, the Middle Shoin, and the New Palace. A number of different theories have been developed regarding the manner in which the different elements came into existence and how they were altered over time. The villa has no dominant style. In early 17th century Japan, two styles of residential architecture coexisted. One was the "virile and authoritarian" shoin-zukuri style that had developed since the medieval period – "mainly in residences of the samurai class and in abbots' living quarters within temples." The other, the sukiya-zukuri style, "came to be used for the residences of the commoners and […] in sōan-style tea houses".[1] The shoin style was founded on the work of the great master carpenters and the kiwari proportional system. The sukiya is less

9 Teehaus Shokintei, erster Raum
10 Alter Shoin, Blick in den ersten Raum

9 Teahouse of the Shokintei, the First Room
10 Old Shoin, view into the First Room

Ulf Meyer studierte Architektur in Berlin und Chicago. Seit 1996 arbeitet er als freier Autor und Redakteur. Englische Bearbeitung und Übersetzung: Elise Feiersinger. Sie studierte Architektur in Houston und Wien und arbeitet als Kuratorin und Übersetzerin in Wien.

Ulf Meyer studied architecture in Berlin and Chicago. He has published since 1996. Edited and translated by Elise Feiersinger. She studied architecture in Houston and Vienna. She is a Vienna-based curator and translator.

formal and more flexible. "During the 17th century it rapidly spread to townhouses for merchants as well as to the secondary residences of the samurai. […] Conceived in an epoch when the two styles still overlapped, Katsura shared characteristics of both."[2] A period of war had just ended and the political conditions of the time played an important role: "In the early years of the Tokugawa shogunate, the prince of the Hachijō Imperial Family was one of the members of the imperial court who insisted on keeping up an anti-Tokugawa position." Because the prince disliked the samurai aesthetic and appreciated the taste of the urban populace, he tended toward the sukiya-zukuri style.[3]

Nearly a quarter century after Ishimoto's initial work on Katsura, he published his second book, "Katsura Villa: Space and Form".[4] In it, Isozaki declares declares, "If we compare the two works, the difference is so radical that it is nearly impossible to believe that we are seeing the same Katsura." In the first book, Ishimoto "virtually decomposed the buildings into black-and-white planar patterns" and was determined to "disassemble Katsura into fragments".[5] To achieve this effect he omitted many elements. This visual restraint went hand in hand with Tange's intention, as he described in his foreword: "This book does not tell everything there is to tell about the Katsura Palace. It is a visual record of the living Katsura as it exists in the minds of an architect and a photographer."[6] While many pictures were included of the shoin's facades, the elegantly cambered roofs integral to Katsura were largely omitted.[7] Indeed, Isozaki states that "the goal was to extract Mondrian-esque patterns, such as those created by the lines of the shoji and the wooden beams".[8] The elements that were disregarded were those that "had contributed over time to Katsura's fame as the expression of quintessential sukiya-style architecture".[9] That was related to the modernist goals of the 1950s. In contrast to the 1960 book, the images produced for the second book introduce thoroughly different features of Katsura. The new color shots convey more data, but more to the point, Ishimoto "sought to construct a totally different

10

11

12

device for reading Katsura. This Katsura no longer strikes us with its sense of transparency. On the contrary, it stresses ambiguous and even kitschlike aspects of the ensemble. Though the camera eye still focuses on detail, it is no longer so exclusionary; it pulls back slightly from the motifs in order to encourage a broader interpretation. Objects are now woven into the tissue of a background context."[10] The three protagonists: First we turn to Bruno Taut, a "refugee" from the Soviet Union who arrived in Japan via Siberia. On the very day after his arrival, Isaburo Ueno, representing the architectural association that had invited Taut, took Taut to see the Katsura Villa, which was closed to the general public. The strong impression made by that first visit caused Taut to write repeatedly about Katsura during his stay in Japan.[11] Taut described the villa in 1933 and saw in it the point of departure for modernism. Through him the villa's significance first came to be recognized in Japan. But Isozaki maintains that Taut's appraisal of Katsura must also be read in light of the political conditions facing prewar Japanese modernists. "It was in the mid-1920s that the modernist architectural movement began in Japan. Its protagonists sought to import modern design [...]. By the beginning of the 1930s, however, there were serious obstacles. Modernism had a strong adversary in the revived eclecticism based upon imperialist ideology."[12] This so-called teikan style involved, for example, topping a simple box with so-called Asian tiled roofs. Such an approach recalls the situation in both the Stalinist Soviet Union and Nazi Germany in the 1930s, where modernism was forced to yield to a monumental architectural style. "In Japan, the mandate for large state-sponsored competitions now all too frequently read: 'the style must be Eastern, that is, based upon Japanese taste.' The teikan style had become the sole government-approved manner of design."[13] Horiguchi wrote two essays for the Anthology of Architectural Styles (1932); they were a critique of the teikan style as the one and only expression of Japanese "taste". He analyzed the tearoom with the intent of appraising it from a modernist stance.[14]

Taut's hosts had similar goals, and his subsequent behaviour "seems to have been scripted by the Japanese modernists, and [he] effectively performed the role."[15] In a number of his writings, Taut defined Katsura as the eternal classical Japanese building. "Taut's enthusiasm made Katsura's buildings and its garden a new focus of attention, and publications of Katsura began to multiply."[16] His interpretation that Katsura is "real" Japanese, imperial art – in contrast to the "fake" art of the Tōshō-gū in Nikkō – was indeed a simplification, but the Architects' Association of Japan whose position as a promoter of modernism in Japan was becoming increasingly difficult adopted Taut's interpretation. Crucial for them was the fact that Taut was a pioneer of modernist architecture, and, above all else, that he had links with the socialist revolution, and had even been invited to Soviet Russia to take part in government-sponsored projects." He had left Nazi Germany, only to land in imperialist Japan. "[But] Japanese architects [...] used his comments to escape the cul-de-sac they were being herded into." For modernists, "Taut's account of Katsura functioned as a battle-cry against their opponent, the nationalist teikan style."[17] During World War II, Sutemi Horiguchi "worked to transform Taut's observations into [...] a viable design method. In the end it was the work of Kenzō Tange in the late war and postwar periods that brought this tendency to fruition."[18] Significantly, both wrote extensively of Katsura. In one essay written in 1934, Horiguchi identified those elements of Japanese architecture that were directly influenced by the Chinese; he pointed to "Japan-ness" in such buildings as Todai-ji, Ise Shrine, and various tea ceremony rooms. For whatever reason he did not name Katsura. Around 1938, he posited a theory: "Architecture comes into being when a material need occurs that can be solved and fulfilled by empathy accompanied by engineering. Before designing a building, there is no such thing as style. Yet after erection, the form of a building may be said to have a certain style. In this sense, architecture possesses style without style. In other words, this might be a contemporary wooden style, a contemporary reinforced-concrete style, and

so on. Style in this sense expresses the whole of contemporary engineering, charged with the nature of epoch, place, and material."[19] In 1952, Horiguchi published Katsura Rikyu. His text had been written in wartime, when Horiguchi did research on historical buildings in Kyoto and Nara. In the book's epilogue, he offers a telling analysis of the European modernists' appreciation of Katsura: "Even before Taut, some foreign architects must have seen Katsura. But none had been much impressed, because modern architecture was not yet mature, even in Europe. It was several years after WW I, at the time Gustav Prattz wrote that European modern architecture was derived from Japanese residences and Taut was active as an expressionist architect in Germany, that a modern view of architecture matured and permeated the world. Only after accustoming oneself to the beauties of asymmetrical composition and the novelty of steel frame and reinforced concrete structure can one be affected by this architecture. The aesthetic of asymmetry had been mastered in the world of the tea ceremony from early times; therefore, the practitioners of tea [ceremonies] must always have understood the beauty of Katsura. [...] Bridging modern and national styles had become the overarching objective of Japanese architects during the 1930s and 1940s."[20] "It was Tange near the end of the war who brought closure to the efforts of Horiguchi and others to juxtapose modern and Japanese currents and in the postwar period melded them into a single approach to contemporary architectural design."[21] In 1942 and 1943, Kenzō Tange won two official competitions with projects in shinden-zukuri style: the designs have capacious roofs and symmetrical floor plans, but steer clear of teikan elements. Tange's revival of the shinden-zukuri style quotes its clear, refined method of construction. This was referred to as a Japanese national style, based on construction employing columns and beams. After the end of the war, "all nationalist discourse was abruptly discarded", and the style was never realized. Tange's work up until around 1960 – when he wrote on Katsura – was a direct extension of the methodology he established in the prewar years.[22]

Der wohltemperierte Raum

Well-Tempered Space

Florian Aicher

1   energetische Sanierung mit thermischer Bauteil-
    aktivierung der Außenwände, Wärmedämmung
    der Bodenplatte und des Dachs, Haus USM in
    Kempten, heilergeiger architekten
2   Schemaschnitt: Funktionsprinzip der thermischen
    Wandaktivierung ohne Wärmedämmung (nach
    Großeschmidt)

1   *Energy refurbishment with thermal activation of out-*
    er walls; floor slab and roof are thermally insulated;
    USM House in Kempten; heilergeiger architects
2   *Diagrammatic section, showing functional principles*
    of thermal activation of walls without thermal insula-
    tion (according to Großeschmidt)

1

Vor dem Hintergrund aktueller Energieeinspar-verordnungen haben sich »massive« Wand-aufbauten in hochgedämmte hybride Kon-struktionen verwandelt, bei denen der massive Anteil der mit Dämmstoffen befüllten Mauer-steine nur einen geringen Anteil ausmacht. Die Temperierung wirklich massiver Außenwände stellt eine Möglichkeit dar, einen hohen Raum-komfort zu erzielen und bei Gebäudesanierun-gen – eine ausreichende Wandstärke voraus-gesetzt – sogar gänzlich auf eine kostenin-tensive Wärmedämmung verzichten zu können.

Der Bau als Ganzes

Bauen in Zeiten der Energiewende ist einem tiefen Wandel unterworfen – ebenso unsere Idee davon. Ein Glashaus, bislang energe-tisch eine Katastrophe, feiert als Passivhaus Auferstehung.[1] Dabei weiß jeder: Das beste Glas dämmt schlechter als eine geschlos-sene Wand nach heutigem Standard. Doch was fehlt, lässt sich ja durch anderes gut-rechnen. Und so rüstet man das Haus mit Geräten und Apparaten aus, bis die Rech-nung stimmt. Dieses Verfahren, das ein Ganzes – den Bau – fragmentiert und die Optimierung von Aspekten für das Ganze nimmt, ist und bleibt fragwürdig.
Besonders sichtbar wird das im modernen Holzbau: Stetig steigende Anforderungen bieten für jeden Aspekt – Temperatur, Feuchtigkeit, Dichtigkeit, Konstruktion – spe-zialisierte technische Lösungen, die eine zur anderen addiert werden. Das Ergebnis ist: eine Wand mit gut einem Dutzend Schichten und Schnittstellenproblemen. Und doch bleibt in vielen Fällen Schimmel. Also wird das Anhäufen von Technik im Haus mit weiteren Apparaten wie Komfortlüftung fort-gesetzt. Es folgen zusätzliches Wartungs-personal und Reinigungsspezialisten.
Die Bautechnik hat sich vom Baualltag ge-löst, Versprechen überbieten sich, die Mittel sind Selbstzweck geworden. »Es gibt Unter-suchungen, die zeigen, dass einzelne LEED-zertifizierte Bauten mehr Energie verbrau-chen als ›normale‹ Gebäude. Die Energie-ersparnis wird durch Unterhalt und Wartung aufgefressen, die Unzufriedenheit der Nut-zer steigt«, bemerkt Dietmar Eberle, selbst

Pionier energieeffizienten Bauens.[2] Der Auf-fassung vom Bauen als Addition hochspezia-lisierter Komponenten steht jene von einem Ganzen gegenüber, das mehr als seine Teile kann, deren Teile mehr sind als Speziallö-sungen und sich in Beziehung zueinander entfalten. Stein etwa, der nicht nur trägt, son-dern auch speichert und dämmt, wenn er trockengehalten wird, und so zusätzlich als Klimapuffer taugt. Die Aktivierung des Stoffs durch Temperierung setzt das Bauteil in Be-ziehung zum Raum und trägt zum energie-effizienten Bauen bei – und ist, weil dem gan-zen Bau verpflichtet, besonders im Bestand zu empfehlen.

Belebter Raum und aktivierte Hülle

Wie andere Verfahren der Bauwerksaktivie-rung nutzt Wandtemperierung Synergien, in diesem Fall Energiefluss und Konstruktion. Massive Bauteile verteilen und speichern die Energie, die Energie wiederum ertüch-tigt die massiven Bauteile. Für die Bevor-zugung der Wandtemperierung sprechen zwei Faktoren: der Nutzer und der Raum. Der Nutzer Mensch »empfindet ein ausge-sprochenes Wohlempfinden, wenn die nö-tige Wärme dem Körper durch Strahlung zugeführt wird und die Luft kühl genug ist, um einen Wärmestau zu vermeiden.«[3] Zu 99 % wird Wärme über die Haut aufgenom-men und ausgetauscht. Dazu kommen ca. 100 m² Lungenoberfläche, die in erheb-lichem Maß Wärme abführen. Erwärmte Luft beeinträchtigt nicht nur die Arbeit des vitalen Organismus, sie wirbelt Staub und Keime auf und verschmutzt die Atemluft. Das spricht gegen Lufterhitzung durch Konvektionsheizung, doch auch eine Bo-denheizung führt zu Verwirbelung. Eine Deckenheizung dagegen stellt Wärme dort zur Verfügung, wo der kühl zu haltende Kopf sie nicht will. Dem Wohlbefinden am zuträglichsten ist Wärme, die seitlich von Objekten strahlt.
Die Raumtemperatur empfindet der Mensch dann als angenehm, wenn die Umfassungs-fläche gleichmäßig temperiert ist. Dies ist gewährleistet, wenn die Außenwände innen-seitig temperiert sind. Die Temperaturdiffe-

renz zwischen umhülltem Raum und umhül-lender Schale erweist sich dann als gering, was wiederum maßgebend für die physika-lisch schwer zu fassende Behaglichkeit ist. Darin mag der Grund liegen, dass wandbe-heizte Räume bei 20 °C schon als so ange-nehm empfunden werden wie luftbeheizte Räume bei 22 °C. Behaglichkeit meint stim-miges Klima, wobei die Temperatur nur ei-nen Aspekt darstellt. Ebenso wichtig ist die Feuchtigkeit. Als behaglich empfinden wir hier einen eng begrenzten Bereich der Rela-tion von Temperatur und Luftfeuchte. Richtet sich, wie heute weit verbreitet, der Blick nur auf einen Parameter, nämlich die Tempera-tur, so wird ein wichtiger Zusammenhang

A   solarer Wärme-
    eintrag über
    Verglasung /
    solar heat gains
    through glazing

B   solarer Wärme-
    eintrag, Speiche-
    rung im massiven
    Mauerwerk /
    solar heat gains
    stored in
    solid walls

C   Warmluftauftrieb
    an der Bauteilober-
    fläche anliegend
    Wärmeabstrahlung
    der Bauteiloberflä-
    che in den Raum /
    warm air rising
    up face of
    building element;
    radiation of heat
    from surface of
    wall into room

D   verminderter Wär-
    meverlust durch
    trockenes Mauer-
    werk (effektiv
    besserer U-Wert) /
    dry walls help to
    reduce heat losses
    (effectively improv-
    ing U-value)

E   Wärmestau, gerin-
    gerer Widerstand
    nach innen /
    build-up of heat re-
    duces resistance to
    radiation internally

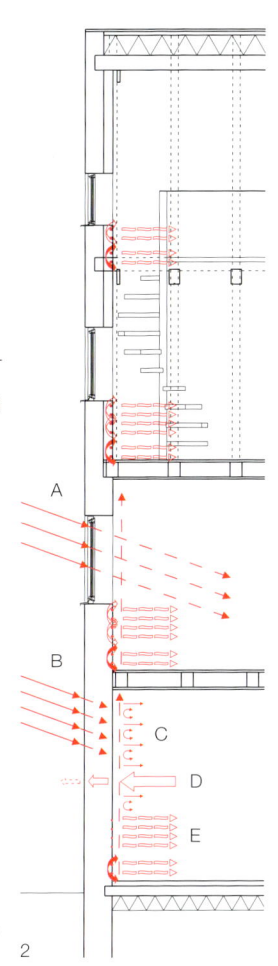

2

3

Haus USM in Kempten, heilergeiger architekten
3   energetische Sanierung mit thermischer Bauteil-
    aktivierung der Außenwände, Wärmedämmung
    der Bodenplatte und des Dachs
4   EG mit Wandabwicklungen der Heizleitungen
5–7 neue Heizleitungen auf den Bestandswänden
    vor dem Verputzen

USM House in Kempten, heilergeiger architects
3   Energy refurbishment with thermal activation
*   of outer walls; floor slab and roof are thermally*
*   insulated*
4   Ground floor with heating runs to walls
5–7 New heating runs on existing walls prior to
*   plastering*

zerrissen, mit fatalen Folgen – Schimmel-
bildung ist nur ein Stichwort. Feuchtigkeit
im Bau hat viele Ursachen: aufsteigende
Feuchte infolge des Kapillareffekts in erdberührenden Außenwänden, Kondensation
infolge hoher Luftfeuchtigkeit und kühler
Bauteile sowie der erhebliche Feuchtigkeits-
eintrag durch die Nutzer – bei vier Personen
fällt pro Woche eine Badewanne voll Wasser
an. Alte Gemäuer sind berüchtigt für ein
klammes Klima. Auf kühlen feuchten Wänden schlägt sich die feuchtwarme Luft nieder, verdunstet, entzieht dem Bauteil dabei
Energie, kühlt es also, was zu noch mehr
Schwitzwasser führt – eine Spirale ist in
Gang gesetzt. Wird das Bauteil dagegen

energetisch aktiviert, dreht sich die Spirale
um – die trockene Wand kann (sommerliche)
Wärme speichern.
Die Wirkungen sind komplex. Erwärmung
durch Temperierung trocknet die Wand. Seit
den Untersuchungen von J. S. Cammerer in
den 1930er-Jahren ist der Zusammenhang
von Steinfeuchte und Dämmwert bekannt.
Bei annähernd linearer Minderung der Volu-
menfeuchte steigt der Dämmwert exponen-
tiell,[4] außerdem »sperrt« die Wärme in der
Wand aufsteigende Feuchte ab. Kondensation unterbleibt, während sich das Vermö-
gen, Feuchtigkeit zu puffern sowie Dampf-
diffusion zu gewährleisten, erhöht. Die Temperierung gewährt Behaglichkeit bei gerin-

geren Temperaturen, was den Dampfdruck
auf die Wand senkt. Begleiterscheinungen
einer Feuchtigkeitsaufnahme wie Schimmel-,
Algen- und Bakterienbefall, aber auch Salz-
ausblühungen treten nicht auf.

Kupferrohre im Wandsockel
Bei der Wandtemperierung erwärmt die
Oberfläche der Innenwand den Raum, wo-
hingegen die Oberfläche der Außenwand
entsprechend der Außentemperatur kalt
bleibt. Dazwischen herrscht so wenig Aus-
tausch wie möglich. Was sich zu widerspre-
chen scheint, erklärt sich wie folgt: Auf der
Rauminnenseite werden fingerdicke Heiz-
wasserrohre ca. 10 mm unter Putz verlegt –

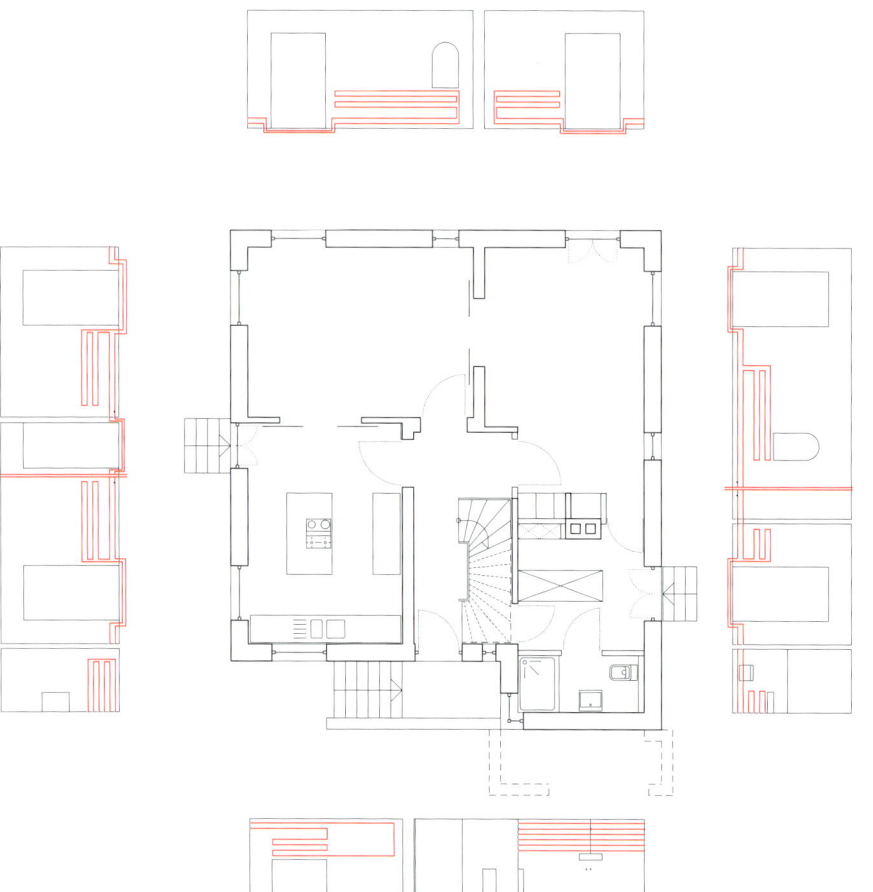

4

5

6

7

Anmerkungen / *References*:
[1] Michaely, Petra; Oehler, Stefan; Schroth, Jürgen: Energiekonzept Haus D10. In: Bauwelt 3/13, S. 23
[2] Dietmar Eberle im Gespräch mit Florian Aicher: Ich will selbst über das Verhältnis zu meiner Umgebung bestimmen. In: Bauwelt 27/28.12, S. 7f.
[3] Eichler, Friedrich: Bauphysikalische Entwurfslehre. Berlin 1968
[4] J. S. Cammerer, zit. aus: U-Wert in Theorie und Praxis, Seminarreihe »Bauen im Bestand«, Technische Fachhochschule Berlin, 2007, S. 72
[5] Großeschmidt, Henning: Klimastabilisierung als Grundlage sachgerechter Bewahrung oder: das temperierte Haus, sanierte Architektur und Großvitrine, Museum Aktuell, Sept. 1998. München 1998
Kotterer, Michael u. a.: Klima in Museen und historischen Gebäuden. Wissenschaftl. Reihe Schönbrunn, Bd. 9, Wien 2004
[6] Th. Löther, Sachsen-Anhalt e. V.: Einsatzgebiete und Erfahrungen von Wandtemperieranlagen, Vortragsmanuskript, 11.12.2012

Florian Aicher ist freier Architekt in Rotis im Allgäu mit den Schwerpunkten Hochbau und Raumgestaltung sowie deren Theorie und Geschichte. Er lehrt im In- und Ausland, publiziert in der Fach- und Tagespresse und ist Autor zahlreicher Buchveröffentlichungen.

Florian Aicher, born 1954 in Ulm, is a freelance architect in Rotis, Allgäu. Main focus of work: building construction and interior design, including relevant theory and history. Teaches in Germany and abroad; writes for specialist publications and the press; author of numerous books.

8 Neubau: tragende Stahlbetonwand mit thermischer Bauteilaktivierung, Dämmung und fugenloser Sichtbeton-Vorsatzschale, Haus W in Kempten, heilergeiger architekten

8 *New construction: load-bearing reinforced concrete walls with thermal activation of building elements, insulation and jointless exposed-concrete skin; House W in Kempten; heilergeiger architects*

8

wegen der guten Leitfähigkeit vorzugsweise aus Kupfer. Meist genügen ein Schlitz geringer Tiefe und eine provisorische Halterung, die nach Abbinden des Putzes entfernt wird. Üblich ist eine Heizschleife je Heizkreis mit Vorlauf knapp über dem Boden und Rücklauf unter der Fensterbank. Bei exponierten Wänden kann die Rohrzahl durch zusätzliche Einschleifung erhöht werden, fallweise kommt ein separater Kreislauf dazu. Bei Betrieb mit Vorlauftemperaturen von 30 bis 60 °C ergibt sich im Nahbereich des Rohrs ein Wärmestau (entspricht einer Feuchtigkeitssperre), der radial abstrahlt. Der größte Anteil der Wärme gelangt – dank der geringen Überdeckung von ca. 10 cm – direkt an die Oberfläche und bildet einen durchgehenden horizontalen handwarmen »Heizstreifen«. Dieser bewirkt einen Auftrieb erwärmter Luft, die sich nicht in der Tiefe des Raums verteilt, sondern unmittelbar vor der Wandoberfläche aufsteigt und so die Wärme flächig über die ganze Wand verteilt (Coanda-Effekt). Messungen zeigen, dass bei üblichen Wandhöhen die Oberflächentemperatur an keiner Stelle unter 20 °C fällt. Da die Wärme großteils über die raumseitige Oberfläche abgeführt wird, werden nur geringe Wärmeanteile in die Wand geleitet – ab ca. 15 cm Abstand von der raumseitigen Oberfläche ist die Erwärmung nur noch geringfügig. Aufgrund der Abhängigkeit von der Rohdichte des Steins sind generelle Angaben möglich. Bei massiven Ziegelwänden ist eine Mindestwandstärke von 24 cm ratsam. An der Außenseite entspricht die Wand einer nicht temperierten Wand mit dem üblichen Feuchtigkeitsgehalt, aber ohne die Gefahr der Algenbildung, da sie die einfallende Sonnenstrahlung speichern kann.

Erfahrungen seit den 1980er-Jahren
Eigentlich sei die Wandtemperierung nichts Neues, so einer ihrer Vorkämpfer, Henning Großeschmidt, »schon die Römer haben so geheizt«. Doch durch das grenzenlos verfügbare Heizöl waren Radiatorenheizungen jahrzehntelang das Gebot der Stunde, bis Ölschock und Ökobewegung in den 1970erJahren das Interesse an Alternativen wieder

in den Fokus rückten. Aus dieser Zeit stammen die Fußbodenheizleisten von Alfred Eisenschink, bei denen ein vor der Wand verlaufendes Kupferrohr im Sockelbereich dank Coanda-Effekt raumhoch strahlende Wände erzeugte. Großeschmidt führte als leitender Restaurator und Denkmalpfleger der Landesstelle für die nichtstaatlichen Museen in Bayern die Unterputz-Wandheizung für die museale Nutzungen von Gebäuden ein. Gerade hier gelten höchste Ansprüche an homogene Luftfeuchtigkeit bei geringfügig niedrigeren Temperaturen als im Wohnbau. Anfang der 1980er-Jahre begann der »lange Marsch der Empirie gegen die Theorie« und führte zur Erkenntnis: »Mit minimaler technischer Ausstattung können Museumsbauten, deren Gebäudehülle über eine Mindestmasse verfügt, in allen ihren Ebenen bauphysikalisch saniert und auf nutzerfreundliche Weise konservatorisch optimiert werden [...]. Dabei sind die Jahresenergiekosten, trotz Temperierung der erdberührten Bauteile im Sommer, geringer als bei einer konventionellen Klimatisierung bzw. Beheizung« und zu fordern sei eine »bewusst unterdimensionierte Klimatechnik«.[5] Zahlreiche der so temperierten Museen und Depots sind selbst Denkmäler. Eingesetzt wird hier eine wassergeführte Temperierung. Thomas Löther vom Institut für Diagnostik und Konservierung an Denkmalen in Sachsen und Sachsen-Anhalt[6] nennt allein für diesen Bereich ein Dutzend großer Beispielbauten. Eine Sonderposition nehmen Kirchen ein. Sie werden dort temperiert, wo der Besucher verweilt und die Bausubstanz trockenzulegen ist. Den ganzen Raum zu heizen, verursacht Kosten und hat fatale Folgen: Marode Dachstühle durch Holzfäule sind oft falscher Heizung geschuldet. Naheliegend ist es, die Vorzüge des Systems – vielfältige Wirkung, verträgliches Klima, geringe Baukosten – auch im Wohnbau zu nutzen. Erfahrungen dazu liegen mittlerweile für einen Zeitraum von zwei Jahrzehnten vor. Die Pionierrolle übernahmen private Bauherren. Großeschmidt übertrug seine Erkenntnisse auf sein eigenes Wohnhaus. Bald interessierten sich große Wohnungs-

unternehmen für seine Temperier-Methode – etwa die Münchner Gesellschaft für Stadterneuerung (MGS). Im Jahr 2002 wurde im städtischen Geschosswohnungsbau bei einem Altbau Wandtemperierung und konventionelle Sanierung mit Kellertrockenlegung einander gegenübergestellt und wissenschaftlich verglichen. Fazit: Die Heizung funktioniert problemlos (keine Beschwerden der Nutzer). Der Energiebedarf lag, der sommerlichen Temperierung der erdberührenden Bauteile entsprechend, etwas höher. Dem steht, so Projektbetreuer Wolfgang Robl, gegenüber, dass »die Investitionskosten wesentlich niedriger sind«.

Sanierung einer ehemaligen Mühle
2005/2006 sanierte der Autor in Rotis im Allgäu eine ehemalige Mühle und machte einen Stall mit Bergeraum bewohnbar. Beide Bauten wurden um 1900 aus Steinen errichtet, die mit dem Wort Backstein wohl richtig bezeichnet sind – wurden sie doch in örtlichen Öfen bei deutlich niedrigeren Temperaturen als heute üblich gebrannt.
Die werkgerecht gemauerten und kalkverputzten Bauten haben Außenwandstärken von 55 cm im Erdgeschoss, 38 cm im Obergeschoss und 20 cm im Dachgeschoss. Bei der Mühle handelt es sich um eine absolute Minimalsanierung: Heizschleifen mit den genannten zwei horizontalen Rohren wurden in den geschlitzten Bestandsputz gelegt, im Erdgeschoss ergänzt um einen zusätzlichen ringförmigen Heizkreis. Außer einer Dämmung der Decke über den beheizten Räumen blieb der Bestand unangetastet, die Verbundfenster aus den 1960er-Jahren eingeschlossen. Acht Jahre ist das Haus nun bewohnt, acht Winter wurde eine Raumtemperatur von 20 °C erzielt. Bei strengem Frost dient ein Grundofen als ergänzende Heizung. Der Holzverbrauch beträgt 1–2 Ster/a. Über die Jahre wurde für die Heizung ein Verbrauch von ca. 140 kWh/m²a gemessen, gegenüber dem theoretischen Wert von ca. 300 kWh/m²a laut Fachliteratur.
Beim Ausbau des benachbarten Stall- und Bergegebäudes wurde der Standard angehoben: Die Außenwände wurden durch

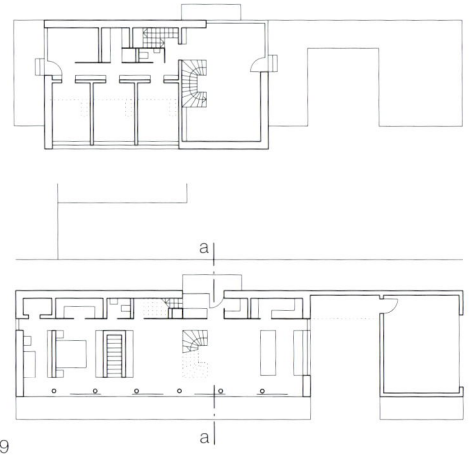

9

10

A Edelstahlblech 0,5 mm
  Bitumenunterdeckbahn auf Schalung 30 mm
  Kantholz 80/60 mm, Windfolie diffusionsoffen
  Dämmung Holzfaserplatte 35 mm
  Sparren 100/280 mm, dazwischen Dämmung
  Zelluloseflocken 280 mm
  Holzfaserplatte 30 mm, Dampfbremse
  Metallunterkonstruktion 27 mm, Gipskarton 15 mm
B Vorsatzschale Sichtbeton fugenlos 120 mm
  Wärmedämmung XPS 60 mm
  Gleitschicht Estrichpappe
  Wärmedämmung XPS 180 mm
  Ortbeton tragend thermisch aktiviert 210 mm
C thermische Aktivierung Kupferrohr ∅ 18 mm
D Vorsatzschale Sichtbeton 120 mm
  Wärmedämmung XPS 100 mm
  Gleitschicht Estrichpappe
  Stahlbetondecke 240 mm
  Fußbodenaufbau 100 mm
E Drainage Noppenbahn, Dämmung XPS 160 mm
  WU-Beton 240 mm
F Dielenboden Eiche 22 mm
  Lagerhölzer 50/30 mm
  dazwischen Fußbodenheizung 25 mm
  Lagerhölzer 50/35 mm
  dazwischen Dämmung Holzfaser 35 mm
  Kokosfaserplatte 14–17 mm
  PE-Folie
  Stahlbetondecke 200 mm
  Wärmedämmung XPS 100 mm
  Wärmedämmung Sandwichplatte magnesitgebun-
  dene Holzwolle mit Polystyrolkern 100 mm

A 0.5 mm sheet stainless-steel roofing
  bituminous sealing layer on 30 mm boarding
  80/60 mm battens; moisture-diffusing windproof
  layer; 35 mm wood-fibre insulation
  100/280 mm rafters with
  280 mm flaked cellulose insulation between
  30 mm wood-fibre sheeting; vapour-retarding layer
  27 mm metal supporting construction
  15 mm gypsum plasterboard
B 120 mm jointless exposed concrete outer skin
  60 mm extruded polystyrene thermal insulation
  intermediate slip seal
  180 mm extruded polystyrene thermal insulation
  210 mm in-situ concrete, thermally activated
C ∅ 18 mm copper pipes for thermal activation
D 120 mm exposed concrete outer skin
  100 mm extruded polystyrene thermal insulation
  intermediate slip seal
  240 mm reinforced concrete floor
  100 mm floor construction
E bossed drainage layer; 160 mm extruded poly-
  styrene insulation; 240 mm impermeable concrete
F 22 mm oak floorboarding on 50/30 mm wood bat-
  tens with 25 mm underfloor heating layer between;
  50/35 mm battens with 35 mm wood-fibre insula-
  tion between; 14–17 mm coconut-fibre slabs
  polythene membrane
  200 mm reinforced concrete floor
  100 mm extruded polystyrene thermal insulation
  100 mm thermal insulation: magnesite-bonded
  woodwool sandwich slab with polystyrene core

Haus W in Kempten, heilergeiger architekten
9   Grundrisse, Maßstab 1:500
10, 12, 13 Neubau: tragende Stahlbeton-
            wand mit thermischer Bauteilakti-
            vierung, Dämmung und fugen-
            loser Sichtbeton-Vorsatzschale
11   Detailschnitt   Maßstab 1:20
14   Schnitt, Maßstab 1:500

House W in Kempten; heilergeiger architects
9   Floor plans, scale 1:500
10, 12, 13 New construction: load-bearing re-
*   inforced concrete thermally activat-*
*   ed walls, with insulation and joint-*
*   less exposed concrete facing skin*
11   Sectional details, scale 1:20
14   Floor plans, Section, scale 1:500

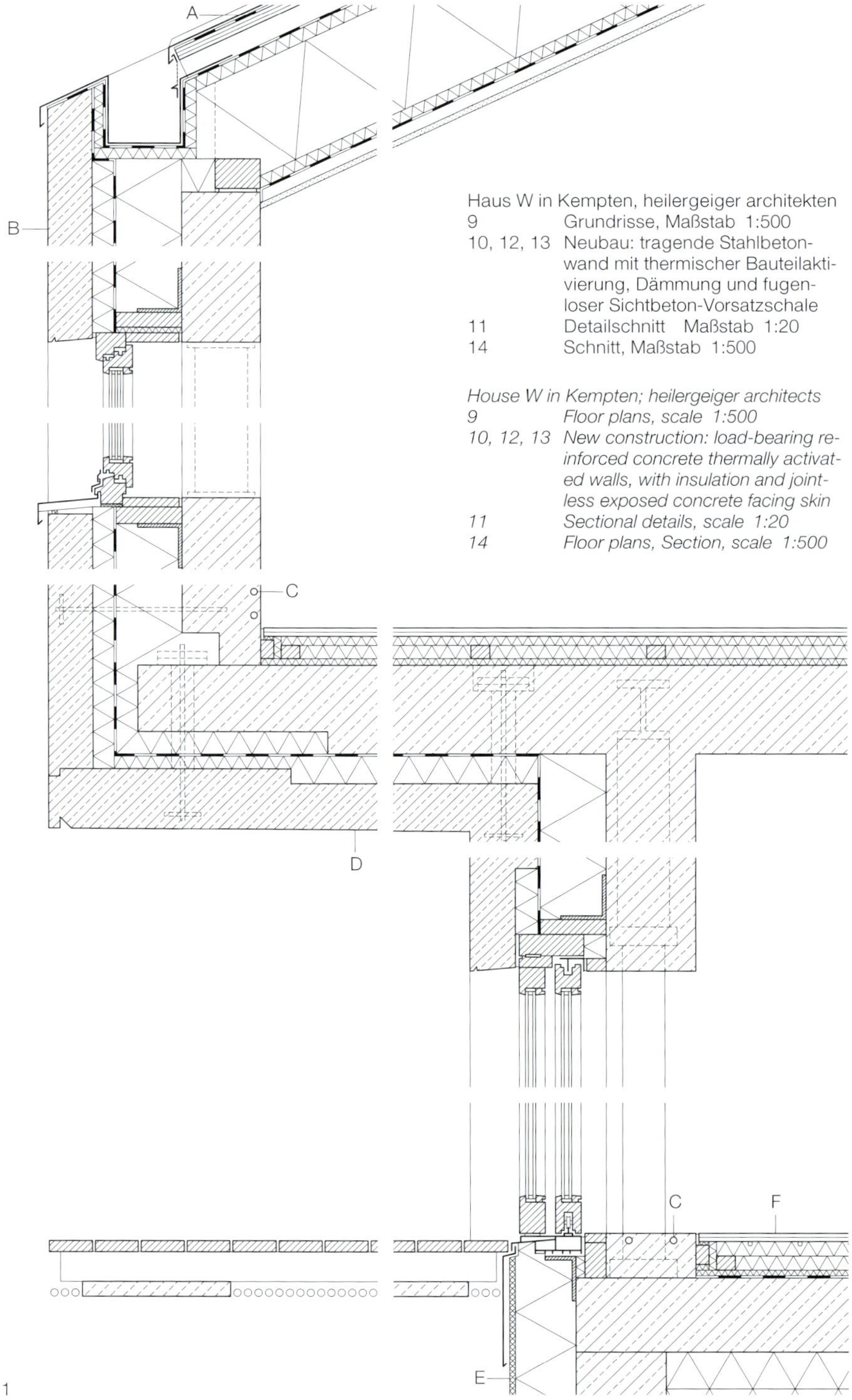

11

18

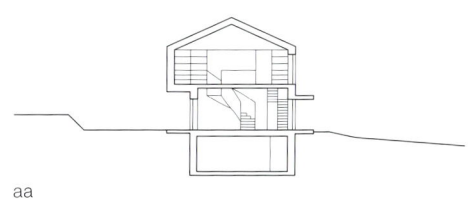

aa

12   13   14

innenseitiges Aufmauern mit modernen Ziegeln auf die Wandstärke des Erdgeschosses der Mühle gebracht, Fenster mit Isolierverglasung eingebaut und das Dach mit 16 cm Hanf gedämmt. Obwohl die Räume mit weniger Heizschleifen ausgelegt sind als vom Ingenieur berechnet, wurden seit sieben Jahren noch nie alle Heizkreisläufe gleichzeitig in Anspruch genommen – bei voller Belegung der drei Wohngeschosse. Auch hier gehört ein Grundofen, Leidenschaft des Hausherrn, zum Haus. Der gemessene Verbrauch liegt bei 80 kWh/m²a.

Sanierung eines Pfarrhauses
Bei dem Pfarrhaus aus dem Jahr 1847 in Wald bei Kaufbeuren handelt es sich um einen zweigeschossigen Massivbau mit ca. 50 cm dicken Backsteinaußenwänden, quadratischem Grundriss von 12 × 12 m, und Mittelflur mit beidseitig angeordneten Wohnräumen.
2007 erfolgte die Sanierung mit der beschriebenen Wandheizung, je Geschoss zwei Kreisläufe sowie ein zusätzlicher zum Erdreich. Die Decke zum unbeheizten Dach wurde gedämmt, die Fenster aus den 1970er-Jahren erhalten. Die Heizenergie stellt eine Luft-Wasser-Wärmepumpe zur Verfügung, ergänzend ein Schwedenofen. Im Wohnbereich beträgt die Temperatur im Winter 20–25 °C, in Arbeits- und Schlafräumen 18 °C, im Flur 16 °C. Ein vorsorglich im Bad eingebauter Heizkörper war noch nie in Betrieb. Die Flecken der zuvor stark vom Schimmel befallenen Wände sind nach drei Jahren verschwunden. Genau kann der Bauherr den Verbrauch nicht beziffern, er schätzt die Ausgaben auf 2500 €/a für den »Heizstrom« und ergänzt: »Wir fühlen uns seit Jahren in dem Haus ausgesprochen wohl.« Die Auszeichnung des Denkmalamts bestätigt den Erfolg der Sanierung.

Energetische Sanierung Haus USM
Mit dem Schwäbischen Architekturpreis 2012 wurden die Qualitäten eines aus den 1930er-Jahren stammenden, sanierten Wohnhauses im städtischen Kontext ausgezeichnet, die ganz wesentlich der Wandtemperierung zu

verdanken sind (Abb. 1–7). »Seine Gestaltqualität [...] beugt der zunehmenden Gesichtslosigkeit des Wohnquartiers vor«, heißt es in der Beurteilung der Jury, denn »es behielt sein vertrautes Gesicht und wurde weder durch nostalgische Details noch durch ein alles überziehendes Wärmedämmverbundsystem verfremdet.« Ausgezeichnet wurde damit eine Sanierung, die den Charakter des Gebäudes nicht unter Paketen von Fasern und Schaum verschwinden lässt. Das Gebäude, entworfen 1930/1931, stammt von Theodor Härtner und ist der süddeutschen Moderne verpflichtet, der am Handwerk orientierten Variante der Neuen Sachlichkeit. Baustellenfotos aus den 1930er-Jahren belegen die Sorgfalt, mit der das Mauerwerk aus hartgebrannten Ziegeln ausgeführt wurde – die Außenwände bis zur Traufe als Kreuz-, tragende Innenwände als Blockverband, außen wie innen mit Kalkputz von 4 bzw. 2 cm Stärke.
»Die vorhandenen Qualitäten galt es zu erhalten«, so die Architekten Peter Geiger und Jörg Heiler, »mit neuem Leben zu erfüllen und die alte Bausubstanz heutigen Anforderungen anzupassen, unter Berücksichtigung energetischer Gesichtspunkte und eines an Wirtschaftlichkeit orientierten Budgets. Als Alternative zum Vollwärmeschutz sieht das energetische Konzept Außenwandtemperierung mit einfachen, unter Putz gelegten Kupferrohren auf den 50 cm starken Außenwänden vor. Regenerative und CO_2-reduzierende Energiequellen sind eine Luft-Wasser-Wärmepumpe, die die Grundlast deckt und ein mit Festholz befeuerter Grundofen für die Heizspitzen mit Warmwasserregister.« Die Flexibilität des Systems zeigt sich auch darin, dass – in Abstimmung mit der Ingenieurgesellschaft Team für Technik – die Rohrführung partiell abweicht vom Zweirohr-Schema: Wo infolge neuer Türen, im neu ausgebauten Dachspitz oder unter den neuen Fenstern mit Dreifachisolierverglasung wenig Wandfläche bereitstand, sind die Leitungen in zusätzlichen Schleifen verlegt. Im gesamten Haus herrscht ein wohliges Klima, alle Räume haben, ressourcensparend variiert, die angemessene Raumtemperatur.

Die Kostenersparnis beziffern die Architekten im Vergleich zu einer Anlage mit Heizkörpern mit einem Drittel, im Vergleich zu einer Fußbodenheizung mit der Hälfte – die entfallene Horizontalabdichtung nicht eingerechnet. Der Verbrauch, der im Altbestand nur für Heizung bei rund 380 kWh/m²a lag, sank kontinuierlich von ca. 90 kWh/m²a über 80 kWh/m²a auf im letzten Jahr 63 kWh/m²a, nur für Heizung samt Warmwasser – dies entspricht einem Niedrigenergiehaus mit gehobenem Energiestandard. Somit hat sich gezeigt, dass ein Bau von guter Substanz mit Wandtemperierung sein ursprüngliches Gesicht bewahren und dennoch heutigen Ansprüchen einer jungen Familie nach mehr Platz, Helligkeit und mehr Öffnung zum Grünen gerecht werden kann.

Haus W – ein technisch und gestalterisch avancierter Neubau
Im Unterschied zu den vorangegangenen Objekten, allesamt Bestandssanierungen unterschiedlichen Grades, handelt es sich beim Haus W um einen Neubau (Abb. 8–19). Das Haus ermöglicht öffentlichen Raum, dieser ermöglicht das Haus, es muss verschlossen und offen zugleich sein. Januskömpfig nennen das die Architekten in Anlehnung an die »Italian thoughts« der Smithsons und spielen damit auf die steinerne italienische Stadt an. Und so ist das Haus rundum aus Stein, urzeitlich wie die Konglomerate des Alpenvorlands. Wer die Strahlung gebirgiger Felsen unter der Sonne genossen hat, möchte das auch im Haus. Daher sind Hüll- und Tragwände, außen wie innen, aus Sichtbeton. Energetische Zielsetzung kombiniert mit bauphysikalischem Sachverstand gewährleisten den Standard eines Niedrigenergiehauses. 24 cm tragender Beton ist 24 cm stark gedämmt und von einer 12 cm Betonschale umgeben. Eigens für diese fugenlos um das Haus laufende abgelöste Schale und ihre Verankerung, die klimatisch bedingte Bewegungen in sich und gegenüber dem tragenden Kern zu bewältigen hat, haben die Tragwerksplaner Statik, Dynamik und Konstruktion nachgewiesen.

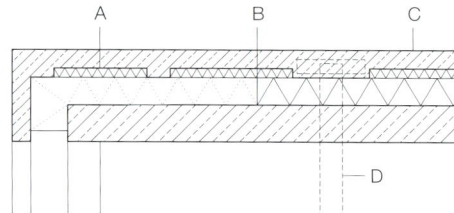

A   Dämmung im Eckbereich flexibel XPS 60 mm
    Perliteschüttung 180 mm
B   Arbeitsfuge mit Quellfugenband
C   Vorsatzschale Sichtbeton fugenlos, bewehrt
    120 mm
D   Auflager der über der Dachterrassendämmung
    schwebenden Außenschale: Edelstahlkonsole
    HEM 140 in Decke EG einbetoniert
E   starre Dämmung XPS 60 mm, Gleitschicht
15 XPS 180 mm

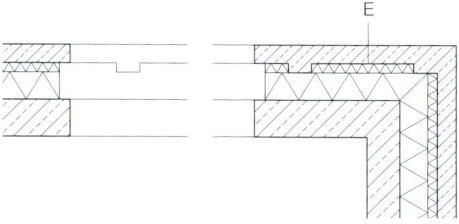

A   insulation at angle of wall: 60 mm flexible extruded
    polystyrene; 180 mm perlite filling
B   construction joint with expandable sealing strip
C   120 mm jointless exposed reinforced concrete outer
    skin
D   support for outer skin suspended over roof-terrace
    insulation: I-section stainless-steel beam 140 mm
    deep cast in soffit over ground floor
E   60 mm rigid extruded polystyrene insulation
    slip layer; 180 mm extruded polystyrene

16

Sichtbeton im Inneren – ist das nicht kalt, glatt, klamm? Nicht, wenn der Stoff energetisch aufgeladen seine feine Oberfläche temperiert entfalten kann. Im vorliegenden Fall wurden im Sockelbereich knapp unter der Innenwandoberfläche zwei Schleifen konventioneller Heizrohre fingerdicken Querschnitts verlegt und einbetoniert (Abb. 18). Im Betrieb mit Vorlauftemperaturen einer Fußbodenheizung (ca. 33 °C) wird die Wand in diesem Bereich zu einem umlaufenden, horizontalen Heizkörper, der Coanda-Effekt funktioniert wie beschrieben und temperiert die Wand raumhoch auf 20 °C. Künstliche Luftaufbereitung ist so ebensowenig nötig wie die Einschränkung der Lüftungsgewohnheiten der Nutzer, da die Energie in der Masse der Wand gespeichert ist. Diese bleibt selbst bei offenen Türen im Haus, und das ist auch nötig: »Im Sommer ist das Haus zum Garten offen«, so die Bauherrin. »Es ist ein Haus zum Leben, mit einem Klima zum Wohlfühlen. Und noch nach drei Wintern gilt: Alles ist perfekt.« Rechnerisch liegt der Heizwärmebedarf bei 55 kWh/m²a, der Primärenergiebedarf dank Luft-Wasser-Wärmepumpe bei 37 kWh/m²a.

Fazit
Die Wandtemperierung verteilt die Wärme im Einklang mit dem Bauwerk. Insbesondere greift sie dort, wo Temperatur, Feuchtigkeit und Baustoffe als ein dynamisches System von Beziehungen wirken. Gesichert in Jahr-

zehnten baulicher Praxis und besonders geeignet bei der Sanierung älterer Bausubstanz kann sie dazu beitragen, bauliche Charakteristiken nicht unter Dämmschichten zu begraben. Durch eine Wandtemperierung können vielfach erhebliche Eingriffe in ein Bauwerk vermieden werden – etwa eine Horizontalsperre. Der vergleichsweise einfache Einbau und die Möglichkeiten, Sanierungsschritte dem Budget gemäß in verschiedene Phasen aufzuteilen, sind entscheidende wirtschaftliche Gründe für dieses System. Die Wandtemperierung stellt kein Wundermittel dar und ist auch kein Argument gegen Dämmung, im Gegenteil: Sie setzt auf die Erhöhung der Dämmqualitäten des Baustoffs. Zusätzliche Maßnahmen, etwa bei Dach oder Fenstern, sind die Regel. Als speicherndes System reagiert Wandtemperierung träge. Empfehlenswert ist es, die Heizversorgung der Grundlast durch eine zusätzliche Heizquelle für die Spitzen zu ergänzen, z. B. durch einen holzbefeuerten Grundofen. Bei der praktischen Umsetzung wirkt sich noch immer der Mangel an Wissen aus: Nur wenige Ingenieurbüros sind in der Lage, ein schlüssiges Gesamtkonzept mit Temperierung zu erstellen; entsprechend skeptisch und unerfahren reagiert das Handwerk. Wandtemperierung erfordert viel Engagement – von Bauherr, Planer und Ausführenden. Doch begann nicht das neue Bauen genau so?   DETAIL 06/2013

Haus W in Kempten, heilergeiger architekten
15, 16 Nordfassade Obergeschoss mit Arbeitsfuge
15   Horizontalschnitt, Maßstab 1:50
16   Arbeitsfuge der Vorsatzschale. Die um das gesamte Gebäude umlaufende fugenlose, 120 mm starke Vorsatzschale aus Sichtbeton bewegt sich bei Temperaturschwankungen relativ zur tragenden Innenschale. Um diese Bewegungen aufnehmen zu können, ist an zwei gegenüberliegenden Ecken des Gebäudes anstelle einer einbetonierten starren XPS-Dämmung im Hohlraum für eine flexible Perliteschüttung ausgespart.
17–19   Nordfassade Erdgeschoss
17   tragende Innenschale mit Kupferverrohrung zur thermischen Bauteilaktivierung im unteren Wandbereich vor dem Betonieren
18   Wärmedämmung mit Aussparung für die Wandpfeiler der Außenschale
19   fertig betonierter Wandaufbau aus Vorsatzschale und tragender innerer Schale

House W in Kempten, heilergeiger architects
15, 16 North face: upper floor with construction joint
15   Horizontal section, scale 1:50
16   Construction joint in facing skin: with temperature changes, the 120 mm jointless exposed concrete facing skin, which extends round the entire building, moves in relation to the load-bearing inner skin. To absorb these movements, space has been left at two opposite corners of the building for a flexible perlite filling instead of casting in rigid extruded polystyrene insulation behind the concrete.
17–19   North face: ground floor
17   Load-bearing inner skin prior to concreting: copper pipe runs in lower part of wall for thermal activation of constructional element
18   Thermal insulation with spaces for wall piers in outer skin
19   Finished concrete wall construction, consisting of outer skin and load-bearing inner skin

17

18

19

As part of modern energy-saving measures, solid wall construction has given way in many cases to hybrid forms of building in which insulating materials play a major role. Nevertheless, solid external walls that are thermally well regulated can ensure a high degree of internal comfort and offer a means of rehabilitation without costly insulation measures. Construction in times of the energy turn-around is subject to great changes, but there is a danger that only certain aspects are optimised in the process. With timber forms of construction, for example, modern technical measures can result in a wall with a dozen or more layers, causing problems at junctions and intersections. Investigations have shown that some buildings with LEED certification consume more energy than conventional structures, observed Dietmar Eberle, himself a pioneer in the field of energy-saving construction. Set against this is a holistic concept in which the whole is more than just the sum of the parts. The use of stone is one example: it is not only load-bearing; it can store energy and act as a form of insulation in itself, serving as a climatic buffer that also saves energy if temperature regulation is applied.

Regulating wall temperatures exploits synergetic effects, uniting the flow of energy with the structure. At the same time, users have a sense of well-being when the body is warmed by means of radiation and the air is nevertheless cool enough to prevent a build-up of heat. Thermal energy is absorbed by the body to 99 per cent via the skin. The lungs, in turn, give off considerable amounts of heat, but this process is impaired by warmed air, which also whirls up dust and germs. These are all arguments against convector heating and, to a certain extent, against underfloor heating, while soffit heating provides warmth where it is least desired. The most comfortable form, therefore, is heating radiated from the side.

Temperature is only one aspect of an agreeable indoor climate. Equally important is the moisture content of the air, which has many forms and origins: capillarity, condensation, plus a considerable amount emitted by the users of a building. Warm, damp air sheds moisture when it comes into contact with cool walls, thereby removing energy from the constructional element, with the result that it cools down even further, leading to more condensation in an ongoing spiral. If thermal energy is fed into the constructional element, the spiral is reversed. The wall can store the energy, increasing its insulation value. Thermal control of an external wall means that the inner surface "makes" the internal space warm. How can this be achieved? On the inner face of the wall, hot-water pipes – ideally in copper – are laid roughly 10 mm beneath the plaster in shallow chases. The flow temperature should be between 30 and 60 °C. Thanks to the thin covering, the bulk of the heat is perceptible close to the surface. It does not flow into the depth of the room, but rises up the wall, warming the entire surface (Coanda effect). Measurements show that with standard wall heights, the surface temperature does not fall below 20 °C at any point. Only small amounts of heat are conducted into the wall itself. Roughly 15 cm from the inner surface, scarcely any increase in temperature is measurable. Solid outer walls should, of course, have a minimum thickness, which is related to their density. Brick walls, for example, should not be less than 24 cm thick.

The regulation of wall temperatures to achieve spatial comfort is nothing really new. The Romans used a similar system, and since the 1980s, there have been a number of initiatives in this direction. A pioneering role was played by Henning Großeschmidt, a leading curator of historic buildings who introduced the concept to museum construction and who used it in his own house. Soon, large housing companies became interested in this system. The following examples show how the concept has been applied since then.

In 2005–06 in Rotis in the Allgäu, the author rehabilitated a former mill and converted a stable building into a habitable structure. The outer walls, in rendered brick construction, have a thickness of 55 cm on the ground floor, 38 cm on the upper level and 20 cm in the roof storey. The refurbishment of the mill included the installation of two horizontal pipe circuits in chases formed in the existing plaster. An additional circuit was installed on the ground floor. Apart from insulation added to the ceilings over the heated spaces, the existing structure remained unchanged. The house has been occupied for eight years now, and a room temperature of 20 °C has been maintained in winter all that time, with a stove providing additional heating when temperatures sink very low. Over the years, an energy consumption of roughly 140 kWh/m²a has been measured for the heating, compared with a standard of approximately 300 kWh/m²a.

In 2007, a rectory near Kaufbeuren, dating from 1847, was refurbished. The building is a two-storey solid structure 12 × 12 m on plan with an external brick wall roughly 50 cm thick. A wall heating system was installed, with two circuits on each floor and an additional circuit in the area adjoining the ground. The floor to the unheated attic space was insulated. Thermal energy is provided by an air-to-water heat pump plus an additional stove. In the living areas, the temperature in winter is 20–25 °C, in work spaces and bedrooms 18 °C and in the hall 16 °C. A radiator fitted in the bathroom as a precautionary measure has never been used. The client estimates the cost of heating at €2,500 per annum.

The USM House in Kempten, set in an urban location, was designed in the 1930s by Theodor Härtner and is an example of south German modernism of that time. The refurbished building was awarded the Swabian Prize for Architecture in 2012, largely as a result of its newly installed wall heating system. The 50 cm outer walls are of hard-burned bricks with 4 cm rendering externally and 2 cm plaster internally. The architects responsible for the refurbishment, Peter Geiger and Jörg Heiler, wished to preserve the existing qualities of the building, while adapting the old structure to meet modern needs. The energy concept proposed outer-wall heating as an alternative to full thermal insulation. Copper pipes were laid beneath the wall plaster. Renewable energy sources that reduce CO_2 emissions include an air-to-water heat pump and a wood-fuelled stove for peak heating needs. The system is flexible and ensures a pleasant indoor climate. The architects reckon the costs at two-thirds of those for a radiator installation and only half of those for underfloor heating. Energy consumption for heating alone before refurbishment amounted to about 380 kWh/m²a. This sank to 63 kWh/m²a last year for heating and hot water, thereby complying with the requirements of a qualitative low-energy house.

In contrast to the previous examples, the House W is a newly built structure. The enclosing skin and the load-bearing walls, externally and internally, are in exposed concrete. The 24 cm outer wall is clad with a 24 cm layer of insulation enclosed within a 12 cm joint-less concrete casing. Exposed concrete may seem too smooth and cold internally, but that is not the case when the material is tanked up with energy. In the plinth zone, two coils of conventional heating pipes are embedded just beneath the internal wall surface. Operated with the flow temperature of underfloor heating (approx. 33 °C), the wall in this area becomes a peripheral, horizontal radiator. The Coanda effect functions as described, heating the wall over its full height to a temperature of 20 °C. Energy is stored in the volume of the wall and remains within the building even when the doors are open for public events. According to calculations, thermal needs for heating amount to 55 kWh/m²a. The primary energy need is about 37 kWh/m²a, thanks to an air-to-water heat pump.

Wall heating systems diffuse warmth according to the nature of the building. Suited especially to the rehabilitation of older structures, they help to prevent constructional features being buried beneath layers of insulation as well as avoiding elaborate measures to insert horizontal moisture seals. Since these systems are relatively simple to install, they are also of advantage economically. Wall heating is not a panacea for all ills. Additional measures may be necessary at critical points, such as the roof or windows. As a means of thermal storage, the system is sluggish, and an additional source of heating such as a stove is recommended to meet peak heating needs. One problem at present is a lack of knowledge: few engineering offices are able to draw up a convincing wall heating concept, and people in the trade are generally sceptical. Greater commitment is called for from all sides to realise the potential of this system.

Gefährdungspotenzial durch Baustoffe – Risiken, Regelungen und Auswirkungen

The Danger Potential of Building Materials – Risks, Regulations and Ramifications

Alexander Rudolphi

1

2

Eine häufig gestellte Frage lautet: »Müssen Bauherren und Planer auch bei modernen Bauprodukten auf Gefahrstoffe achten?« Die Antwort lautet: »Ja. Es geht darum, die Risiken zu erkennen, zu bewerten und auf ein technisch mögliches Minimum zu reduzieren«.

Die europäische CE-Kennzeichnung und die nationale Ü-Kennzeichnung am Produkt garantieren die Einhaltung von in europäischen und nationalen Regelwerken festgeschriebenen Anforderungen zur Gewährleistung von Gesundheitsschutz, Sicherheit und Umweltschutz. Die Risiken einer Gefährdung oder Schädigung von Mensch und Umwelt sind jedoch bei den meisten Stoffen oder Rezepturen u. a. abhängig von der Dosierung, den Umgebungsbedingungen und der Verwendungsart. Gefahrstoffe, deren Gesundheitsgefährdung eindeutig erkannt wurde, wie z. B. Asbest, das Insektizid DDT (Dichlordiphenyltrichlorethan), PCB[1] oder PAK[2], gehören in Bauprodukten der Vergangenheit an. Sie werden beim Bauen im Bestand mit aufwendigen Schadstoffkatastern identifiziert und saniert bzw. beseitigt.

Definition
Der Begriff »Gefahrstoffe« ist im Chemikaliengesetz (ChemG) von 1980 (aktuelle Fassung 28. August 2013, BGBl. I S. 3498) § 3 definiert. »Gefährliche Stoffe oder gefährliche Gemische sind Stoffe oder Gemische«, die folgende Eigenschaften haben:
· entzündlich bis explosiv
· gesundheitsschädlich bis sehr giftig
· ätzend, reizend, sensibilisierend
· krebserzeugend
· fortpflanzungsgefährdend
· erbgutverändernd
· umweltgefährlich

Diese Definition sorgt für eine größere Differenzierung der Gefahren. Biozide sind einer gesonderten Regelung unterworfen. Es wird deutlich, dass auch jedes potenzielle Risiko mit einzubeziehen und zu bewerten ist. In vielen Fällen gestaltet sich dies jedoch sehr schwierig und ist umstritten.

Risikobewertung
Bei der Risikobewertung sind vor allem drei Kriterien maßgebend:
· Abschätzung der Wahrscheinlichkeit eines Risikos, z. B. bei falschen Anwendungen oder Transportunfällen.
· Bewertung der Risikofolgen: Es gibt Risiken, deren Schadensfolgen mehr oder weniger schnell reparabel sind. Kann ein möglicher Schaden leicht beseitigt werden, wird das Risiko unter Umständen in Kauf genommen. Sind die Folgen erheblich oder irreparabel, dann sind die Risiken nicht akzeptabel, unabhängig von der Wahrscheinlichkeit ihres Eintretens, etwa bei erheblichen Gesundheitsschäden.
· Bewertung bei jeweils unterschiedlichen Bedingungen und Vorschädigungen: Dies gilt für Gesundheitsrisiken genauso wie für Schäden an Flora und Fauna oder an Gewässern, Böden und der Atmosphäre. Eine stoffliche Wirkung kann in der einen Situation vollkommen harmlos sein, in einer anderen Situation aber zu schweren Schäden führen.

Die Risikobewertung ist daher zumeist nicht trennbar von Ort, Zeitpunkt und Nutzung. Die größte Zahl der Stoffe, mit denen wir im Baualltag umgehen, können zum Problem werden. Mit gesetzlichen Regelungen allein sind nicht alle Risiken für alle Einzelfälle auszuschließen. Bei ortsunabhängigen und eindeutigen Gefahren für Mensch und Umwelt besteht dieser Anspruch aber unverändert – Stoffe mit entsprechenden Eigenschaften werden verboten oder Verwendungsbeschränkungen unterworfen.

Häufig gerät die Risikobewertung auch mit den Zielen des Gesundheits- und Umweltschutzes, der technischen Funktionalität oder den Baukosten in Konflikt. Ein Beispiel hierfür ist die Diskussion über die sogenannten Terpene. Diese natürlichen pflanzlichen Harzinhaltstoffe finden sich in Nadelhölzern wie Fichte, Kiefer und Tanne und können bei Menschen schwerwiegende Allergien hervorrufen. Daraus entsteht ein Zielkonflikt: Nadelholz ist der wichtigste

nachwachsende Rohstoff im Bauwesen, eine generelle Beschränkung ist daher nicht realistisch, zumal gerade in Innenräumen Holzoberflächen von vielen Menschen gewünscht werden.

Auf der anderen Seite besteht natürlich ein berechtigtes Schutzinteresse der betroffenen Personen. Eine mögliche Lösung besteht darin, für einzelne Stoffe mit gesundheitlichen Risikopotenzialen tolerierbare Werte für den dauerhaften Kontakt mit Menschen festzulegen.

Diese Möglichkeit stößt jedoch an ihre Grenzen, da die Zahl der zumeist synthetischen, chemischen Einzelstoffe, mit denen in der Bauwirtschaft umgegangen wird, sehr groß ist. Die üblicherweise in der Innenraumluft als Einzelwert gemessenen flüchtigen Substanzen aus Bauprodukten belaufen sich auf etwa 160 Stoffe. Um Potenzen größer ist die Zahl der gehandelten Rezepturen und Mischungen in Beschichtungen, Klebstoffen, Kunststoffen usw. und damit die anzutreffenden Kombinationen und Wechselwirkungen. Insgesamt wird die Anzahl unterschiedlicher Bauprodukte in Europa auf ca. 300 000 geschätzt, im Rahmen der Globalisierung ist diese vermutlich noch größer. Um einen tolerierbaren Wert für einen Stoff festzulegen, ist ein erkennbarer Zusammenhang zwischen der stofflichen Exposition und einer gesundheitlichen Wirkung erforderlich. Dies geschieht teilweise aufgrund langjähriger Erfahrungen mit einem Stoff oder kann bei neuen Produkten aus aufwendigen toxikologischen Untersuchungen abgeleitet werden. Liegt ein bekannter und eindeutiger Zusammenhang vor, wird von »spezifischen Gesundheitsstörungen« gesprochen, wie z. B. bei manchen Allergien und asthmatischen Erkrankungen (Formaldehyd, Hausstaub, Schimmelpilze usw.) oder bei zahlreichen Krebserkrankungen (Tabakrauch, Benzol, Radon, Asbestfasern usw.).

Sehr häufig äußern sich die gesundheitlichen Störungen jedoch eher unspezifisch als Reaktion auf das Zusammenwirken mehrerer schädigender Einflüsse. Dabei kann es sich um sensorische Effekte handeln

natureplus-Zeichen /-*label:* fördert den Einsatz von nachwachsenden Rohstoffen aus nachhaltiger Landwirtschaft www.natureplus.de *promotes the use of renewables from sustainable sources* www.natureplus.org

GUT-Zeichen /-*label:* begrenzt neben den Emissionen im Innenbereich eine Reihe weiterer umwelt- und gesundheitsgefährdender Stoffe in Textilbelägen www.gut-ev.de *limits indoor emissions and other environmental and health hazards of carpeting*

Emicode-Zeichen /-*label:* begrenzt die Emissionen von Klebern, Haftgrund, Spachtelmassen und anderen Verlegewerkstoffen im Innenbereich www.emicode.de *limits indoor emissions of adhesives, primers, fillers, and other flooring products*

FSC-Zeichen /-*label:* zertifiziert die Herkunft von Holz- und Holzprodukten aus nachhaltiger Forstwirtschaft www.fsc-deutschland.de *certifies wood and wood products from sustainable sources* www.ic.fsc.org

(Geruch, Unwohlsein), um neurovegetative (Kopfschmerzen, Müdigkeit, Konzentrationsstörungen) oder um irritative (Nase, Rachen, Augen, Haut usw.). Für die Symptome gibt es entsprechend unspezifische Beschreibungen:
· Sick Building Syndrome (SBS)
· Building Related Illness (BRI)
· Multiple Chemical Sensitivity (MCS)
· Chronic Fatigue Syndrome (CFS)

Bei der Festlegung tolerierbarer Werte muss die unterschiedliche Empfindlichkeit der Menschen beachtet werden. Dabei besteht eine große Bandbreite zwischen Kindern und Erwachsenen, Vorgeschädigten und Kranken oder speziell sensibilisierten Menschen.

Handlungsgebot
Die Planung gesunder und umweltschonender Gebäude verlangt einen ständigen Optimierungsprozess in allen Existenzphasen eines Bauprodukts – von der Produktion, der Auswahl bis hin zur Anwendung. Notwendige Grundlage dafür ist die Kenntnis der Zusammensetzung, der Eigenschaften und der Risiken. Wichtig ist daher eine umfassende Deklaration der Baustoffe. Für die Vermarktung von Bauprodukten auf dem europäischen Binnenmarkt dient die Bauproduktenverordnung (BauPVO) mit ihren »harmonisierten Anforderungen«. Produkte, die diese Kriterien erfüllen, erhalten das CE-Konformitätszeichen und dürfen in der EU vertrieben werden. Mit ihrer Neufassung 2013 wurde die BauPVO um die »Nachhaltige Nutzung natürlicher Ressourcen« erweitert. Basisanforderungen der BauPVO an die Deklaration von Eigenschaften:
1. mechanische Festigkeit, Standsicherheit
2. Brandschutz
3. Hygiene, Gesundheit und Umweltschutz
4. Sicherheit und Barrierefreiheit bei der Nutzung
5. Schallschutz
6. Energieeinsparung und Wärmeschutz
7. nachhaltige Nutzung der natürlichen Ressourcen
Die Basisanforderung 3 der BPV »Hygiene,

Gesundheit und Umweltschutz« erläutert: »Das Bauwerk muss derart entworfen und ausgeführt sein, dass es […] weder die Hygiene noch die Gesundheit von Arbeitnehmern, Bewohnern und Anwohnern gefährdet und sich über seine gesamte Lebensdauer hinweg weder bei Errichtung noch bei Nutzung oder Abriss insbesondere durch folgende Einflüsse übermäßig stark auf die Umweltqualität oder das Klima auswirkt«, z.B.:
· Emission von gefährlichen Stoffen, flüchtigen organischen Verbindungen (VOC), Treibhausgasen oder gefährlichen Partikeln in die Innen- oder Außenluft
· Freisetzung gefährlicher Stoffe in Trinkwasser, Grundwasser, Meeresgewässer oder Boden

Um diese Anforderung erfüllen zu können, regelt ergänzend dazu z.B. seit 2001 DIN EN ISO 16000 die Messung von flüchtigen organischen Verbindungen (VOC – Volatile Organic Compounds) als Einzelstoffe und

als Summenparameter (TVOC – Total Volatile Organic Compounds). Diese haben einen Siedebereich von ca. 50 bis 260 °C und kommen besonders häufig in Farben, Lacken und Klebern vor.

Produktdeklaration
Die Umsetzung der BauPVO und des umwelt- und gesundheitsverträglichen Bauens erfordert die Kenntnis der jeweiligen Produkteigenschaften. Eine umfassende Deklarationspflicht der Hersteller ist die wichtigste Voraussetzung dazu und schafft die notwendige Transparenz.

REACH-Richtlinie
Die mit der EU-Chemikalienverordnung in Kraft getretene REACH-Richtlinie (REACH – Registration, Evaluation, Authorisation and Restriction of Chemicals) aus dem Jahr 2007 legt fest, dass alle bereits im Handel befindlichen Produkte bis 2010 und alle neuen auf bestimmte Umwelt- und Gesundheitsgefährdungen zu untersuchen und zu

Struktur der DGNB/*Structure of the DGNB*

Schutzgüter / *resources to be protected*	natürliche Umwelt, natürliche Ressourcen, Gesundheit, ökonomische Werte, soziale und kulturelle Werte, Schutz / *natural environment, natural resources, health, economic values, social and cultural values, protection*		
Schutzziele / *protection goals*	Schutz der Umwelt / *protecting the environment* Schonung der natürlichen Ressourcen / *conserving natural resources*	Senkung der Lebenszykluskosten / *reducing life-cycle costs* Erhalt ökonomischer Wert / *maintaining economic values*	Sicherung von Gesundheit + Behaglichkeit im Gebäude / *securing health and well-being in the building* menschengerechtes Umfeld / *humane environment* Erhalt soz. + kultureller Werte / *maintaining social and cultural values*
Bewertung / *assessment*	ökologische Qualität / *ecological quality* 22,5 %	ökonomische Qualität / *economic quality* 22,5 %	soziokulturelle und funktionale Qualität / *socio-cultural and functional quality* 22,5 %
	technische Qualität / *technical quality* 22,5 %		
	Prozessqualität / *process quality* 10 %		
	Standortqualität / *site quality*		

Alexander Rudolphi, studierte an der TH Darmstadt und der TU Berlin (Bau- und Verkehrsingenieurwesen); 1995 Mitbegründer und Geschäftsführer der Gesellschaft für ökologische Bautechnik Berlin (GfÖB); 2007 Mitbegründer und Gründungspräsident der Deutschen Gesellschaft für Nachhaltiges Bauen (DGNB); seit 2011 Business Unit Manager des Arcadis-Geschäftsbereichs GFöB in Berlin.

Alexander Rudolphi attended TH Darmstadt and TU Berlin (civil and transport engineering); 1995 co-founder and executive director of the Corporation for Sustainable Building Technology Berlin (GfÖB); 2007 co-founder and founding president of the German Sustainable Building Council (DGNB). Since 2011 he has been business-unit manager at Arcadis-GFöB in Berlin.

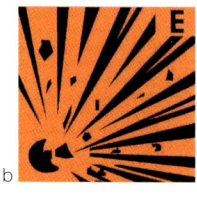

5 c

deklarieren sind. Eine Neubewertung kann bei Altprodukten zu einem Verbot oder einer Verwendungsbeschränkung führen. Die Deklaration erfolgt über sogenannte Gefährlichkeitsmerkmale, bis 2013 bezeichnet als Risiko-Sätze oder R-Sätze. Grundsätzlich sind sie kennzeichnungspflichtig. 2013 wurden die R-Sätze durch H-Sätze (engl. Hazard Statements) ersetzt. Diese beschreiben die Gefährdungen durch chemische Stoffe und Gemische differenzierter. Auch sie sind in den Sicherheitsdatenblättern der Produkte anzugeben.

VOC-Verordnung
Eine weitere Deklarationspflicht ergibt sich aus der »VOC-Verordnung«. Die europäische Richtlinie von 1999 wurde auch in Deutschland übernommen. Hersteller müssen den Anteil an flüchtigen organischen Bestandteilen mit einem Siedepunkt von maximal 250° in einem Produkt in g/l angeben. Diese Angaben sind ebenfalls im Sicherheitsdatenblatt zu finden, seit 2010 auch am Produkt selbst, z. B. auf Farbdosen.

Die Deklarationsanforderungen der REACH-Richtlinie und der VOC-Verordnung dienen in erster Linie dem Arbeits- und Umweltschutz. Sie bilden daher eine Grundlage für die Bewertung der Umweltgefährdung, die von Produkten bzw. Produktionsprozessen und Ausgangsstoffen ausgeht, deren Stoffdeklarationen auf sensibilisierende, wasser-, boden- und luftschädigende Eigenschaften hinweisen wie z. B. das Merkmal R 59: »Schädigung der Ozonschicht«. Beide Richtlinien nennen Obergrenzen für erkannte Risiken oder Gefahren, unabhängig von Einsatz- und Umweltsituationen. Neuprodukte erhalten in diesem Fall keine Zulassung. Äquivalent benennt die VOC-Verordnung in Anhang 2 zum Schutz der Umwelt zulässige Obergrenzen für den Gehalt an flüchtigen organischen Produktbestandteilen, zumeist Lösemittel. Die Erfassung und Zulassung von Bioziden (Holzschutzmittel, Bläueschutz, pilzhemmende Additive, Topfkonservierer usw.) wird in der Biozid-Richtlinie gesondert geregelt. Die genannten Verordnungen und

Richtlinien beziehen sich immer auf das unverarbeitete Produkt, z. B. auf unverstrichene Farben oder Kleber. Mit der Nennung von Obergrenzen für umwelt- und gesundheitsgefährdende Stoffe und Gemische bilden diese Grenzen den zulässigen Rahmen für das Inverkehrbringen von Bauprodukten – sie ersetzen aber keinesfalls die Optimierungsprozesse bei der Materialauswahl und der Risikobewertung am konkreten Bauprojekt. Allerdings stellen die gesetzlichen Deklarationsanforderungen eine für die Optimierung wichtige Informationsgrundlage dar.

Gesundheits- und umweltverträgliche Materialauswahl
Die allgemeinen Prinzipien (General Principles) des nachhaltigen Bauens regelt die Norm ISO 15392. Sie beschreibt die drei Säulen der Nachhaltigkeit:
• Ökologie
• Soziales
• Ökonomie
und bezieht sich eng auf den Bedarf des Bausektors. Abgesehen vom ökonomischen Aspekt korrespondieren die Schutzziele mit der üblichen Aufteilung von Regelwerken zum Schutz der Umwelt, des Arbeitsplatzes und der Menschen als Nutzer der Gebäude. Analog zum Bewertungssystem der Nachhaltigkeit ist es daher notwendig, bei der Material- und Produktbewertung die angesprochenen Schutzziele zu differenzieren:
• globale und regionale ökologische Wirkungen
• gesundheitsgefährdende Wirkungen
• Gebäudekosten, Dauerhaftigkeit und Werterhalt

Wesentlicher Bestandteil des Optimierungsprozesses ist, bei der Risikobewertung abzuwägen zwischen den ökologischen und sozialen Schutzzielen einerseits und den ökonomischen Möglichkeiten andererseits.

Globale ökologische Wirkungen
Die globalen Umweltwirkungen eines Produkts beziehen sich immer auf den gesamten Lebenszyklus und erfassen daher sämt-

liche Gewinnungs-, Verarbeitungs-, Nutzungs- und Beseitigungsprozesse – »von der Wiege bis zur Bahre«. Als Erfassungsinstrument dient die in der ISO 14040 normierte Ökobilanz (LCA – Life Cycle Assessment). Die Wirkungen werden mit den bekannten Indikatoren wie Treibhauseffekt (GWP – Global Warming Potential), Versauerung (AP – Acidification Potential), Überdüngung etc. zusammengefasst. Die direkten schädigenden Wirkungen auf Mensch und Umwelt können aufgrund fehlender Datengrundlagen noch nicht in der Ökobilanz abgebildet werden. Auf entsprechende Verfahren wird daher an dieser Stelle nicht näher eingegangen, vertiefte Informationen zur Ökobilanz können in der Fachliteratur nachgelesen werden.

Regionale ökologische Wirkungen
Die Nachhaltigkeitsbewertung von Gebäuden in Deutschland basiert auf Einzelabfragen bekannter Umwelt- und Gesundheitsrisiken. Als Grundlage dienen die erläuterten Deklarationsinstrumente: Kenntnis der Produktbestandteile, H-Sätze und VOC-Gehalte im unverarbeiteten Produkt.
Dabei können nur bereits bekannte Eigenschaften mit negativen Wirkungen abgefragt werden – insofern sind diese Fragelisten niemals vollständig und werden bei neuen Erkenntnissen ergänzt.
Bei der Risikobewertung besteht grundsätzlich das Definitionsproblem eines Grenzwerts »nach unten«, also die Frage nach einer Toleranzgrenze. Eine der wichtigsten Abfragen ist z. B. die nach dem VOC-Gehalt des Produkts – der zumeist in Form von organischen Lösemitteln auftritt. Während der Verarbeitung werden diese Verbindungen grundsätzlich freigesetzt und führen zur photochemischen bodennahen Ozonbildung (POCP – Photochemical Ozone Creation Potential), auch »Sommersmog« bezeichnet. Eine tolerierbare Untergrenze kann schon deswegen nicht festgelegt werden, weil es sich um die Summenwirkung von unzähligen kleinteiligen Anwendungen handelt. Für die Risikobewertung und den geforderten Optimierungsprozess gelten hier

Vorsorgewert / *Prevention value*		Gefahrenschwelle / *Danger threshold*
konventionell abgeleiteter Wert / *value extrapolated conventionally*	← Faktor 10 / *factor 10*	wirkungsbezogener begründeter Wert / *value based on effectiveness*

RW I ——————→ **RW II**

| keine gesundheitliche Beeinträchtigung auch bei lebenslanger Exposition / *not detrimental to health, even with life-long exposure* | über das übliche Maß hinausgehende hygienisch unerwünschte Belastung / *unwanted hygienic hazards beyond standard level* | Gesundheitsgefahr anzunehmen / *danger to health assumed* |
| kein Handlungsbedarf / *no need for action* | Handlungsbedarf aus Vorsorgegründen / *action required for prevention purposes* | unverzüglicher Handlungsbedarf aus Gründen der Gefahrenabwehr / *immediate action required to fend off danger* |

5 Symbole für Gefahrstoff-
  eigenschaften:
  a entzündlich: F
  b explosionsgefährlich: E
  c reizend: Xi
  d umweltgefährlich: N
6 Richtwertkategorien

5 *Symbols for characteristics of hazardous materials:*
  a F flammable
  b E explosive
  c Xi irritation
  d N hazardous to the environment
6 *Reference categories*

6

drei Zielsetzungen:
- generelles Vermeidungsprinzip: z.B. Verwendung lösemittelfreier Produkte oder der vollständige Ersatz vorbeugender Holzschutzmittel durch konstruktiven Holzschutz
- »best practice«-Prinzip: Gewählt werden die jeweils besten am Markt erhältlichen Produkte, z.B. mit dem geringsten Lösemittelgehalt.
- kontrollierte Verarbeitung (bei fehlender Alternative): Bauteiloberflächen können werkseitig mit kontrollierter Absaugung beschichtet werden, Neutralisierung und Entsorgung der begleitenden Gefahrstoffe oder Emissionen.

Auf dem Gebiet der Lösemittel hat die Farb- und Lacktechnik einige Erfolge aufzuweisen. Ein modernes Wohn- oder Verwaltungsgebäude kann heute vollständig und weitgehend kostenneutral mit Produkten erstellt werden, die einen maximalen VOC-Gehalt von 3 bis 5% aufweisen. Komplizierter ist die Prüfung auf umweltgefährdende Schwermetalle wie Zink, Chrom, Kupfer, Blei oder Cadmium. Diese verbergen sich oft in Rezepturen als Additive oder treten in Produktionsprozessen auf wie z.B. bei der Gelbchromatierung von Metalloberflächen.
Immer abzufragen sind Pestizide oder Fungizide als Produktbestandteil der früher häufig eingesetzten Holzschutzmittel. Konstruktiver Holzschutz bei Neubauten kann diese vollständig ersetzen. Schwieriger verhält es sich mit Bioziden in Rezepturen, z.B. als Bläueschutz in Holzfensterbeschichtungen. Die Vermeidung scheitert daran, dass die Normung den Bläueschutz unverändert vorschreibt, mit entsprechenden Folgen für die Gewährleistung. Rezepturbestandteile zur Pilzwidrigkeit oder Topfkonservierung sind ohne ausführlich Recherche oft nicht zu erkennen.
Abzufragen ist auch der Gehalt an Halogenen, also Fluor-, Chlor- und Bromverbindungen. Chlorierte und/oder fluorierte Kohlenwasserstoffe (FCKW) und bromhaltige Verbindungen (Halon) schädigen die Ozon-

schicht und fördern den Treibhauseffekt. FCKW als Kältemittel in Klimaanlagen ist unverändert üblich und teilweise nicht zu ersetzen. Seit 2010 verboten sind dagegen Verbindungen mit einem Ozonabbaupotenzial (ODP – Ozone Depletion Potential) wie Tetrachlorkohlenstoff, Trichlorethan, teilbromierte und teilchlorierte Kohlenwasserstoffe (H-FBKW und H-FCKW), Methylbromid und Bromchlormethan.

Praktische Umsetzung
Die Einforderung und Interpretation der entsprechenden H-Sätze ist im normalen Baualltag nicht praktikabel. Hier existieren jedoch Label und Kennzeichnungen, in denen diese Vorbewertungen über zahlreiche Eigenschaften bereits enthalten sind. Für den gewerblichen Umgang mit Bauprodukten gibt es in Deutschland das Kennzeichnungssystem der Deutschen Bauberufsgenossenschaft – den GisCode. Die Mehrzahl der Bauprodukte ist danach eingestuft. Der Umgang ist zumindest den Gewerbetreibenden geläufig, da er den betrieblich notwendigen Arbeitsschutz bestimmt. Der GisCode differenziert die Produkte nach dem VOC-Gehalt und wichtigen gesundheitsschädigenden Eigenschaften wie z.B. sensibilisierenden Bestandteilen. Er kann bei der Auftragsvergabe in Form von Materialvorgaben benutzt werden, z.B. für Dachdecker- und Dichtungsarbeiten die Verwendung wasserdispergierter Bitumenemulsionen, gekennzeichnet mit GisCode BBP 10.
Daneben gibt es produktgruppenbezogene Umweltkennzeichen, in denen die umwelt- und gesundheitsschädigenden Eigenschaften vorbewertet und geprüft sind, wie »nature plus«, »emicode«, »GUT« oder »FSC« (Abb. 3).
Ein wichtiges Label ist der »Blaue Engel«, das RAL-Umweltzeichen (Abb. 2). Mit dem Blauen Engel werden zahlreiche Risiken abgefragt, ausgeschlossen oder auf ein technisch machbares Mindestmaß beschränkt. Dazu gehört vorrangig die Begrenzung des VOC-Gehalts in Klebern oder Beschichtungen, aber auch die Abfrage von Schwer-

metall, umwelt- und gesundheitsschädigenden Farbstoffen, bodenschädigenden Mineralölen usw. Insgesamt gibt es ca. 15 verschiedene Umweltzeichen für Produktgruppen im Bauwesen. Auch das Label RAL-UZ + Kennzahl kann bei Ausschreibungen auch öffentlicher Bauten verwendet werden.

Gesundheitliche Wirkungen während der Gebäudenutzung
Gesundheitliche Schäden bei der Gebäudenutzung sind meistens unspezifisch und das Ergebnis mehrerer zusammenwirkender Einflüsse. Zu nennen ist hier eine mangelhafte Ausführungs- und Technikplanung, die zu fehlerhaften Belüftungsanlagen, Zuglufterscheinungen, Behaglichkeitsstörungen durch starke Temperaturgefälle im Raum und abstrahlende kalte Flächen führt, oder das Emissionsverhalten der Materialien im Innenraum: Die VOC-Konzentration gesundheitsgefährdender Einzelstoffe als auch der TVOC-Summenwerte können erst im fertiggestellten Raum gemessen werden. Daher ist es schwierig, sichere Planungs- und Produktvorgaben zu machen.
Das Deutsche Umweltbundesamt hat deshalb 2007 auf Grundlage langjähriger Untersuchungen folgende Empfehlungen für tolerierbare Konzentrationen veröffentlicht:
- Stufe 1: TVOC-Wert < 0,3 mg/m³: hygienisch unbedenklich, Zielwert
- Stufe 2: TVOC-Wert > 0,3–1 mg/m³: hygienisch noch unbedenklich, erhöhter Lüftungsbedarf
- Stufe 3: TVOC-Wert > 1–3 mg/m³: hygienisch auffällig, befristet (< 12 Monate) als Obergrenze für Räume, die für einen längerfristigen Aufenthalt bestimmt sind
- Stufe 4: TVOC-Wert > 3–10 mg/m³: hygienisch bedenklich, Raum befristet (maximal ein Monat) und bei verstärkter Lüftung nutzbar

In der Praxis hat sich gezeigt, dass neben den mineralischen emissionsfreien Oberflächen die konsequente Verwendung von Produkten mit entsprechender Kennzeichnung im Innenbereich in der Regel zu akzeptablen raumhygienischen Eigenschaften

7

führt. Die Begrenzung der TVOC-Emissionen liegt hier zumeist bei 0,3 – 0,5 mg/m² (Messung des frisch hergestellten Produkts in der Prüfkammer).

Neben den TVOC-Werten werden nach und nach auch Einzelstoffe mit Zielwerten versehen. Diese Innenraumluft-Richtwerte erarbeitet die Ad-hoc-Arbeitsgruppe am Umweltbundesamt. Es gibt zwei Richtwert-Kategorien (Abb. 6): Richtwert I (RW I) ist ein Vorsorgerichtwert, Richtwert II (RW II) ist ein wirkungsbezogener Wert, bei dessen Erreichen oder Überschreiten für empfindliche Personen eine gesundheitliche Gefährdung auftreten kann.

Zurzeit sind ca. 15 Einzelstoffe mit entsprechenden Richtwerten versehen, darunter im Bauwesen häufig anzutreffende Produktbestandteile wie Toluol, Styrol, Terpene, Naphtalin, Benzaldehyd usw. Bei all diesen VOC-Zielwerten für die Innenraumhygiene handelt es sich um nationale Empfehlungen. Gesetzliche oder in technischen Regelwerken genannte Grenz- oder Zielwerte für den Innenraum gibt es nicht. Auf europäischer Ebene werden zurzeit Anforderungen an die Emissionseigenschaften von Bauprodukten erarbeitet. Sie geben die notwendigen Antworten auf die BauPVO-Basisanforderung Nr. 3. Langfristig ist daher damit zu rechnen, dass auch die Emissionseigenschaften Bestandteil der Übereinstimmungskennzeichnung mit dem CE-Zeichen werden. In Deutschland existiert bereits eine geregelte Anforderung als Teil des Zulassungsverfahrens für Bodenbeläge durch das Deutsche Institut für Bautechnik (DIBt). Danach werden die Beläge über ein stufenweises Prüfverfahren auf ihr Emissionsverhalten getestet. Abgefragt werden z. B. der Gehalt an kanzerogen wirkenden Stoffen, der Gehalt an höhersiedenden Stoffen sowie der TVOC-Wert. Bei Einhaltung der geforderten Grenzwerte ist der Belag »geeignet für die Verlegung im Innenbereich«.

Umwelt-Produktdeklaration
Die Umsetzung der BauPVO-Basisanforderung Nr. 3 »Hygiene, Gesundheit und Umweltschutz« erfordert die entsprechende

Deklaration von Produkten. Dies gilt ebenfalls für die aktuelle Erweiterung der BauPVO-Basisanforderung Nr. 7 »Nachhaltige Nutzung der natürlichen Ressourcen«.
Mit dem Vorschlag zur Neufassung der BPV wurde 2009 im europäischen Parlament auch der Vorschlag angenommen, für diese Fragen die Umwelt-Produktdeklaration (EPD – Environmental Product Declaration) als Deklarations- und Nachweisdokument zur harmonisierten Bewertung des nachhaltigen Bauens aufzunehmen. EPDs werden bereits seit mehreren Jahren durch die Hersteller von Bauprodukten freiwillig erstellt. Die deutschen EPDs für Bauprodukte entstehen im Institut Bauen und Umwelt e. V. (IBU) in Kooperation mit dem Bundesministerium für Verkehr, Bau- und Stadtentwicklung (BMVBS; heute: Bundesministerium für Umwelt, Naturschutz, Bau und Reaktorsicherheit – BMUB – und Bundesministerium für Verkehr und digitale Infrastruktur – BMVI) und dem Umweltbundesamt. Sie bilden eine gute Grundlage zur Produktbewertung und -auswahl. In den Dokumenten finden sich sämtliche notwendige Informationen sowohl zur globalen Umweltwirkung (Ökobilanzdaten, Ressourceninanspruchnahme) als auch zu den Bestandteilen, den Produktionsabläufen und den Emissionsmessungen in der Prüfkammer. Insbesondere seit Inkrafttreten der neuen Bauproduktenverordnung im Juli 2013 hat die Zahl der EPDs für Produkte enorm zugenommen.

Zertifizierungssysteme zum nachhaltigen Bauen
Seit etwa zehn Jahren bestehen ganzheitliche Zertifizierungssysteme zum nachhaltigen Bauen, in denen Risiken aus Bauprodukten unterschiedlich differenziert angesprochen werden. In Deutschland werden hauptsächlich diese verwendet:
· das US-System LEED (Leadership in Energy and Environmental Design): Es fragt Umweltqualitäten der Materialien und Wirkungen auf den Innenraum bzw. auf die Nutzung ab; beruht auf US-Normen und lässt sich in vielen Teilen nur mühsam und ungenau auf deutsche oder europäische Normen und Regelwerke übertragen.
· das englische BREEAM (Building Research Establishment Environmental Assessment Method): Es teilt die Themenbereiche anders auf, enthält aber ebenfalls Anforderungen an Materialauswahl, visuelle Qualität (Tageslicht), Beleuchtung, Belüftung und Raumhygiene – Formaldehyd als Einzelwert und VOC-Gesamtgehalt sind anzugeben. Zielwerte gibt es nicht. Für Materialien und Produkte muss eine umweltschonende Gewinnung und Herstellung nachgewiesen werden. Eine differenzierte Bewertung der Umweltgefährdung eines Produkts, der Deklarationssysteme, eine Ökobilanz eines Gebäudes oder eine Anwendung der bestehenden

Gefährdungsmerkmale besteht nicht.
· nationale Zertifizierungssysteme der Schweiz (Minergie-Eco) und Frankreichs (HQE)
· seit 2007 das deutsche DGNB (Deutsches Gütezeichen für Nachhaltiges Bauen), (Abb. 1).

Die derzeitigen europäischen Normungsansätze zum nachhaltigen Bauen, die oben genannten Deklarationssysteme, die EPDs und insbesondere die derzeitigen Empfehlungen zur Raumlufthygiene sind allein im deutschen DGNB-System berücksichtigt. Es ist das jüngste und modernste Zertifizierungssystem und fragt separat mit jeweils mehreren Anforderungen die Schutzziele Ökologie (global und regional), soziale und nutzerbezogene Ziele, Ökonomie sowie Prozessqualität und technische Qualität ab. Anforderungen an Materialien stehen in den entsprechenden Schutzzielen und sind im Bereich der globalen Umweltwirkungen einer lebenszyklusorientierten Ökobilanzierung zu unterziehen. Damit werden Qualitäten der Ressourceneinsparung und der Gewinnungs- und Produktionsprozesse erfasst. Zum Schutz der Umwelt und Gesundheit durch Bauprodukte sind GisCodes, VOC-Gehalte und verschiedene andere Schadstoffe wie Schwermetalle, Biozide oder Halogene ausgeschlossen oder stark begrenzt. Im Rahmen der sozialen Schutzziele an die Raumlufthygiene wird entsprechend den beschriebenen Zielwerten und Einzelstoffnachweisen der als hygienisch unbedenklich geltende TVOC-Wert < 0,3 mg/m³ als Zielwert übernommen.
Das deutsche Zertifizierungssystem wurde von der DGNB über eine lange Phase gemeinsam mit dem damaligen Bundesministerium für Verkehr, Bauen und Stadtentwicklung (BMVBS) erarbeitet. Zahlreiche der angesprochenen Informationen lassen sich auf dem Portal www.nachhaltigesbauen.de vertieft nachlesen. Dabei ist auch auf das Informationssystem »wecobis« (Abb. 7) hinzuweisen. Die DGNB hat mit dem »Produkt-Navigator« eine Plattform entwickelt, auf der Hersteller ihre Bauprodukte mit allen Deklarationen, die für eine anwendungsbezogene Produktbewertung erforderlich sind und die für eine deutsche DGNB-Zertifizierung benötigt werden, bereitstellen können.   DETAIL 07–08/2011

7   Wecobis«: webbasiertes ökologisches Baustoffinformationssystem, www.wecobis.de

7   Wecobis: web-based ecological building-material information system, www.wecobis.de

Anmerkungen:
[1] PCB (polychlorierte Biphenyle) enthalten in Weichmachern, Dichtungsmassen, Anstrich-, Kunststoffen
[2] PAK (polycyclische aromatische Kohlenwasserstoffe) enthalten in teer- und pechhaltigen Farben und Klebern, bituminösen Stoffen

A frequently asked question is: "Must clients and planners be wary of toxins in modern-day building products?" The European Union and federal agencies have developed regulations, and seals of quality indicate that a product conforms to these regulations. Dangerous materials such as asbestos or the insecticide DDT are a thing of the past: major efforts are under way to purge existing buildings of them. In most cases, risk to humans and the environment is related to the dosage, environmental conditions, the manner in which it is employed, etc. Nevertheless, the answer to the question is, "Yes, it is important to be able to recognise, evaluate, and minimise risks."

In Germany's statutes, hazardous materials are defined as having the following properties: a. ranging from flammable to explosive; b. ranging from dangerous to health to highly toxic; c. caustic, irritating; d. carcinogenic; e. dangerous to reproductive health; f. mutagenic and/or g. hazardous to the environment. The aim is to include potential risks and to assess them; in many cases, however, this is a difficult and controversial task.

To assess risk, three criteria are decisive:
1. Estimation of the probability of a risk, e.g. improper usage or accidents in transport
2. Assessment of impact: if damage occurs, can it be easily eliminated, or is the damage more severe or permanent?
3. Assessment of status quo, including pre-existing defects: a substance that is innocuous in one setting could cause severe damage in another.

Accordingly, risk assessment is usually inseparable from the precise location, point in time, and program of the construction project in question. The majority of the substances that we encounter on an everyday basis have the potential to cause harm. Laws alone cannot guarantee that all risks will be eliminated. To determine acceptable levels of a substance, the correlation between exposure to the substance and its effect on human health must be identifiable. This requires data on experience with the substance over the course of several years, or, in the development of new products, elaborate tests to determine toxicity. If a clear link is identified, it is deemed a "specific health disorder": manifestations include allergies and cancer. But the health disorders are often vague responses to the interaction of a number of harmful influences. These may include adverse sensory effects (perceiving a foul odour, feeling unwell), neurovegetative symptoms (headache, fatigue, difficulty concentrating) or irritation of the nose, throat, eyes, skin, etc. Correspondingly, the classifications of illnesses are also vague:
• sick-building syndrome (SBS)
• building-related illness (BRI)
• multiple chemical sensitivity (MCS)
• chronic fatigue syndrome (CFS)

Planning healthy, sustainable buildings requires continually optimising building products – spanning from production, to selection, to applications. Knowledge of chemical makeup, properties and risks is a prerequisite. The 2011 version of the German BPV (now BauPVO; Building Product Regulations) states that if a product is to be sold in the EU and receive a quality seal, manufacturers must provide information regarding the following categories:
1. mechanical strength
2. fireproofing
3. hygiene, health and environmental protection
4. safeguarding usage
5. noise abatement
6. energy savings and thermal protection
7. responsible use of natural resources

In 2007, REACH (Registration, Evaluation, Authorisation, and Restriction of Chemicals) specified that all products available on the market – and subsequently all new products – must be tested and registered by 2010. Products not meeting the criteria could be banned or restricted. In 1999, Germany adopted the EU regulations for Volatile Organic Compounds (VOC). Manufacturers are required to state the VOC content with a maximum boiling point of 250 °C in grams/litre. REACH and VOC Regulations serve primarily to protect the environment and workers who come in contact with the substances.

Selecting health-conscious and "green" materials – ISO Norm 15392 structures the General Principles of Sustainable Construction in 3 categories: a. environment or ecology; b. social aspects; c. economy. However, this classification is strongly oriented to the construction sector. Apart from the economical aspect, the goals for providing protection correspond to those regulating the environment, employment and humans as occupants of buildings. Thus, analogous to systems assessing sustainability, it is also necessary to differentiate the goals regarding protection of health and the environment in the assessment of materials and products:
• global and regional ecological impact
• negative impact on health
• costs, durability and maintenance of value.

Risk assessment, an important step in the optimisation process, seeks to find a balance between ecological and social goals, on the one hand, and economic feasibility, on the other.

Global ecological impact – This always refers to a product's entire life cycle, and therefore takes into account all processes involved, such as extraction of raw material, manufacturing, utilisation and elimination. From cradle to grave. ISO 14040 is a life-cycle assessment tool. The impacts are gauged using well-known indicators such as global warming potential, acidification potential, over-fertilisation, etc.

Regional ecological impact – In Germany the assessment of a building's sustainability is based on a series of questions regarding established risks to the environment and to human health. The instruments have been described above: knowledge of product makeup, risk phrases, and VOG content of products prior to installation. The questions can only address properties with negative impacts that have already been identified. Accordingly, this list can never be complete and is adapted to reflect new findings.

As a rule, in assessing risk, the issue of a "bottom line" arises. One of crucial questions addresses the VOC content – typically coming in the form of organic solvents – of a product. While the product is being installed, the compounds are released, and subsequently participate in photo-chemical reactions. It is impossible to set a tolerable "bottom line" for a number of reasons, including the fact that it would not take into account the cumulative effect of countless miniscule applications.

The three goals of risk assessment and the optimisation process are to:
• Avoid problematic materials whenever possible, e.g. use solvent-free products, or adapt the design so that no wood preservatives are required.
• Best-practice principle – select the highest quality product, e.g. the one with the smallest percentage of solvents.
• If all else fails, use with care. Building component surfaces can be coated under controlled conditions in the workshop.

Practical implementation – Quality seals can help planners save time in implementation. There are two categories: seals guaranteeing that a certain toxin does not exceed allowable levels, and seals that are oriented to certain types of products.

Health impact while using building – Health disorders related to building use are the result of a number of interacting influences that are typically difficult to pinpoint. In practice it has been demonstrated that – aside from selecting emission-free mineral-based surfaces – by consistently using certified products, healthy indoor environments can be created.

"Hygiene, health and environmental protection" – in order to implement the 3rd item on BPV's agenda, the make-up of building products must be revealed. This applies to the 7th item as well. When the proposal for the 2011 version of the BPV was submitted to the European Parliament in 2009, a proposal aiming specifically to harmonise the assessment of sustainable construction was also approved, creating the Environmental Product Declaration. EPDs have been around for years: manufacturers of some building products have provided them voluntarily. The Institute for Construction and Environment (IBU), the Federal Ministry of Transport, Building and Urban Development, and the Federal Environment Agency are responsible for Germany's EPD program, which provides a good basis for selecting and evaluating building products. EPDs contain all relevant information on global environmental impact, as well as the results of the laboratory tests. There are currently 160 EPDs available, and the number continues to grow.

Intelligente Architektur –
Gebäude wie Bäume, Städte wie Wälder

Intelligent Architecture –
Buildings Like Trees, Cities Like Forests

Michael Braungart

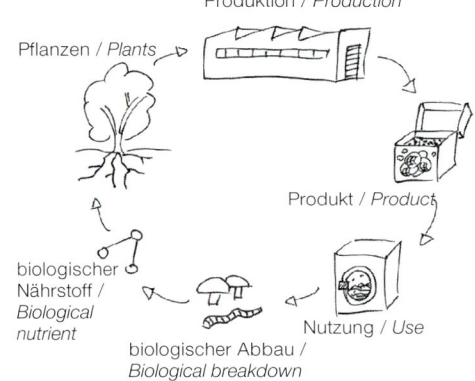

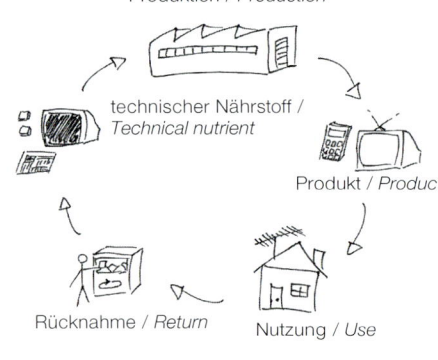

biologischer Kreislauf für Verbrauchsprodukte /
1 *Biological cycle of consumables*

technischer Kreislauf für Gebrauchsprodukte /
Technical cycle of products in daily use

2

Das Ziel eines Architekten besteht darin, ästhetische, vielfältige, sichere und gesunde Gebäude zu entwickeln, die wirtschaftlich, funktionell und ökologisch sind. Um ein solches Gebäude zu konstruieren, bedarf es der Förderung natürlicher, innovativer und intelligenter Systeme – und nicht der ökoeffizienten[1] Vorschriften unserer westlichen Baukultur.

»Der Architekt überblickt die vielen Einheiten, aus denen die Stadt sich zusammensetzt: Wohnkapseln, Businesskapseln, Shoppingkapseln, Entertainmentkapseln, Naturkapseln«, schreibt Friedrich von Borries in seinem Buch zur Ausstellung »Klimakapseln – Überlebensbedingungen in der Katastrophe«, die 2010 im Museum für Kunst und Gewerbe in Hamburg zu sehen war. Das Szenario erscheint im ersten Moment wie eine Zukunftsvision. Wenn wir uns aber bewusst machen, welche Richtlinien ein Architekt heute in seine Arbeit integrieren sollte, kommen wir einem Leben in isolierten Kapseln unangenehm nahe. Energieeinsparverordnungen oder die Dichtigkeit von Gebäuden wurden zum Standard erhoben – sie gelten mit der Forderung nach einem Energiepass selbst für Altbauwohnungen. Wie es dabei um die Luftqualität in Innenräumen bestellt ist, scheint – wenigstens momentan – kaum ein Thema zu sein. Dabei ist die durchschnittliche Belastung der Luft in Innenräumen heute bereits drei- bis vier-

mal höher als die im durchschnittlichen städtischen Außenraum. Vielfach finden sich in Innenräumen Produkte, deren Ausgasungen oft zu drastischen Gesundheitsbeeinträchtigungen führen. Erst in jüngerer Zeit ist eine zunehmende Sensibilisierung für dieses Thema festzustellen, die nun zu einer Diskussion über Schadstoffe führt. Kosten, Ästhetik und Funktion stehen bei der Herstellung der Produkte dennoch meist im Vordergrund.
Laut einer Studie des National Institute of Allergy and Infectious Diseases in den USA ist der Prozentsatz der an Asthma erkrankten Kinder innerhalb des letzten Jahrzehnts von etwa 5 auf 40 % gestiegen. Jeder Dritte in der westlichen Welt ist Allergiker. Unser Zuhause, der Arbeitsplatz, Kindergärten, Schulen, Hochschulen, Restaurants und alle Gebäude, in denen wir uns aufhalten, scheinen abgeschlossene Kapseln zu sein. Sie schotten uns von der Außenwelt ab, ohne einen Luftaustausch zuzulassen – oder haben Sie in ihrem schicken neuen Büro ein Fenster, das man öffnen kann?

Ökoeffizienz – Ökoeffektivität
Die konventionellen Lösungsmethoden resultieren aus dem Bestreben, der Umwelt bzw. der Natur möglichst nicht oder möglichst wenig zu schaden. Bauverordnungen und Industrie haben dieses Ziel verinnerlicht; Gesetze und Vorschriften halten uns an, möglichst wenig Energie zu verbrauchen, um die Umwelt nicht negativ zu beeinflussen. So stellt die Industrie u. a. entsprechende Dämmstoffe her, die dafür sorgen, dass aus einem Gebäude nach Möglichkeit keine Energie entweicht. Entwickelt und produziert werden z. B. verbesserte Heizkörper, die sich schnell erwärmen und dabei gering im Verbrauch sind. Auch dank mehrfachverglaster Fenster wird Energie gespart; die Dichtungen sind so gestaltet, dass sie gut und lange halten. Ob für Dämmmaterial, Heizkörper, Kunststoffrahmen oder Fensterdichtungen gesundheitsschädliche Zusatzstoffe, Chemikalien oder Farben genutzt werden, spielt aber scheinbar keine Rolle – Hauptsache, die Produkte sind von Dauer.

Der Fokus von Regierung und Industrie – sei es beim Hausbau hinsichtlich der verwendeten Baumaterialien oder bei den Einrichtungsgegenständen – liegt auf dem Aspekt der ökologischen Effizienz[2]. Das bedeutet, dass Gebäude bzw. Produkte in Bezug auf ihren Umwelteinfluss zwar weniger schädlich sind, aber nach wie vor nicht unschädlich. Zwar ist der Abrieb der Bremsbeläge bei Autos heute asbestfrei; die Beläge enthalten jedoch dafür krebserregendes Antimon, dessen Feinstaub wir einatmen. Ebenso schwierig gestaltet sich die Wiederverwendung von Reifen, denn das Material kann bei der erneuten Nutzung nur für weniger komplexe Zwecke eingesetzt werden; es verliert an Qualität und somit an Wert. Die Reifen halten zwar länger und es werden weniger Ressourcen verbraucht – die Umwelt wird dadurch scheinbar weniger belastet. Trotzdem ist es nicht zufriedenstellend, Probleme auf diese Art zu lösen. Vielmehr sollten die Produkte von Anfang an »intelligent« produziert werden.

Intelligentes Design beschreibt Kreisläufe
Ein intelligentes Design zeichnet sich dadurch aus, dass die Inhaltsstoffe des Produkts in Kreisläufen zirkulieren – gemäß dem Motto »von der Wiege zur Wiege« (from Cradle to Cradle®) – und nicht von der Wiege zur Bahre. Dabei ist zwischen zwei verschiedenen Kreisläufen für Verbrauchs- und Gebrauchsgüter zu unterscheiden (Abb. 1). Verbrauchsgüter, die während ihrer Anwendung verschleißen und durch Abrieb oder (Ab-)Nutzung in die Umwelt gelangen, zirkulieren im biologischen Kreislauf. Ein Beispiel sind etwa Textilien, die so gestaltet und produziert werden, dass sie ohne schädliche chemische Zusatzstoffe auskommen und damit Teil eines biologischen Kreislaufs sind. Sie werden nach der Nutzung kompostiert und dienen der Natur als Nährstoff. So ist mittlerweile ein hautverträgliches und zur Kompostierung geeignetes T-Shirt auf dem Markt: Es löst keine Allergien aus und kommt ohne umweltschädliche Zusatzstoffe und Farben aus. Alle Inhaltsstoffe und Textilfarben sind

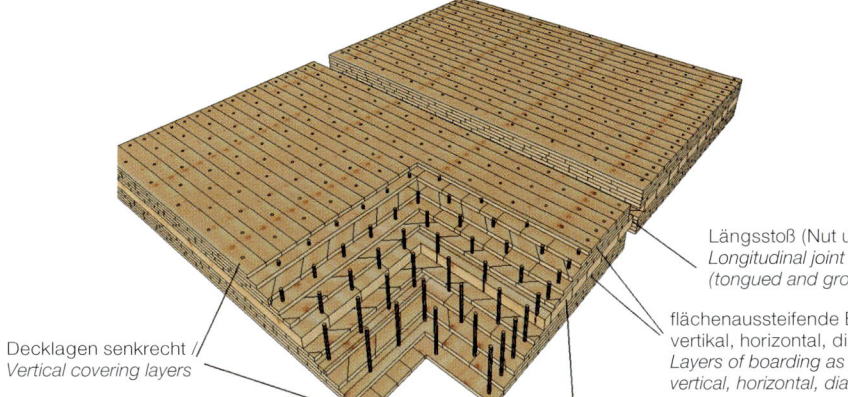

1 Diagramm Kreisläufe
2–4 Holzbausystem Holz100 von Thoma

1 *Diagram of cycles*
2–4 *Holz100 construction system by Thoma*

3

Decklagen senkrecht //
Vertical covering layers

Längsstoß (Nut und Feder) /
*Longitudinal joint
(tongued and grooved)*

flächenaussteifende Brettlagen
vertikal, horizontal, diagonal /
*Layers of boarding as bracing:
vertical, horizontal, diagonal*

statisch tragender Kern senkrecht / *Vertical load-bearing core*

biologisch abbaubar. Um die Komponenten zu optimieren, wurden auch die Zulieferer an der Entwicklung beteiligt.
Dagegen werden Produkte, die nicht verbraucht, sondern lediglich genutzt werden, als Gebrauchsgüter definiert und zur Nutzung an den Kunden lediglich »vermietet«. Diese Strategie des Dienstleistungsprodukts ist sowohl für den Hersteller als auch für den Kunden von Vorteil. Der Hersteller bleibt Eigentümer der wertvollen Materialien, die nach Demontage der Produkte wieder nahezu ohne Qualitätsverlust in den Produktionsprozess einfließen. Der Kunde nimmt nur die Dienstleistung des Produkts in Anspruch, ohne damit jegliche Art einer materiellen Verantwortung zu übernehmen. Waschmaschinen beispielsweise stellen nach Ablauf ihrer Lebensdauer keinen Großmüll für den Kunden dar. Er mietet das Gerät für eine bestimmte Waschleistung, vielleicht über 3000 Waschgänge, inklusive Service, und kann nach Ablauf dieser Zeit eine neuere Maschine mieten. Der Hersteller erhält das Produkt zurück und kann aus den separierten Materialien neue Produkte erstellen. Auch Teppiche für den Objektbereich werden mittlerweile nach diesem Vorgehensprinzip angeboten. Der Teppich wird geleast und nach Ablauf der Mietzeit vom Hersteller abgeholt. Dieser trennt die einzelnen Schichten und setzt sie als Rohstoffe für neue Teppiche ein. Es gehen keine Materialien verloren, es entsteht kein Abfall und der Kunde muss sich nicht um die Entsorgung kümmern. Dieses Prinzip lässt sich auf alle Gebrauchsgüter anwenden.
Vielfach werden von Erzeugnissen Eigenschaften erwartet, die nicht durch einen einzigen Stoff abgedeckt werden können, sondern die Kombination verschiedener Werkstoffcharakteristika notwendig machen. Um Produkte, die sowohl aus biologischen als auch technischen Nährstoffen bestehen, mit dem Cradle-to-Cradle®-Szenario in Einklang bringen zu können, werden bereits während der Entwicklungsphase die Lebenszyklen jedes einzelnen Bestandteils genau definiert (definierte Nutzungsbereiche, »defined use period«) und für eine weitere Verwendung

4

geplant. Dieser Kreislauf ist ein Spiegelbild der gesunden, regenerativen Produktivität der Natur.
Das Cradle-to Cradle®-Prinzip befördert dadurch eine Industrie, die sich beständig verbessert und gleichzeitig Wachstum ermöglicht.
Die Idee der naturnahen Produktion beruht auf drei grundlegenden Prinzipien:
· Abfall bedeutet Nahrung
· Nutzung erneuerbarer Energie
· Förderung von Vielfalt

Cradle-to-Cradle®-Design definiert den Rahmen für die Entwicklung von Produkten und industriellen Abläufen, in denen Materialien zu Nährstoffen werden, die innerhalb eines biologischen oder technischen Kreislaufs zirkulieren.

Gebäude als Bäume
Das Cradle-to-Cradle®-Design betrachtet Gebäude ganzheitlich. Es sieht sie nicht als etwas Unabhängiges, sondern vielmehr als etwas Integratives und Interaktives. Auf der einen Seite ist ein Gebäude eine Art Kapsel, die einen Raum umschließt und uns ästhetisch wie auch physisch beeinflusst. Sie agiert dabei mit dem Innenraum genauso wie mit der Einrichtung und den Gegenständen, die sich darin befinden. Unter diesem Aspekt ist es nur natürlich, Produkte derart

5

5, 6 »Integriertes Wasserkonzept im Block 6« in
Berlin Architekten: Zahn Architektur
7 Adam Joseph Lewis Center for Environmental
Studies, Oberlin College in Ohio (USA), 2001
Architekten: William McDonough + Partners
8–10 Hauptsitz des WWF in Zeist (NL), 2006,
Architekt: Thomas Rau

5, 6 *Integrated Water Concept in Block 6, Berlin;
architects: Zahn Architektur*
7 *Adam Joseph Lewis Center for Environmental
Studies, Oberlin College in Ohio (USA), 2001
architects: William McDonough + Partners*
8–10 *Seat of WWF in Zeist (NL), 2006;
architect: Thomas Rau*

Prof. Dr. Michael Braungart, Chemiker, Verfahrens-
techniker und Autor, gründete 1987 die EPEA Internationale Umweltforschung GmbH in Hamburg. Sein
Schwerpunkt liegt in der Entwicklung und Vermarktung intelligenten und ökoeffektiven Designs. Seit
2008 Professor für den Master-Studiengang »Cradle
to Cradle« an der Erasmus-Universität Rotterdam.

*Prof. Dr Michael Braungart, chemist, process technolo-
gist and author, founded the EPEA Internationale Umweltforschung GmbH in Hamburg in 1987. His main
field of activity lies in the development and marketing of
intelligent and ecologically effective design. Since 2008,
he has been professor for "Cradle to Cradle" master
studies at the Erasmus University, Rotterdam.*

zu gestalten, dass sie für den Innenraum geeignet sind. So hat z. B. eine niederländische Firma den ersten Teppich entwickelt, der die Luft reinigt. Auch sind Farben im Angebot, die für die Reinigung der Raumluft sorgen. Des Weiteren gibt es bereits Einrichtungsgegenstände wie Sofas, Tische und Stühle, die keine Ausgasungen mehr absondern; sie sind sowohl ästhetisch als auch ökologisch und ökonomisch ein Gewinn.

Ebenso wie die Gebäude-Kapseln nach innen wirken, stehen sie auch in wechselseitiger Beziehung mit ihrer äußeren Umgebung. Diese kann beispielsweise einen Lebensraum für Tiere bieten. Begrünungen durch

6

7

Moosdecken etwa filtern Luft und Wasser; auch sollte ein Gebäude die Sonne als natürliche Energiequelle nutzen.

Das Errichten eines Gebäudes ist bei Weitem die größte Einzelquelle für Abfälle. Zudem wird durch falsch verstandenes Recycling die bisherige Umweltbelastung noch verschärft. So eignen sich alte Zeitungen nicht dazu, daraus Dämmmaterial zu produzieren, denn dafür sind sie nicht konzipiert worden.

Zu fordern ist somit ein Produktdesign, das die nächste Nutzung eines Gebäudes bereits von Anfang an einplant – das sogenannte »Design for Reincarnation«. Denn wäre sich jeder der interaktiven Wirkungen von Gebäuden wirklich bewusst, wäre ihre Gesundheits- und Umweltverträglichkeit wohl weit besser.

Partnerschaft mit der Natur
Die Aufgabe eines Architekten sollte es sein, Bauwerke so zu gestalten, dass sie die Umwelt fördern, anstatt zu versuchen, die Schädlichkeit partiell zu vermeiden. Das Ziel besteht darin, den viel besprochenen ökologischen Fußabdruck nicht zu minimieren, sondern vielmehr einen großen, nützlichen Fußabdruck zu hinterlassen. Die Natur eignet sich nicht für menschliche Projektionen. Sie spart nicht, sie verzichtet nicht, sie vermeidet nicht. Das Schuldvokabular der Ökoeffizienz ist auf Naturprozesse nicht anwendbar. Die traditionelle schuldbewusste Denkweise führt zu unästhetischen, geschmacklosen, zerstörungsminimierenden Gebäudekomplexen. Dagegen ist die Natur verschwenderisch und vielfältig. Es ist deshalb besser, ökologische Intelligenz statt ökologischer Effizienz in Gebäuden einzusetzen.

Der Architekt als Nährstoffmanager
Neben den Charakteristika eines kreativen Künstlers ist der Architekt als intelligenter Nährstoffmanager gefordert. Immer mehr Architekten implementieren diese Art von Management in ihre Arbeit.
Bei der Geschäftszentrale der Bionorica AG in Neumarkt in der Oberpfalz (Abb. 14, 15)

von Brummer und Retzer Architekten produzieren ein riesiges Sonnensegel auf dem Dach sowie in die Fassade integrierte Solarzellen über das Jahr hinweg ebenso viel Energie wie das Gebäude verbraucht. Pflanzenreste aus der Produktion befeuern eine Anlage zur Kraft-Wärme-Kopplung. Zudem wurde ein Beton verwendet, dessen Zusammensetzung die Natur nicht belastet. Auch die Fenster werden nach einer festgelegten Zeitspanne wieder als technische Ressourcen dienen.

Das Adam Joseph Lewis Center for Environmental Studies des Oberlin Colleges in Ohio (Abb. 7) von William McDonough + Partners übernimmt stellvertretend die Funktionen eines Baums. Mehrere Gärten im Inneren wie auch außerhalb des Gebäudes, die in Form der verschiedenen Landschaften des Bundesstaats Ohio gestaltet sind, bilden Ökosysteme. Sie säubern die Luft, bereiten Gebrauchswasser auf und fungieren als Rückhaltebecken bei Überschwemmungen. Bei der Produktionshalle von Ford in Detroit dient das Gründach der Starkregenrückhaltung. Damit konnten 30 Mio. Dollar netto an Baukosten eingespart werden.

Die im niederländischen Zeist gelegene Zentrale WWF Netherlands des Architekten Thomas Rau (Abb. 8–10) deckt ihren Heizbedarf durch die Abwärme von Menschen und Maschinen; Solarzellen liefern Energie und heißes Wasser; ein kleines Biomassekraftwerk erzeugt zusätzlich Strom. Lehmputz an Decken und Wänden schafft einen ausgeglichenen Feuchtehaushalt; ein eingeputztes Rohrsystem, durch das Wasser strömt, sorgt für den Temperaturausgleich. Für sein eigenes Büro hat Thomas Rau Cradle-to-Cradle®-zertifiziertes Büromobiliar für fünf Jahre vom Hersteller gemietet. Die Ressourcen gehen anschließend an den Hersteller zurück und werden so recycelt, dass aus ihnen wieder neue, gleichwertige Produkte entstehen können.

Auch im Projekt Integriertes Wasserkonzept im Block 6 in Berlin Kreuzberg (Abb. 5, 6) von Zahn Architektur sind Cradle-to-Cradle®-Designaspekte verwirklicht worden. Hier wird mehr Energie erzeugt als das Gebäude

8

9

Anmerkungen / References:
[1] Ökoeffizienz ist der Quotient aus dem wirtschaftlichen Wert eines Produkts und dem Verbrauch von Ressourcen und Energie bei seiner Herstellung.
[2] Ökoeffektivität beschreibt Produkte, die entweder als Nährstoffe in biologische Kreisläufe zurückgeführt oder kontinuierlich in technischen Kreisläufen gehalten werden können.
[1] *"Ecological efficiency" describes the quotients derived from the economic value of a product and from the use of resources and energy in its manufacture.*
[2] *"Ecological effectiveness" is a term used to describe products that are either returned to biological cycles in the form of nutrients, or that can be retained continuously in technical circulation.*

selbst verbraucht. Auch die Baumaterialien sind gezielt hinsichtlich ihrer Kreislauffähigkeit ausgewählt.
Der erste Cradle-to-Cradle®-zertifizierte Baustoff war Holz100 von Erwin Thoma aus dem österreichischen Goldegg (Abb. 2–4). Alle Lagen dieses Holzbausystems sind rein mechanisch mit Holzdübeln verbunden. Neben dem guten Raumklima erzielt die Konstruktion gute Werte im Hinblick auf Wärmedämmung und Brandschutz. Wird das Haus demontiert, können die Bauteile in die Fabrik zurückgebracht werden. Ein Roboter entfernt die Dübel und nimmt die Brettschichten auseinander; aus den wiedergewonnenen Brettern kann ein neues Bauwerk entstehen.

Echte Nährstoffkreisläufe ohne Umweltbelastung
Gebäude als interaktive, ökologische Kapseln sind selbstverständlich standortabhängig. Sie respektieren und fördern Vielfalt von natürlichen Lebensformen ebenso wie lokale kulturelle Gegebenheiten. Die traditionellen Anforderungen an ein Gebäude wie Kosten, Ästhetik und Funktion werden durch ökologische Intelligenz und Lebensfreude ergänzt. Dieser erweiterte Anforderungskatalog für ein Gebäude bedeutet eine gezielte Auswahl an Materialien, um sie, anders als es heute der Fall ist, wieder in technischen Nährstoffkreisläufen zirkulieren zu lassen.
Derzeit gehen beispielsweise bei der Herstellung von Baustahl immer noch wertvolle Buntmetalle durch primitives Recycling von Autos verloren. Außerdem sind Baustoffe wie Zement und Beton ohne schädliche Additive und problematische Zusatzstoffe zu konzipieren, die die Kontamination der Biosphäre weiter vorantreiben. Nur dann können echte Nährstoffkreisläufe entstehen, ohne die Umwelt zu belasten.
Ein solches Gebäude zu entwickeln, erfordert einen erheblichen Gestaltungs- und Regelungsbedarf. Vivian Loftness und Volker Hartkopf haben dies in ihrer Studie »Intelligent Workplace« für den Büroalltag vorgeführt. In Zusammenarbeit mit verschie-

denen Hightech-Firmen haben sie eine vollautomatische Bürofassade entwickelt, die im Sommer die Wärme ausleitet und im Winter speichert sowie als Heizung dient. Solche Standards könnten vielfältig angepasst und an den menschlichen Bedürfnissen orientiert sein.
Es ist für unsere Zukunft unabdingbar, ganzheitlich auf das Szenario »Gebäude-Kapsel« zu blicken. Berücksichtigt werden muss ihre Interaktion und Adaption hinsichtlich ihrer inneren und äußeren Umwelt. Dabei sind Bedürfnisse aller natürlichen Systeme aktiv zu fördern – gemäß der Idee »von der Wiege zur Wiege«.
DETAIL 12/2010

Literatur / References:
Braungart, M.; Kälin, A.; Rivière, A.: Life Cycle Development und Entwicklungskooperation mit Rohner Textil AG, ufw., Heft 3, 09/2002
Braungart, M.; McDonough, W.: Cradle to Cradle. Remaking the Way We Make Things. New York 2002
Braungart, M.; McDonough, W.: Einfach intelligent produzieren. Cradle to Cradle: Die Natur zeigt wie wir Dinge besser machen können. Berlin 2003
Clements-Croome, Derek (Hrsg.): Creating the productive workplace, London 2000
Myers, Timothy: Pediatric Asthma Epidemiology: Incidence, Morbidity and Mortality, Respir Care Clin N Am, 6 (1), 2000, S. 1–14
von Borries, Friedrich: Klimakapseln. Überlebensbedingungen in der Katastrophe. Berlin 2010
von Uexküll, Ole u. a.: Antimony in brake pads – a carcinogenic component? In: Journal of Cleaner Production, Heft 13, 1, 2005, S. 19–31
www.epea.com
http://c2c.mbdc.com/c2c/listphp?order=type

10

11

It must be the aim of every architect to create aesthetic, varied, safe and healthy buildings that are economic to erect and operate, as well as functional and ecologically sound. To build a structure that meets this description, one must support natural, innovative, intelligent systems – not just the regulations for ecological efficiency familiar from in Western building culture.

"The architect has an overview of the many elements that go to make up the city: housing capsules, business capsules, shopping capsules, entertainment capsules, nature capsules," wrote Friedrich von Borries in his book to accompany the exhibition "Climatic Capsules – Conditions for Survival in the Catastrophe", which was on view in summer 2010 in Hamburg.
At first sight, the scenario might seem to be part of some vision of the future. Yet when regarding the guidelines an architect has to follow in his or her work today, one seems to be uncomfortably close to an existence in discrete capsules. Regulations to save energy and others governing the density of building developments have become standard procedure. Now a call has been made to introduce an energy pass, even for older dwellings. On the other hand, the quality of the air in indoor spaces would scarcely seem to be an important factor – or not for the moment, at least – although whereby the average pollution load in indoor spaces today is three to four times higher than that of the average urban air. In many cases, products are kept indoors that emit gases which can pose a serious danger to health. Only in recent times has there been greater sensibility in this area, linked to a discussion about toxic substances and pollutants like formaldehyde, wood preservatives, detergents, PCB, asbestos and mineral wool. In the case of most of these products, though, aesthetics and function play a major role. According to a study made by the National Institute of Allergy and Infectious Diseases in the US, the number of children suffering from asthma has risen from roughly 5 to 40 percent over the past decade; and one person in three in the Western world has

an allergy. Our homes and workplaces, our kindergartens, schools, universities, restaurants and all those buildings in which we dwell for a longer period seem to be sealed compartments, closing us off from the outdoor realm without permitting a change of air – or do you have a window you can open in your smart new office?

Ecological efficiency and effectiveness
Conventional solutions to this reflect the wish to impair the environment and nature as little as possible. Precepts of this kind have been enshrined in building regulations and adopted by industry. Legislation and regulations urge us to consume as little energy as possible in

order to minimise the negative effects on the environment. Industry, therefore, produces the appropriate insulation for that purpose, which ensures that no energy (or as little as possible) escapes from a building. More effective radiators are developed that heat up quickly and are economical in use. Similarly, double-glazed windows are manufactured in an energy-saving form: they provide a good seal and have a long life. Whether harmful additives, chemicals or paints are needed to manufacture insulating materials, radiators, plastic frames or window seals would not seem to be of primary importance. The main thing is that the products can be kept in place for a long time.

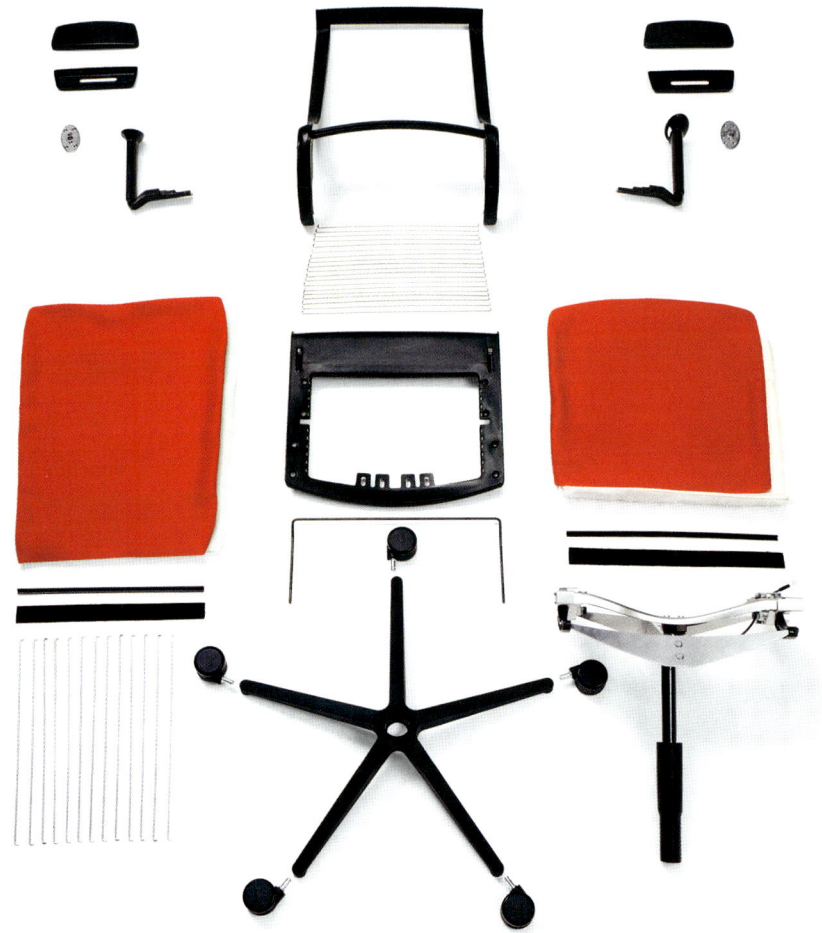

12

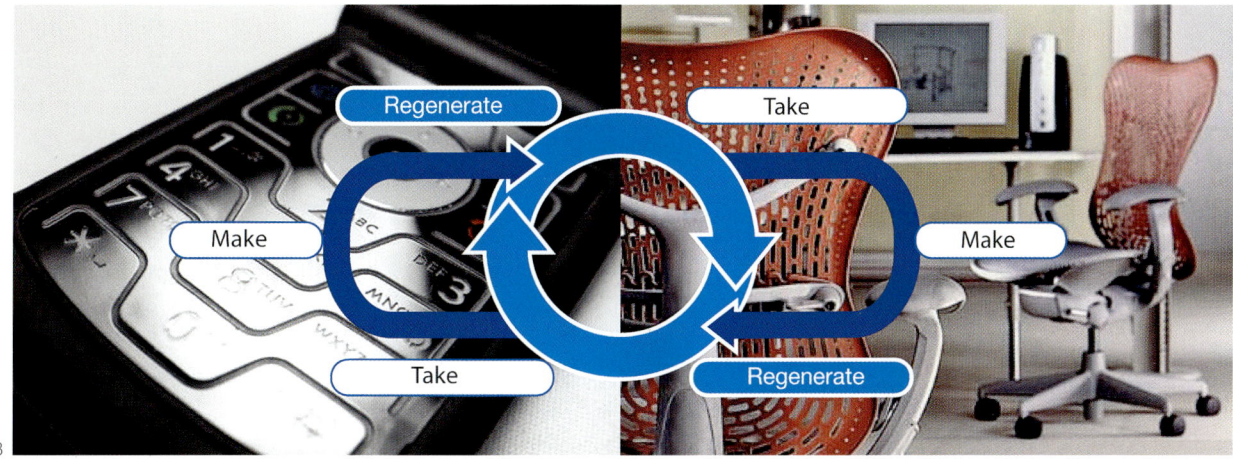

Regenerate · Make · Take · Take · Make · Regenerate

13

In terms of housing, the focus of governments and industry alike is on ecological efficiency, whether in terms of the materials used or the fittings and finishings. In other words, the building and the products used in it should be "less harmful" environmentally, though that does not mean harmless. Today, the brake-lining material that is removed by friction is free of asbestos, but the linings contain carcinogenic antimony, which we inhale as fine dust. Similarly problematic is the reuse of tyres, because the material is suitable only for less demanding purposes. Tyres last longer, and fewer resources are needed for their production, so that the environment seems to be less heavily emburdened. But solving problems in this manner is not very satisfactory. Instead, the goods should be produced in a simple, intelligent manner.

Intelligent design creates cycles
From the very outset, products should be designed in an intelligent way. In other words, they should possess a form that allows their contents to continue to be used in repeated cycles according to the motto "from cradle to cradle" and not from cradle to grave. For that reason, one should differentiate between two different kinds of cycle: those for commodities and those for consumer durables.
Commodities that wear away with use and enter the environment as a result of friction are in biological circulation. Examples of this are textiles designed and produced in such a way that they exist without harmful chemical additives and can rotate in a biological cycle without causing any problems. After use, they are turned to compost and serve nature as a form of nourishment.
In this way, a T-shirt has been brought on to the market that is easy on the skin and ultimately suitable for the compost heap. It causes no allergies and requires no environmentally harmful additives or colours. All contents and textile colours were defined positively, and to optimize the components, the suppliers were also involved in the development.
In contrast, products that are used, but not to the point of exhaustion, are defined as "consumer durables". These can be leased to the

client. This strategy of the service product is of advantage for both the manufacturer and the user. The manufacturer retains ownership of the valuable materials, which are ultimately dismantled and fed back into the production process with virtually no loss of quality. The client avails himself solely of the service provided by the product without assuming any material responsibility. In this way, for example, washing machines, after their useful life has come to an end, do not pose a large-scale refuse problem for the customer. He leases the apparatus for a certain service – more than 3,000 washing processes perhaps. After expiry of the agreed term, the client can lease a new piece of equipment. The manufacturer takes the machine back into his own hands and can separate out the materials to make new products from them.

Carpets for a particular object range are also available now for this kind of approach. The carpet is leased and, after expiry of the relevant period, is taken back again by the manufacturer. He then separates the various layers and uses them as raw materials for new carpets. In this way, no material is lost, and there is no waste; nor does the customer have to worry about disposal. This principle can be applied to all consumer goods.
In many cases, specific properties are expected of materials that cannot be met by a single substance, only by a combination of material qualities. In order to bring materials that consist of biological and also technical nutrients in harmony with the Cradle to Cradle® scenario, the life cycles of each component are defined as early as the development phase of each individual element ("defined use period"), and a further use is planned. This cycle (metabolism) reflects a healthy regenerative productive process in nature. Cradle to Cradle® thus gives rise to an industry that is constantly improving itself and that facilitates growth at the same time.
A concept of production close to nature is based on three principles:
· waste matter means nourishment;
· the use of renewable forms of energy;
· the support of diversity.

Cradle to Cradle® design defines the parameters for the development of products and industrial processes in which materials become forms of nourishment within a biological or technical cycle.

Buildings like trees
Cradle to Cradle® design takes a holistic view of buildings. It regards them as something integrative and interactive, not something independent. On the one hand, a building is like a capsule enclosing space and exerting an aesthetic and physical influence on us. It reacts with the internal space and with the furnishings and fittings within it. In this light, it would seem only natural to design products suited to the internal space.
A Dutch firm, for example, has developed the first carpeting that is cleaned by the air. There are also paints that help clean the indoor air. Furnishings like sofas, tables and chairs have been created that do not emit gases. They are aesthetically pleasing as well as an ecological and economic gain.
Our "building capsules" are effective internally. At the same time, a mutual relationship exists with the surroundings: these may offer a habitat for animals, for example. Plantings, like a moss covering, serve to filter the air and water. Similarly, a building should exploit the sun as a source of energy. The erection of a building is by far the biggest single source of waste. What is more, recycling that is wrongly understood can increase the existing burden on the environment. Old newspapers, for example, are not appropriate for making insulation. Support should be given to product design in which the planning of the subsequent use of a building is considered from the outset – what is sometimes known as "design for reincarnation". If people were really aware of the interactive effects of buildings, the health aspects and environmental compatibility of such structures would be much better.

Partnership with nature
The responsibility of an architect should lie in designing buildings in such a way that they support the environment, rather than just seeking to avoid partial damage. The goal is

14

14, 15 Geschäftszentrale der Bionorica AG in
Neumarkt / Oberpfalz, 2007, Architekten:
Brummer und Retzer

14, 15 Bionorica AG business centre in Neumarkt,
Upper Palatinate; 2007
architects: Brummer and Retzer

not to minimise the much discussed "ecological footprint", but to leave behind a large and useful footprint. Nature is not suitable for human projections. It does not save; it does not do without things; it does not avoid things. The guilty talk of ecological efficiency cannot be applied to natural processes. Man's traditional way of thinking and suffering from a guilty conscience, lead to unaesthetic, tasteless building developments that simply seek to minimise destructive trends. Nature, in contrast, is extravagant and manifold. For that reason, it is better to invest buildings with ecological intelligence and efficiency.

The architect as a manager of nutrients

As well as possessing the attributes of a creative artist, the architect is called upon to act as an intelligent manager of nutrients. More and more architects are undertaking this kind of management in their work.

In the Bionorica business centre in Neumarkt, Upper Palatinate, by Brummer and Retzer Architects (ills. 14–15), a huge solar sail on the roof and solar cells in the facade generate as much energy in the course of the year as the building uses. The remains of vegetation produced by the firm are used to fire the combined heat and power plant. In addition, a concrete mix was used that does not pose a burden to nature. After a predetermined time, the windows, too, will be used again as technical resources.

Oberlin College, Pittsburgh, by the architects William McDonough + Partners assumes the functions of a tree (ill. 7). Various landscapes in Ohio form internal and external ecological systems for the building, purifying the air, preparing waste water for reuse and functioning as a flood-retention basin. In the Ford production hall in Detroit, the planted roof forms a retention tank for storm water. In this way, it was possible to save $30 million net construction costs.

The WWF Netherlands centre in Zeist by the architect Thomas Rau (ills. 8–10) covers its own heating needs from the thermal radiation of human beings and machinery. Solar cells provide energy and hot water, and a small biomass plant generates additional electricity.

Loam plaster to the walls and ceilings ensures a moisture balance within the building; and a water-bearing pipe system beneath the plaster helps to balance temperatures.

For his own office, Thomas Rau has leased furnishings certified by Cradle to Cradle® from the manufacturer for five years. At the end of this time, the objects will be returned to the maker and recycled in such a way that new products will be created once more.

Cradle to Cradle® design features are also incorporated in the Integrated Water Concept in Block 6, Kreuzberg, Berlin (ills. 5, 6), by Zahn Architecture. More energy is generated there than is needed in the building itself. Even the construction materials were carefully selected with a view to recirculation.

The first material certified by Cradle to Cradle® was Holz100, a wood product by Erwin Thoma from Goldegg in Austria (ills. 2–4). All layers of this timber construction system are mechanically joined together with wood dowels. In addition to the good indoor climate this helps to achieve, it produces positive values in terms of thermal insulation and fire protection. If the building ever has to be dismantled and removed, the components can be returned to the factory. A robot will remove the dowels and take the layers apart, and the boards can then be used to create a new structure.

Genuine nutrient cycles without
environmental burdens

Buildings in the form of interactive ecological capsules are, of course, dependent on the location. They tolerate – indeed, they call for – a variety of natural living forms and local cultural circumstances. The traditional constraints affecting a building, like costs, its aesthetics and function, are complemented by ecological intelligence, equity and joie de vivre. This extended catalogue of requirements implies an extended range of materials to let them be returned to and circulate in technical nutrient cycles. At present, for example, in the context of construction steel, a lot of valuable non-ferrous metals are lost through a primitive recycling of used cars. What is more, building materials like cement and concrete should be conceived in such a way that no harmful or

problematic additives increase the contamination of the biosphere. Only then can genuine nutrient cycles be achieved.

Developing buildings according to these precepts requires great design ability and a high degree of control. This has been demonstrated by Vivian Loftness and Volker Hartkopf in their "Intelligent Workplace" study for everyday office conditions. In collaboration with various high-tech companies, they have developed a fully automatic office facade that ejects heat in summer and stores it in winter, when it is exploited as a source of thermal energy. Standards of this kind can be adapted to the prevailing conditions in many ways and oriented to human needs.

It is essential for our future to regard these topics holistically in the context of the "building capsule" scenario. One has to take their interaction into account and their adaptation to the internal and external environment. The needs of all natural systems should be supported in the process – in accordance with the concept of "from the cradle to the cradle".

15

Kostenbewusstsein als Entwurfs-strategie

Cost Awareness as Design Strategy

Atelier Kempe Thill

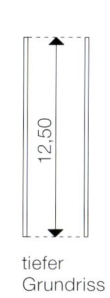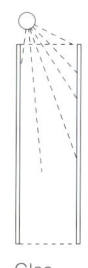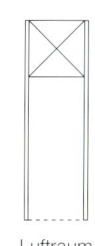

4,80	12,50		
schmaler Grundriss / *narrow floor plan*	tiefer Grundriss / *deep floor plan*	Glas-fassade / *glass facade*	Luftraum / *void*

1

2

Die fortwährende ökonomische Optimierung in der Architektur gewann mit der industriellen Revolution erstmals in größerem Umfang an Bedeutung. Die Architekten erklärten fortan die finanzielle »Aus-mergelung« ihrer Werke nur allzu oft zur neuen architektonischen Errungenschaft mit dem Ziel der kreativen Selbstmotivation. Gedacht sei dabei beispielsweise an Adolf Loos' proklamierte Verdammung des Ornaments, die er vorwiegend ökonomisch begründete, an Le Corbusiers zunächst schmerzhafte, dann zusehends begrüßte Einführung des »Béton brut« oder an Jean Nouvels Verzicht auf jegliche Oberflächen-behandlung im Wohnungsbau. Als aktuel-

3

leres Beispiel sei der Umbau des Palais de Tokyo in Paris von Lacaton & Vassal genannt, der die Ästhetik des »nackten« Rohbaus inszeniert.

Dank industrieller Baumethoden und der politischen Basis der Sozialdemokratie entstanden in der Moderne vermehrt eigens für Menschen am Existenzminimum entwickelte Wohnungen. Der daraus hervor-gehende sozial geförderte Wohnungsbau wurde meist mit kostengünstigem Bauen gleichgesetzt. Öffentliche Gebäude gehör-ten in eine andere Kategorie: Bis in die 1990er-Jahre waren die Budgets für diese in Europa oft weniger stark eingeschränkt, sodass selbst neu entwickelte Konstruktionen und teurere Materialien eingesetzt werden konnten.

Doch während unserer Arbeit als Architekten in den Niederlanden verschob sich das Bild: Nicht mehr nur der Sozialwohnungs-bau, sondern auch lokale und regionale öffentliche Bauprojekte sowie Umbauten und Renovierungen sind in ihren Budgets derart knapp bemessen, dass mittlerweile auch diese Gebäude in die Kategorie »kos-tengünstiges Bauen« fallen. Auf der Suche nach dem optimalen Preis-Leistungs-Ver-hältnis stehen die niedrigen Kosten stets im Vordergrund – meist zulasten der Dauerhaf-tigkeit. Architektur wird mehr und mehr zum Konsumprodukt mit schneller Abschreibung. Parallel dazu wird – nicht zufällig – der Ruf nach Nachhaltigkeit immer lauter: als Symp-tombekämpfung eines strukturellen Fehlers im System. Die Ursachen der Entwicklung sind komplex. Teilweise liegen sie in den steigenden Lohnkosten und der dezentralen Verteilung des Geldes, vor allem aber im Neoliberalismus und dem Schwinden der Rolle der öffentlichen Hand.

Entwurfsstrategien sind für Architekten ent-scheidend, um mit dieser Entwicklung positiv umzugehen. Der Druck der finanziellen Mittel ist mittlerweile meist so groß, dass es fast unmöglich scheint, wirklich hochwertige Architektur zu schaffen. Seit Gründung un-seres Büros im Jahr 2000 arbeiten wir daher an Strategien zur Realisierung kostengünsti-ger und dennoch hochwertiger Bauprojekte.

Inspirierende Kompaktheit

Einer der Schlüsselfaktoren, ein kostengüns-tiges Projekt überhaupt realisieren zu kön-nen, ist dessen Kompaktheit. Da die Fassa-de bis zu 33 % der gesamten Baukosten ausmacht, sollte das Verhältnis von Nutz-fläche zu Fassadenfläche möglichst günstig sein. Gelingt es, den Fassadenanteil eines Baukörpers zu verringern, so können die gesparten Mittel direkt in hochwertigere Materialien investiert werden. Ein kompakter Baukörper bietet zudem bessere ökologi-sche Grundbedingungen, da die Energie-werte optimiert werden und der Material-verbrauch gering bleibt. Im Wohnungsbau lässt sich zudem eine höhere Anzahl von Einheiten pro Grundfläche realisieren – ein Argument, das für den Auftraggeber von großer Bedeutung sein kann.

Form follows budget

Am Anfang eines Entwurfs steht die ent-scheidende Frage, welche Formgebung geeignet ist. Im Gegensatz zur Beliebigkeit der aktuellen Entwurfshaltung, die allzu oft die Auffassung »anything goes« vertritt, wägen wir sorgfältig ab, ob z. B. eine strin-gente rechtwinklige Struktur einer kontextuell amorphen oder konzentrischen Form vor-zuziehen ist oder umgekehrt. Neben einer guten Nutzbarkeit des Gebäudes ist jedoch entscheidend, ob sich eine Form innerhalb des zur Verfügung stehenden Budgets und der anwendbaren Technologien überhaupt realisieren lässt. Für die meisten Bauaufga-ben – sowohl Wohnbauten als auch durch-schnittlich geförderte öffentliche Projekte in der Eurozone – können im Grunde nur rechtwinklige Gebäude mit einem guten Preis-Leistungs-Verhältnis umgesetzt und detailliert werden.

Lernen von Rom

Der Ausgangspunkt unserer Entwürfe liegt in der Überzeugung, dass ein großzügig be-messener und gut durchdachter Grundriss die beste Voraussetzung für ein anspruchs-volles Gebäude ist. Architektonische Quali-tät entsteht durch die Anwendung eines klassischen Arsenals an Entwurfsprinzipien.

4

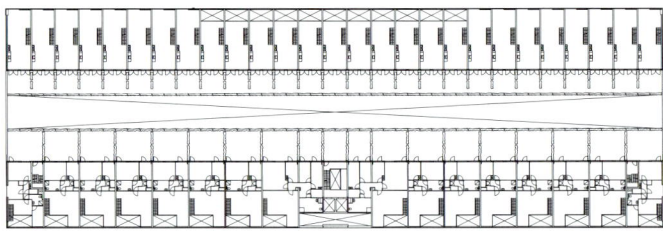

5

4–6 Apartments und Reihenhäuser in
Den Haag-Moerwijk, 2011; Renderings,
Grundriss, Maßstab 1:1500
7 Schemata Kompaktheit von Punkthäusern
8–10 Atriumhaus »Neue Vahr« in Bremen, 2012;
Renderings, Grundriss, Maßstab 1:1000

4–6 Apartments and row houses in Den Haag-Moerwijk,
2011; renderings, floor plan, scale 1:1500
7 Schematics, compactness of nodal building
structures
8–10 Atrium house, »Neue Vahr« in Bremen, 2012;
renderings, floor plan, scale 1:1000

Darunter verstehen wir im Wesentlichen strukturelle Logik, prototypisches Potenzial, angenehme Proportionen und ein wohl-dosiertes Maß an Monumentalität und Erhabenheit, verbunden mit einer zurückhaltenden Formensprache und einer gewissen Unbestimmtheit. Ganz im Sinne von Mies van der Rohe sollte es nicht darum gehen, interessante, sondern gute Gebäude zu entwerfen, deren Zeitlosigkeit sie nachhaltig macht. Trotz aller Zweckgebundenheit müssen Gebäude einen autonomen Charakter und eine »konfrontierende Leere« aufweisen, um Aktivitäten zu stimulieren. Die Nutzer können so den zur Verfügung stehenden Raum erobern und füllen, statt dem gestalterischen Willen des Architekten in allen Bereichen passiv ausgeliefert zu sein.

Kompakter Zeilenbau mit Leerräumen
Der Zeilenbau ist eine für die Niederlande typische Bauform von Wohngebäuden. Als Standardmaße für die Abmessung von Zeilenwohnungen gelten in städtebaulichen Planungen meist 6 × 10 m für Reihenhäuser und 7,80 × 12 m für Etagenwohnungen mit Laubengangerschließung. Unsere Erfahrung hat jedoch gezeigt, dass diese Maße den aktuellen Anforderungen nicht mehr entsprechen, da die Fassadenfläche im Verhältnis zur Nutzfläche zu groß ist, um innerhalb der niedrigen Budgets ansprechende Gebäude mit hochwertigen Materialien realisieren zu können. Gerade die Kosten für Fassaden, die ohnehin einen hohen Anteil der Gesamtkosten ausmachen, sind im Zuge der neuen Wärmeschutzverordnungen in den letzten Jahren weiter angestiegen, eine Tendenz, die sich voraussichtlich in den kommenden Jahren fortsetzen wird. Um die Kosten zu senken, müssen wir daher das Achsmaß optimieren. Bei Reihenhäusern und Maisonette-Wohnungen lassen sich mit Achsmaßen von ca. 4,80 m noch sehr gute und flexible Grundrisse erreichen, bei Etagenwohnungen ist ein Achsmaß von mindestens 7,20 m erforderlich. Auf diese Breiten müssen die Gebäudetiefen abgestimmt werden. Bei Reihenhäusern sind Tiefen von 12,50 bis 15 m zu empfehlen, für

Etagenwohnungen 14–18 m. Im Vergleich zu den Standardmaßen kann der Fassadenanteil so auf ca. 75 % gesenkt und gleichzeitig kostenmindernd die Decken- und Dachspannweite verkürzt werden. Um das Gefühl räumlicher Enge zu vermeiden, setzen wir großzügige Glasfassaden ein, die eine höhere räumliche Qualität erzeugen als breitere Grundrisse mit kleinen Fenstern. In die große Gebäudetiefe können auch Räume, die sich über zwei Etagen erstrecken, relativ preiswert integriert werden. Die Lufträume sorgen für eine optimale Lichtsituation im Inneren und verstärken die räumliche Hierarchie und Großzügigkeit. Die Verschränkung der Volumina fördert die Kommunikation der Bewohner innerhalb der Wohnung. Unsere Erfahrungen der letzten Jahre haben gezeigt, dass die Bewohner solche Galerieräume besonders schätzen und diese ein wichtiges Kriterium beim Immobilienkauf darstellen. In Amsterdam-Osdorp haben wir vor einigen Jahren 23 unkonventionelle Reihenhäuser mit einer Breite von 4,80 m und

einer Tiefe von 12,50 m umgesetzt. Das Beispiel zeigt, dass die innenräumliche Qualität keinesfalls unter den schmalen Grundrissen leiden muss (Abb. 2, 3).

Punkthaus statt Laubengang
Obgleich auch in den Niederlanden die offenen, dem Wetter ausgesetzten Laubengänge nicht besonders beliebt sind, überzeugt letztendlich die kostensparende Erschließung sehr vieler Wohnungen über wenige Treppenhäuser und der damit hohen Wohnfläche im Verhältnis zur geringen Verkehrsfläche und macht den Typus des Laubengangs trotz sozialer Stigmatisierung zu einer der meist gebauten, nahezu konkurrenzlos kostengünstigen Erschließungsform für einen Wohnungsbau. Gegen die vergleichbar effiziente Typologie der über einen Mittelgang erschlossenen Maisonette-Wohnungen spricht die Anforderung, möglichst viele Wohnungen rollstuhlgerecht und daher ohne interne Treppen zu organisieren. Eine realistische Alternative stellt lediglich

6

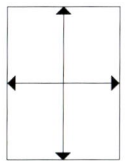
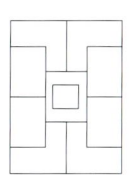
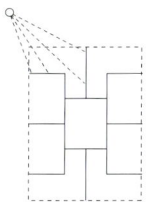

7

8

9

| kompaktes Volumen / *compact volume* | breite Wohnungen / *broad apartments* | Glasfassade und Luftraum / *glass facade and void* |

das optimierte Punkthaus dar. Bei diesem Gebäudetyp werden die Wohnungen über einen zentralen Kern erschlossen. Der Grundriss muss sehr kompakt sein, um mit dem Laubenganghaus ökonomisch wirklich mithalten zu können. Acht Wohnungen pro Etage stellen das Minimum dar, um die Wirtschaftlichkeit zu garantieren. Die breiten Wohnungen verlaufen entlang der Fassade, rund um den inneren Kern. Mit dieser Typologie können große wirtschaftlich und energetisch sehr vorteilhafte Gebäudetiefen von bis zu 30 m erreicht werden. Die räumliche Tiefe der Wohnungen kann ähnlich wie bei den Zeilenhäusern durch den Einsatz großer Glasflächen ausgeglichen und die räumliche Qualität sogar gesteigert werden. Die Glasflächen verstärken den Charakter der breiten, flachen Etagenwohnungen. Der Ausblick auf die Umgebung stellt einen integralen Bestandteil der Wohnatmosphäre dar. Außenräume können in Form von Wintergärten oder umlaufenden Balkonen problemlos angefügt werden, sodass das Punkthaus auch im Vergleich zum suburbanen Reihenhaus mit Garten attraktiv bleibt. Durch die perimetrische Anordnung der Wohnungen ergibt sich auch die Möglichkeit, ein zentrales, etagenübergreifendes Atrium zu gestalten. Dieses Atrium sorgt für optimale Belichtung der Erschließungszone über das Dach und verleiht dem Gebäude im Inneren eine räumliche Großzügigkeit. Die zentrale offene Erschließung unterstützt den gemeinschaftlichen Charakter und sorgt für soziale Kontrolle und das Wohlbefinden der Bewohner. Im Atriumhaus »Neue Vahr« in Bremen haben wir beispielsweise große Wohnungen für Familien mit Lofts für Singles kombiniert, die sich um ein 9 m hohes Atrium gruppieren und über Freiräume unterschiedlicher Art verfügen, von Wintergarten bis hin zu Garten oder Dachterrasse (Abb. 8–10).

Öffentliche Gebäude als kompakter Block
Bei öffentlichen Neubauten hat sich die Typologie des kompakten Blocks zum idealen Prototyp für eine Vielzahl von Nutzungen entwickelt. Er eignet sich für Gebäudearten wie Verwaltungsbauten, Schulen, Konzert-

hallen oder Rathäuser. Ausgangspunkt bildet auch hier immer ein kompaktes Gebäude mit einem großen Raum wie ein Atrium oder eine Aula, ein Lese- oder Konzertsaal in der Mitte, umschlossen von kleineren Räumen, wie z. B. Büros oder Technikräume. Da Atrien ohne zwingend notwendige Funktion oft nicht mehr finanzierbar sind, wird das räumlich großzügige »Herz« des Entwurfs durch Nutzungsbelegung und Klimatechnik legitimiert. Die Vorteile einer solchen Organisation liegen auf der Hand: geringe Fassadenfläche, kurze Erschließungswege, Flexibilität und wenig Infrastruktur. Die Belichtung innen liegender großer Räume kann über Oberlichter oder indirekt über die Erschließungsgänge erfolgen. Da bei öffentlichen Gebäuden oft bis zu 40 % des zur Verfügung stehenden Budgets in die Klimatisierung fließen, ist ein ganz entscheidender Aspekt, dass sich der kompakte Block ausgesprochen gut für kostengünstige Klimakonzepte eignet. Durch die zentrale Lage der großen Räume lassen sich diese als

Über- oder Unterdruckzonen für eine gebrauchsfreundliche Quelllüftung nutzen. Mit dieser Typologie ist es nicht nur möglich, abgehängte Decken, Lüftungs- und Leitungsschächte auf ein Minimum zu beschränken, sondern auch aus der technischen Notwendigkeit der Klimatisierung über ein Atrium räumliche Qualität und sinnvolle interne Organisation zu entwickeln.

Serienmäßiges Bauen als Selbstverständnis
Trotz allerlei Postulate einer akademischen Avantgarde, die eine Trendwende im Bauen beschwört, dominieren die Gesetze des Fordismus nach wie vor die Bauproduktion. »Mass Customization« (kundenindividuelle Massenfertigung) oder gar parametrisches Entwerfen ist im Allgemeinen und im Wohnungsbau im Besonderen nur sehr begrenzt einsetzbar, da meist die Produktionszahlen zu niedrig sind, um ein ökonomisch sinnvolles Preis-Leistungs-Verhältnis dieser Verfahren zu erreichen. Nur bei großen Projekten wie beispielsweise dem Zeilenbau in Den

10

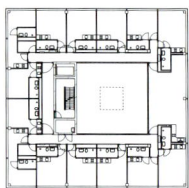

11

12

Haag-Moerwijk mit ca. 100 Wohnungen und einer Aluminiumprofilfassade von ca. 2500 m² konnten einige Profile im Rahmen der veranschlagten Kosten speziell für das Projekt extrudiert werden (Abb. 4–6). Um innerhalb eines eng abgesteckten Kostenrahmens agieren zu können, sind Mehrfamilienhäuser als seriell zusammengesetzte Strukturen zu begreifen. Hierbei ist nicht nur von einem serienmäßigen Grundriss auszugehen, sondern auch vom Einsatz großer vorgefertigter Fassadenelemente, standardisierter Einbauelemente und einer Reduzierung der bautechnischen Details. Serienmäßigkeit und Reduzierung sind zum einen notwendig, um anfallende Arbeitsstunden am Bau zu minimieren und dadurch Kosten zu sparen, und andererseits, um eine zu komplexe Baulogistik zu vermeiden, die mit dem oftmals ungeschulten Personal der ausführenden Firmen bautechnisch nicht mehr umsetzbar wäre. Wir betrachten serielles Bauen aber nicht als technisch notwendiges Übel, sondern als Wesenszug des zeitgenös-

sischen Bauens, den wir im Sinne einer authentischen Baukunst konzeptualisieren.

Verfeinerung von Industrieprodukten
Der Einsatz von speziell von Architekten entworfenen Bauteilen nimmt stetig ab. Einerseits ist »Mass Customization« meist ausgeschlossen, und der Architekt muss auf semihandwerkliche Bautechnologien zurückgreifen, die oftmals die Kosten eines Standardprodukts um ein Vielfaches übersteigen. Andererseits dürfen aufgrund von Garantieregelungen meist nur geprüfte Bausysteme verwendet werden. Die für Sonderbauteile anfallenden Tests kosten zusätzlich Zeit und Geld und bedeuten einen großen bürokratischen Aufwand. Daher empfiehlt sich der konsequente Einsatz von Industrieprodukten. Diese können durch zwei Strategien ästhetisch aufgewertet werden: Sehr große Elemente wie z.B. Fenstersysteme mit Scheibengrößen von bis zu 6 × 3 m oder Aluminiumverblechungen mit Stücklängen von bis zu 7 m verleihen den Produkten eine ge-

wisse Monumentalität. Die eher groben Standardprofile und -anschlüsse wirken durch diesen bewussten Maßstabssprung sehr elegant und großzügig, wie die filigran erscheinende Fassade der sechsgeschossigen Wohnzeile in Den Haag-Moerwijk deutlich macht (Abb. 4–6). Standardbauteile können durch Hinzufügen von speziellen projektspezifischen Elementen innerhalb der gesetzlichen Garantiezulassung umgebaut werden. So erreichen beispielsweise die Eingangstüren der Reihenhäuser in Roosendaal durch eine Verblendung mit matten Glasscheiben die Eleganz eines Sonderbauteils und ordnen sich in das System ein, ohne dass die industrielle Serienproduktion dafür angepasst werden musste (Abb. 19, 20).

Minimal verfeinerter Rohbau
Gerade beim Innenausbau basiert die Budgetierung sowohl im Wohnungsbau als auch zunehmend bei öffentlichen Bauten auf der Verwendung der jeweils billigsten am Markt erhältlichen Bauteile. Das führt dazu, dass Innentüren prinzipiell mit einfachen Stahlzargen und den kostengünstigsten Türblättern aus Hartfaserplatten mit Wabeneinlage ausgeführt werden. Wohnungsinterne Treppen bestehen meist aus gestrichenem Kiefernholz, Innenwände werden nur noch partiell gespachtelt und nicht mehr vollflächig verputzt. Fußbodenbeläge müssen die Nutzer selbst einbringen. Das Interieur der Wohnung ist daher kein Gegenstand eines bewussten, verfeinerten architektonischen Entwurfs, da hierfür keinerlei finanzielle Mittel mehr zur Verfügung stehen.
Welcher Spielraum bleibt also? Der Rohbau sollte bereits so gestaltet sein, dass er eine gute Basis bietet, um sich in der Nutzung durch die Bewohner zu einem qualitativ hochwertigen Interieur entwickeln zu können. Räumliche Großzügigkeit und interessante Außen-Innen-Bezüge stellen wichtige Voraussetzungen hierfür dar. Zusätzliche Einrichtungselemente wie Geländer und Heizkörper sollten so zurückhaltend wie möglich sein, um den Bewohnern maximale Freiheit bei der Einrichtung ihrer Wohnung zu lassen. Ähnlich knapp bemessen ist der Kostenrah-

13

14

15

men für die Gestaltung von öffentlichen Zonen innerhalb von Wohnkomplexen wie beispielsweise Treppenhäuser, Eingangshallen oder Atrien. In diesen Bereichen kann z.B. »Béton brut«, also roh belassener Sichtbeton, eine bewusste Ästhetisierung des Rohbaus herbeiführen. Ein Anstrich des Bodens mit Betonfarbe – oder bei höherem Budget mit einer Epoxidharz-Beschichtung – der Einsatz von akustischem Spritzputz sowie die bewusste Platzierung industrieller Elemente wie Geländer und Lampen verfeinern das Erscheinungsbild des Rohbaus. Unter dem Zwang der geringen Mittel entsteht ein kreatives Moment, das durchaus das Potenzial einer neuen offenen Ästhetik aufweist.

Das sorgfältig abgewogene Experiment
Der Einsatz speziell entwickelter Bauteile und Konstruktionen geschieht also – entgegen der heute oft zum Selbstzweck mutierten Experimentierfreudigkeit der Architekten – äußerst punktuell. Nur wirklich überzeugende Gründe, die das architektonische

16

17

Konzept bereichern, rechtfertigen Experimente. Entwurfsentscheidungen entstehen abhängig von der jeweiligen Situation. Anstelle eigens angefertigter Sonderteile können auch zweckentfremdete Materialien experimentell eingesetzt werden. Bei einigen unserer Projekte war das Budget so niedrig, dass wir keine »üblichen« Baumaterialien verwenden konnten. So haben wir bei dem mobilen Museumspavillon »Light Building« modifizierte Bierkästen als Fassadenmaterial eingesetzt (Abb. 14, 15). Kunststoffplanen zum Unterteilen von Tierställen bilden zweckentfremdet die Trennung zwischen den Terrassen der Reihenhäuser in Amsterdam-Osdorp (Abb. 2, 3). Beim Informationszentrum des Rotterdamer Gerichts sorgt ein Gewebe aus dem Gewächshausbau für den Sonnenschutz des transparenten Dachs (Abb. 16, 17) und für die Fassade des Konzerthauses in Raiding haben wir ein übliches Industrieprodukt – das Wärmedämmverbundsystem – uminterpretiert. Wir wollten hier das systemtypische Material Kunststoff betonen. Darum versahen wir die Fassade mit einer PU-Spritzfolie, wodurch über diesen Effekt hinaus auch eine bewusst verfremdete Ähnlichkeit mit den weiß verputzten Gebäuden entsteht. Beim Parlament der Deutschsprachigen Gemeinschaft in Europa haben wir ein völlig neues Produkt entwickelt, dessen Preis nicht über dem von Standardprodukten liegt: Paneele aus Stirnholzparkettelementen wirken akustisch absorbierend und erzeugen gleichzeitig einen sehr einheitlichen Raumeindruck (Abb. 21, 22). Gerade diese unkonventionellen Lösungen zeigen, dass trotz des Kostendrucks mit großem Engagement derzeit noch hochwertige Projekte entstehen können. Die ohne Unterlass voranschreitenden Verschiebungen hin zu Public-Private-Partnership-Projekten und anderen »Liberalisierungseffekten« lassen die Rolle des Architekten aber weiter schwinden und erhöhen den Kostendruck erheblich. In absehbarer Zukunft wird es daher für Architekten immer schwieriger, wenn nicht sogar unmöglich werden, ihre Vorstellungen auf einem vertretbaren Niveau umzusetzen.
DETAIL 05/2012

The ongoing economic optimisation that architecture is subject to first gained importance on a broader scale during the industrial revolution. During the age of Modernism, due to industrial construction methods and social democracy as political basis, more and more housing was developed for individuals at the minimum subsistence level. This resulted in subsidised social housing construction that was mostly interpreted as "cost efficient construction". Public buildings belonged in a different category: In Europe, even in the 1990s, budgets for these projects were often less limited. As result, even newly developed construction types and expensive materials found use.
In the course of our work as architects in the Netherlands, however, a different perspective emerged. Not only social housing construction, but also local and regional public construction projects, as well as conversions and renovations are subject to budgets that are so tight that these buildings also have to be categorized as "cost efficient construction". Searching for the optimal cost-performance ratio, low costs always dominate – mostly by sacrificing durability. Architecture is increasingly becoming a consumer product with quick depreciation. At the same time – not out of coincidence – the call for "sustainability" is becoming ever louder: as a means to battle the symptoms of a systemic structural flaw. The reasons for this development are complex. In part, they are rooted in increasing labour costs and decentralised distribution of money. Most of all, however, they are based on neoliberalism and the dwindling role of public sector funding. For architects, design strategies are decisive that enable them to deal with these circumstances in a positive way. This is due to the fact that financial pressures are mostly so intense that creating truly high-quality architecture seems almost impossible. This is why, ever since the founding of our office, we have been working on strategies to realise cost-efficient, yet still high-quality construction projects.
Compactness is a key factor for developing a cost-efficient project. Since facades comprise up to 33 % of total construction costs, the

18

19

ratio of useable area to facade should be as large as possible. If the facade surface of a building volume is reduced, then savings can be invested directly in higher-quality materials. In addition, a compact building volume offers an improved ecological basis: energy values can be optimised and material consumption can be reduced. Further, in residential housing construction, more units per building footprint are possible.

At the earliest design stage, the decisive question arises which form is appropriate. As opposed to arbitrary contemporary design gestures that, all too often, represent the attitude of "anything goes", we carefully evaluate whether a strict orthogonal structure is preferable to a contextual, amorphous or concentric form or vice versa. Aside from good usability of a building, it is crucial whether a particular form can be implemented at all in relation to available budgets or applicable technologies. For most construction tasks – residential housing as well as public projects with average funding in the Euro Zone – hardly anything other than rectangular buildings that display a good price-performance ratio can be created and detailed. Our designs originate in the conviction that an amply dimensioned and thoughtful floor plan constitutes the best basis for a high-quality building. Architectural quality is created by applying a classic arsenal of design principles. In reference to Mies van der Rohe, the task should not be to design interesting, but instead good buildings that are made sustainable by their timeless quality. Buildings need to possess an autonomous character and a "confrontational emptiness", in order to stimulate activity.

Linear building structures are a typical form of residential construction in the Netherlands. Standard dimensions for linear residential structures in urban planning are mostly 6 × 10 m for row houses and 7.80 × 12.00 m for multi-storey apartment buildings with deck access. However, as our experience shows, these dimensions no longer correspond to current demand. Typically, the ratio of facade surface to useable area is too big to create attractive buildings with high quality materials at a low budget.

Thus, in order to reduce costs, we need to optimise bay widths. In the case of duplex apartments and row houses, we can still create flexible floor plans with bay widths of 4.80 m. For multi-storey apartment buildings, however, dimensions of at least 7.20 m are required. Building depths needs to be optimised according to these widths. For row houses, depths of 12.50 to 15 m are recommended, and for multi-storey apartment buildings 14 to 18 m. A couple of years ago, in Amsterdam-Osdorp, we created 23 non-conventional row houses with a width of 4.80 m and a depth of 12.50 m. This example shows that floor plans with a limited width by no means reduce the quality of interior spaces (ills. 2, 3).

Deck access, exposed to the weather, isn't particularly popular in the Netherlands. However, it emerges as a cost-efficient way of accessing a large number of apartments via a small number of stairways, resulting in large living areas compared to limited access areas. As result, despite social stigmatisation, deck access is among the most often built residential housing types and nearly unrivalled in its cost-efficiency. The requirement that as many apartments as possible need to be handicapped accessible and, thus, should be organised without interior staircases makes it difficult to use the similarly efficient duplex typology with access via a central corridor. An optimised nodal building constitutes the

20

André Kempe und Oliver Thill gründeten im Jahr 2000 die Bürogemeinschaft Atelier Kempe Thill in Rotterdam. Spezialisiert auf Mehrfamilienhäuser, öffentliche Gebäude und städtebauliche Planung entwickeln sie unter anderem Strategien zur Umsetzung hochwertiger und dennoch kostengünstiger Architektur.

In 2000 André Kempe and Oliver Thill founded Atelier Kempe Thill as office collaborative in Rotterdam. Specialised in the design of multi-family houses, public buildings, and urban planning, they also develop strategies for the design of high-quality, yet cost-efficient architecture.

21

22

only realistic alternative. In this building type, a central core provides access to apartments. Floor plans need to be very compact to compete with the deck access scheme in economic terms. Eight apartments per storey are the minimum that can ensure profitability. The perimetral arrangement of apartments offers the opportunity to design a central, multi-storey atrium. This atrium provides optimal lighting of the access area via the roof, and the building interior receives a generous spatial character. The central and open means of access supports a community-oriented character and offers residents social control and wellbeing. In the atrium building "Neue Vahr" in Bremen, for instance, we combined large apartments for families with lofts for singles that are grouped around a nine metre tall atrium and feature open spaces of various kinds: patio rooms, gardens, or roof terrace (ills. 8–10).

In the case of new public buildings, the "compact block" typology has become a prototype for various uses. It is suitable for types such as administration buildings, schools, auditoriums, or city halls. Here as well, point of origin is always a compact building with a large interior space such as an atrium or assembly hall, a reading or concert space in the centre, surrounded by smaller rooms for offices or utilities. Since atriums than don't include a bare minimum of functions are often no longer affordable, the amply spaced "heart" of the design is legitimised by allocating certain functions and HVAC technology. This organisation offers obvious advantages: small facade area, short access distances, flexibility, and low degree of infrastructure.

Despite the various postulates of an academic avant-garde evoking a trend reversal in architecture, the laws of Fordism still dominate the production of buildings. In general and in residential construction in particular, mass customisation or even parametric design can be employed only to a very limited degree. The reason is that production volume, for the most part, is too low for these procedures to achieve a price-to-quality ratio that is economically sensible. Only in the case of large projects, such as the linear building in Den Haag-Moerwijk with approximately 100 apart-

ments and an aluminium profile facade covering approximately 2,500 m², a certain number of custom profiles could be extruded specifically for the project without exceeding the comparatively normal budget (ills. 4–6). Serialisation and reduction are, on the one hand, necessary to reduce the actual working hours on site, and thus, save costs. On the other hand, they are required to avoid complex construction logistics that can no longer permit technical application, often due to the lack of training among construction workers of companies involved in the project. Yet, we do not consider serial construction as a necessary evil in technological terms, but rather as a characteristic of contemporary building. It is something we welcome and conceptualise in the manner of an authentic art of building. Industrial products can be upgraded aesthetically by employing two strategies: Very large elements such as window systems with pane sizes of up to 6 × 3 m or aluminium sheet metal panelling with unit lengths of up to 7 m provide products with a certain degree of monumentality. The rather coarse standard profiles and connectors become very elegant and gracious as result of this deliberate jump in scale, as exemplified by the delicate appearance of the facade of the six-storey linear residential structure in Den Haag-Moerwijk (ills. 4–6). Standard construction components can be altered by adding particular project-specific elements without breaching guarantee regulations.

Budgeting is based on the use of the least expensive construction components available on the market, particularly in the case of interior construction. This can be observed in residential construction and increasingly in public buildings as well. Which options remain? Shell construction should be designed to offer good basic conditions that enable development into high quality interiors oriented on how residents use them. Gracious spaces and interesting exterior-interior relations are important preconditions for this. Additional interior outfitting including railings and radiators should be as restrained in design as possible to provide residents with a maximum of freedom in furnishing their apartments. The avail-

able budgets for designing public areas within residential complexes, for instance stairways, entrance halls, or atriums, are similarly tight. Yet, the pressure of low budgets leads to the emergence of a creative moment that indeed can reflect the potential of a new, open aesthetic.

The decision-making processes of design unfold in relation to a particular situation. As alternative to specifically manufactured custom elements, out-of-context use of materials can be employed in an experimental way. In the case of some of our projects, budgets were so low that we couldn't use "typical" construction materials. In the mobile museum pavilion "Light Building", for instance, we used modified beer cases as facade material (ills. 14, 15). Plastic tarp for separating stables constitutes, out-of-context, a means of distinction between terraces of row houses in Amsterdam-Osdorp (ills. 2, 3). In the information centre of the Rotterdam Court House, a textile used in greenhouses provides sun protection along the transparent roof (ills. 16, 17). For the facade of the concert hall in Raiding we reinterpreted a typical industrial product: a thermal insulation composite system. Our intention was to emphasise plastic as system-typical material. For this purpose, we applied polyurethane spray to the facade. This treatment also leads to a deliberate, yet distorted similarity to whitewashed stuccoed buildings. For the Parliament of the German-speaking Community, we developed a completely new product, the price of which doesn't exceed that of standard products: Panels made of end-grain wood parquet elements provide soundproofing and, at the same time, a very homogeneous spatial impression (ills. 21, 22). Particularly these non-conventional solutions show that, despite cost pressure, high-quality projects can still be developed if commitment is high. The relentless shift towards public-private partnership projects and other "liberalisation effects" leads to a further dissolution of the architect`s role and significant increase in cost pressure. Thus, in the foreseeable future, it will become more and more difficult for architects to realise what they envision at a tolerable level.

Quantifizierbare Vorteile begrünter Dächer

The Quantifiable Advantages of Planted Roofs

Manfred Köhler

Begrünte Dächer gehören seit Jahren zum Kanon des ökologischen Bauens. Die Begeisterung für die relativ einfache, aber ökologisch effektive Technik der Dachbegrünung hat dazu geführt, dass sich inzwischen in vielen Ländern Forschungseinrichtungen diesem Thema widmen. Das Interesse der Wissenschaft gilt vor allem dem detaillierten Verständnis der ökologischen Effekte, um dementsprechend dann die Auswahl der Pflanzen und Substrate weiter zu optimieren. In wissenschaftlichen Datenbanken, etwa »ScienceDirect« sind unter dem Stichwort »Green roofs« etwa 300 wissenschaftliche Artikel zu den Wirkungen des Ökosystems Dach beschrieben (www.sciencedirect.com). Das eindeutige Ergebnis: Die Technik eignet sich für alle Klimazonen rund um den Globus.

Technische Regelwerke
Deutschland ist im Hinblick auf begrünte Dächer Weltmeister. So werden seit dem Boom der Dachbegrünung in den 1980er-Jahren begrünte Dächer als ökologische Ausgleichsmaßnahme in vielen Bebauungsplänen festgeschrieben. Auch bei den fachlichen Regelungen ist Deutschland weitgehend führend. Mit der aktuellen Dachbegrünungsrichtlinie der Forschungsgesellschaft Landschaftsentwicklung und Landschaftsbau (FLL) von 2008 sind die Anforderungen an einen dauerhaften Aufbau beschrieben.[1] Sie bietet Architekten wie Bauherren Sicherheit im Hinblick auf Fragen der technischen Ausführung. Vergleichbare Richtlinien und die damit verbundenen Prüfverfahren gibt es in Österreich, der Schweiz und Italien. In den USA wird an einem Standard für Dachbegrünung (ASTM Standards) gearbeitet (www.astm.org). Nach der FLL werden drei Begrünungsarten unterschieden (Abb. 7):
• Extensivbegrünungen
• einfach Intensivbegrünungen
• Intensivbegrünungen

Die Extensivbegrünung hat eine Substratschicht von ca. 10 cm. Die Pflanzen sind so auszuwählen, dass außer einer Anfangspflege eine jährliche Inspektion ausreicht, um die Pflanzen dauerhaft zu erhalten. Bei der einfach intensiven Begrünung sind eine erhöhte Anfangspflege sowie die Bewässerung meist eingeplant (Abb. 4). Intensivbegrünungen bedeuten Substrathöhen von 0,50 bis 1,50 m und sind ähnlich wie Gärten mit Bewässerungssystemen zu unterhalten. Auf entsprechenden Gebäuden sind auch noch mächtigere Substratschichten möglich, stellen aber eine Sonderbauform dar. Zu der Gruppe der intensiven Dachbegrünungen sind auch solche auf befahrbaren Gebäudeteilen wie Tiefgaragen zu zählen. Für diese Bauweise wurde im Jahr 2005 eine eigene FLL-Richtlinie veröffentlicht.[2]

Lebenszyklusanalyse und Gründach
Eine Lebenszyklusanalyse von Dachbegrünungen muss eine Vielzahl von Faktoren berücksichtigen: Größe der Begrünung, Erreichbarkeit mit Aufzügen für die Pflege, Wasseranschlüsse, mit Sekuranten oder Geländern gesicherte Erreichbarkeit durch das Wartungspersonal etc.. Die Nutzungsdauer des Gebäudes, Recyclingkosten und sich ändernde Lohnkosten sind nur einige Parameter, die das Ergebnis beeinflussen können. Ursprüngliche Dachbegrünungen in Berlin auf etwa 100 Jahre alten Gebäuden zeigen, dass auch diese einfachen Dachbegrünungskonstruktionen die Lebensdauer des Gebäudes erreichen können. Allen Schätzungen der Lebenszykluskosten der vergangenen Jahre ist gemeinsam, dass Dachbegrünungen etwas erhöhte Anfangskosten erfordern, auf Dauer aber kostengünstiger als andere Dachbeläge sind. Unsicherheiten bestehen in der Abschätzung, wann eine umfangreiche Sanierung bei Gründächern erforderlich wird. Wolfgang Ansel hat in seinen Berechnungen eine 40-jährige Nutzungsdauer angesetzt[3]; realistisch sind jedoch 100 Jahre – der Vorteil der begrünten Dächer fällt bei dieser Annahme noch deutlicher aus (Abb. 7).

Vielfalt statt Einheitsgrün
Gründächer können verschiedene Aufgaben haben:
• ökologische Ausgleichsflächen, Biotope für seltene oder gefährdete Arten (Abb. 5)
• grüne Oasen in Städten (Abb. 6)
• neue Nutzgärten (Abb. 2, 3)
• Reinigungsbiotope für Niederschlagswasser oder Partikelfilter

All diese unterschiedlichen Funktionen lassen sich jedoch nicht mit ein und demselben Gründachaufbau gleichermaßen erfüllen. Wie vielfältig Detaillösungen sein können, zeigen die Ergebnisse von Gründachwettbewerben, die dem weltweiten Einheitstrend der Extensivbegrünung entgegenwirken sollen, so z. B. die ausgezeichneten Projekte des Wettbewerbs »Gründach des Jahres«, den die Fachvereinigung Bauwerksbegrünung (www.fbb.de) jährlich ausschreibt. Im Jahr 2010 wurde die Zentrale der Firma Solon in Berlin-Adlershof als das beste neue Bürogebäude Deutschlands ausgezeichnet (Abb. 6). Die Dachbegrünung in Verbindung mit begrünten Dachterrassen und Innenhöfen ist dort wichtiger Bestandteil des Regenwasser- und Energiekonzepts. Quantitativ gesehen liegt Deutschland im weltweiten Vergleich bei der Minimalausführung der extensiv begrünten Dachflächen weit vorn. Innovative Begrünungskonzepte sind dagegen eher in anderen Ländern zu finden. Allein in den USA gibt es aktuell eine jährliche Steigerungsrate von etwa 20 % bei begrünten Dächern aller Art (www.greenroofs.org). Eine Übersicht zur Verbreitung ist beispielsweise auf der Homepage des World Green Infrastructure Networks (WGIN) zu finden (www.worldgreenroof.org). Bei der Anzahl der Dachgärten liegt Singapur seit Jahren weltweit an der Spitze. Dort wurde der erste Wettbewerb zu Dachgärten bereits 2001 veranstaltet.

Besondere Bauweisen, begrünte Steildächer
Begrünte Dächer benötigen ein geringes Gefälle von mindestens 1 bis 2 % für den Wasserablauf. Bis zu einer Neigung von 45° sind sowohl der Einbau als auch die spätere Inspektion und Pflege unproblematisch. Für Neigungen über 45° bieten Begrünungsfirmen Schubschwellen oder Wabengitter an, die das Substrat gegen Abrutschen sichern (Abb. 10, 11). Die Vegetationsschicht

	Extensivbegrünung / *Extensive planting*	einfache Intensivbegrünung / *Simple intensive planting*	Intensivbegrünung / *Intensive planting*
Pflege / Care	pflegearm / *minimal maintenance*	pflegeleicht / *easy maintenance*	pflegeintensiv / *intensive maintenance*
Gewicht / Loading	leicht / *light*		schwer / *heavy*
Bewässerung / Watering required	ohne / *no watering*	periodische Zusatzbewässerung / *periodic additional watering*	regelmäßig / *regular watering*

2

3

4

muss möglichst auf einem Gewebe vorkultiviert werden. Erhöhte Erosions- und Windbelastung führen zu einem größeren Inspektionsaufwand. Die erforderliche jährliche Pflege ist nur möglich, wenn als Absturzsicherung entsprechende Sekuranten in Form von Stahlösen oder -seilen bauseitig vorgesehen wurden. Dächer mit steilen Neigungen verfügen generell über eine reduzierte Regenwasserrückhalteleistung (Retentionsleistung); eine Unterflurbewässerung ist zu empfehlen.

Wirkungen von Gründächern auf Gebäude
Ein Gründach kann den Wärmedurchgangskoeffizient (U-Wert) des darunterliegenden Dachaufbaus geringfügig positiv beeinflussen, abhängig von der Beschaffenheit der Schichten und deren Aufbaustärken (Abb. 15). Im Vergleich zu technischen Dämmstoffen schwankt die Wirkung der Begrünung je nach Wassergehalt des Speichermediums und Art der Vegetationsschicht. Um detaillierte Kenntnisse über den Einfluss der verschiedenen Parameter zu gewinnen, wurden bei der quantitativen Untersuchung der Dämmleistung einer typischen Extensivbegrünung am Standort Neubrandenburg die klimatischen Parameter Strahlungshaushalt (Global-, Strahlungsbilanz und Bodenwärmestrom), Temperaturkomponenten sowie Niederschlagsverteilung exakt erfasst und der Ablauf aus dem System sowie die Speicherung im Substrat mittels Lysimeter ermittelt.

Wirkungen auf das Stadtklima
Die positiven Auswirkungen von Gründächern auf das Stadtklima sind vielfältig:
· Regenwasserretention je nach Jahresniederschlag zwischen 50 und 75 % bei Extensivbegrünungen
· Kappung des Spitzenabflusses der Niederschläge um ca. 30 %
· Verdunstungskälte, individuell zu berechnen: Rückhalt nach Niederschlag in l/m² × 680 W/m² Dachfläche
· Reduzierung mittäglicher Spitzentemperaturen im Sommer um etwa 5–6 °C

Gegenwärtig wird nach Strategien gesucht, wie den sommerlichen städtischen Wärmeinseln entgegengetreten werden kann. Technisch erzeugte Kälte führt in eine Sackgasse, da diese Art der Kälte mit einer Abwärme der Kühlgeräte erkauft wird. Die Effektivität mechanischer Air-Conditioning- und Kühlsysteme ist gering, ganz zu schweigen von dem Verbrauch fossiler Brennstoffe. Kühlen ist in der Summe schwieriger als Heizen. Während das Problembewusstsein im Hinblick auf die Erderwärmung in warmen Ländern allgegenwärtig ist, nimmt mittlerweile auch in vielen gemäßigten Zonen, wo sommerliche Hitzeperioden länger andauern, die Verbreitung von Klimaanlagen erheblich zu. Ob wir in Mitteleuropa Schlafräume kühlen müssen oder nicht, wird davon abhängen, ob die Umwelttemperatur um weitere 2 °C steigt. Untersuchungen zu Dämpfungseffekten auf die Außentemperatur durch Dachbegrünungen wurden zuerst in Toronto durchgeführt. Dort gibt es einen hohen winterlichen Heizbedarf, aber auch einen sommerlichen Kühlbedarf. Als Alternativen zu den überwiegend strombetriebenen Raumkühlsystemen mit geringer Effizienz, die in den letzten Jahren erhöhten Absatz gefunden haben, sollten künftig Konzepte mit optimierter Gebäudeorientierung, passiver Lüftung (Querlüftung), guter Wärmedämmung und Dachbegrünung vorangetrieben werden.

Verdunstungskälte durch Gründächer
Ein bisher wenig genutztes Potenzial liegt in der Nutzung der Verdunstungskälte: einerseits durch den Rückhalt von Niederschlagswasser, andererseits durch die Verdunstungsleistung von Pflanzen. Das im Substrat gespeicherte Wasser verdunstet zeitverzögert in den Tagen nach dem Niederschlag über die Pflanzen und aus dem Substrat. Die tägliche Verdunstungsleistung liegt je nach Aufbau und Wasserangebot bei ca. 3–5 mm oder 3–5 l/m². Über diese variable Größe begrünter Dächer lässt sich in Verbindung mit der erforderlichen Verdunstungskälte von 680 W/m² das Kühlpotenzial bestimmen. In einem Berliner Stadtbezirk

könnten bei einer vollständigen Begrünung der ca. 2 Mio. m² zur Verfügung stehender Dachflächen 6000 m³ Niederschlag pro Sommer weniger abgeführt werden. Das entspricht einem Verdunstungs-/Kühlpotenzial von 4 Mio. kWh. Die Effektivität direkter Verdunstung ist wesentlich größer als die technischer Kühlaggregate. In Zukunft ließen sich Gebäude also mit deutlich weniger Strom kühlen. Etwa 4 % des gesamten Energieverbrauchs in Deutschland werden für die Gebäudekühlung eingesetzt, hauptsächlich von Bürogebäuden – und das mit steigender Tendenz, da die Ansprüche an den Komfort wachsen. Der aktuelle Kühlenergiebedarf jährlich beträgt laut Umweltbundesamt etwa 21 TWh.

Regenwasserretention – Jahresablaufwert
Je nach Berücksichtigung der Intensität des Niederschlagsablaufs kann durch Speicherung und Verlangsamung des Ablaufs – und durch die daraus resultierende lokale Verdunstung – der Regenwassereintrag in den Vorfluter des Abwasserkanalsystems deutlich reduziert werden. Positiv wirkt sich nicht nur eine generelle Reduzierung des Jahresablaufwerts aus, sondern vor allem die Kappung der Wasservolumen bei Starkregenereignissen. Während die Angabe des Abflussbeiwerts nach DIN 1986-100 für Kiesdächer mit 0,5 angesetzt wird, ist für unterschiedliche Dachaufbauten eine angepasste Verrechnung erforderlich. Der Endabflussbeiwert erreicht für befestigte und versiegelte Flächen wie Beton oder Asphalt den Wert 1,0 – der gesamte Niederschlag fließt ab. Für Beton- und Natursteinpflaster, Plattenbeläge und Verbundsteine mit offenen Fugen wird eine Abminderung von 0,6 angesetzt. Der Wert für Extensivbegrünungen liegt zwischen 0,3 und 0,7, bei Intensivbegrünungen bei ca. 0,1 (Abb. 15). Dieser Wert ist saisonal abhängig. Die Dachneigung wird nach FLL (2008) mit einer Veränderung um 0,1 pauschal angerechnet. Varianten im Aufbau sind in Berechnungsmodellen zu berücksichtigen. Trotz erster überschlägiger Rechnungen fehlt bisher noch ein für Deutschland allgemein-

5 Deutsche Bundesstiftung Umwelt in Osnabrück,
   Architekt: Erich Schneider-Wessling
6 Solon-Verwaltungsgebäude in Berlin-Adlershof,
   Architekten: Schulte-Frohlinde
7 Kostenvergleich eines unbegrünten und eines extensiv begrünten Flachdachs, 100 Jahre Nutzung
9 übliche Aufbaudicken bei verschiedenen Begrünungsarten und Vegetationsformen, abhängig
   von regionalen klimatischen Verhältnissen und
   projektspezifischen Gegebenheiten (FLL-Dachbegrünungsrichtlinie)

5 Federal German Foundation for the Environment,
   Osnabrück; architect: Erich Schneider-Wessling
6 Solon administration building, Adlershof, Berlin;
   architects: Schulte-Frohlinde
7 Cost comparison between unplanted and extensively planted flat roof; reference period: 100-year use
9 Standard constructional thicknesses for various
   types of planting and vegetation; depending on
   regional climatic conditions and factors specific to
   the project (FLL roof-planting guidelines)

5   6

gültiges Berechnungsmodell für den Spitzen-
abflusswert von Niederschlagsereignissen.
Als erste Hochrechnung für den Bezirk Berlin Friedrichshain-Kreuzberg fallen bei einem
Niederschlagsereignis der Stärke R 5,5 aktuell 150 m³/s an. Wären nur 50 % der für
Begrünungen infrage kommenden Dächer
begrünt, könnte dieser Wert auf 102 m³/s
gesenkt werden. Bei Berücksichtigung der
geneigten Dachflächen ließe sich dieser
Wert noch weiter auf 93 m³/s reduzieren.

Förderungen von Dachbegrünungen
In vielen Städten gibt es Neubauprojekte,
bei denen eine Dachbegrünung auf sämtli-
chen Dächern bereits vorgeschrieben ist.
Die Steigerung des Begrünungsgrads kann
aber auch schrittweise erreicht werden, z. B.
durch Förderprogramme. Zahlreiche Städte
und Gemeinden subventionieren Dachbegrünungen durch unterschiedlichste Förder-
maßnahmen. In Baden-Württemberg z. B.
wird nach einem Urteil des Verwaltungs-
gerichtshofs vom März 2010 die Abwasser-
gebühr nicht mehr pauschal nach der Menge des bezogenen Frischwassers erhoben,
sondern in eine Schmutzwassergebühr und
eine flächenbezogene Niederschlagswas-
sergebühr aufgeschlüsselt. Während versiegelte Flächen voll anzurechnen sind, werden Belagsflächen mit offenen Fugen entsprechend dem Endabflussbeiwert um den
Faktor 0,7, Gründächer um den Faktor 0,4
gemindert. Das entspricht Einsparungen
von 30 bis 60 %.

Regelmäßige Qualitätskontrolle
Begrünungen, die im Rahmen von Aus-
gleichsmaßnahmen oder als Festsetzung in
Bebauungsplänen in Deutschland vorge-
nommen werden, sind meist entsprechend
den Kriterien der FLL-Dachbegrünungsrichtlinie ausgeführt. Qualitätskontrollen für die
Nutzungsphase fehlen jedoch bisher. Eine
einfache Qualitätskontrolle inform einer Messung der geforderten Mindestsubstrattiefe
von 10 cm wurde in Nordrhein-Westfalen
in Zusammenhang mit der Reduzierung
der Regenwasserabgabe durchgeführt.
Ob mindestens 60 % der berechneten Flä-

che mit Pflanzen bedeckt sind und ob sich
die Zielarten auf der Dachfläche gut entwickeln, wird bisher jedoch in keiner deutschen Stadt überprüft. Ansatzweise ist ein
Ratingsystem in England entwickelt worden
(www.livingroofs.org). Für eine ökologisch
wertvolle Dachbegrünung könnten z. B.
Sterne vergeben werden. Dies ließe sich
über eine Kartierung des Gründachbestands
analog zum Baumkataster aufbauen. Die
Auswertung der Luftbilder wär dann durch
eine einfache Kriterienliste für Ortsbegehun-
gen zu ergänzen, bei denen im Abstand von
ca. fünf Jahren überprüft wird, ob der ange-
strebte Zustand eingehalten oder mit Pflege-
maßnahmen wiederherzustellen ist.

Quantitative Ermittlung der Dachbegrünungen
Wie viele Quadratmeter Dachbegrünung
gibt es aktuell in deutschen Städten?
Der Gründachbestand für den Berliner
Innenstadtbezirk Friedrichshain-Kreuzberg ist unter Mitwirkung des Verfassers
auf der Grundlage der Automatisierten
Liegenschaftskarte (ALK) flächendeckend
ausgezählt worden. Für die Städte Neubrandenburg, Düsseldorf und Stuttgart
sind die Daten ebenfalls bekannt. Aus
der genannten Untersuchung in Berlin
geht hervor, dass etwa 7 % der Dachflächen begrünt sind.
Betrachtet man aber das Potenzial,
könnten etwa 50 % aller Dachflächen

	konventionelles Dach/ *Conventional roof*	extensiv begrüntes Dach/ *Extensively planted roof*
Herstellungskosten/ *Construction costs*	Kiesdach ca. 10 €/m² *gravel roof: ca €10/m²*	20–40 €/m² *€20–40/m²*
Pflegekosten erstes Jahr nach Fertigstellung/ *Cultivation costs in first year after completion*	–	1,00 €/m² *€1/m²*
Wartungskosten/ *Maintenance costs*	Inspektion: 1 €/m² alle 5 Jahre *inspection: €1/m² every 5 years*	0,5 €/m² jährlich *€0.5/m² per annum*
Austausch/Neuaufbau/ *Renewal/New construction*	Lebensdauer Bitumendächer: 15–20 Jahre / *life of bituminous roofing: 15–20 years*	Lebensdauer ca. 100 Jahre/ *life: approx. 100 years*
	Lebensdauer Dachpfannen: 35 Jahre / *life of roof tiling: 35 years*	kleinere Reparaturen an Durchdrin-gungspunkten alle 20 Jahre/ *smaller repairs to points of moisture penetration every 20 years*
Einsparungen/ *Savings*	–	Regenwassergebühr ca. 1 €/m² jährlich/ *charges based on amount of rainwater: approx. €1/m² per annum*
finanzielle Vorteile/ *Financial advantages*	–	Anrechnung des Dachgartens zu 1/4 auf die Wohnfläche = höhere Miet-einnahme/ *1/4 of area of roof garden can be added to living area = higher rental income*
Wärmedämmung/ *Thermal insulation*	–	Heizkosteneinsparung bei Einfamilien-haus und oberstem Geschoss Mehr-familienhaus/ *savings in heating costs for single-family house and top storey of multi-family housing*
mechanischer Schutz/ *Mechanical protection*	–	zusätzlicher Schutz der Abdichtung Schutz im Brandfall/ *additonal protection to sealing layer; protection in the event of fire*

7

8 a
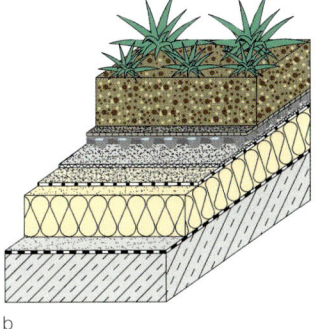
b

c
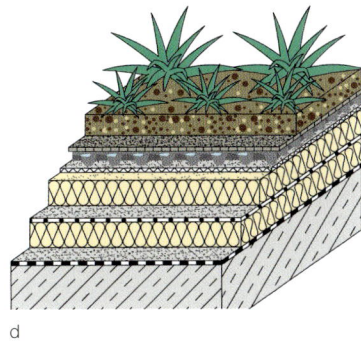
d

8 unterschiedliche Gründach-Systemaufbauten:
a Kaltdach (hinterlüftet), b Warmdach (nicht hinterlüftet), c Umkehrdach, d Duodach: Umkehrdach über Warmdach z. B. bei Sanierungen

8 *Different construction systems for planted roofs:*
a ventilated flat roof; b non-ventilated flat roof; c inverted construction (insulation

above waterproof layer); d dual construction (inverted construction over non-ventilated roof; e.g. as a result of refurbishment)

ohne große statische Ertüchtigungen des Baubestands begrünt werden. Stadtteile mit einem Dachbegrünungsfaktor von etwa 1 m² pro Einwohner gelten bereits als gut begrünt. Aufgrund der Mengen verkaufter Gründachbaustoffe errechnet sich eine jährlich in Deutschland gebaute Fläche an Gründächern von mindestens ca. 10 Mio. m². Für Frankreich gibt die Association des Toitures et Façades Végétales (www.adivet.net) für eine Größenordnung zwischen 0,5–1 Mio. m² jährlich an, Zahlen für Nordamerika liefert Green Roofs for Healthy Cities (www.greenroofs.org), 2010 wurden dort etwa 0,5 Mio. m² erstellt.

Qualitative Unterschiede

Dachbegrünung muss aber nicht nur im Hinblick auf den Flächenanteil, sondern auch auf die Qualität hin beurteilt werden. Nach Schätzungen der Fachvereinigung Bauwerksbegrünung (FBB) überwiegen in Deutschland extensive Begrünungen mit einem Anteil von etwa 80 % gegenüber Intensivbegrünungen. Das liegt u. a. an den niedrigeren Kosten für Erstellung und Pflegeaufwand sowie am niedrigeren Bodenaufbau und den damit niedrigeren Lasten (Abb. 4). Bei der Auszählung gibt es Unsicherheiten, ob ausschließlich begrünte Dachflächen – also nur auf Gebäuden befindliche Extensiv- und Intensivbegrünungen – zu zäh-

len sind oder ob auch alle befahrbaren Flächen mitgerechnet werden. Bei der Ermittlung von begrünten Dachterrassen als Intensivbegrünung ist strittig, ob ausschließlich die Vegetationsfläche anzurechnen ist oder auch die Aufenthaltsfläche. Die Antwort ist abhängig vom Aufbau unterhalb des Belags: Befindet sich hier etwa eine Retentionsmatte, die auch zur Verlangsamung des Niederschlagsabflusses beiträgt, hat eine Dachterrasse begünstigende Funktionen im Hinblick auf den städtischen Wasserhaushalt und zur Erzeugung lokaler Verdunstungskälte. Die Maßnahme, Retentionsmatten unter Dachterrassen einzubauen, sollte daher zukünftig noch konsequenter verfolgt werden.

Ausblick

Die Vegetationskomponente Dachbegrünung ist wie die Fassaden- und Innenraumbegrünung ein wesentlicher Bestandteil des »grünen Bauens«. Der Umgang mit dem lebenden Baustoff Pflanze erfordert jedoch zusätzliches Fachwissen, um räumliche Ansprüche der Pflanzen einschließlich der erforderlichen Pflege bereits in der Planungsphase berücksichtigen zu können. Dazu zählen Bereitstellung von Bodenvolumen, gefahrloser Zugang für gärtnerische Arbeiten, kontinuierliche gärtnerische Maßnahmen wie Bewässerung, Schnitt und Schädlingsbekämpfung. Der Grünflächenfachplan ist mit allen anderen Fachplanungen abzustimmen und sollte integraler Bestandteil des gesamten Bauprojekts sein. Das setzt bei allen Planungsbeteiligten ein entsprechendes Verständnis voraus – ganz im Gegensatz zur bisherigen Praxis der Begrünung verbliebener Grundstücksflächen. Im Idealfall kann die Begrünung dazu beitragen, Betriebskosten zu senken, einen Anteil an der Gebäudeklimatisierung zu leisten, die Effizienz von Photovoltaikpaneelen zu erhöhen und das Wohlbefinden der Gebäudenutzer zu steigern. Zahlreiche vorbildliche Referenzprojekte sind bereits realisiert. Die Akzeptanz für diesen Zusatzaufwand innerhalb der Bevölkerung ist groß und die an Bedeutung gewinnende Gebäudezertifizierung wird diese Entwicklung weiter unterstützen. DETAIL 12/2011

9

Vegetationsarten / *Types of vegetation*		Aufbaudicken in cm / *Construction depths in cm*																					
		4	6	8	10	12	15	18	20	25	30	35	40	45	50	60	70	80	90	100	125	150	200
Extensivbegrünungen / *Extensive planting*	Moos-Sedum-Begrünung / *Moss-sedum*	░	░	░																			
	Sedum-Moos-Kraut-Begrünung / *Sedum-moss-herbs*		░	░	░	░																	
	Sedum-Kraut-Gras-Begrünung / *Sedum-herbs-grass*				░	░	░																
	Gras-Kraut-Begrünung / *Grass-herbs*					░	░	░	░														
einfache Intensivbegrünungen / *Simple intensive planting*	Gras-Kraut-Begrünung / *Grass-herbs*						░	░	░	░													
	Wildstauden-Gehölz-Begrünung / *Wild shrubs-thicket*								░	░	░												
	Gehölz-Stauden-Begrünung / *Thicket-shrubs*									░	░	░											
	Gehölzbegrünung / *Thicket*										░	░	░										
Intensivbegrünungen / *Intensive planting*	Rasen / *Grass*									░	░	░	░										
	niedrige Stauden und Gehölze / *Low shrubs and thicket*											░	░	░	░								
	mittelhohe Stauden und Gehölze / *Medium-height shrubs and thicket*													░	░	░							
	hohe Stauden und Sträucher / *High shrubs and bushes*														░	░	░						
	Großsträucher und Kleinbäume / *Large bushes and small trees*															░	░	░	░	░			
	mittelhohe und hohe Bäume / *Medium-height and tall trees*																		░	░	░	░	
	hohe Bäume / *Tall trees*																			░	░	░	░

10 Gitter-Schubsicherung gegen Abrutschen des Substrats für ebene Schrägdächer (Optigrün)
11 Schubschwellen in Netz eingehängt, auch für gekrümmte Flächen wie Tonnen und Kuppeldächer (Optigrün)
12 Wirkungen von Dachbegrünungen auf Gebäude

10 Grating to prevent slipping of substrate on plane pitched roofs (Optigrün company)
11 Anti-slip sills suspended in net; also suitable for curved surfaces such as barrel-vaulted and domed roofs (Optigrün company)
12 Influence of roof planting on buildings

Anmerkungen:
[1] FLL (Hrsg.): Richtlinie für die Planung, Ausführung und Pflege von Dachbegrünungen. Bonn 2008
[2] FLL (Hrsg.): Empfehlungen zu Planung und Bau von Verkehrsflächen auf Bauwerken, 2005
[3] Ansel, Wolfgang (Hrsg.): Leitfaden Dachbegrünung für Kommunen, DDV Nürtingen, 2010

Planted roofs have long belonged to the canon of environmentally friendly construction, and the topic is addressed by research organisations in many different countries today. The technology of green roofs has proved applicable to all climatic zones of the world.

Germany leads the field in this respect, at least quantitatively. Since the boom in planted roofs in the 1980s, they have become a requirement in many local authority plans as a means of compensating for new building projects. In 2008, the FLL, a German research organisation for landscape development, drew up guidelines for a permanent form of planted roof construction, providing architects and clients with a safe basis for the technical execution. Comparable guidelines exist in other countries, too.

The FLL distinguishes between extensive roof planting, simple intensive roof planting and intensive roof planting. For extensive roof planting, a substrate layer roughly 10 cm thick is required and a choice of plants that need only one maintenance inspection a year. Simple intensive planting requires increased care at the beginning and a provision for watering. With intensive roof planting, substrate layers should be between 50 cm and 1.50 m thick, and a watering system should be foreseen.

Planted roofs require falls of at least 1–2 percent to drainage outlets. Access for subsequent inspection and new planting is possible in most cases for pitches of up to 45°. For slopes exceeding 45°, planting firms offer sills and gratings that prevent the substrate from slipping (ills. 10, 11). The vegetation should ideally be cultivated in advance on a mesh. Steeply pitched roofs have a reduced capacity for water retention, so that subsurface watering is recommended.

Life-cycle analyses of planted roofs in comparison with other forms of construction have to take account of many factors: the size of the planted area; the provision of lift access and water points for cultivation; and safety measures to prevent falling. The life of the building, recycling and wage costs are just some of the parameters that influence the outcome. Roof plantings on 100-year-old buildings in Berlin prove that they can last for the full life of a structure (Köhler Poll, 2010). Recent estimates show that increased costs are incurred initially with roof planting, but in the long run, it is more economical than other forms of construction (ill. 7).

Planted roofs can have various functions:
• as green areas in towns;
• as areas for growing certain foodstuffs;
• to create an ecological balance and as biotopes for rare or endangered species;
• as purifying biotopes or filters for rainwater.

These functions cannot all be performed by a single type of construction, however. Just how varied the details can be is shown by competitions such as that for "the planted roof of the year" (see: www.fbb.de). In 2010, the headquarters of the Solon company in Berlin won this award (ill. 7). Here, the combination of planted roof terraces and courtyards with the actual roof-planting played a major role in the rainwater and energy concept.

The effects of planting depend on the make-up and thickness of the various layers. Roof planting can have a positive influence on the thermal insulation of the construction below (ill. 12). In contrast to insulation materials, the effect of the planting will depend on the moisture content of the storage medium and the nature of the vegetation layer. The insulation effect of extensive planting was investigated in Neubrandenburg (Köhler Malorny, 2009). Climatic parameters were precisely registered, and the run-off and retention of water in the substrate layer were calculated.

The positive effects of planted roofs on the urban climate are manifold and include:
• rainwater retention of between 50 and 75 percent of annual precipitation with extensive planting;
• reduction of the loss of peak precipitation by roughly 30 percent;
• evaporative cooling (retention after precipitation in $l/m^2 \times 680\ W/m^2$ of roof area;
• reduction of peak midday temperatures in summer by roughly 5–6 °C.

At present, one is looking for strategies to counter the phenomenon of thermal islands in cities in summer. Technically generated cool-

Größenordnung / Quantifiable effects of roof planting on buildings	
zusätzliches Gewicht / *Additional weight*	40 kg/m² – 350 kg/m² *40 – 350 kg/m²*
Dämmeffekt durch den Begrünungsaufbau / *Insulating effect of planting construction*	Extensivbegrünung mit 10 cm Substrat und typischer Dränageschicht entspricht ca. 1 cm Polystyrolhartschaum. *Extensive planting, with 10 cm substrate layer and typical drainage layer, is equivalent to approx. 1 cm polystyrene rigid foam.*
Dämmeffekt durch unterschiedliche Bewuchsstärke / *Insulating effect of different degrees of planting/growth*	Der Effekt der Vegetation variiert, ist schwer zu bestimmen und im Vergleich zum übrigen Schichtaufbau zu vernachlässigen. *The effect of the vegetation varies; it is difficult to determine and negligible in comparison with the other construction layers.*
Dämmeffekt Heizkosten Winter / *Insulating effect on heating costs in winter*	abhängig vom Verhältnis Dach-/Wandfläche, Versuchshaus 150 m² Dachfläche Norddeutschland: Einsparung 40 m³ Stadtgas entspricht 40 €/Heizperiode *Depends on relationship between roof and wall areas; in a building in Germany with 150 m² roof area: a saving of 40 m³ mains gas = € 40 per heating period*
Dämmeffekte Kühlkosten Sommer / *Insulation effect on cooling costs in summer*	Dämpfung der Temperaturamplitude um 50 %, 10-fach höhere Verdunstungsleistung im Vergleich zum Kiesdach, entspricht einer Verdunstungskälte von 3 l/m² oder 40 m³ Stadtgas, Einsparung an Kühlenergie im obersten Geschoss eines Mehrfamilienhauses in Südeuropa ca. 20 %. Die Energieaufnahme von Gründächern pro Tag beträgt ca. 200 W/m², laut Messung gingen davon 59 W/m² in die Verdunstung, nur 1,2 % in den darunterliegenden Raum. CO_2-Einsparung bei einem Einfamilienhaus ca. 55 kg/Jahr *Reduction of temperature amplitude by 50 percent; a tenfold greater evaporative performance in comparison with gravel roofs corresponds to an evaporative cooling of 3 l/m² or 40 m³ of mains gas.* *Saving of cooling energy in top storey of multi-family housing in southern Europe = approx. 20 percent* *Daily energy intake of planted roofs = approx. 200 W/m². According to measurements, 59 W/m² of that were accounted for by evaporation (only 1.2 percent in the space below). CO_2 reduction for single-family house = approx. 55 kg per annum.*

12

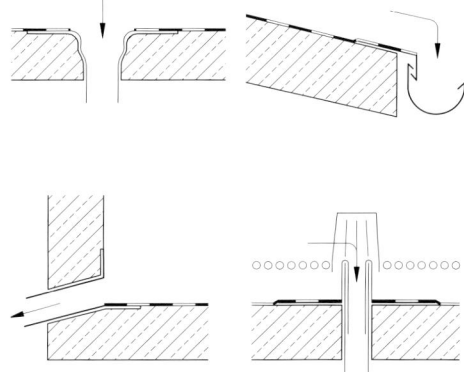

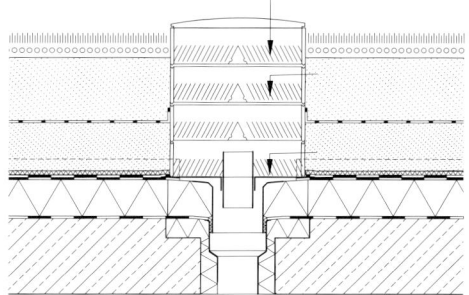

13

14

13 Entwässerungsarten: innenliegender Dachablauf nach DIN EN 1253, vorgehängte Dachrinne, Wasserspeier, Notüberlauf
14 innenliegender Dachablauf, Anschluss an wasserführende Schicht und Abdichtungsebene
15 Anhaltswerte für die prozentuale jährliche Wasserrückhaltung und den Jahresabflussbeiwert bei Dachbegrünungen in Abhängigkeit von der Aufbaudicke aus Schüttstoffen (FLL-Dachbegrünungsrichtlinie)

13 Forms of rainwater drainage: internal roof drainage in compliance with German standard EN 1253; suspended eaves gutter; water spout; overflow
14 Internal roof drainage integrated with water-bearing layer and sealing layer
15 Guide values for the percentage of annual water retention and the annual flow-off value for planted roofs, depending on the thickness of the filling materials (FLL roof-planting guideline)

ing or air conditioning is a blind alley, since it results in the creation of waste heat. But with global warming, the hot periods in moderate temperature zones are becoming ever longer, so that air conditioning is on the increase. Investigations of the moderating effect of planted roofs on external temperatures were first carried out in Toronto, where high cooling needs occur in summer. As an alternative to electrically operated spatial-cooling systems of poor efficiency, concepts for passive ventilation, good thermal insulation and roof planting should be developed.

A hitherto little exploited potential lies in evaporative cooling, partly through the retention of precipitation, but also through the evaporative contribution made by plants. The water stored in substrate layers after rainfall subsequently evaporates via the plants. Depending on the make-up of the layers and the amount of water, the daily evaporation is roughly 3–5 mm, or 3–5 litres per square metre. Direct evaporation is far more effective than technical cooling aggregates (Mankiewiecz Simon, 2007), so that in future, buildings could be cooled with a much smaller investment of electrical energy. The quantity of water running off into the drainage system could also be considerably reduced. The drainage of hard, sealed surfaces like concrete and asphalt reaches a value of 1.0. In other words, the entire precipitation flows off. In the case of gravel finishes, the value is about 0.5. The value for extensively planted areas is between 0.3 and 0.7, and for intensively planted areas about 0.1 (ill. 15), with seasonal variations.

In many cities, planting may be mandatory for the roof areas of new building projects, but an increased level of planting can be achieved only step by step and depending on support measures. In the state of Baden-Württemberg in Germany, for example, charges for household drainage may no longer be calculated according to the amount of drinking water drawn from the supply system. They must now be divided between a charge for soil water and one for precipitation, according to the area involved and the degree to which this is sealed or open.

How many square metres of roof planting exist in German cities today? The area for the district of Friedrichshain-Kreuzberg in Berlin was calculated with the participation of the author in 2011 on the basis of the land survey register (ALK). The figures for a number of other German cities such as Neubrandenburg, Düsseldorf and Stuttgart are also known. The figures for Berlin indicate that roughly 7 percent of roof areas are planted. The potential – without any major structural measures – would be about 50 percent of the total building developments.

Urban areas with a roof-planting proportion of roughly one square metre per inhabitant may be regarded as well covered. Based on the quantity of the relevant materials sold, estimates one that an area of at least 10 million square metres of planted roof construction is created every year in Germany. In France, the figure is between 500,000 and a million square metres per annum; and in North America, some 500,000 square metres were created in 2010 (www.greenroofs.org).

The quality of the roof planting is also an important factor. According to the FBB, an organisation for the planting of buildings, the principal form in Germany is extensive planting (roughly 80 percent). The reason may be found in the lower costs of implementing and tending this form of planting and the smaller loading it causes (ill. 4). The figures are subject to debate, however; for example, whether in calculating the extent of plantings only green areas should be taken into account, or whether areas accessible to vehicles may also be included. Similarly, in estimating the scope of planted roof terraces, it is disputed whether only the area of vegetation is relevant, or sitting areas may be counted as well. The answer depends on the composition of the layers below the finished surface. Where a retention mat is provided to retard the run-off of rainwater, a roof terrace will have a favourable influence on the urban water household and the generation of local evaporative cooling.

The vegetation used in roof planting is similar to that for facades, and it plays a major role in "green" forms of construction. Knowledge of handling a living building material like plants is required to take account of their needs during the planning stage, including aspects like cultivation and access for watering, cutting, pest control, etc., as well as the provision of an adequate soil volume. Ideally, plantings can reduce operating costs, contribute to indoor-climate control, improve the efficiency of photovoltaic panels and simplify their fixing, as well as increasing the comfort of occupants. There is a high level of acceptance for the additional outlay necessary for these measures, and the award of certificates for buildings in this field – which is growing in significance – will further these developments.

Prof. Dr.-Ing. Manfred Köhler ist Gründer des Gründach-Forschungsbereichs der Hochschule Neubrandenburg und leitet dort seit 1994 die Professur für Landschaftsökologie. Er ist Mitbegründer und seit 2008 Präsident des World Green Infrastructure Networks mit Sitz in Toronto. Als Mitglied des FLL ist er in verschiedenen Regelwerksausschüssen tätig.

Prof. Dr.-Ing. Manfred Köhler is the initiator of research into planted roofs at the University of Neubrandenburg, where he has held the chair for landscape ecology since 1994. He is a co-founder of the World Green Infrastructure Networks, which is based in Toronto, and he has been its president since 2008. As a member of the FLL, he is active in various committees responsible for guidelines and regulations.

Begrünungsart / Type of planting	Aufbaudicke in cm / Construction thickness in cm	Wasserrückhaltung im Jahresmittel in % / Average annual water retention as a percentage	Jahresabflussbeiwert Versiegelungsfaktor / Annual flow-off value Sealing factor
Extensivbegrünungen / Extensive forms of planting	2–4	40	0,60
	> 4–6	45	0,55
	> 6–10	50	0,50
	> 10–15	55	0,45
	> 15–20	60	0,40
Intensivbegrünungen / Intensive forms of planting	15–25	60	0,40
	> 25–50	70	0,30
	> 50	≥ 90	≤ 0,10

15

Digitale Prozesse und Möglichkeiten der Individualisierung im Fertighausbau

Digital Processes and the Potential to Individualise Prefabricated Homes

Reinhold Hammerer

1, 2 Produktion von CLT-Platten mittels CNC-Abbundanlage
3–5 Passivdoppelhaus in modularer Massivholzbau-
weise, Sistrans, 2008
Axonometrie CLT-Elementierung, Montage der
Elemente auf der Baustelle

1, 2 Processing CLT panels on a CNC production line.
3–5 Ultra-low-energy "Passivhaus" duplex in modular
solid-timber construction, Sistrans, 2008
Axonometric of the CLT elements
Setting up the elements at the construction site

Fertighäuser verbinden noch immer viele Menschen mit standardisierten Grundrissen und einem Erscheinungsbild, das die Klischees vom Traumhaus Typ »Toskana« unabhängig vom Standort und dem städtebaulichen Kontext vermittelt. Daher gehen Fertighausfirmen vermehrt dazu über, zusätzlich zu ihren Produkten von der Stange sogenannte Architektenhäuser anzubieten. Ein hohes Maß an Vorfertigung in Kombination mit den Planungsleistungen eines Architekten offenbart insbesondere bei einer konsequenten Umsetzung digitaler Prozesse individuelle Gestaltungsmöglichkeiten bei kurzen Produktions- bzw. Montagezeiten und kalkulierbaren Festpreisen.

Ein besonders flexibles Konzept solcher Architektenhäuser in Fertigbauweise stellt das m3-Haus dar. Der Entwurf basiert auf dem vom Innsbrucker Architekturbüro maars entwickelten Baukonzept. Zusammen mit einem Systemhaushersteller und lokalen Zimmereibetrieben, die die Häuser auf Grundlage digitaler Daten produziert und aufgestellt. Die

Grundidee des m3-Hauses war es, ein zeitgemäßes und sehr wandlungsfähiges Haus zu entwerfen, das sich unterschiedlichen regionalen Traditionen anpassen kann. Die Grundkonzeption beruht auf einem Modulraster von 4 × 6 m. Drei Module bilden dabei eine Grundrisseinheit und werden beim Standardhaus mit zwei Geschossen ausgeführt. Die Belegung dieser Module ist flexibel, wodurch sich unterschiedlichste, den Nutzerwünschen entsprechende Raumkonfigurationen generieren lassen. Dem Wunsch nach einem offenen Haus kann ebenso entsprochen werden wie der Anordnung einzelner in sich abgeschlossener Zimmer.

Entwurfsprozess, Digitalisierung
Parallel zu den ersten groben Handskizzen erstellen wir bereits zu einem sehr frühen Zeitpunkt 3-D-Modelle. Diese werden während des Entwurfsprozesses stetig weiter verfeinert und bilden einerseits die Basis für fotorealistische Visualisierungen mit Programmen wie etwa »Artlantis« oder »Maxwell Renderer«, andererseits aber auch die Grundlage für die weiteren Arbeitsprozesse des CLT (Cross Laminated Timber – Brettsperrholz)-Herstellers. Als CAD-Software verwenden wir »Archicad«.
Alle Holzbauteile werden als 3-D-Elemente erfasst. Handelt es sich um ein Projekt mit Sichtholzoberflächen, werden auch sämtliche Verkleidungen der Stirnholzbereiche berücksichtigt. Tür- und Fensteranschlüsse sind daher im Vorfeld ebenso sorgfältig zu fixieren wie Öffnungen und Durchbrüche für Haustechnikinstallationen. Elektroinstallationen werden dagegen vor Ort eingenutet, weil hier ein Maximum an Flexibilität gefordert ist und eine Vorfertigung wenig Sinn machen würde.
Die Übergabe des architektonischen 3-D-Modells an den Systemhauspartner erfolgt über eine IFC-Schnittstelle. Für die weitere Bearbeitung setzt der Systemhauspartner die Software »CAD Works« ein.

Baustoff Brettsperrholz
Das Arbeiten mit Brettsperrholz ist überaus faszinierend – ein hoher Vorfertigungsgrad,

kürzeste Montagezeiten, günstige bauphysikalische Eigenschaften, eine hohe statische Belastbarkeit und nicht zuletzt die angenehm warme Oberfläche bescheinigen diesem Material ein hohes Zukunftspotenzial. Aufgrund unserer mittlerweile jahrelangen Tätigkeit im Bereich des Massivholzbaus versuchen wir, die Qualitäten dieses Baustoffs optimal zu nutzen. Kenntnisse und Erfahrung über die Arbeitsvorbereitung, Herstellung, Bearbeitungsmöglichkeiten und Montage verbessern dabei die Leistungsfähigkeit deutlich. Bei Brettsperrholz handelt es sich um flächige Holzbauteile, die aus mindestens drei kreuzweise (rechtwinklig) miteinander verklebten Einschichtplatten hergestellt werden. Die Einzelbretter der Brettlagen müssen dabei sowohl in Längs- als auch in Querrichtung zu einer Einschichtplatte seitenverleimt sein. Dadurch ergeben sich gleichzeitig mehrere Vorteile – beispielsweise die Fugenfreiheit, die in den Bereichen des Brand-, Feuchtigkeits- und Wärmeschutzes bzw. der Luft- und Winddichtheit relevant ist.
Sowohl die Schmalseitenverleimung der Einzelbretter als auch die kreuzweise Verbindung der Brettlagen erfolgt durch einen formaldehydfreien Leim. Die Oberflächen der Platten sind geschliffen, wobei das Ausgangsprodukt ein Format von 2,95 × 16,00 m hat. Die Plattenstärken sind von 50 bis 400 mm herstellbar.

Arbeitsvorbereitung – CNC-Abbund
Auf Basis der 3-D-Daten wird zunächst eine Stückliste erstellt und eine Elementoptimierung durchgeführt. Dabei werden die einzelnen Teile – ähnlich einem Puzzle – auf die Grundplatten (2,95 × 16,00 m) virtuell aufgelegt und so lange verschoben, bis der minimalste Verschnitt gegeben ist. Die übrig bleibenden Restteile versuchen wir gegebenenfalls für Möbelstücke etc. zu verwerten. Vom Systemhauspartner erfolgt die Datenübergabe dann direkt an das Herstellerwerk der CLT-Platten. Für die CNC-Abbundanlage kommt dabei die Software »HSP« zum Einsatz. Die Abbund-

3 4

pläne geben wir erst nach einer Endkontrolle frei, Planänderungen sind also noch bis kurz vor Produktionsbeginn möglich.

Flächenbündiger Einbau – individuelle Details
Im CNC-Abbund lassen sich fast alle Formen und Ausschnitte generieren (Abb. 1, 2). Durch die eingesetzten Fräswerkzeuge ergeben sich insbesondere bei Sichtoberflächen interessante Möglichkeiten. Beispielsweise sind beim realisierten Doppelhaus in Sistrans 5 mm starke Vertiefungen in die Wandelemente eingefräst, um Spiegel flächenbündig einsetzen zu können (Abb. 3–5). Praktisch ohne Mehraufwand ließ sich auch das Regenduschelement im Badezimmer wandbündig einbauen. Bei einem anderen Projekt konnten wir eine durchgehend organisch geformte, 200 mm starke und 10 m lange Treppenwange in einem Stück herstellen und montieren.

Logistik – Montage
Um einen reibungsfreien Montageablauf zu garantieren, ist es wichtig, Ladefolgen bereits im Werk zu berücksichtigen – ein entsprechender Plan hierfür wird vom Systemhauspartner erstellt. Ebenso ist auch die Zugänglichkeit der Baustelle zu prüfen, um frühzeitig eine Auswahl geeigneter Transportfahrzeuge (Sattelzug, gelenkter Sattelzug etc.) treffen zu können. Bei optimalem Bauablauf beträgt die Montagezeit für ein Einfamilienhaus rund ein bis zwei Tage.   DETAIL 05/2010

Der Architekt Reinhold Hammerer (heute HAMMERER ztgmbh) betrieb zwischen 2002 und 2013 gemeinsam mit Andreas Hausbacher und Stefan Knabel das Büro maaars architecture in Innsbruck. Zusammen mit dem Unternehmen »Das Massivholzhaus« entstand u. a. das Konzept von m3-Haus in Systembauweise.

From 2002–2013, the architect Reinhold Hammerer (now HAMMERER ztgmbh) has operated the office maaars architecture in Innsbruck with Andreas Hausbacher and Stefan Knabel. The concept for m3-haus, for example, was developed as a modular system in coopcration with the firm "Das Massivholzhaus".

To improve the image of prefabricated homes, many manufacturers are now offering domiciles designed by architects. The high degree of prefabrication, combined with the ideas introduced by the architects – particularly when digital processes are consistently implemented – allow the purchaser to influence the process. Their production time and set-up are brief, and the price is guaranteed. The m3-haus – created by a prefab home manufacturer, the architecture firm maaars and local carpenters – can even be adapted to different regional contexts. Its modules are based on a 4 × 6 m grid; there are three modules on each storey. The purchaser determines what type of floor plan the house will have.
Parallel to the earliest sketches, the first digital models are produced and are refined as the project progresses. They are the basis for renderings (Artlantis, Maxwell Renderer) as well as for the cross-laminated timber (CLT) working drawings. All wood building components are registered in the model. CLT has a bright future: it can quickly be set up and has

favourable building-physics properties, high load-bearing capacity, and its surface is warm and pleasant to the touch.
Based on the 3D data, first a schedule is created and the elements are optimised. This involves setting the individual parts – comparable to those of a puzzle – on a virtual board and adapting them to make the best use of the material. We attempt to use the residual material for furniture, etc. The manufacturer then sends the data directly to the CLT producer. HSP software is used for the CNC production line. We inspect and release the production drawings. The process allows for changes until shortly before production begins. Nearly every form or cut-out can be executed by the CNC production line.
In order to guarantee a smooth set-up on site, it is crucial that the delivery sequence be coordinated. The type of delivery vehicle best suited to the site must also be determined. When these logistical factors are resolved ideally, the set-up of a house lasts one to two days.

5

49

typologie
typology

Typologien im niedriggeschossigen Wohnungsbau

Low-Rise Housing Typology

Hans Weidinger

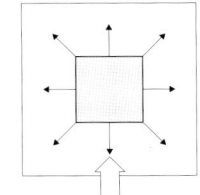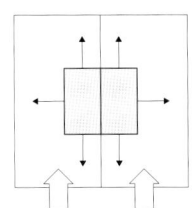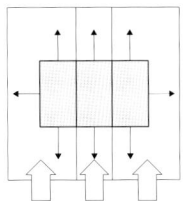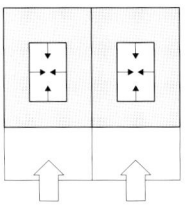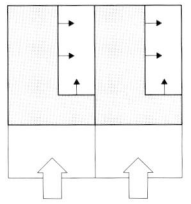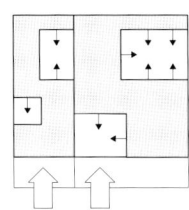

1

Bei näherer Betrachtung des heutigen Phänomens »Wohnen« wird schnell klar, dass es zu Beginn des 21. Jahrhunderts eher um Moden und Trends geht als um einen unveränderlichen Status quo. So sind zur Definition dieses eigentlich ziemlich vagen Begriffs neben wirtschaftlichen Faktoren immer auch soziokulturelle Einflüsse maßgeblich: Überalterung, Emanzipation oder Migration lauten aktuelle Schlagworte, die unsere Bilder vom Wohnen verändern. Wohnungen müssen heute nicht mehr nur den Bedarf eines Mehrpersonenhaushalts erfüllen. Sie sollen flexibel auf die Bedürfnisse von Singles, Dinkies (double income no kids), Alleinerziehenden mit Kind, Patchworkfamilien, Senioren-Wohngruppen, Yuppies oder einkommensschwachen Heimarbeitern reagieren können. Angebot und Nachfrage traditioneller Haustypen bleiben davon natürlich nicht unberührt.

Zusätzlich eingeengt wird das vormals freiere Spiel der Kräfte durch strikte staatliche Reglementierungen in Raumordnungs- und Bebauungsplänen. Dabei fällt auf, dass solche politischen Instrumente bei unseren europäischen Nachbarn zu unterschiedlichen Resultaten führen. Einerseits gibt es das Erfolgsmodell des niederländischen Reihenhauses. Andererseits werden in Österreich und der Schweiz baupolitische Kraftakte vollzogen, um ökologisch sensible Alpengebiete vor ausufernden Villenagglomerationen zu schützen. Traditionelle Haustypen wie beispielsweise das Hofhaus, das bestimmte Grundstückszuschnitte favorisiert, werden dabei in den Hintergrund gedrängt. Wäre aber deshalb eine »Gesellschaft für aussterbende Haustypen« denkbar, so wie es auch eine »Gesellschaft für bedrohte Völker« gibt? Nein, denn dieses Phänomen ist weitaus vielschichtiger. Haustypologien sterben nicht aus, sie mutieren, werden transformiert und unter anderen Vorzeichen neu erfunden. Einen Blick in die »Mottenkiste« der Haustypologien zu werfen, lohnt sich – selbst wenn noch so utopische Entwürfe kursieren, die scheinbar wenig mit »bodenständiger« Grundrissmethodik zu tun haben.

Randnotizen zum Thema Typologie
Wenn im Folgenden versucht wird, Typologien im niedriggeschossigen Wohnungsbau zu skizzieren, liegt das Hauptaugenmerk auf dem individuellen Eigenheimbau einerseits und auf verdichteten Siedlungskonzepten andererseits. Dabei lassen sich die vorgestellten Haustypen zwar strukturell gut voneinander abgrenzen. Dennoch bilden sie keine klar konturierten Silhouetten: Hybride sind eher die Regel als die Ausnahme. Beispielsweise kann ein Einfamilienhaus auch eine zweite Familie in einer Einliegerwohnung beherbergen und ist trotzdem kein Doppelhaus. Und auch manche Atriumhäuser stehen in einer Reihe mit anderen Haustypen und bleiben doch Atriumhäuser. Die typologischen Unterscheidungsmerkmale kleiner Wohnbauten stechen nicht immer unbedingt ins Auge. Dennoch sind es vor allem drei Parameter – Haus, Straße und Garten –, die in ihrer Gewichtung nicht ausschließlich, aber maßgeblich den Gebäudetypus bestimmen. Die Lage, der Genius Loci, als potenzieller vierter Faktor wird dabei hintangestellt, da dieser mehr das Spezielle und weniger das Allgemeine betont.

Die Urhütte – das frei stehende Einfamilienhaus
Ursprüngliches Merkmal frei stehender Einfamilienhäuser ist der üppige Freiraum, dessen Dimension und Gestaltung nicht zuletzt den Schutz vor ungewollten Einblicken gewährleisten. Vorläufer sind die in der Renaissance auf den Latifundien des italienischen Adels errichteten Sommervillen – etwa die Villa Rotonda von Andrea Palladio –, die sich wiederum an griechisch-römische Vorbilder wie die Mysterienvilla vor den Toren Pompejis anlehnen. Der vierseitig freie Ausblick symbolisierte Macht und Stärke derjenigen, die es wagen konnten, den Schutz der Stadtmauern zu verlassen, um unbesorgt nahe der Natur zu leben. Einen namhaften Beitrag zum Typus liefern auch die Präriehäuser von Frank Lloyd Wright und seinen Schülern. Anders als in Nordamerika sind derlei weiträumige Parzellen für die ausgreifenden »Bungalow«-Gebäudeflügel im kleinteiligen Europa eher rar.

Wenn man sich die heute in Fachzeitschriften publizierten, gelungenen Entwürfe frei stehender Wohnhäuser vergegenwärtigt, verwundert das negative Image, mit dem dieser Haustyp seit Jahren immer wieder in der Öffentlichkeit konfrontiert wird. Einfamilienhäuser rangieren bei jungen Architekten in der Regel auf der ersten Seite ihres Portfolios. Solch hochwertige Designobjekte befinden sich allerdings in der Praxis in eklatanter Minderzahl, da Grund und Boden zum begrenzten Gut geworden sind. Dass dieser geschützt werden müsse, ist bisher noch nicht zunehmend in den Blickpunkt gerückt. Eine von Le Corbusiers Thesen, nach der die Erde nicht dazu da sei, um einfach nur zugebaut zu werden, gewinnt vermehrt an Bedeutung.

Unbeeindruckt von sinkender Geburtenzahlen in Deutschland und globalen Wirtschaftskrisen steigen die Bodenpreise stetig. Und so bleibt eine Villa im Park ein exklusives, oft unerreichbares Ziel. Für die meisten Bauwilligen stellt die gestutzte Version dieses Ideals, das eigene Häuschen im Grünen, den Traum vom Wohnen dar. Seit der Wirtschaftswunderzeit der 1950er-Jahre schossen abertausende Einfamilienhäuser als »Siedlungsbrei«, »Schlafstadt« oder Heimstatt von »grünen Witwen« aus dem Boden und legten sich als Speckgürtel um Dörfer und Städte. Hinzu kommt, dass das begehrte Traumhaus heute überwiegend als mindere Konfektionsware von mittelmäßigen Bauträgern oder Fertighausfirmen auf zu enge Grundstücke gepfercht wird. Kritik ist bisweilen also tatsächlich berechtigt, zumal sich die Unterhaltskosten für die Kommunen ebenfalls negativ bemerkbar machen. Hohe Erschließungskosten für Straßen und Kanäle, aber auch die Zersiedelung regionaler Kulturlandschaften mit Äckern und Weiden sprechen gegen diesen Haustyp, der im »Zeitalter der Massen« zum Alptraum mutierte.

Die nachfolgend vorgestellten Haustypen verdanken ihre Herkunft dem in der Regel begrenzten urbanen Terrain und eignen sich daher gut für kleine Bauparzellen, die derzeit auch das Gros des Immobilienmarkts bestimmen.

2

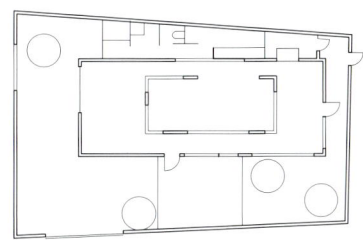

3

1   Haustypologien:
     Einfamilienhaus, Doppelhaus, Reihenhaus,
     Atriumhaus, Winkelhofhaus, Patiohaus
2–4 Einfamilienhaus in Oita, Japan, 2008,
     Grundriss Erdgeschoss, Maßstab 1:400
     Architekt: Sou Fujimoto, Tokio

1   Housing types:
     single-family detached house, semi-detached
     house, terraced house, atrium house, L-shaped
     courtyard house, patio house
2–4 Single-family house in Oita, Japan, 2008,
     ground floor plan, scale 1:400
     architect: Sou Fujimoto, Toyko

Doppelhaus – typologische Zellteilung

Ein erster Schritt einer potenziellen Verdichtung im horizontalen Wohnbau ergibt sich durch die Halbierung größerer Parzellen. Der Annex eines zweiten Hauses schmälert allerdings die souveräne Freistellung jeder der beiden Haushälften – die Parzelle lässt sich nicht mehr umrunden. Gleichzeitig geht eine Außenfassade verloren, wodurch die Belichtung der Räume an der Grenzwand und folglich die Orientierung des Gebäudes eingeschränkt wird. Auch können über die trennende Membran Geräusche und Brände übertragen werden. Die Ausbildung einer Brandwand und einer Schalltrennfuge zwischen Schottenwänden ist die notwendige Konsequenz.

Dem bautechnischen Mehraufwand stehen aber auch Gewinne gegenüber. Beide Bauherren nutzen den finanziellen Vorteil, kein zusätzliches Bauland erwerben zu müssen, um den vorgeschriebenen Abstand zu wahren. Seit Parameter wie Energieeinsparung und Nachhaltigkeit diskutable Größen im Wohnungswesen darstellen, sind auch Wärmeverluste über Außenwände zu einem messbaren Kriterium geworden. Beim Doppelhaus können im Vergleich zum frei stehenden Einfamilienhaus relevante Einsparungen bei den Primärenergiekosten erreicht werden, da die Gebäudetrennwand von beiden seiten beheizt wird – Dichte rechnet sich. Der Versuch, bei Doppelhäusern geschossweise die Grundstücksgrenze zu überspringen, ist mitunter problematisch, da sich die Eigentumsverhältnisse nicht eindeutig aus dem Grundriss, sondern erst aus dem Gebäudeschnitt ergeben. Dennoch werden solche Experimente immer wieder gewagt – auch bei Reihenhäusern.

Reihenhaus – das Gesetz der Serie

Dem Typus Reihenhaus begegnet man bereits im Mittelalter in Form von »Gottesbuden« – etwa bei der Fuggerei in Augsburg, die auf Stiftungen reicher Familien für Arme hervorgegangen ist. Weite Verbreitung erlangte dieses Modell während der Industrialisierung in England in Form riesiger Arbeitersiedlungen. Dennoch ist der heutige

Variantenreichtum ohne die Entwicklung von experimentellen Prototypen in den Modellsiedlungen der frühen Moderne undenkbar. Straßenkurven, Plätze und Kreuzungen aller Art beeinflussen nicht nur den öffentlichen Raum, sondern auch den Typus des exponierten Reihenendhauses. Meist werden dort Grundrisse gespiegelt oder Varianten des Entwurfsthemas moduliert.

Wie bereits erwähnt, prägen grundsätzlich die drei Elemente Haus, Straße und Garten die Haustypen. Bei gereihten Wohnhäusern fällt auf den ersten Blick die Straße als bestimmendes Merkmal auf, den Garten sieht man meist nicht einmal. Am Korsett des Bebauungsplans lässt sich bei diesem Typus kaum rütteln: Reihenhausgrundrisse besitzen ein eindeutiges Vorne und Hinten. Auf der Straßenseite ist Lärm, auf der Gartenseite Ruhe. Es gibt Auftakte zu Straßen oder zu einzelnen Reihenhausstangen. Während es bei Doppelhaussiedlungen schwer ist, das duale Stakkato aufzuweichen, kann ein unaufdringlicher Rhythmus, der auf Straßen-

verlauf, Länge und Höhenabwicklung reagiert, Reihenhauszeilen sehr wohl optisch aufwerten. Reihenmittelhäuser hingegen lassen sich gestalterisch wenig orchestrieren, da es nur zwei Fassaden gibt. Vor- und Rücksprünge können nicht nur optisch unruhig wirken, sondern auch energetisch nachteilig sein, da sich die Außenhülle vergrößert.

Die Breite, die Textur und die Profilierung der Volumina sind für die Eingrenzung des öffentlichen Straßenraums wichtige Merkmale, zu denen das einzelne Haus scheinbar nur die Frontfassade beiträgt. Bei Eigentümer-Reihenhausplanungen können Bauherrenwünsche mit dem beabsichtigten Entwurfsduktus kollidieren. Dagegen lauern bei vermieteten Reihenhäusern ähnliche Tücken wie im Geschosswohnungsbau. Oft kommt es hier zu einer Gratwanderung zwischen den wirtschaftlichen Zwängen eines Bauträgerbudgets und den Wünschen spät in den Entwurfsprozess eingebundener Bewohner. Zur Choreo-

4

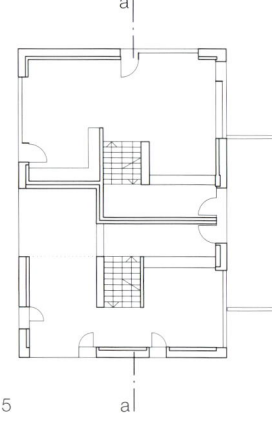 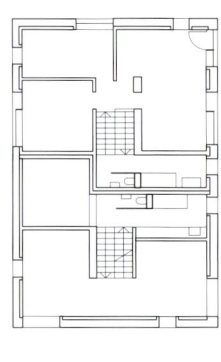 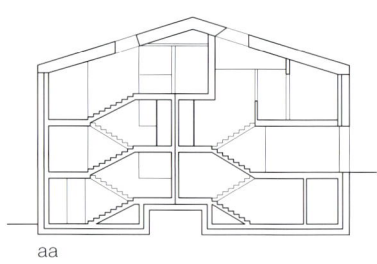

5, 6 Doppelhaus in Liebefeld, Schweiz, 2007,
      Grundrisse, Schnitt, Maßstab 1:400
      Architekten: Halle 58, Bern
7, 8 Reihenhäuser in Ringsted, Dänemark, 2006,
      Grundrisse, Maßstab 1:400
      Architektin: Dorte Mandrup, Kopenhagen

5, 6 Semi-detached houses in Liebefeld,
      Switzerland, 2007
      floor plans, section, scale 1:400
      architects: Halle 58, Berne
7, 8 Terraced houses in Ringsted, Denmark, 2006
      floor plans, scale 1:400
      architect: Dorte Mandrup, Copenhagen

grafie des Bauvorhabens trägt nur ein dezidierter Gestaltungskanon bei. Einerseits soll die Großform nicht verwässert, andererseits eine wohnliche Umgebung geschaffen werden. Eine allzu simple Addition kann allerdings schnell auch zu langweiliger Wiederholung, orientierungsfeindlichen, anonymen Wohnmaschinen oder zum ästhetischen Ghetto führen. Der Wunsch nach Selbstdarstellung sollte also nicht einfach beiseitegewischt werden. Wo sich keine Heimat als identifikatorisches Medium bilden darf, machen sich später Vandalismus oder wilde Baumarkt-Assemblagen breit.

Schlaf- und Wohnbereich sind üblicherweise auf zwei Geschosse verteilt. Achsbreite, Zuschnitt sowie Topografie des Grundstücks prägen die Erschließungsparameter. Schmale Parzellen favorisieren längs gerichtete Treppen. Je breiter die Grundstücke geschnitten sind, desto freier kann die vertikale Erschließung gewählt werden. Hier bieten sich punktförmige oder quer

angeordnete Treppen an. Am Hang liegende Reihenhäuser können dabei als Split-Level mit versetzten Ebenen räumlich überaus interessante Verschneidungen bieten und deutliche Hierarchien zwischen Straßen- und Gartenniveau ausbilden.

Mit dem Rückzug ehemaliger Eigenheimbesitzer vom Land in die Innenstädte tauchen seit etwa 1980 urbane Ausprägungen des schmalen Reihenhauses auf, sogenannte Stadthäuser mit bis zu vier Vollgeschossen und einem kleinen Garten. Grundrisssammlungen zum Reihenhaus machen deutlich, dass der serielle Typ verdichteten Wohnens unzählige Varianten ermöglicht, die sich gut den sich wandelnden Wohnformen anpassen lassen. Nutzungsneutralität und Variabilität sollten hierbei oberstes Entwurfsziel sein. Oder, um es mit Adolf Loos laut dem Diktum seiner Schrift »Heimatkunst« (1914) zu sagen: »Das Haus sei nach außen verschwiegen, im Inneren offenbare es seinen ganzen Reichtum.«

Hofhaus – verdichtetes Bauen in der Fläche

Die bisher dargestellten Haustypen zeichnen sich dadurch aus, dass sie sich nach außen orientieren, um Licht zu gewinnen und Ausblicke zu schaffen. Die Gebäudeumgriffe bleiben aber physisch undefiniert, solange keine Nebengebäude eine schützende »zweite Haut« gegen Einblicke und Verkehrslärm bilden. Öffentliches und Privates scheint nur auf dem Skizzenpapier erkennbar. Roland Rainer, österreichischer Architekt und Doyen des verdichteten Bauens in der Fläche, mahnte: »Ungestörter Rückzug von der Außenwelt lässt sich nur durch die bauliche Trennung öffentlicher und privater Freiräume schaffen.« Die bewusste Platzierung mehrerer Gebäude um eine offene Mitte – wobei die Baulücken mit mannshohen Mauern geschlossen werden – ist daher ein Kernprinzip frühgeschichtlicher Behausungen. Später bildet der ursprünglich ländliche Prototyp als Mikrokosmos die »Urzelle« in Mesopotamiens und Chinas Städten, wie sie der Schweizer Architekturpublizist Werner Blaser in seinen Büchern nachzeichnete.

Die flächige Addition heterogener Einzelbauten zu einem lockeren Gebäudeensemble könnte man unter dem Oberbegriff »Häuser mit Höfen« subsumieren. Im englischen Sprachraum nennt man sie »Compounds«, im Niederländischen »Hofjes«, im Alemannischen »Hofreiten«. Wesentliches Merkmal ist die Introvertiertheit – nur wenige Öffnungen zeigen nach außen. Der Hof bildet auch den zentralen Erschließungsknoten. Die Einzelgebäude können dabei durchaus mehrgeschossig sein, meistens handelt es sich aber um eingeschossige Flachbauten.

Der Zuschnitt der Höfe ist abhängig vom Makroklima und der Intensität der Sonneneinstrahlung. Höfe in heißen Wüstenregionen sind gerade so groß, dass die Außenwände durch Sonneneinstrahlung nicht überhitzen und durch Konvektion kühlende Luftströme erzeugt werden können, zum Teil mittels Wasserbecken. Dagegen sind Höfe in nördlichen Klimazonen so geschnitten sein, dass die Südseite möglichst lange

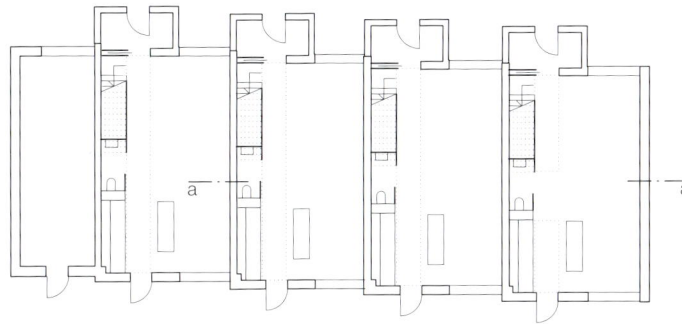
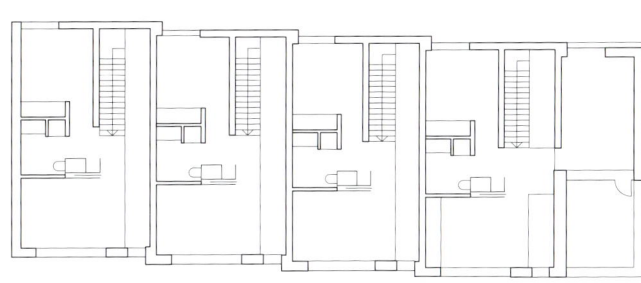

7

besonnt wird. West- und Ostseiten müssen großzügig zu verglasen, um ganzjährig vom mikroklimatischen Wärmepuffer des Hofs zu profitieren. Sofern die Erschließung gewährleistet ist und das Grundrisskonzept darauf Rücksicht nimmt, lässt sich an Hofhäuser potenziell an mindestens zwei, bestenfalls an vier Seiten anbauen. Im Folgenden werden die wichtigsten typologischen Unterarten von Hofhäusern beschrieben.

Atriumhaus – Prototyp mit Tücken
Die Wurzeln des Atriumhauses reichen weit zurück. Ob man bei den im Lössboden eingegrabenen Troglodyten- oder Höhlenhofhäusern Chinas zu forschen beginnt oder bei den säulenbegrenzten Peristylhöfen Vorderasiens – bei deren Genese stand wohl immer der Schutz vor Feinden und Witterungsunbilden im Vordergrund. Die Römer entlehnten den bewährten Haustyp von den Etruskern und etablierten ihn in der Baugeschichte. Heute kommt das Atriumhaus in der ursprünglichen Form mit allseits um den

zentralen Hof liegenden Räumen in den nördlichen Breiten kaum noch vor, da die Witterungsverhältnisse eine bequeme Erschließung ausschließlich über den Innenhof einschränken. In den um 1930 von den Architekten Neidhardt, Mittel und Ruff geplanten »Waben«-Siedlungen wurde deshalb eine Flurzone ringförmig um den Hof gelegt. Bei dieser Variante ist die Belichtung der angrenzenden Räume allerdings nur über die Außenwände oder über Dachoberlichter zu gewährleisten. Durch eine gläserne Überdachung des Innenhofs, die zu Belüftungszwecken geöffnet werden kann, lässt sich zwar die zentrale Erschließungsfunktion des Wohnhofs beibehalten, die Orientierung der Privaträume kann aber wegen des binnenzirkulären Hallenklimas nur über die Außenwände erfolgen. Die Möglichkeiten flächiger Addition solcher Atriumtypen sind gemäß heutiger Komfortansprüche begrenzt. Eingeschossige Atriumhäuser, die an drei Seiten von Nachbarn umgeben sind, benötigen wie der mediterrane Urtyp eine annä-

hernd quadratische Grundstücksparzelle von mindestens 15 × 15 m. Die allseitige Orientierung des Grundrisses auf den Innenhof bedarf erheblicher Sorgfalt bei dessen Ausgestaltung: Sitzplätze und Pflanzflächen sollten möglichst variabel zu nutzen sein. Um gegenseitige Beeinträchtigungen zu vermeiden, ist die Hofgröße auch der Anzahl der Bewohner anzupassen. Atriumflächen unter 40 m² für eine vierköpfige Familie sollten nicht unterschritten werden.

Winkelhoftyp – Etablierung des Gartenhofhauses
Die Vorteile des ebenerdigen, flächigen Wohnens hatten einige Vertreter der frühen Moderne dazu bewogen, niedriggeschossige Wohnformen, wie sie der Gartenstadt-Idee zugrunde lagen, weiterzuverfolgen. Selbst wenn es dabei auch theoretische Bezüge zu traditionellen Haustypen gibt, wurden doch neue Anfänge versucht. Walter Gropius kritisierte diese Wohnform mit der Behauptung, sie wäre für den Massenwoh-

8

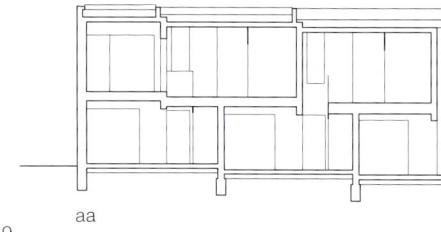

aa

9

9, 10   Reihenhäuser in Ringsted, Dänemark, 2006,
         Architektin: Dorte Mandrup, Kopenhagen
         Schnitt, Maßstab 1:400
11–13   Atriumhaus in Rorschach, Schweiz, 2006,
         Architekten: Rainer Köberl, Paul Pointecker,
         Innsbruck
         Grundrisse, Maßstab 1:400

9, 10   *Terraced houses in Ringsted, Denmark, 2006*
         section   scale 1:400
         architect: Dorte Mandrup, Copenhagen
11–13   *Atrium house in Rorschach, Switzerland, 2006*
         floor plans   scale 1:400
         architects: Rainer Köberl, Paul Pointecker,
         Innsbruck

Hans Weidinger studierte Architektur, Kunstgeschich-
te und Ethnologie in München und arbeitete anschließend in Architekturbüros im In- und Ausland. Seit
1994 hat er ein eigenes Büro in Nürnberg/Fürth und
ist publizistisch tätig.

Hans Weidinger studied architecture, art history and
ethnology in Munich, after which he worked in various
architectural offices in Germany and abroad. Since
1994, he has had his own practice in Fürth near Nurem-
berg. He is also an author and has published two books
with the DVA on the subject of courtyard houses.

nungsbau untauglich, da ihre Eingeschos-
sigkeit »die Verneinung und Auflösung der
Stadt« bedeute. Ludwig Hilberseimer, der
mit Hugo Häring die Wirtschaftlichkeit von
flachen Wohnbauten untersuchte, argumen-
tierte dagegen: »Es ist falsch, dies als Ent-
weder-Oder-Position darzustellen. Ziel muss
es sein, jedermann seine eigene Wohnung
wählen zu lassen [...]. Niedrige Häuser mit
Garten sind besser geeignet für Familien mit
Kindern, während Paare ohne Kinder oder
Alleinstehende Hochhäuser mit Gemeinschaftseinrichtungen bevorzugen.« Deshalb
sprach er sich für gemischte Siedlungen mit
hohen und niedrigen Baukörpern aus.
Die gegenseitige Beeinträchtigung neben-
einanderstehender Häuser führte beide Architekten über erste Versuche mit quer zur
Straße angeordneten Längsriegeln und da-
vorliegenden Südgärten letztlich zu winkel-
förmigen Grundrissen. Die Häuser werden
an der Nordseite erschlossen. Ein südorien-
tierter Flügel beherbergt den Wohntrakt. In
der schlecht zu belichtenden Winkelecke

befinden sich die Nassräume. Während
die Küche nordwärts zur Straße orientiert
ist, reihen sich die Schlafräume an einem
kurzen Flur im anschließenden Ostflügel.
Das L-Haus Typ E von 1931 wurde dabei
wegweisend für alle weiteren Versuche zum
Thema Gartenhofhäuser, deren Boom sich
in den 1960er-Jahren bis nach Skandina-
vien ausbreitete. Für die Orientierung der
Hoffassaden ist beinahe ausschließlich Südost oder Südwest zu empfehlen, sofern eine
ungünstige Lärmbeeinflussung nichts anderes nahelegt. Die serielle Addition von Win-
kelhofhäusern führt zu sogenannten Ketten-
häusern. Analog zu einem Reißverschluss
wechseln Gartenhöfe mit Wohnflügeln ab.
Durch die spiegelbildliche Koppelung einer
zweiten Kettenhofreihe Rücken an Rücken
resultieren einerseits geschlossene Straßen-
fronten, andererseits intime Wohnhöfe.

**Patiohaus – lineare Verdichtung auf engs-
tem Raum**
Schmale, lang gestreckte Parzellen bestimmen den interessantesten Hofhaustyp, dessen bauhistorische Herkunft im spanischen
Sprachraum zu finden ist. Höchstwahr-
scheinlich war der Patio eine Fortentwick-
lung maurischer Wohnhöfe in Andalusien.
Die Parzellen, auf denen mehrere Familien
im Sippenverband lebten, waren bis zu
30 m tief und an den engsten Stellen nur
wenige Meter breit. Durch die große Tiefe
ergaben sich zwangsläufig lange Flure.
Die Hofflächen blieben wegen der starken
mediterranen Sonneneinstrahlung relativ
klein. Und so konnte der Haustypus deswegen problemlos an die subtropischen Ver-
hältnisse in den Überseekolonien Spaniens
adaptiert werden. Im Unterschied zu den
meist eingeschossigen Gartenhofhäusern
waren Patiohäuser ursprünglich auf zwei
Geschosse angelegt, da die Verschattung
der kleinen Höfe eher erwünscht war.
Weite Verbreitung fand dieser Typ aber erst
über die Revitalisierung des spanischen
Kolonialstils in Kalifornien, der in den 1920er-
Jahren von den eingewanderten österreichischen Architekten Rudolf M. Schindler und
Richard Neutra aufgegriffen und publiziert

wurde. In der Folge begannen amerikani-
sche Architekten Häuser mit mehreren
Patios zu planen, die der Funktionstrennung
Rechnung trugen: Luxuriöse Bungalows
besaßen Wohnhöfe, Kochhöfe und Ein-
gangshöfe. Überdies wurde es Mode, den
verschiedenen Schlafzimmern kleine Höfe
vorzulagern, um dort »im Angesicht der
Sterne« zu schlafen. Bei sogenannten Zwei-
zellenhäusern – ein von Marcel Breuer ge-
prägter Begriff – werden Wohn- und Schlafbereich in zwei getrennten Trakten mit einem Verbindungsbau angeordnet, woraus
U- oder H-förmige Typen resultieren.
In den Niederlanden etablierte der spanische
Einfluss seit dem 16. Jahrhundert tiefe Haus-
parzellen mit kleinen »Hofjes«. Auf diesen
traditionellen »Grachtenhaus-Typ« berief
sich 1993 auch Adriaan Geuze in seinem
Masterplan für das ehemalige Hafengebiet
Borneo-Sporenburg in Amsterdam.
Die »bildhauerische« Skulptur dieses Bau-
volumens bedeutet zugleich eine Vergröße-
rung der Hüllfläche, deren energetische
Bilanz ins Kalkül gezogen werden muss.
Maßgeblich für Patiohäuser in unseren
Breiten ist die optimale Orientierung unter
Ausnutzung aller Belichtungsfinessen:
Dachoberlichter, ins Gebäude eingeschnit-
tene Loggien oder abgesenkte Tiefhöfe
lenken Licht in schwer zu bebauende Rest-
grundstücke. Das Patiohaus beweist vor
allem auf engsten Parzellen seine Tauglich-
keit. Damit liegt seine eigentliche Chance
in den Baulücken. Ihnen verdankt es seine
revitalisierende Konjunktur der letzten Jahre.

Ausblick
Nichts ist so wandelbar wie der Wandel
selbst. So wird sich auch die typologische
Bandbreite von Wohnhäusern den Einflüssen
künftiger Prämissen, denen das Wohnen unterworfen sein wird, anpassen müssen. Die
dringliche Agenda des 21. Jahrhunderts,
energetische Paradigmenwechsel angesichts drohender Klimaveränderungen oder
Migrationsbewegungen auch im Wohnungsbau drastisch zu intensivieren, wird sicher
zu interessanten neuen Varianten verdichte-
ter Haustypologien führen. DETAIL 03/2010

10

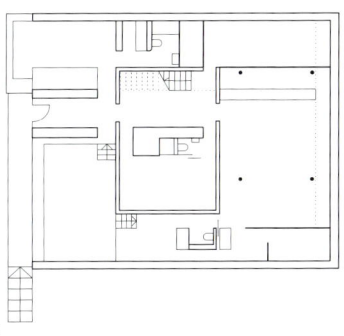

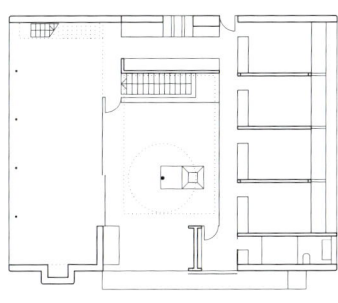

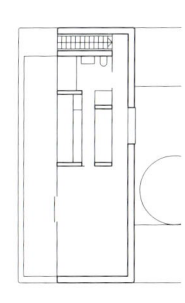

11   12

The dynamic population growth that took place in the 20th century was accompanied by a process of rapid urbanisation, which also left traces in housing typologies. Furthermore, two world wars led to social disruption and the erosion of entire cityscapes, which had consequences for the forms of dwelling that had grown so gradually beforehand. In other words, trends and fashions exist rather than an endless status quo.

Socio-cultural influences play an important role alongside economic factors in defining the vague term "dwelling". The ageing of the population, emancipation and migration are changing our concepts of housing. It no longer has to cater exclusively for families, and the supply and demand of traditional dwelling types are obviously affected by this. In addition, the free play of market forces is now regulated by the state. Housing types do not die out, though: they are adapted and transformed to meet different circumstances.

In the following paper, this outline of types of low-rise housing will focus on individual owner-occupied forms on the one hand and concepts for higher-density developments on the other. Hybrid forms are the rule. For example, a single-family house can accommodate a second family in a self-contained flat without becoming a semi-detached type. Typologically, small housing structures are determined largely by three main parameters: house, street and garden. Housing structures on large sites with their own gardens are referred to as detached houses. The original characteristic of this type is the generous outdoor space in which it stands. This was meant to provide protection against overlooking. Forerunners of this type were the Renaissance summer villas on the latifundia of Italian aristocratic families – houses like the Villa Rotunda by Andrea Palladio, which in turn were inspired by Graeco-Roman models. The free view on all four sides was a symbol of the power of those who dared to leave the protection of city walls and live an untroubled life in the midst of nature. A notable contribution to this type can also be found in the Prairie Houses of Frank Lloyd Wright and his pupils. Detached houses with a high-quality design

are a minority, however, because land has become a limited commodity. What's more, there is increasing public awareness that land needs to be protected. For the large majority of those who wish to build a home for themselves, the pared-down version of this ideal – a house in the suburbs – remains the dream. Often, though, this takes the form of a poorer quality mass-produced object squeezed on to a tight site. Criticism is also justified, because the service costs are usually a negative factor for local authorities. High development costs for roads and sewers, not to mention the urban sprawl that consumes regional cultural landscapes, all argue against this type.

A first step in the direction of increasing the density of large-area housing developments occurs through the division of a bigger site into two parts, where the two parties share a common roof; i.e. the semi-detached house. An annex in the form of a second dwelling reduces the independence of the two halves: it is no longer possible to walk all round one's site, and an external facade is lost in the pro-

cess. As a result, the daylighting of the rooms along the party wall and the orientation of the building are restricted. Furthermore, the fire and noise that could be transmitted through the separating membrane necessitate a fireproof, sound-insulating barrier. There are certain advantages that compensate for the additional outlay, however. For example, both owners benefit from not having to purchase additional land in order to observe the distance normally required between two buildings. Savings can also be achieved in primary energy costs in comparison to detached houses, since the wall between the two halves of the building is heated on both sides. In the case of terraced houses lined up in a row, the road would seem to be the dominant parameter. In many terraced-house developments, one doesn't even see a garden. A clear front and back exist, with noise on the street face and with a quiet garden face; and there are end houses in the road or in an individual row; but the design of the intermediate units cannot easily be orchestrated differently,

13

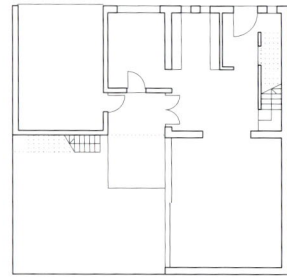 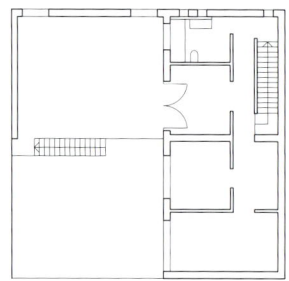

14

15

since they possess only two facades. Projections and recesses in a serrated layout can make the row seem visually unbalanced and have a negative effect in terms of energy, since the area of the outer skin will be greater. The terraced house type can be found throughout history, but the wide range of modern variations on this form would be inconceivable without the development of experimental prototypes in the model estates of the early Modern Movement.

In planning owner-occupied terraced houses, the individual wishes of clients can push their way into the foreground in an unwelcome manner and conflict with the proposed design form. On the other hand, in terraced houses erected for rented occupation, similar pitfalls can occur to those encountered in multi-storey housing. The overall form should not be watered down; at the same time, a pleasant domestic environment must be created. Developments where there is no scope to build a home with which one can identify will later be subject to vandalism or wild building-market assemblage.

Bedroom and living areas are commonly located on different floors. The width, form and topography of the site determine the parameters for access and circulation. Longitudinal staircases are generally favoured for narrow plots of land. The wider the site, the freer the choice of vertical circulation will be. Terraced houses on a sloping site can be developed as split-level types with a series of spatial hierarchies between street and garden level. With the migration of homeowners from the country back to the city centre, urban forms of the narrow terraced house type have increasingly manifested themselves since about the 1980s – so-called town houses with up to four full storeys and a small garden.

The housing types described up to now have been distinguished by their orientation to the outside in order to gain light and enjoy views. Austrian architect Roland Rainer remarked that "a withdrawal from the outer world can be achieved only through a constructional separation of public and private open spaces".

The arrangement of a number of structures about an open central space could be understood under the general heading of "housing with courtyards". A distinct characteristic of such developments is their introverted nature: there are few openings to the outside; and the courtyard also forms the central access route. As a rule, structures of this kind are single-storey buildings.

The layout of the courtyards depends on the macroclimate and especially insolation. Courtyards in hot desert regions are usually dimensioned to prevent excessive heating of the outer walls by the sun and to allow cooling streams of convective air to be created – sometimes with the aid of pools of water. In northern latitudes, courtyards have to be designed so that the south face receives sunlight for as long as possible. The west and east faces should be generously glazed to benefit all year round from the microclimatic thermal buffer formed by the open space. The main courtyard house types are described below.

The origins of the atrium house extend far back in history. In all cases, the underlying idea was to secure protection against enemies and inclement weather. Today, the atrium house is scarcely encountered in its original form, with rooms laid out on all sides of a central courtyard, since the weather conditions in northern latitudes restrict a comfortable line of access exclusively via this open space. In the "honeycomb" estates planned by the architects Neidhardt, Mittel and Ruff around 1930, a corridor zone was therefore laid out around the courtyard. In variations of this kind, proper daylighting of the adjoining rooms can be effected solely via the outer walls or via roof lights. A glazed roof over the courtyard that can be opened for ventilation purposes allows the access function of this space to be maintained, but the orientation of the private rooms must inevitably be to the outside because of the hall-like climatic conditions in the internal circulation zone. Scope for extending atrium types of this kind over a larger area is therefore limited.

Single-storey atrium houses surrounded on three sides by neighbouring buildings need an almost square site at least 15 × 15 metres in

16

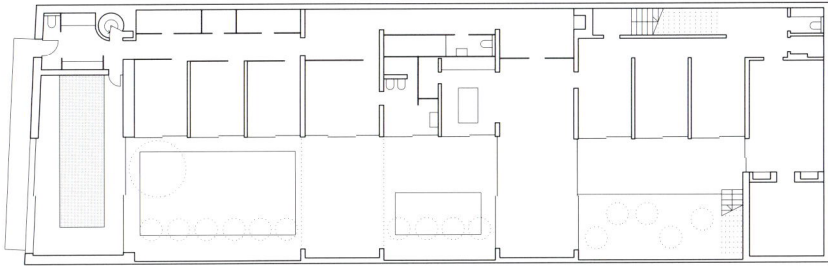

17

extent, and the orientation of the layout on all sides to the courtyard calls for great care in its design. To avoid mutual disturbance, the size of this space should also reflect the number of users. An atrium for a family of four should be not less than 40 m² in area.

The advantages of living entirely at ground level moved some of the early representatives of the Modern Movement to investigate low-rise dwelling forms like those on which the garden-city idea is based. Walter Gropius criticised these goals, claiming that they were unsuitable for mass housing, since the single-storey form meant "the negation and dissolution of the city". Countering this argument, Ludwig Hilbersheimer contended that everyone must be to allowed to choose the type of dwelling he or she preferred. Low-rise housing with gardens is better for families with children, whereas couples without children, or single persons tend to prefer living in high-rise structures with communal facilities. He therefore called for mixed housing developments with high- and low-rise structures.

The mutual interference of adjoining houses led both architects to undertake trials with elongated housing strips at right angles to the road and with south-facing gardens in front. Both Gropius and Hilbersheimer then went on to develop dwellings with L-shaped floor plans, access to which was from the north side, with the living tract in the south-facing wing. While the kitchen is oriented to the road to the north, the bedrooms are lined up along a short corridor in the adjoining eastern wing.

The L-shaped Type E house, dating from 1931, became a pioneering form for all further courtyard-garden houses, and in the 1960s, the boom this type experienced extended as far as Scandinavia. The courtyard facades should be oriented towards the south-east or south-west if possible. L-shaped courtyard houses can be linked serially to form chains of dwellings.

Perhaps the most interesting courtyard dwelling type is the patio house, which is a response to narrow, elongated building sites.

The origins of this form can be found in the Spanish-speaking world. The patio was probably a development of Moorish residential courtyards. The sites, on which a number of families lived in a clan-like relationship, were sometimes as much as 30 metres deep and only a few metres wide at the narrowest points. This inevitably led to elongated corridors. Because of the strong Mediterranean sun, the courtyard areas were kept relatively small. The patio type – originally laid out on two floors, since greater shading in the small yards was welcome – experienced a significant boost with the revitalisation of the Spanish colonial style in California, where it was advocated by the immigrant Austrian architects Rudolf Schindler and Richard Neutra. Following this lead, American architects also began to plan houses with a number of patios that took account of functional divisions. In the "dual-cell" type – a term coined by Marcel Breuer – the living and sleeping areas are laid out in two separate tracts, with a linking section between, forming a U- or H-shaped plan. In the Netherlands, the influence exerted by Spain from the 16th century onwards also resulted in deep housing sites with small "hofjes". In 1993, Adriaan Geuze made reference to this canal- or "grachten-" house type in the master plan he drew up for the former harbour Borneo-Sporenburg in Amsterdam. The decisive factor for patio houses in northern latitudes, however, is an optimum exploitation of daylight by means of roof lights, loggias cut into the volume of the building, or sunken courtyards to bring light into areas it would otherwise be difficult to develop. The effectiveness of the patio house is revealed above all on tight sites. Its ideal role lies in filling gaps between buildings.

Nothing is so changeable as change itself. The range of housing types in the future, for example, will continue to be influenced by the conditions that shape living patterns. The urgent objectives of the 21st century drastically to alter energy paradigms in view of migration and the threat of climate change will certainly lead to interesting new variations in the form of higher-density housing types.

18

Stadthaus in Dublin

Townhouse in Dublin

Architekten • *Architects*:
ODOS architects, Dublin
Tragwerksplaner • *Structural engineers*:
Roger Cagney Engineers, Dublin

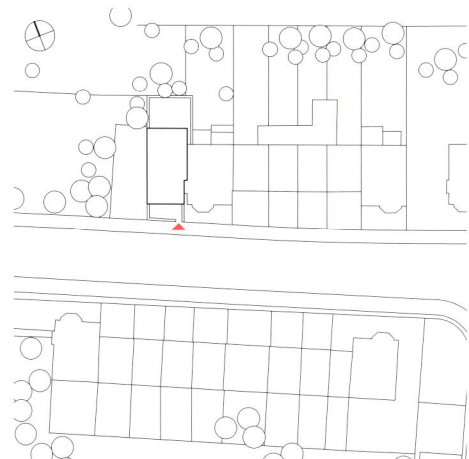

Fertigstellung: August 2008
Anzahl Wohneinheiten: 1
Wohnfläche: 150 m²
Raumhöhe: 2,40 m
Miete / Eigentum:
Eigentum
Kosten: 180 000 €
Besonderheiten / Energiestandard:
Gaszentralheizung, Passivhaus

Completion date:
August 2008
Number of houses: 1
Living area: 150 m²
Room height: 2.40 m
Private ownership
Construction costs: €180,000
Special features / Energy standard:
gas central heating,
passive-energy house

Dieses Wohnhaus, das für einen Motorrad-Liebhaber entworfen wurde, ist die moderne Antwort auf die sonst eher traditionellen Baulückenschließungen im Stadtzentrum von Dublin. Kompromisslos fügt sich das Einfamilienhaus in den einheitlichen urbanen Kontext ein. Es reagiert dabei auf die Entwurfsvorgaben sowie die Zwänge des Grundstücks, setzt sich jedoch von seinen Nachbargebäuden deutlich ab.
Die strenge Aluminiumfassade mit ihrer starken horizontalen Gliederung und den raumhohen Verglasungen lässt bereits die innere Aufteilung erahnen. Man betritt das Gebäude über einen gepflasterten Vorplatz. Im Erdgeschoss befindet sich eine Werkstatt, die sich rückseitig zu einer mauerumschlossenen Gartenterrasse hin öffnet. Dieser Innenhof wird partiell von der auskragenden Ebene des darüberliegenden Geschosses überdacht, das zwei Schlafräume mit Bad beherbergt. Die großzügige loftähnliche Wohnebene im zweiten Obergeschoss schließt einen Koch- und Essbereich sowie eine Terrasse ein, deren Sichtschutz aus vertikalen Aluminiumlamellen wie ein Filter zwischen privatem Außenraum und Straßenraum wirkt. Verbunden werden alle Bereiche über eine Treppe, die zum zweiten Obergeschoss die Bibliothek als Teil des Wohnbereichs aufnimmt. Über ein langgestrecktes Oberlicht flutet natürliches Licht das gesamte Treppenvolumen.   DETAIL 03/2010

Designed for a motorcycle fan and situated in the centre of Dublin, this single-family house is a modern reply to traditional infill projects and forms a striking contrast to the neighbouring building. The aluminium facade, with its bold horizontal articulation and room-height glazing, gives a foretaste of the interior. On the ground floor is a garage-workshop with a partly covered garden terrace at the rear. The bedrooms are situated on the first floor, while the spacious, loft-like second floor contains the living-dining areas and the kitchen, as well as an outdoor terrace screened by vertical aluminium louvres. All areas of the house are linked by the staircase space, which receives ample daylight through an elongated skylight.

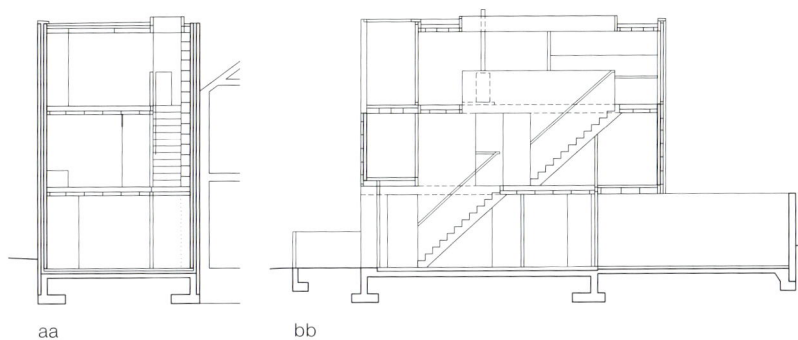

aa   bb

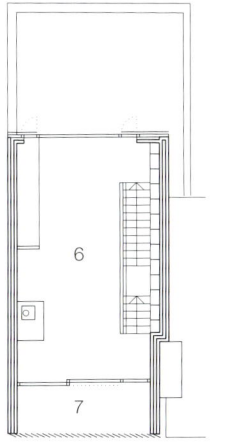

2. Obergeschoss / *Second floor*

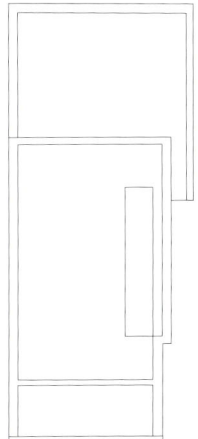

Dachaufsicht / *Plan of roof*

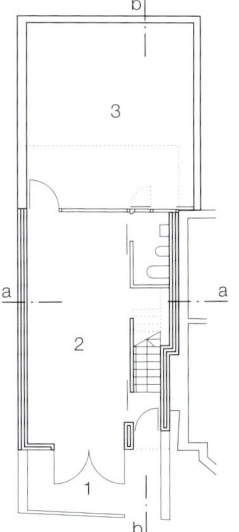

Erdgeschoss / *Ground floor*

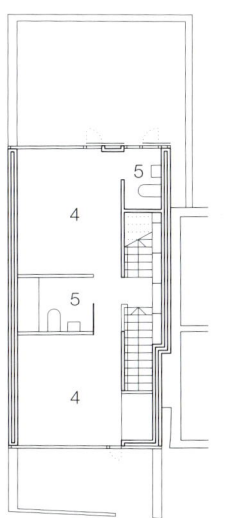

1. Obergeschoss / *First floor*

Lageplan Maßstab 1:1000
Schnitte • Grundrisse
Maßstab 1:250

1 Vorgarten
2 Motorrad-Garage
3 Hof
4 Schlafen
5 Bad
6 Wohnen / Kochen
7 Terrasse

Site plan scale 1:1000
Sections • Floor plans
scale 1:250

1 *Front garden*
2 *Motorcycle garage*
3 *Courtyard*
4 *Bedroom*
5 *Bathroom*
6 *Living area / kitchen*
7 *Terrace*

Atriumhaus in Ageo, Saitama

Atrium House in Ageo, Saitama

Architekten · *Architects*:
Tezuka Architects, Tokio
Tragwerksplaner · *Structural engineers*:
Ohno Japan, Tokio

Das »Cloister House«, Klosterhaus oder Haus mit Kreuzgang, ist ein Haus für Kinder. Ganz anders zu den andächtig im Kreuzgang wandelnden Mönchen, nutzen die drei Kinder der Bauherren den umlaufenden Gang, um im Kreis herumzurennen – eine Beschäftigung, die die Architekten für kleine Kinder als grundlegend einstufen. Und so ist das Gebäude als Atriumhaus konzipiert. In seiner Mitte liegt ein großer zentraler Hof, in dem sie geschützt spielen und Tiere halten können. Über große gläserne Schiebetüren, die in Holzrahmen gefasst sind, kann er betreten werden.

Anders als ein Kreuzgang ist der Innenhof ganz ohne Stützen gebaut; stattdessen trägt ein ausladender Überzug von 1,50 m Höhe das Dach. Wie ein breiter weißer Rahmen lässt er den Himmel als Bild erscheinen. Nur in Richtung Westen öffnet sich das Haus auch nach außen. Dort bestimmt eine große Glasfront das Erscheinungsbild. Sie kann bei Bedarf mit Jalousien geschlossen werden, die den gemeinsamen Schlafbereich von Eltern und Kindern vor Einblicken schützen.

Zu einem späteren Zeitpunkt soll eine Wand den Schlafbereich der Eltern von dem der Kinder trennen. Derzeit aber werden die Tatamimatten, auf denen die Kinder schlafen, tagsüber zusammengerollt und die hölzernen Schiebeelemente zur Seite geschoben.

Dadurch erweitern sich Wohn- und Essbereich zu einem großzügigen Raum in L-Form, von dem aus sich der freie Blick auf die gegenüberliegenden Seiten bietet. Diese sind als gläserne Flure mit Schrankwänden und Nebenräumen konzipiert. Durch den enormen Stauraum, den die Schränke bieten, bleibt das Haus stets aufgeräumt.

An einen traditionellen japanischen Tempel erinnern die Abfolge und die Höhenstaffelung der Materialien Holz – Beton – Stein beim Betreten des Hofs ebenso wie die Betonschwellen, die leicht über dem Boden schweben und Haus und Hof optisch voneinander trennen.

DETAIL 03/2010

Fertigstellung: 2007
Anzahl Wohneinheiten: 1
Wohnfläche: 148 m²
Raumhöhe: 2,80 m
Miete/Eigentum:
Eigentum
Kosten: k. A.
Besonderheiten/
Energiestandard: k. A.

1 Nebeneingang
2 Kochen/Essen
3 Wohnen
4 Eingang
5 Schlafen Kinder
6 Schlafen Eltern
7 Bad
8 Flur mit Einbauschränken
9 Innenhof

Completion date: 2007
No. of dwellings: 1
Living area: 148 m²
Site area: 323 m²
Room height: 2.80 m
Private ownership
Construction costs:
no details
Special features/Energy
standard: no details

1 Side entrance
2 Kitchen/Dining hall
3 Living room
4 Entrance
5 Children's bedroom
6 Parents' bedroom
7 Bathroom
8 Corridor with built-in closets
9 Courtyard

The "cloister house", as this atrium dwelling in Japan is known, was built with an eye to young people. The "cloisters" here are in the form of a peripheral corridor that allows the clients' three children to run around the internal courtyard, where they also enjoy a sheltered outdoor environment. Access to this external space is via large glazed sliding doors with wooden frames. The atrium, built entirely without columns, is crowned by an upstand 1.50 m high that bears the roof and encloses the sky in a broad white frame like a picture. Only on the western face does the house open itself to the outside world, in the form of a large glazed front. The joint sleeping areas of parents and children situated here can be screened with blinds. At a later date, a wall will be inserted to separate the parents' sleeping quarters from those of the children. At present, the tatami mats on which the children sleep are rolled up during the day, and the sliding wooden elements are pushed aside, extending the living and dining areas to form an ample L-shaped space. The peripheral tracts on the opposite side of the house were conceived as corridors glazed on the atrium face and lined on the outside with cupboards and ancillary spaces. On entering the atrium, the use and sequence of the materials wood, concrete and stone – together with the raised concrete thresholds – are reminiscent of a traditional Japanese temple.

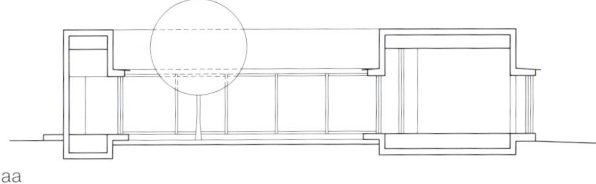

aa

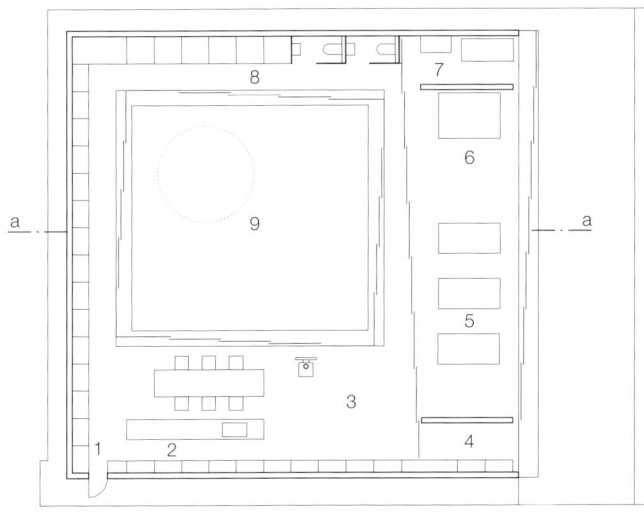

Lageplan
Maßstab 1:1500
Schnitt · Grundriss
Maßstab 1:250

Site plan
scale 1:1500
Section · Floor plan
scale 1:250

Einfamilienhaus in Sapporo

House in Sapporo

Architekten · *Architects*:
Akasaka Shinichiro Atelier, Sapporo

Fertigstellung: 2007
Anzahl Wohneinheiten: 1
Wohnfläche: 107,82 m²
Raumhöhe: 2,10–4,82 m
Miete/Eigentum: Eigentum
Kosten: 139000 €
Besonderheiten/Energiestandard:
Ölheizung, bereichsweise Elektroheizung

Completion date: 2007
No. of dwellings: 1
Living area: 107.82 m²
Room height: 2.10–4.82 m
Private ownership
Construction costs: €139,000
Special features/Energy standard:
electricity, paraffin

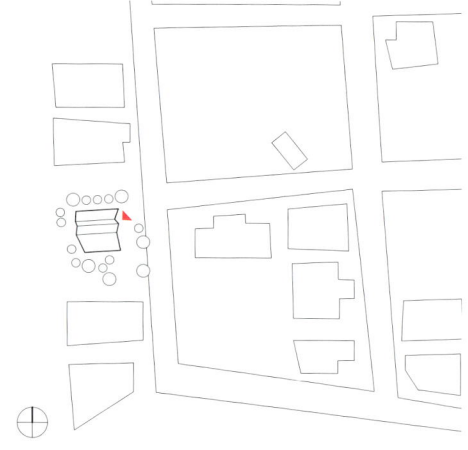

In der Präfektur Hokkaidō, der nördlichsten der vier japanischen Hauptinseln, fällt im Winter Schnee bis zu 2 m. Diese extremen klimatischen Bedingungen sowie das limitierte Budget der Bauherren, einer jungen Familie, führten zu dem eigenwilligen Entwurf dieses Hauses in Sapporo. Verhältnismäßig kleine, quadratische Fenster unterschiedlicher Größe scheinen willkürlich über die Fassade verteilt – sie sind jedoch sorgfältig platziert und berücksichtigen den Sonnenverlauf, die umstehenden Bäume und die Reflexionen auf den Oberflächen im Inneren. Ausblicke spielten eine eher untergeordnete Rolle. Die Fenster bestehen teils aus Glasbausteinen, teils aus Gläsern unterschiedlicher Lichtdurchlässigkeit und bescheren den Innenräumen über das ganze Jahr hinweg verschiedene Lichtstimmungen. Verstärkt werden diese durch den schimmernden weißen PVC-Belag, der sämtliche Böden bedeckt, und das mehrfach gefaltete, weiß lasierte Dach. Der offene Grundriss sowie die Höhenstaffelung der Ebenen im Erd- wie auch im Obergeschoss lassen das Tageslicht tief in die Räume fallen und schaffen zudem Blickbezüge und differenzierte Raumeindrücke. So öffnen sich Wohnraum und Küche bis unter das Dach, während der Essbereich geschützt unter einer Zimmerdecke liegt, über der sich ein wiederum offener Schlafplatz befindet. Die Staffelung ermöglicht neben der Zonierung der Innenräume, die fast alle ohne Türen auskommen, eine kostengünstige Gründung, denn die Bodenplatte folgt dem Geländeverlauf. Die Kosten für Aushub ließen sich somit auf ein Minimum reduzieren. Für europäische Maßstäbe unvorstellbar ist der nur 14 cm dicke Wandaufbau des in Holzständerbauweise errichteten Hauses. Außen ist es in Zinkblechbahnen mit Stehfalzen gehüllt. Während die Wärmedämmung der Wand nur 10 cm misst, beträgt sie beim Dach 30 cm. Auf der kalten Oberfläche bleibt nur wenig trockener Schnee liegen. Der Eingang befindet sich im Osten in einem Innenknick der Fassade und wird durch den ausladenden Dachüberstand geschützt.
DETAIL 03/2010

The extreme climatic conditions in Sapporo together with the limited budget of the clients – a young family – led to the unconventional design of this house. Relatively small, square windows of different sizes seem to be scattered at random over the facade. In fact, they have been carefully positioned to take account of the course of the sun, the surrounding trees and internal light reflections. Views out of the house played a secondary role. The openings are filled partly with glass blocks and partly with glazing of various degrees of light transmittance, resulting in many different lighting moods in the course of the year. This effect is heightened by the gleaming white PVC flooring and the folded roof with its scumbled white finish. The open layout and the stepped levels on the ground and first floors allow daylight to penetrate far into the interior.
In addition to establishing a zoning order for the internal spaces – which are almost entirely without doors – the stepped levels of the ground floor slab reflect the topography of the site. This allowed an economical foundation construction by reducing excavation costs to a minimum. The house has a timber post-and-beam structure with outer walls only 14 cm thick, which would be inconceivable by European standards. The facade is clad externally with sheet-zinc strips with standing seams. Here, the insulation is a mere 10 cm thick, whereas in the roof, it has a thickness of 30 cm, so that only small amounts of dry snow remain lying there. The entrance on the eastern side of the house is set in an inward fold of the facade and is protected by a projecting segment of the roof.

Lageplan
Maßstab 1:1500
Schnitt · Grundrisse
Maßstab 1:250
  1 Eingang
  2 Schrankraum
  3 Kochen/Essen
  4 Wohnen
  5 Lager
  6 Waschraum
  7 Bad
  8 Eltern
  9 Podest mit
     Arbeitsplatz
10 Kinder
11 Ankleide

Site plan
scale 1:1500
Section · Floor plans
scale 1:250
  1 *Entrance*
  2 *Walk-in cupboard*
  3 *Kitchen/Dining area*
  4 *Living area*
  5 *Store*
  6 *Laundry room*
  7 *Bathroom*
  8 *Parents' room*
  9 *Landing/*
     Working area
10 *Children's room*
11 *Dressing room*

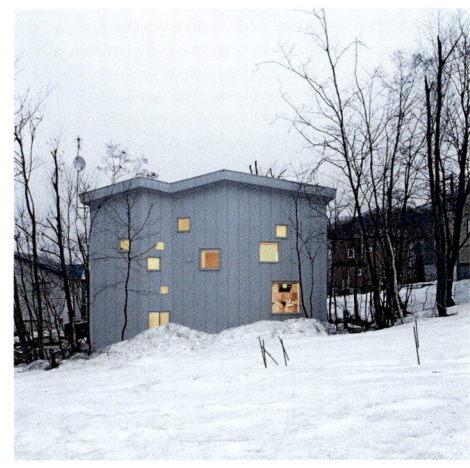

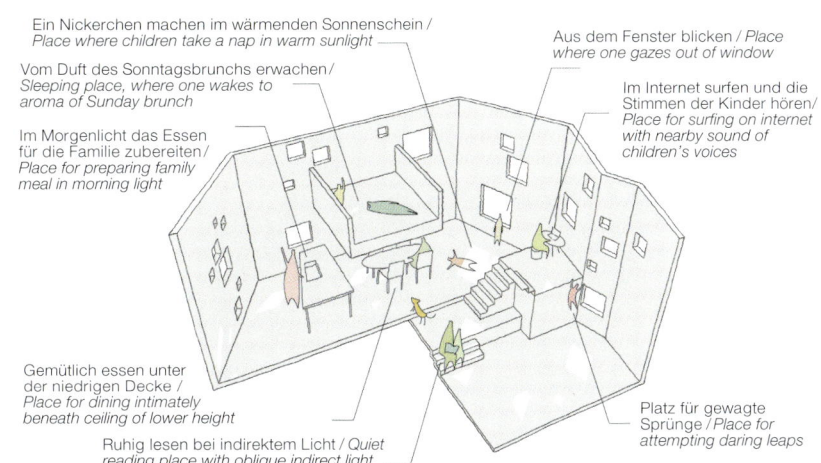

Ein Nickerchen machen im wärmenden Sonnenschein / *Place where children take a nap in warm sunlight*
Vom Duft des Sonntagsbrunchs erwachen / *Sleeping place, where one wakes to aroma of Sunday brunch*
Im Morgenlicht das Essen für die Familie zubereiten / *Place for preparing family meal in morning light*
Aus dem Fenster blicken / *Place where one gazes out of window*
Im Internet surfen und die Stimmen der Kinder hören / *Place for surfing on internet with nearby sound of children's voices*
Gemütlich essen unter der niedrigen Decke / *Place for dining intimately beneath ceiling of lower height*
Ruhig lesen bei indirektem Licht / *Quiet reading place with oblique indirect light*
Platz für gewagte Sprünge / *Place for attempting daring leaps*

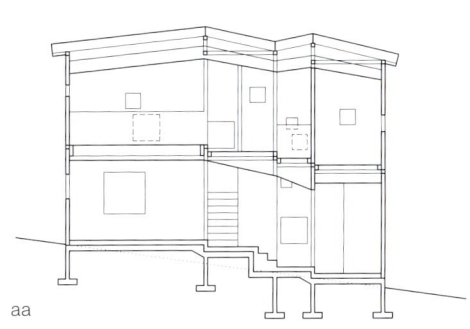

aa

9
10
8
10
11

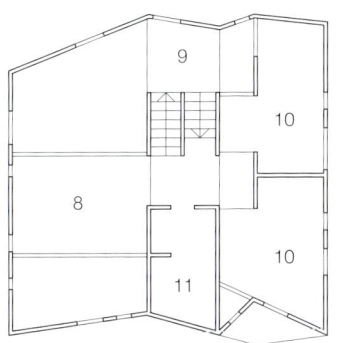

Obergeschoss / *Upper floor*

5
4
6
a
a
7
2
1
5
3

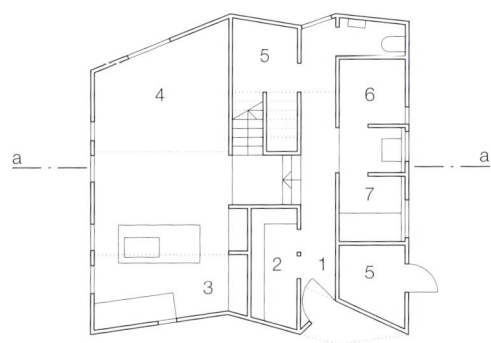

Erdgeschoss / *Ground floor*

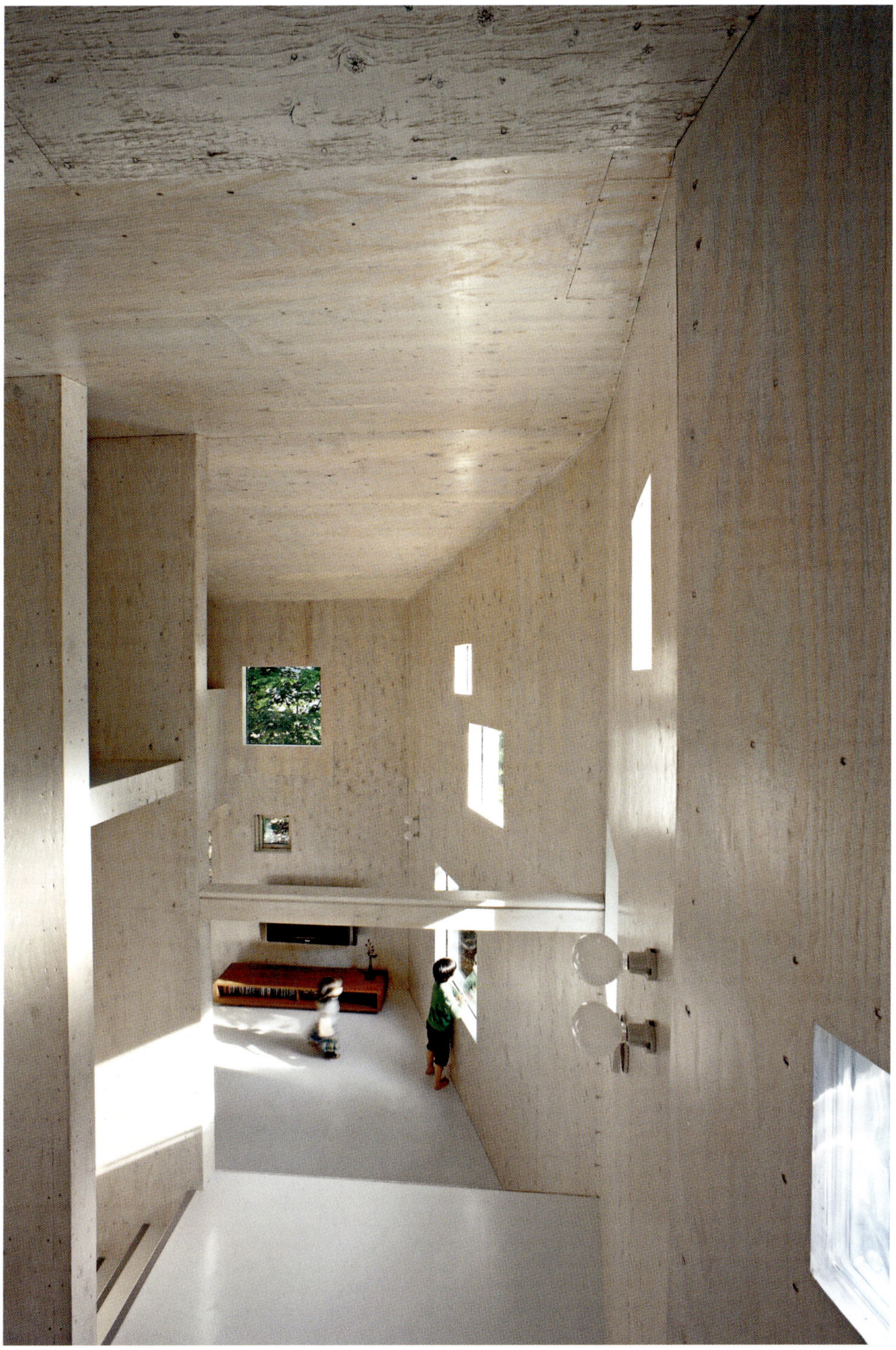

Doppelhaus in Friedrichshafen

Semi-Detached Houses in Friedrichshafen

Architekten • *Architects*:
oberschelp architekten, Friedrichshafen
Tragwerksplaner • *Structural engineers*:
IB-Segelbacher, Friedrichshafen

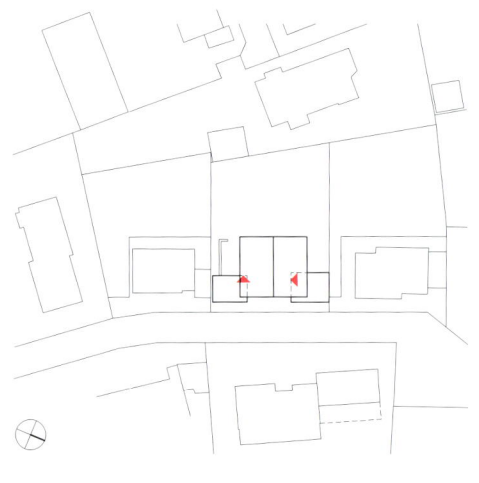

Das Baugrundstück liegt am Rande einer für die Dornierwerke geplanten Siedlung aus den 1930er-Jahren, die durch eine gewachsene enge Struktur und Nutzgärten geprägt ist. Durch die Hanglage bietet sich ein weiter Blick auf den Bodensee und die Alpen.

Im Zuge der Nachverdichtung wurde eines der bestehenden Häuser abgerissen und durch ein Doppelhaus ersetzt. Seine archetypische Grundform wird durch fassadenbündige Fenster und den fehlenden Dachüberstand unterstrichen. Die äußere Ruhe setzt sich im Inneren durch klare Raumgliederungen fort, wobei die Qualität der Lage in zwei verschiedenen Varianten interpretiert wird. Äußerlich homogen, sind die beiden Haushälften im Inneren individuell auf das Lebenskonzept der jeweiligen Bewohner zugeschnitten. So befindet sich im unteren Hanggeschoss der nordwestlichen Haushälfte eine kleine Einliegerwohnung, während in der anderen Hälfte dort die Wohnküche mit Anschluss an den Garten als familiärer Mittelpunkt untergebracht ist. Der angrenzende, in den Hang eingeschobene und begrünte Hof dupliziert hier optisch den Innenraum, und es entsteht aufgrund des hohen Glasanteils ein intimer Raum in dicht besiedelter Lage. Durch raumhohe Verglasungen wirkt der Übergang von innen nach außen fließend; im Inneren schafft ein Luftraum die vertikale Verknüpfung und spiegelt die Idee einer offenen kommunikativen Umgebung wieder.

Die Eingangsebene beider Häuser befindet sich im Erdgeschoss, hier sind auch Schlafräume untergebracht. In der Nordwesthälfte liegt der gemeinschaftliche Raum als offener Wohn- und Essbereich im Obergeschoss, im Südosten dienen dort Wohn- und Schlafbereich als private Rückzugsebene. Das Bad ist hier mit Blick in die Berge konzipiert. Eine eingezogene Dachterrasse leitet das Licht durch den Luftraum in die nach Nordosten orientierten Räume.

Beide Haushälften sind als Niedrigenergiehäuser ausgeführt, zwei Tiefenbohrungen liefern die notwendige Energie für die Erdwärmepumpe.   DETAIL 03/2010

Set on a sloping site on the edge of an estate planned for the Dornier works in the 1930s, these two semi-detached houses enjoy an extensive view of Lake Constance and the Alps. The archetypal form of the structure is accentuated by windows set flush with the facade and by the absence of any roof projection. Externally homogeneous, the two houses have individual internal layouts that reflect the different lifestyles of the clients. On the lowest floor of the northwestern house is a small self-contained flat. The corresponding position in the southeastern house is taken up by the kitchen-living room, which is linked to the garden and forms the focus of family life. The living space, with its large areas of glazing, extends out into a planted courtyard that forms an intimate realm in an otherwise densely developed location. A vertical spatial link between floors reflects the idea of a house open for communication. The entrance to both houses is on the ground floor, where the bedrooms are also located. In the eastern half, the main family space is an open living-dining room on the upper floor. On the same level in the western half are the living room and bedrooms. A terrace cut into the roof allows light to pass through the void beyond to the north-facing rooms below. Both houses were built as low-energy types, with two deep borings supplying the necessary energy for the geothermal heat pump.

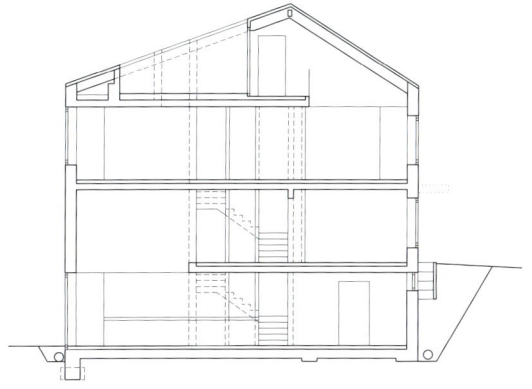

aa

Fertigstellung: 2008
Anzahl Wohneinheiten: 2 und
1 Einliegerwohnung
Wohnfläche: 150 und 160 m²
Raumhöhe: 2,40 m
Miete / Eigentum:
Nordwest Miete, Südost Eigentum
Kosten: 270 000 €
Besonderheiten / Energiestandard:
KFW 60, Wärmepumpe Erdsonde
Gemeinschaftseinrichtungen: keine

Completion date: 2008
No. of dwellings: 2 and 1 self-
contained flat
Living areas: 150 and 160 m²
Room height: 2.40 m
Northwestern house: rented;
Southeastern house: private ownership
Construction costs: €270,000
Special features / Energy standard:
KfW 60 (max. 60 kWh/m² p.a.)
Communal facilities: none

Lageplan
Maßstab 1:1500
Schnitt · Grundrisse
Maßstab 1:250

Site plan
scale 1:1500
Section · Floor plans
scale 1:250

1   Hof
2   Abstellraum
3   Kochen / Essen
4   Sauna
5   Technik
6   Keller
7   Zimmer
8   Diele
9   Wohnen
10 Bad
11 Dachterrasse
12 Galerie
13 Luftraum

1   Courtyard
2   Store
3   Kitchen / Dining room
4   Sauna
5   Mechanical services
6   Basement space
7   Room
8   Hall
9   Living room
10 Bathroom
11 Roof terrace
12 Gallery
13 Void

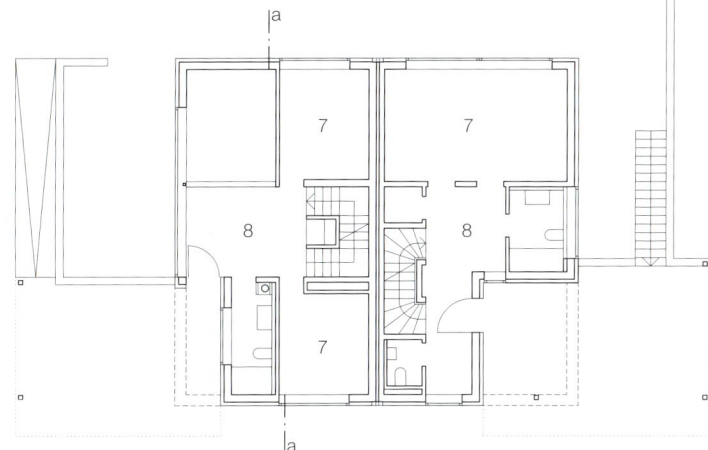

Erdgeschoss / Ground floor

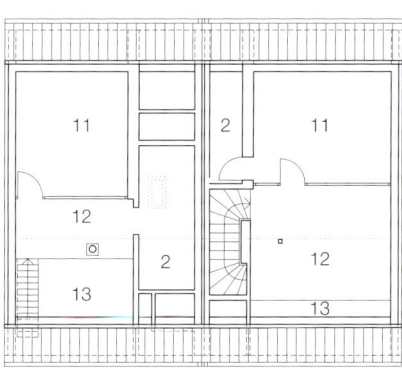

Dachgeschoss / Roof storey

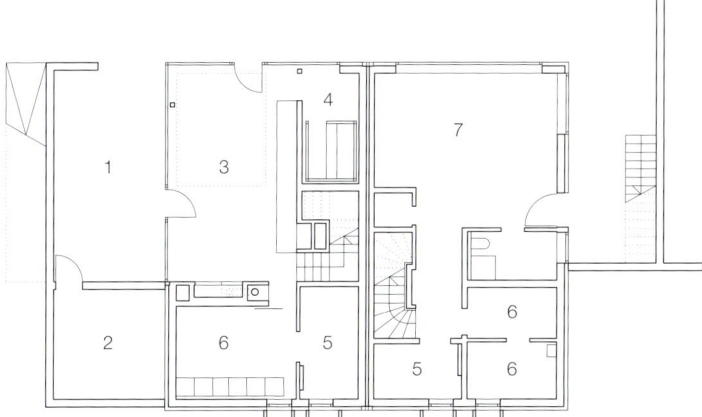

Hanggeschoss / Lower ground floor

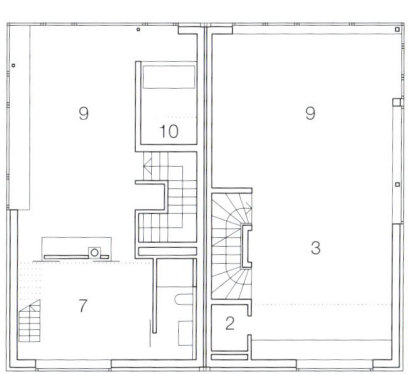

Obergeschoss / Upper floor

Einfamilienhäuser in Vorarlberg

Houses in Vorarlberg

Architekt · *Architects*:
Walter Unterrainer, Feldkirch
Tragwerksplaner · *Structural engineers*:
Josef Hermann, Heimenkirch

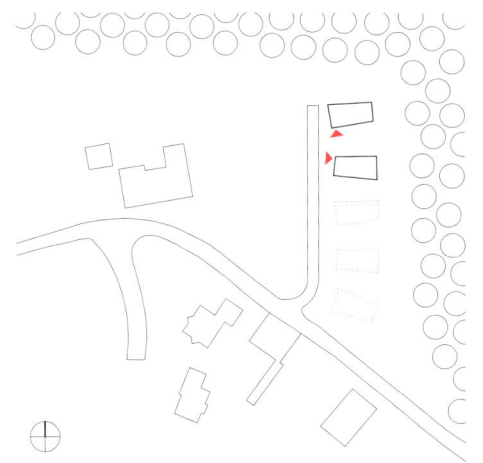

Frei stehende individuelle Einfamilienhäuser zum Fixpreis anzubieten, ist das Konzept eines Bebauungsplans, der die Parzellierung eines privaten Grundstücks in fünf Teile vorsieht. Zwei der insgesamt fünf geplanten Passivhäuser waren 2008 fertiggestellt. Die Baukörper sind zueinander leicht verdreht angeordnet. Aufgrund einer Sondergenehmigung überlappen sich die Abstandsflächen, wodurch die außergewöhnlich hohe Dichte möglich wird. Bestimmend für den Entwurf ist die Topografie des Orts. Die Hanglage in Ost-West-Richtung bewirkt die charakteristische Ausrichtung der Häuser, deren Fassaden sich mit großflächigen Fensterfronten und Balkonen nach Westen mit Blick ins Rheintal und nach Osten mit einer Terrasse zum Waldrand öffnen. Die Süd- und Nordfassaden mit ihren schmalen schlitzförmigen Öffnungen sind eher geschlossen gehalten und vermeiden somit Einblicke. In ihrem äußeren Erscheinungsbild, Kubatur, Größe und Material ähneln sich die Gebäude, die innere Aufteilung und die Grundrisse hingegen sind individuell gestaltet. Die Fassaden bestehen einheitlich aus sägerauen Weißtannenbrettern. Hochgedämmte Holzrahmenkonstruktionen mit entsprechenden Fensterqualitäten in Verbindung mit einer kontrollierten Be- und Entlüftung sowie einem Sole-Erdwärmetauscher garantieren den Passivhausstandard. DETAIL 03/2010

Two of the five detached houses that were proposed have already been erected. The structures have a tapering layout and are also set at an angle to each other. The design reflects the east-west slope of the site. From the western end, with its extensive fenestration and balconies, one can see into the Rhine Valley, while the eastern terraces allow a view to the nearby forest. The north and south facades are broken solely by slit-like openings. Internally, the layouts vary considerably. The well-insulated timber-frame structure clad with sawn silver-fir boarding, the high-quality windows and glazing, the controlled ventilation and a geothermal heat-exchange unit all serve to guarantee the passive-energy standard.

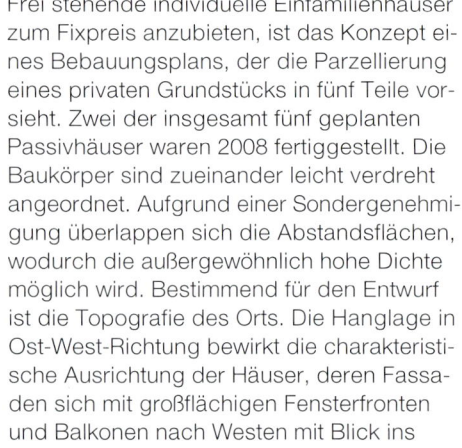

Fertigstellung:
1. Bauabschnitt: 2008
Anzahl Wohneinheiten: 2
Wohnfläche: 150 m², 140 m²
Raumhöhe: 2,40 m
Miete/Eigentum: Eigentum
Kosten: 430 000 €, 410 000 €
Besonderheiten/Energiestandard:
Sole-Erdwärmetauscher, Passivhäuser

Completion date (1st phase): 2008
No. of houses: 2
Living areas: house 1 – 150 m²;
house 2 – 140 m²
Room height: 2.40 m
Private ownership
Construction costs: house 1 – €430,000;
house 2 – €410,000
Special features/Energy standard: geothermal
heat-exchange unit, passive-energy houses

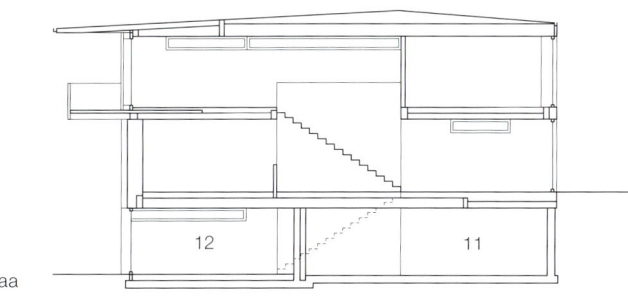

aa

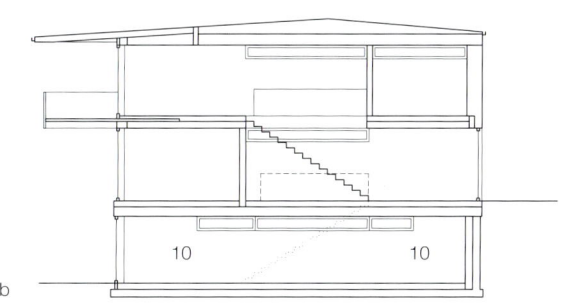

bb

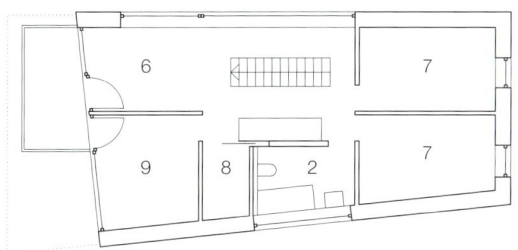

Obergeschoss/*Upper floor*

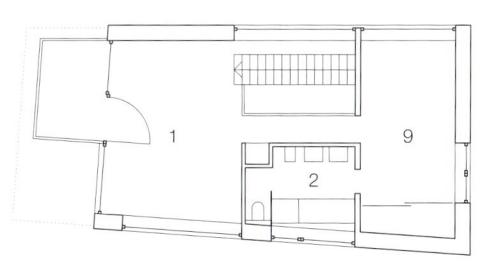

Obergeschoss/*Upper floor*

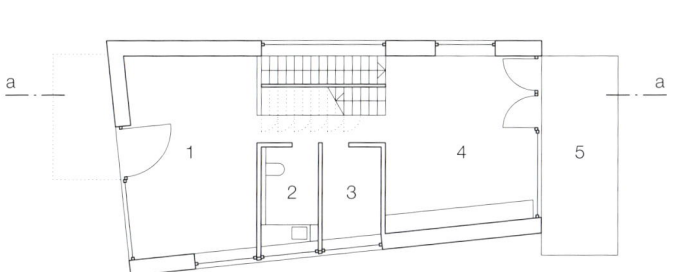

a — — — a

Erdgeschoss/*Ground floor*

Wohneinheit 1/*House 1*

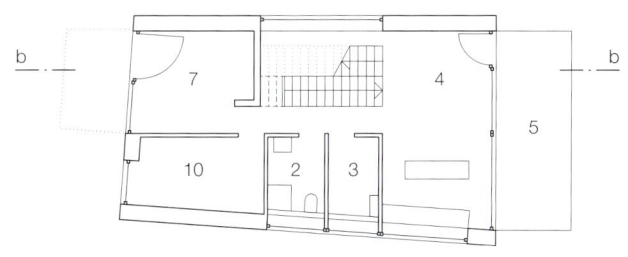

b — — — b

Erdgeschoss/*Ground floor*

Wohneinheit 2/*House 2*

Lageplan Maßstab 1:2500	1	Wohnen	7	Kinder
	2	Bad	8	Ankleide
	3	Wirtschaftsraum	9	Schlafen
Schnitte	4	Kochen/Essen	10	Büro
Grundrisse Maßstab 1:250	5	Terrasse	11	Garage/Lager
	6	Galerie/Bibliothek	12	Eingangsbereich

Site plan *scale 1:2500*	1	*Living room*	7	*Child's room*
	2	*Bathroom*	8	*Dressing room*
	3	*Utility room*	9	*Bedroom*
Sections	4	*Kitchen/Dining room*	10	*Office*
Floor plans *scale 1:250*	5	*Terrace*	11	*Garage/Store*
	6	*Gallery/Library*	12	*Entrance area*

Einfamilienhäuser in Stadel

Houses in Stadel

Architekten · *Architects*:
L3P Architekten, Regensberg
Tragwerksplaner · *Structural engineer*:
Ingenieurbüro André Deubelbeiss,
Niederweningen

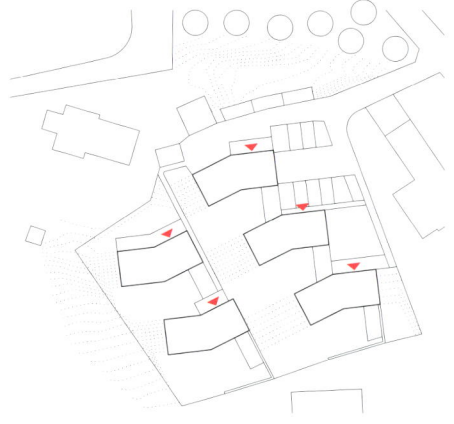

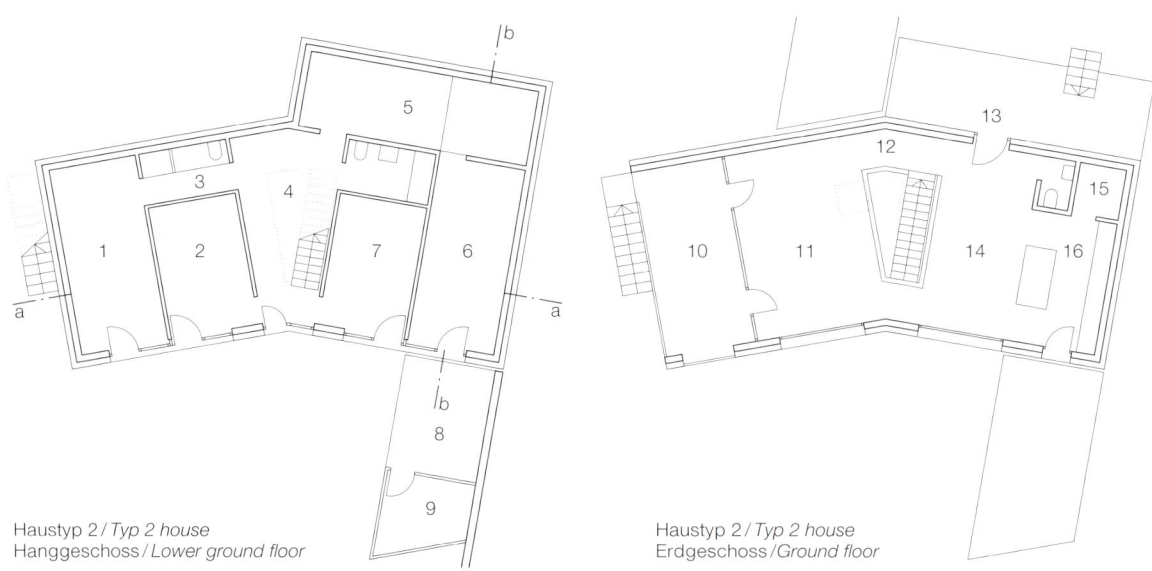

Haustyp 2 / *Typ 2 house*
Hanggeschoss / *Lower ground floor*

Haustyp 2 / *Typ 2 house*
Erdgeschoss / *Ground floor*

Fertigstellung: 2007
Anzahl Wohneinheiten: 5
Wohnfläche: 220 m²
Raumhöhe:
EG 2,40 m/OG 2,20–3,30 m
Miete/Eigentum: Eigentum
Kosten: 332500 € pro Wohneinheit
Besonderheiten/Energiestandard:
Label Minergie
Gemeinschaftseinrichtungen: keine

Completion date: 2007
No. of dwellings: 5
Living area per unit: 220 m²
Room height:
Ground floor 2.40 m, 1st floor 2.20–3.30 m
Private ownership
Construction costs: € 332,500 per house
Special features / Energy standard:
Swiss "Minergie" standard
Communal facilities: none

Die kleine Siedlung liegt in attraktiver Süd-
hanglage in einem Einfamilienhausgebiet in
Stadel, einem kleinen Ort im Kanton Zürich.
Neben dem unverbauten Blick auf Bäume
und Felder schützt ein kleines, im Norden
gelegenes Wäldchen das Grundstück. Der
Topografie folgend, ordnen sich die fünf
Einfamilienhäuser höhen- und tiefenversetzt
aneinander. Die Erschließung erfolgt über
das Erdgeschoss, das einen offenen Grundriss aufweist. Zwei große Panoramafenster
im Wohn- und Essbereich geben den Blick
in die Ferne frei. Eine nach Westen orientierte überdachte Terrasse erweitert den Wohnraum ins Freie. Indem sich die Häuser an
den Hang anschmiegen, entstehen vielfältige Freibereiche, die ebenfalls in der Höhe
gestaffelt, nicht einsehbar und durch Treppen miteinander verbunden sind.
Die mäandernde Grundrissform der einzelnen Einheiten entspricht dem Verlauf der
Höhenlinien. Dabei ist die Umsetzung der
drei nach innen und zwei nach außen geknickten Baukörper sehr einfach gelöst:

Ein mittig platzierter Treppenraum bildet das
Gelenk. Während sich das Treppenauge bei
Haustyp 1 nach Norden weitet, verengt es
sich bei Typ 2, ansonsten sind Erschließung
und Anordnung der Räume bei beiden Typen
gleich. Der großzügige Treppenraum erlaubt
flexible Nutzungen als Spielfläche, Büro
oder Hobbyraum. Auch ein Zugang zum
Garten ist vorhanden, ebenso von den angrenzenden Schlafzimmern aus. Im rück-
wärtigen Teil des Hanggeschosses sind
Keller und Technik untergebracht. Dort
steht auch die Außenluft-Wärmepumpe,
die 6% des Heizenergiebedarfs und 93%
des Warmwasserbedarfs deckt.
Die Häuser sind in Massivbauweise errichtet
und in eine 20 cm dicke Mineralfaserdäm-
mung eingehüllt. Die teils festverglasten
Fenster mit U-Werten von 1,0 W/m²K und
die mechanische Be- und Entlüftung quali-
fizieren die Siedlung für das Minergie-Label.
Der gesamte Heizleistungsbedarf eines
Hauses liegt bei lediglich 5 kW.
DETAIL 03/2010

*Situated on a south-facing slope in the canton
of Zurich, the five houses are set off from
each other by their staggered arrangement
and steps in height. Access is from first floor
level. Two picture windows in the living and
dining areas afford a panoramic view of the
surroundings, while the west-facing covered
terrace forms an outdoor extension of the living room. The two plan types – inwardly and
outwardly angled – reflect the central staircase design, which widens towards the north
in the type 1 house and towards the south in
the type 2 house. Otherwise the layouts are
the same. On the lower floor to the rear are
basement spaces and services, plus a heat
pump that covers 96 per cent of heating-
energy and 93 per cent of hot-water needs.
The solid construction is wrapped in mineral-
fibre insulation. The windows, with fixed glazing in part, have U-values of 1.0 W/m²K. Together with the mechanical ventilation system,
they ensure that the scheme meets Swiss
"Minergie" standards. The entire heating-
energy needs for a house are a mere 5 kW.*

1 Schlafen	6 Arbeiten	11 Wohnen	1 Bedroom
2 Ankleide/Zimmer	7 Zimmer	12 Galerie	2 Dressing room/Room
3 Bad	8 gedeckter	13 Eingang	3 Bathroom
4 Hobbyraum/	Sitzplatz	14 Essen	4 Hobby area/
Spieldiele/Büro	9 Geräteraum	15 Vorratskammer	Play hall/Office
5 Keller/Haustechnik	10 Terrasse	16 Kochen	5 Basement/

Mechanical services	11 Living room
6 Workroom	12 Gallery
7 Room	13 Entrance
8 Covered sitting area	14 Dining room
9 Equipment space	15 Larder
10 Terrace	16 Kitchen

aa

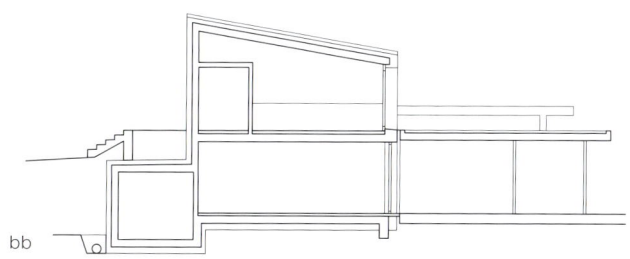

bb

Lageplan
Maßstab 1:1500
Grundrisse · Schnitte
Maßstab 1:250

Site plan
scale 1:1500
Floor plans · Sections
scale 1:250

Reihenhaussiedlung in Zürich

Terraced-House Estate in Zurich

Architekten • *Architects*:
Beat Rothen Architektur, Winterthur
Tragwerksplaner • *Structural engineers*:
ATP Ingenieure, Zürich

Lageplan
Maßstab 1:2500

Site plan
scale 1:2500

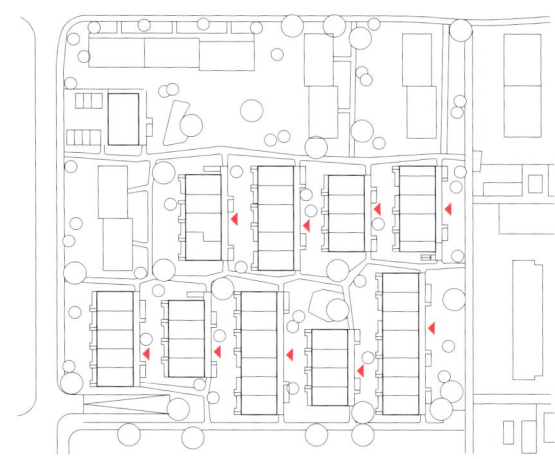

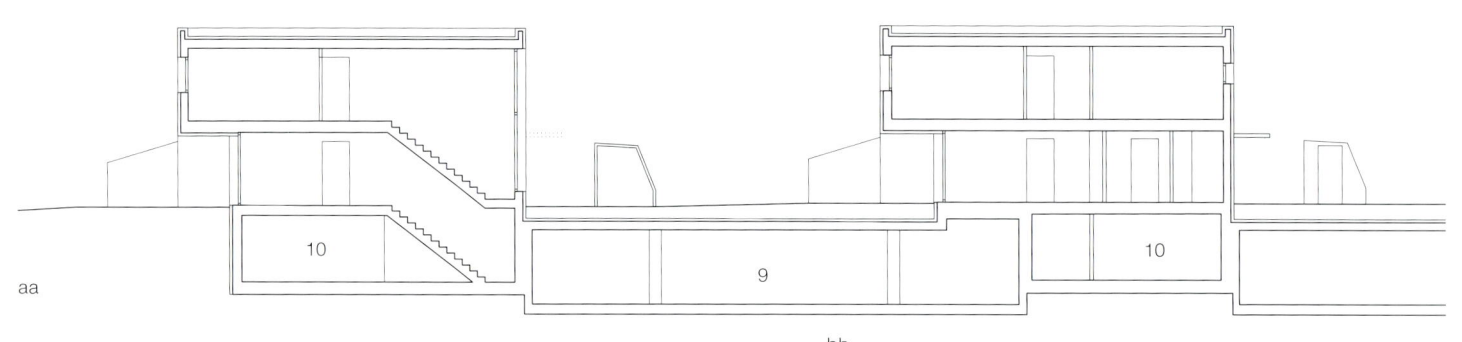

aa

bb

Fertigstellung: 2007
Anzahl Wohneinheiten: 43
Wohnfläche: 4,5-Zi.-Whg.:107 m²; 5,5-Zi.-Whg.: 122 m²
Achsmaß: 6,20 m
Raumhöhe: 2,40 m
Miete/Eigentum: Miete
Kosten gesamt: 11,5 Mio. €
Besonderheiten/Energiestandard: Label Minergie
Tiefgarage mit 96 Stellplätzen
Gemeinschaftseinrichtungen: Grünflächen

Completion date: 2007
No. of dwellings: 43
4.5-room house: 107 m²; 5.5-room house: 122 m²
Axial dimension: 6.20 m
Room height: 2.40 m
Rented accommodation
Total construction costs: €11,500,000
Special features/Energy standard: Swiss "Minergie"
standard; basement garage with 96 parking spaces
Communal facilities: landscaped areas

Die Reihenhaussiedlung ging aus einem Wettbewerb des Kantons Zürich hervor mit der Maßgabe, bei engem Kostenrahmen eine kompakte, aber flexible Wohnform zu entwickeln. Das prämierte Konzept beruht auf einem Baukastensystem: Während der Planungsphase kann zwischen zwei Häusern eine weitere Zimmerachse eingeschoben werden. So ist die Erweiterung einer Einheit um ein bis vier Räume möglich. Die Breite der Zimmer von mindestens 2,85 m erlaubt eine gute Nutzbarkeit. Durch eine breite Flurzone in der Standardeinheit ist im Obergeschoss die Anbindung der zusätzlichen Räume problemlos machbar. Im Erdgeschoss erlauben die offenen Raumbeziehungen zwischen Küche, Eingang und Wohnen eine einfache Einbindung. Für die räumliche Beziehung zwischen den beiden Wohngeschossen sorgt ein zweigeschossiger Treppenraum mit hohem Fensterschlitz. Aus Schallschutzgründen sind die Häuser in Massivbauweise errichtet und mit kontrollierter Be- und Entlüftung ausgestattet.
Die Zonierung der Privatgärten übernimmt ein kleiner Schuppen, der die einzelnen Häuser voneinander abgrenzt. Eine überdachte Veranda ermöglicht Privatheit auch im Freien. Sie kann, wenn der Bewohner dies wünscht, durch eine Glasfront geschlossen werden und verwandelt sich dann in einen schallgeschützten Wintergarten. DETAIL 03/2010

The central aim of the competition held by the canton of Zurich was to create a compact yet flexible dwelling form to a tight budget. The winning concept is based on a modular construction system that allows a house to be extended by up to four rooms during the planning stage simply by inserting a further sequence of spaces between two dwelling units. A minimum room width of 2.85 m ensures functional flexibility. The open layout of the ground floor serves to integrate the whole, while the two-storey staircase space with a tall, narrow window ensures spatial continuity between the two living levels. For sound insulation reasons, the houses were built in a solid form of construction, with controlled air supply and extract. Small sheds divide the private garden areas from each other, and a covered veranda provides outdoor privacy. The veranda can be closed with a glass front if the occupants so wish, in which case it becomes an acoustically screened conservatory space.

Schnitt Grundrisse Maßstab 1:250	Section Floor plans scale 1:250
1 Eingang	1 Entrance
2 Schuppen	2 Shed
3 Garderobe	3 Hats and coats
4 Küche	4 Kitchen
5 Wohnen	5 Living room
6 Zimmer (optional)	6 Room (optional)
7 Terrasse	7 Veranda
8 Zimmer	8 Room
9 Garage	9 Garage
10 Keller	10 Basement

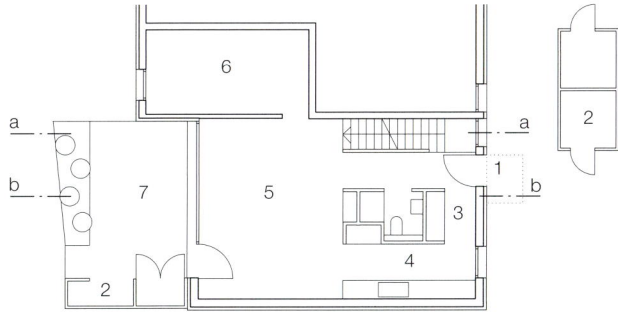

Erdgeschoss/Ground floor

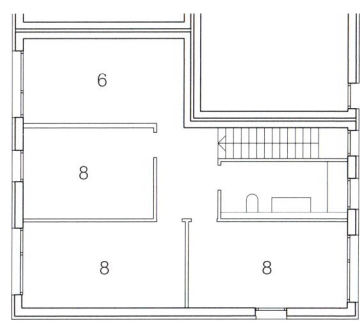

Obergeschoss/Upper floor

Reihenhaus-Villen in Winterthur

Terraced Villas in Winterthur

Architekten • *Architects*:
Peter Kunz Architektur, Winterthur
Tragwerksplaner • *Structural engineers*:
Gruner + Wepf, Zürich
Landschaftsplaner • *Landscape planning*:
Westpol, Basel

Das Grundstück, auf dem die acht Häuser stehen, nennt sich das »Obere Alpgut«. Es liegt am Fuße eines Bergs und umfasst einen rund 10 000 m² großen parkähnlichen Wald. Nach Süden bietet sich der weite Blick auf die Stadt. Von dieser Seite wird das Grundstück erschlossen, doch verbergen mehrere geschichtete Mauerscheiben aus Stampflehm die Sicht auf die Gebäude dahinter. Die Industriellenfamilie, der das Stück Land gehörte, wollte dieses zunächst aufteilen, doch schließlich überzeugte der Architekt mit dem Konzept, mehrere aneinandergereihte Wohneinheiten in den Park einzubetten. Entstanden sind drei eingeschossige und fünf zweigeschossige Reihenhaus-

Villen, die durch weit in die Landschaft ragende Betonschotten voneinander getrennt sind. Dadurch ergeben sich nicht einsehbare Freibereiche, die räumliche Nähe des Nachbarn ist nicht zu spüren. Bemerkenswert erscheint die Orientierung der Häuser. So sind die Wohn- und Essräume nach Norden gerichtet, was zunächst sonderbar erscheint. Der Blick auf den von der Sonne bestrahlten Wald erklärt jedoch das Konzept. Die Bäume wirken hinter den raumhohen Glasscheiben wie inszeniert. Die Staffelung der Raumabfolge Innenraum – Terrasse – Garten – Wald unterstreicht diese Wirkung. Schlaf- und Arbeitszimmer gehen nach Süden, vorgelagert ist ein klösterlich

anmutender Innenhof. Auch die Nutzräume, die, wie bei Reihenhäusern typisch, in der Mitte der Grundrisse angeordnet sind, werden durch kleine Innenhöfe natürlich belichtet. So erlaubt ein dem Bad mit Sauna angegliederter Hof den Austritt ins Freie. Bei den breiten Bungalows ergänzt zudem ein Küchenhof den Freibereich und ermöglicht wahlweise das Frühstück im geschützten Hof oder auf der ins Grüne orientierten Terrasse. Der Kontrast zwischen introvertierten und sich nach außen öffnenden sowie zwischen kleinen niedrigen und hohen hellen Räumen macht die Besonderheit dieser edlen Wohnanlage aus.

DETAIL 03/2010

Lageplan
Maßstab 1:2500
Schnitte · Grundrisse
Maßstab 1:750

Site plan
scale 1:2500
Sections · Layout plans
scale 1:750

1   Garten
2   Terrasse
3   Wohnen / Essen
4   Küche
5   Hof Bad
6   Bad / Sauna
7   Zimmer
8   Eingang
9   Hof Schlafen
10 Atelier
11 Keller
12 Sport

1   Garden
2   Terrace
3   Living / Dining room
4   Kitchen
5   Bathroom courtyard
6   Bathroom / Sauna
7   Bedroom
8   Entrance
9   Bedroom courtyard
10 Studio
11 Basement
12 Sports room

Known as the "Obere Alpgut", the site on which these eight houses were erected lies at the foot of a hill and includes a large wooded park some 10,000 m² in area. To the south, there is a broad view of the city, and access to the development is from this side, although a series of compacted clay walls conceals the villas from the outside. The initial idea was to divide up the site, but the architect was ultimately able to convince the owners to implement a concept comprising a row of houses embedded in the park. The scheme consists of three single-storey and five two-storey terraced villas divided from each other by concrete party walls that extend out into the landscape. This facilitated the creation of open

areas that are not overlooked.
A striking feature is the orientation of the houses: the living and dining rooms face north, a concept that is explained by the view of the sunlit wood on this side. The trees beyond the room-height window glazing seem almost like a stage set, and the spatial sequence – interior, terrace, garden, forest – heightens this effect. Bedrooms and working areas are situated at the southern end with a courtyard in front. Even the sanitary and functional spaces in the middle of the houses receive daylight from small adjoining courtyards, so that from the bathroom and sauna one also has access to the outdoor realm. In the wider bungalows, there is a further open area

in the form of a kitchen courtyard. Residents can thus breakfast either in this sheltered space or on the terrace with a view to the natural surroundings. Among the outstanding features of this development are the contrasts between introverted spaces and those open to the outside world, between intimate realms and those with more ample dimensions.

Completion date: 2007, Private ownership
No. of houses: 8
Living area of houses (excl. basement and stores): 170–285 m²
Axial dimensions: 8.40 m / 15.50 m / 19.40 m
Room height: 2.55 m (special zones: 2.25 m)
Total construction costs: €5,994,000
Special features / Energy standard: independent heating systems with brine heat pumps and solar collectors
Communal facilities: wooded park

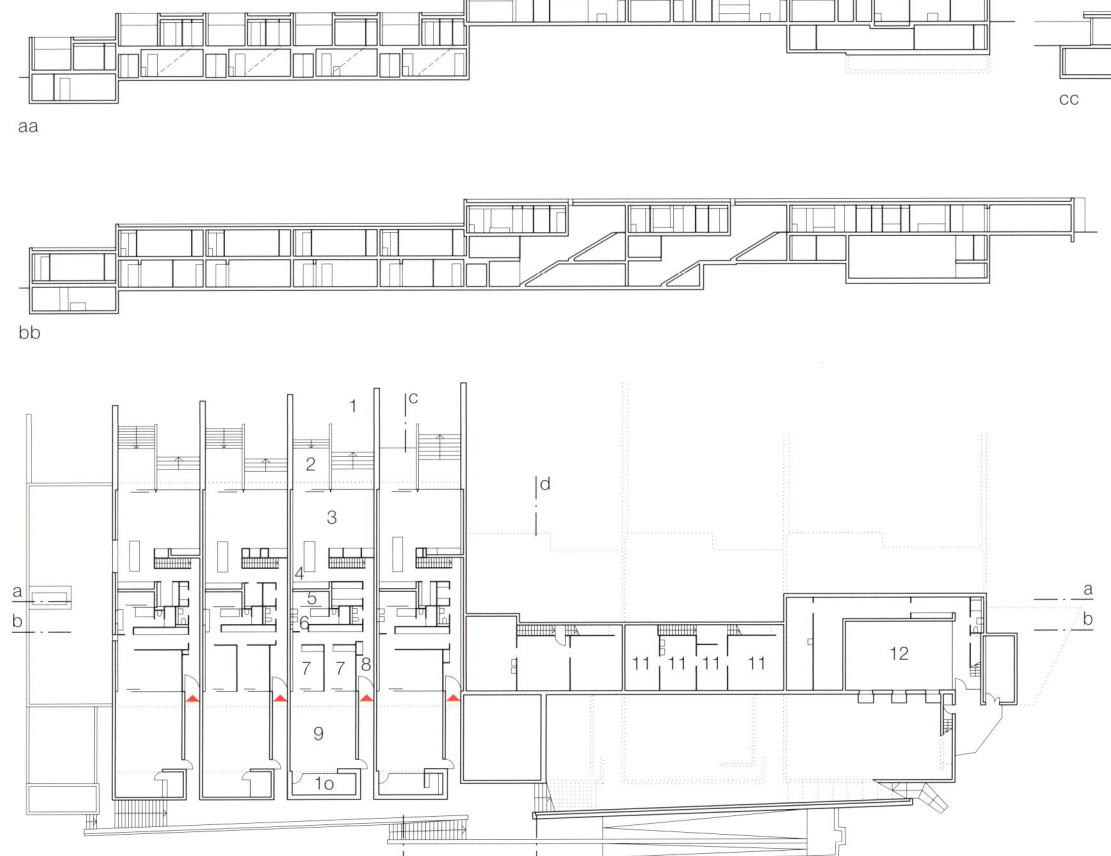

aa

bb

cc

dd

Fertigstellung: 2007
Anzahl Wohneinheiten: 8
Wohnfläche (ohne Abstellräume): 170–285 m²
Achsmaß: 8,40 m / 15,50 m / 19,40 m
Raumhöhe: 2,55 m, Sonderzonen 2,25 m
Miete / Eigentum: Eigentum
Kosten gesamt: 5 994 000 €
Besonderheiten / Energiestandard: autarke Heizungen mit Sole-Wärmepumpen und Sonnenkollektoren
Gemeinschaftseinrichtungen: Waldpark

projektbeispiele
case studies

Wochenendhaus am Scharmützelsee

Weekend House on Lake Scharmützel

Architekten • *Architects*:
Augustin und Frank Architekten, Berlin
Tragwerksplaner • *Structural engineers*:
Pichler Ingenieure, Berlin

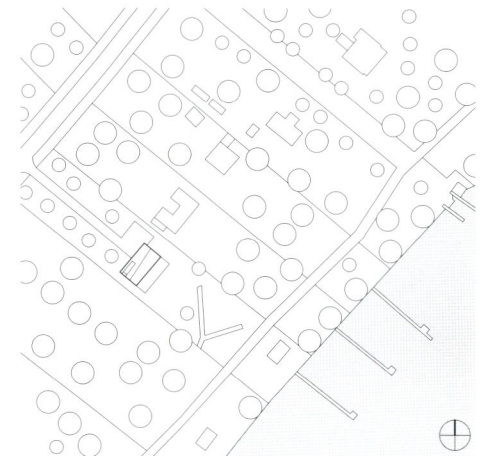

Rund 70 km südöstlich von Berlin liegt der Scharmützelsee, ein beliebtes Segelrevier. Um mehr Zeit bei den Booten verbringen zu können, ließ sich der Bauherr, ein leidenschaftlicher Segler, hier ein Wochenendhaus errichten. Das Haus besetzt den höchsten Punkt eines lichten Waldgrundstücks direkt am See. Von der Straße steigt das Gelände leicht an, fließt durch das offene Erdgeschoss hindurch und fällt dann um 9 m zum Ufer ab. Dem Wunsch nach einem massiven Gebäude entsprachen die Architekten mit einem in Beton gegossenen Baukörper. Um das Volumen zu differenzieren, sind alle Betonoberflächen profiliert und die Längsfassaden im Erdgeschoss vollständig

verglast. Ein leicht aus der Mittelachse gedrehter First bricht die klassische Satteldachform. So erscheinen die zum Boden jeweils parallelen Kanten von First und Traufen je nach Blickwinkel verschieden hoch. Im Inneren dominieren Sichtbetonflächen das Erdgeschoss. Eine abgehängte Stahltreppe zoniert den großen, stützenfreien Raum. Seekieferplatten kleiden das Obergeschoss komplett aus – dieses Holzfutteral weckt Erinnerungen an eine Bootskajüte. Zur Firstlinie unterschiedlich orientierte Ausbauelemente schaffen hier verschiedene Bereiche und lockern die strenge Grunddisposition auf. Schiebetüren öffnen die Raumflucht zur Loggia. Im Gegensatz zu

den kerngedämmten Stirnwänden im Erdgeschoss sind Außenwände und Dach der oberen Etage hinter der Holzverkleidung innen gedämmt. Die Übergänge zwischen vertikalen und geneigten Flächen der rohen Betonaußenhaut verlaufen ohne Absatz oder Überstand, Rinnen sind in die Betondachflächen integriert. Die grobe Profilierung – erzeugt durch auf die Schaltafeln genagelte gehobelte Holzleisten – läuft kontinuierlich über Kanten hinweg und bindet die Flächen zusammen. Arbeitsfugen der Betonanschlüsse sind als aufgeraute Fugen ausgebildet und bleiben ablesbar. Die Ankerlöcher im Dach sind mit eingeklebtem Faserzementkonus geschlossen. DETAIL 06/2014

aa

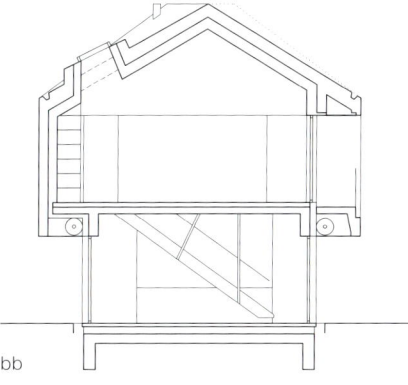

bb

Lageplan
Maßstab 1:3000
Schnitte · Grundrisse
Maßstab 1:200

1   Küche
2   Wohnen/Essen
3   Individualräume

*Site plan
scale 1:3000
Sections · Floor plans
scale 1:200*

1   *Kitchen*
2   *Dining/Living area*
3   *Individual spaces*

Lake Scharmützel, a popular sailing venue, lies some 70 km south-east of Berlin. In order to spend more time with the boats, the client, a passionate yachtsman, wanted to have a place to stay there. The house he built stands at the highest point of a tree-lined site directly on the lake. The land rises slightly from the road, flows through the transparent ground floor and falls nine metres on the other side down to the water. The architects responded to the client's wish for a solid form of construction by designing the house in concrete, the surfaces of which were given a corrugated profile as a means of articulating the volume. On the ground floor, the long facades are fully glazed. The ridge of the roof, turned at a slight angle to the central axis, varies the classical double-pitched form. As a result, the lines of the ridge and eaves, which are parallel to the ground, seem to be of varying height, depending on the angle of view.

Internally, the ground floor is dominated by exposed concrete surfaces. A suspended steel staircase divides the large, column-free space into different zones. The upper floor is clad internally entirely with maritime pine boarding – not unlike the cabin of a yacht. Here, construction elements oriented at various angles to the ridge create different areas and soften the strict basic layout. From this enfilade, sliding doors open onto the loggia.

In contrast to the ground floor end walls with their core insulation, the roof and the outer walls on the upper level are insulated behind the internal timber lining. Junctions between the vertical and sloping areas of the exposed concrete outer skin are designed without offsets or projections. Rainwater gutters have been integrated in the concrete roof surfaces. The corrugated outer texture, created by wrot rectangular wooden strips nailed to the shuttering panels, continues over the edges, unifying the whole volume. The joints between working stages in the concrete were roughened and thus remain legible. Tie holes in the roof were sealed with adhesive-fixed fibre-cement conical inserts.

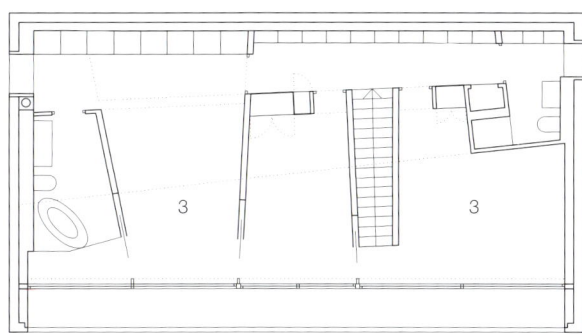

Obergeschoss/*Upper floor*

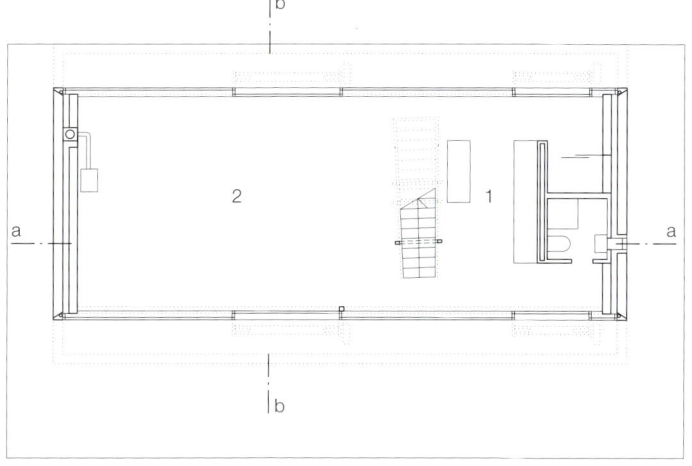

Erdgeschoss/*Ground floor*

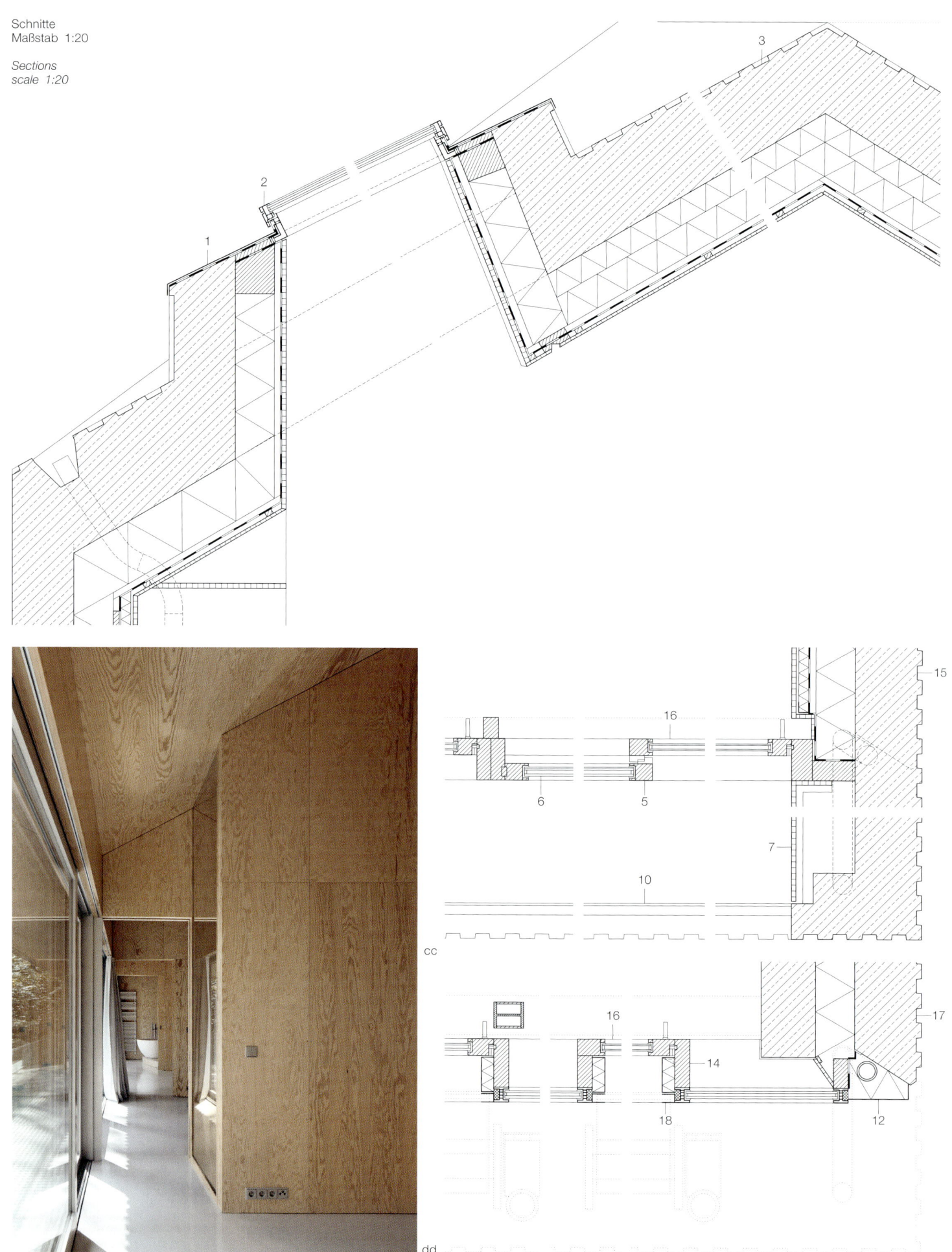

cc

dd

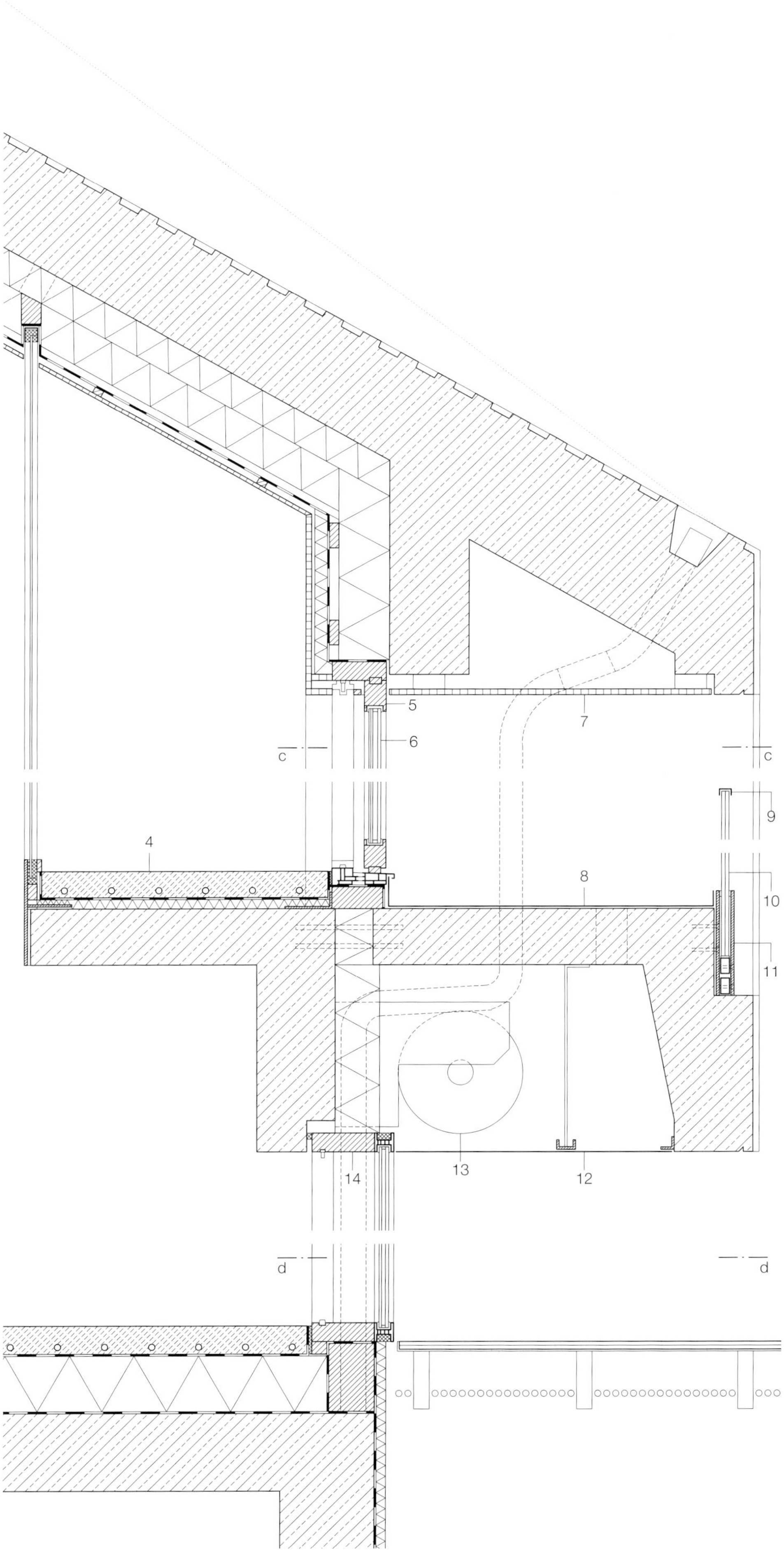

1 Alublech beschichtet 3 mm, auf Beton geklebt
2 Aluminiumprofil thermisch getrennt, sichtbare Teile beschichtet, Verglasung VSG, $U_g \leq 1,1$ W/m²K
3 Stahlbetondach WU profiliert 350–450 mm, Wärmedämmung EPS vollflächig verklebt 220 mm, Lattung, Dampfsperre PE auf Lattung verklebt, Lattung, BFU-Platte Seekiefer 12 mm
4 Zement-/Hartstoffestrich 90 mm mit Fußbodenheizung auf Trennlage, Dämmung 30 mm, Deckenplatte Stahlbeton 180 mm (Bewehrungsanschlüsse an Rändern thermisch getrennt)
5 Rahmen Fichte 68/92 mm
6 Isolierverglasung ESG 10 mm + SZR 16 mm + VSG 12 mm, $U_g \leq 1,1$ W/m²K
7 BFU-Platte Seekiefer gewachst geölt 18 mm
8 Alublech strukturiert seitlich aufgekantet 3 mm, mit PUR-Kleber auf Stahlbeton geklebt
9 Edelstahlprofil durchlaufend ⊔ 30/20/3 mm
10 Brüstung VSG 2× 12 mm (Elementbreite 2340 mm)
11 Flachstahl verzinkt 335/10 mm
12 Aluminiumblech gekantet 3 mm
13 Rolltor Alu perforiert, Lüftungsquerschnitt 30 %
14 Pfosten/Riegel Fichte schichtverleimt 60/200 mm
15 Stahlbetonwand profiliert 250–270 mm, Wärmedämmung EPS 160 mm, Lattung 80/30 mm, Dampfsperre PE auf Lattung verklebt, Trockenbauprofil 50 mm/Wärmedämmung mineralisch 40 mm, BFU-Platte Seekiefer 18 mm
16 Schiebefenster, Rahmen Fichte, Isolierverglasung
17 Außenwand Stahlbeton profiliert 250 mm Wärmedämmung EPS 160 mm auf Beton geklebt Innenwand Stahlbeton 220 mm
18 Laufschiene Rolltor Aluminium ⊔ 50/40 mm

1 3 mm coated sheet alum. adhesive fixed to concrete
2 aluminium section, thermally separated, visible areas coated; lam. safety glass ($U_g \leq 1.1$ W/m²K)
3 350–450 mm waterproof corrugated reinf. conc. roof 220 mm exp. polystyrene thermal insulation adhesive fixed; battens; polythene vapour barrier; battens; 12 mm lam. maritime pine construction board
4 90 mm granolithic paving with underfloor heating on separating layer; 30 mm insulation 180 mm reinf. conc. floor slab (reinforcement connections at edge thermally separated)
5 68/92 mm softwood frame
6 double glazing: 10 mm toughened glass + 16 mm cavity + 12 mm lam. safety glass ($U_g \leq 1.1$ W/m²K)
7 18 mm lam. pine construction board, waxed, oiled
8 3 mm textured sheet alum., bent up at edges, fixed with polyurethane adhesive to concrete
9 30/20/3 mm continuous stainless-steel channel
10 lam. safety glass balustrade: 2×12 mm (2.34 m wide)
11 335/10 mm galvanized steel plate
12 3 mm sheet aluminium bent to shape
13 perforated alum. roller shutter (30 % ventilation area)
14 60/200 mm lam. softwood posts and rails
15 250–270 mm corrugated reinf. conc. wall; 160 mm exp. polystyrene thermal insulation; 30/80 mm battens; polythene vapour barrier; 50 mm dry construction sections/40 mm mineral thermal insulation; 18 mm lam. maritime pine construction board
16 sliding window: softwood frame; double glazing
17 250 mm corrugated reinf. conc. outer wall 160 mm exp. polystyrene thermal insulation adhesive fixed; 220 mm reinf. conc. internal wall
18 50/40 mm alum. channel track for roller shutter

Werkhaus in der Uckermark

Workshop in Uckermark

Architekt • *Architect*:
Thomas Kröger Architekt, Berlin
Tragwerksplaner • *Structural engineers*:
StudioC, Berlin

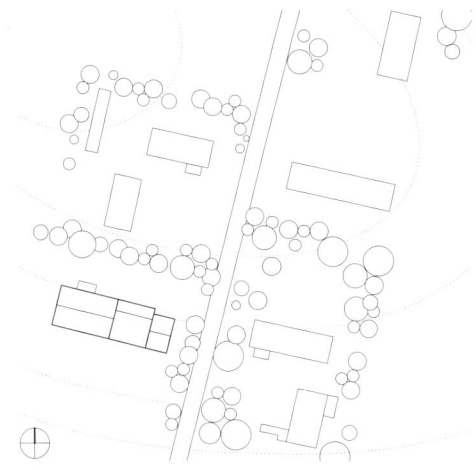

Der Traum vom Wohnen und Arbeiten unter einem Dach führte den Bauherrn, einen Tischler und Produktdesigner, von Berlin ins dünn besiedelte Brandenburg, wo viele leerstehende Häuser auf eine neue Nutzung warten. Dort, am Ortsrand von Gerswalde, 80 km nordöstlich der Hauptstadt, fand er eine 1987 für die landwirtschaftliche Produktionsgenossenschaft erbaute Schlosserei. Sie bot mit 500 m² Grundfläche ausreichend Raum, um alle gewünschten Funktionen unterzubringen.

Das ursprünglich ungedämmte Mauerwerk und das Dach wurden energetisch ertüchtigt und der Mitteltrakt, der die Verwaltungsräume beherbergt hatte, abgerissen. An dessen Stelle trat eine großzügig verglaste, vom Bauherrn selbst errichtete Holzkonstruktion, die zwischen den beiden Teilen des Bestandsbaus in Höhe und Form vermittelt. Die drei Nutzungseinheiten des Baukörpers treten deutlich hervor: die fast 5 m hohe Werkstatt mit Lager, der zweigeschossige Präsentationsbereich und der niedrige Wohntrakt.

Für die größte optische Verwandlung sorgt jedoch die neue Gebäudehülle, die das Werkhaus mit der flachen Hügellandschaft verschmelzen lässt. Grünes Wellblech zieht sich von den Längswänden an der Traufkante sanft gerundet über das Dach. Selbst die Tore und Fenster verschwinden hinter den in diesem Bereich gelochten und zum Teil auch beweglichen Paneelen. Die Giebelseiten sind im Kontrast dazu mit einer rohen Stülpschalung versehen, ein Bauelement mit langer Tradition in der Uckermark. Auch bei der Innenraumgestaltung spielt Holz eine wichtige Rolle: Ob im archaisch anmutenden Showroom mit seinem Tragwerk aus Nagelbindern, ob als Oberfläche in Form von Kiefernpaneelen oder als Massivholzverkleidung im Schlafalkoven. Mit wenigen einfachen Materialien und vielen räumlichen Finessen wurde das LPG-Gebäude in einen mit der Landschaft im Einklang stehenden Funktionsbau verwandelt.

DETAIL 05/2014

Lageplan	Site plan
Maßstab 1:2500	scale 1:2500
Schnitte · Grundrisse	Sections · Layout plans
Maßstab 1:400	scale 1:400
1 Lackierraum	1 Lacquer
2 Hobelbänke	2 Workbenches
3 Maschinenraum	3 Machine room
4 Plattenlager	4 Board storage
5 Absauge	5 Suction
6 Showroom	6 Showroom
7 Küche	7 Kitchen
8 Aufenthalt	8 Break
9 Schleuse	9 Vestibule
10 Kochen / Wohnen	10 Kitchen / Living
11 Schlafalkoven	11 Sleeping niche
12 Luftraum	12 Void
13 Hochlager	13 Storage
14 Kompressor	14 Compressor
15 Büro / Studio	15 Office / Studio
16 Spänelager	16 Sawdust storage
17 Heizung	17 Heating

The desire to live and work under one roof
motivated the client, a carpenter and product
designer, to purchase and remodel this metal-
working shop. The walls, originally not insulated, were refurbished and the middle segment,
which housed offices, was razed. In its place
he built a generously glazed wood structure.
The tri-partite arrangement is clearly legible.
The most striking transformation: the envelope
now makes the massing appear to merge
with the surrounding landscape. Green corrugated metal gently wraps around the surfaces. Even the entrance and windows disappear
behind the material, which is perforated here.
Red beveled-siding gable facades, in contrast, are a nod to the local building tradition.

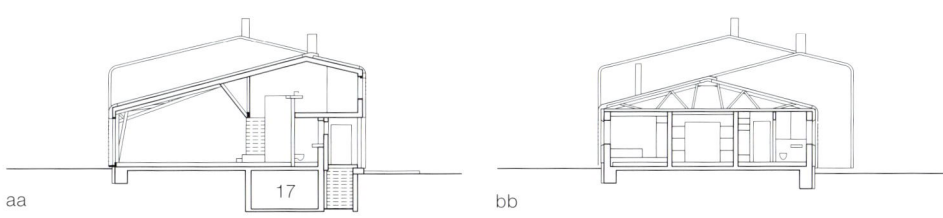

aa   bb

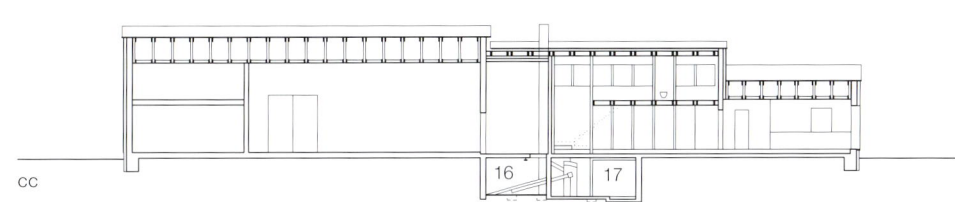

cc

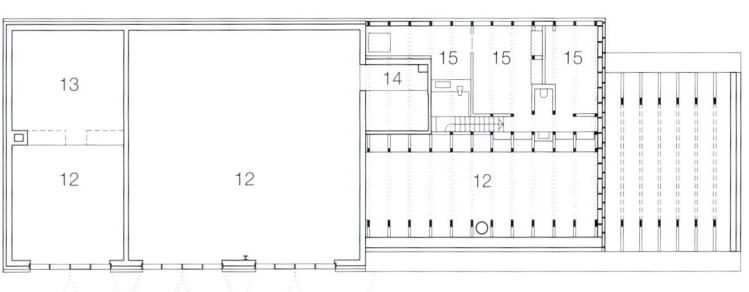

Obergeschoss / Upper floor

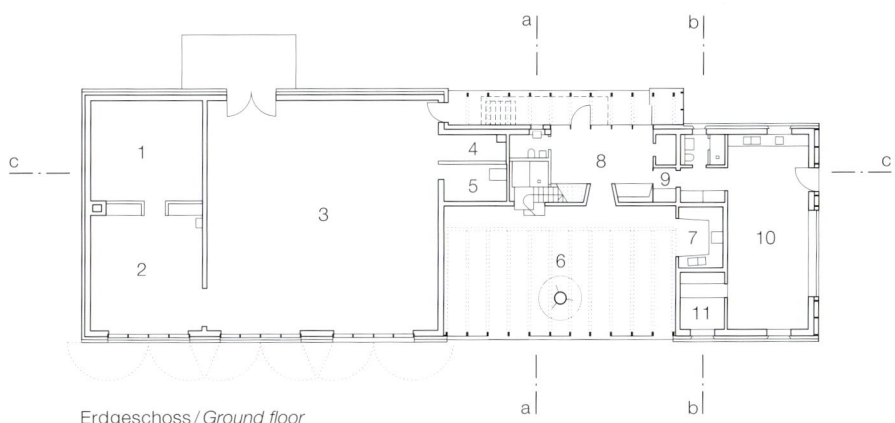

Erdgeschoss / Ground floor

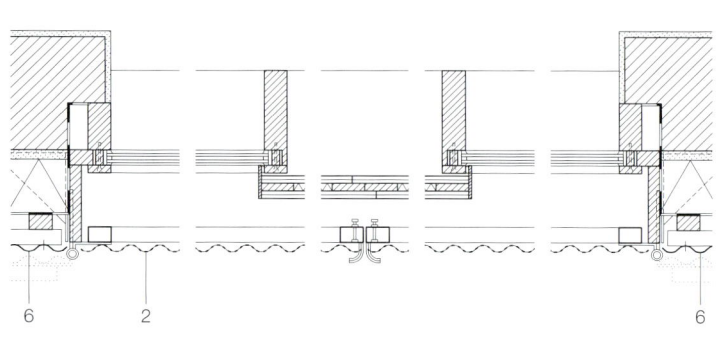

6 2 6

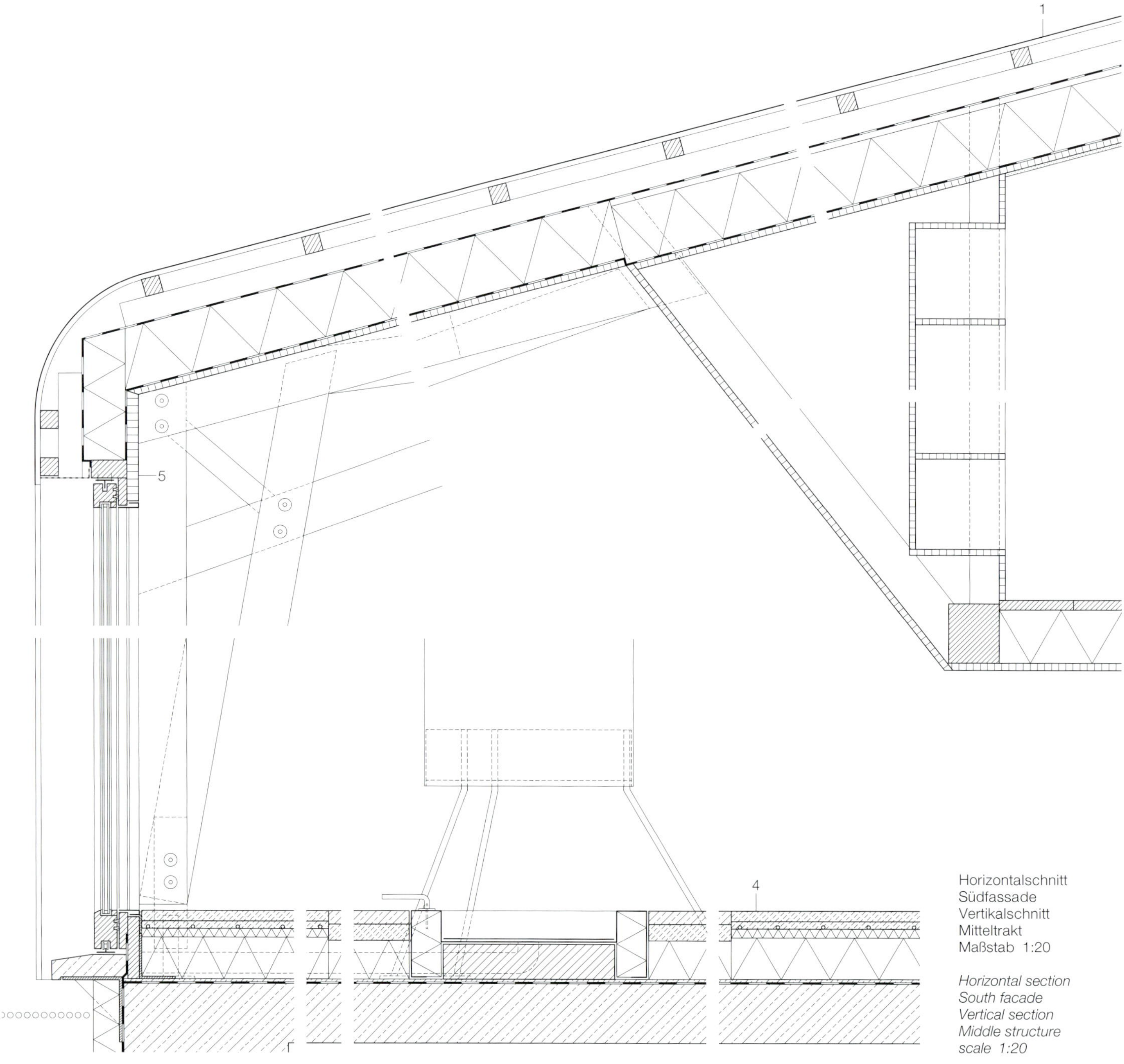

1

5

4

Horizontalschnitt
Südfassade
Vertikalschnitt
Mitteltrakt
Maßstab 1:20

Horizontal section
South facade
Vertical section
Middle structure
scale 1:20

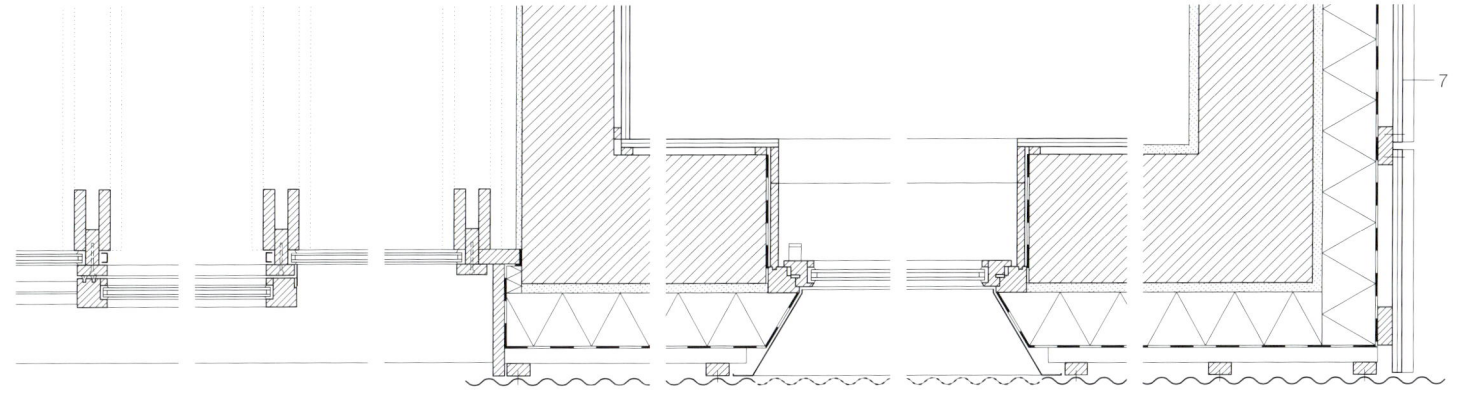

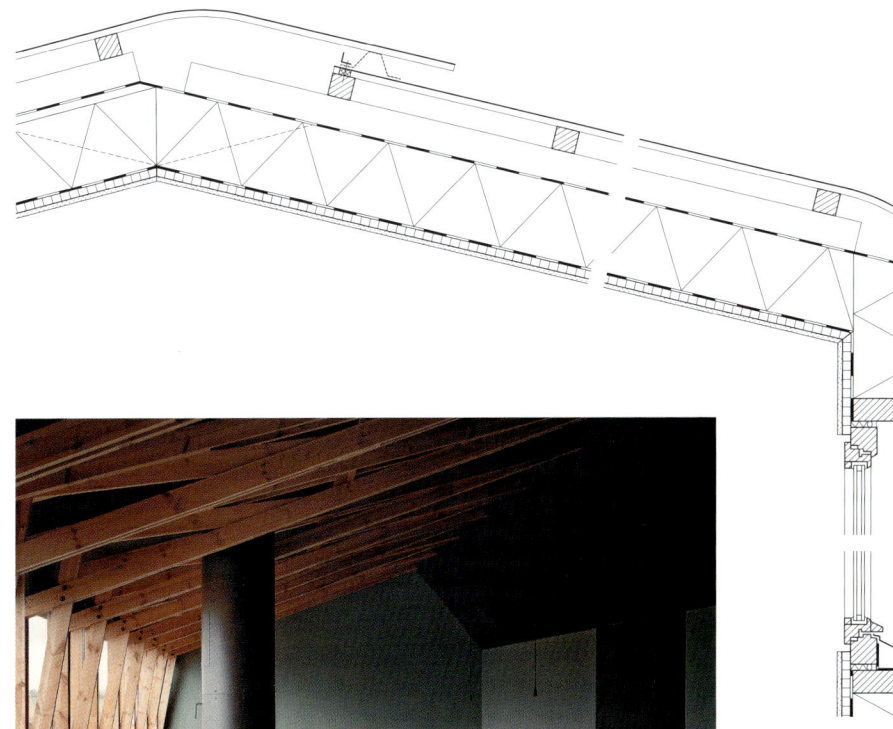

1 Wellblech Aluminium 18/76 mm
  Lattung 60/60 mm
  Konterlattung 80/60 mm
  Dichtungsbahn UV-beständig
  Sparren 220/100 bzw. 200/100 mm
  dazwischen Wärmedämmung
  Mineralwolle 200 mm
  Dampfbremse, OSB-Platte 22 mm
  Gipskartonplatte gespachtelt 12,5 mm
2 Wellblech Aluminium
  gelocht 18/76 mm auf Rahmen
  Stahlrohr verzinkt ☐ 40/60 mm
3 Holzdiele Kiefer geölt 32 mm
  Dampfsperre, Holzbalken 180/80 mm
  dazwischen Wärmedämmung
  Mineralwolle 180 mm
  Dichtungsbahn, Lattung 20 mm
  Holzschalung Douglasie sägerau 24 mm
4 Gussasphaltestrich zweilagig 55 mm
  mit Fußbodenheizung
  Wärmedämmplatte hitzebeständig 30 mm
  Wärmedämmung Hartschaum 140 mm
  Ausgleichsschüttung 0–10 mm
  Abdichtung
  Bodenplatte Stahlbeton (Bestand)
5 Sperrholzplatte schwarz gebeizt 40 mm
6 Wellblech 18/76 mm, Lattung 50/30 mm
  Konterlattung 80/60 mm, Dichtungsbahn
  Wärmedämmung Mineralwolle 140 mm
  Ausgleichsputz ca. 25 mm
  Mauerwerk (Bestand) 300 mm, Putz 15 mm
7 Stülpschalung Lärche 24 mm
  Lattung 50/30 mm

1 18/76 mm corrugated aluminium sheet
  60/60 mm battens
  80/60 mm counterbattens
  sealing layer, UV-resistant
  200 mm mineral wool thermal insulation
  between
  220/100 mm or 200/100 mm rafters
  vapour retarder; 22 mm OSB board
  12.5 mm plasterboard, smoothened
2 *18/76 mm corrugated aluminium sheet,*
  perforated, on frame
  40/60 mm steel RHS, galvanised
3 *32 mm pine planks, oiled*
  vapour barrier; 180 mm mineral wool thermal
  insulation between 180/80 mm wood beams
  sealing layer; 20 mm battens
  24 mm Douglas fir boarding, rough-sawn
4 *55 mm asphalt screed, two layers*
  with underfloor heating
  30 mm insulation board, heat-resistant
  140 mm rigid foam thermal insulation
  0–10 mm levelling filler
  seal; ground slab (existing)
5 *40 mm plywood, stained black*
6 *18/76 mm corrugated sheet*
  50/30 mm battens
  80/60 mm counterbattens; sealing layer
  140 mm mineral wool thermal insulation
  ca. 25 mm levelling render
  300 mm existing masonry; 15 mm plaster
7 *24 mm bevel siding, larch*
  50/30 mm battens

Wohnhaus in München

House in Munich

Architekten · *Architects*:
leonardhautum, München/Berlin
Tragwerksplaner · *Structural engineers*:
Gruppe Ingenieurbau, München

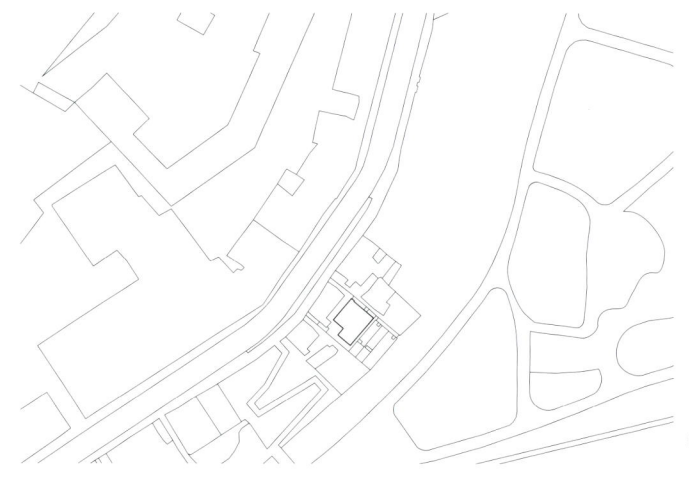

Die kleinen, meist aus dem 18. und frühen 19. Jahrhundert stammenden »Herbergshäusl« am Fuße des Nockherbergs waren ursprünglich Werkstätten oder Unterkünfte für ärmere Leute. Heute steht die Häuserreihe mit ihren Rückgebäuden unter Ensembleschutz und erfreut sich wegen der besonderen Atmosphäre und der Nähe zum Stadtzentrum großer Beliebtheit.
Auch diese 1890 in zweiter Reihe erbaute Schreinerei wurde als Wohnraum genutzt, bis sie in den 1990er-Jahren abbrannte. Die Ruine ist nun Teil des neuen Wohnhauses, das nur über eine schmale Treppe erschlossen ist. Neben vielen baurechtlichen Unklarheiten stellte auch die Baustellenlogistik eine

Herausforderung für die jungen Architektinnen dar: Aufgrund der Enge des Grundstücks konnten weder Kran noch Bagger eingesetzt werden. Die Raumerweiterung in den Hang musste von Hand gegraben, der Schutt eimerweise abtransportiert werden. Die Rückwand wurde mit einer bis zu 70 cm dicken Spritzbetonschicht unterfangen, nachdem der Hang mit 8 m langen Erdnägeln gesichert worden war. Alle erhaltenswerten Baustoffe wurden dabei bewahrt und später wieder verbaut. Das kompakte, zweigeschossige Wohnhaus erwächst gewissermaßen aus dem ursprünglichen Werkstattgebäude. Der erweiterte Bereich ist innen wie außen klar erkennbar. Er ist in

wärmedämmendem Sichtbeton ausgeführt, der durch den Zusatz von recyceltem Glasschotter zu einem warmen, wohnlichen Raumklima beiträgt. Die Betonhülle ist das statische und technische Rückgrat des Hauses, das sämtliche Installationen aufnimmt. Der Entwurf orientiert sich an der Kubatur des Bestands. Um mehr Raumhöhe zu gewinnen, wurde die Bodenplatte abgesenkt. Das neue handgefalzte Blechdach ahmt seinen Vorgänger nach. Längliche Dachfenster sind über die Dachfläche verteilt und versorgen den Innenraum gezielt mit Sonnenlicht, um so der Enge der Bebauung und der Nordausrichtung des Grundstücks entgegenzuwirken.   DETAIL 05/2014

Most of the small "Herbergs cottages" at the foot of the Nockherberg date to the 18th and 19th centuries and were originally workshops and residences for persons with low incomes. Today they are collectively – as an "ensemble", as one says in German – on the historic preservation registry, and are highly popular due to their unique atmosphere and proximity to the city centre.

This structure in the second row was erected as a carpenter's workshop in 1890 and later served as a dwelling – until it succumbed to fire in the 1990s. The ruin is now part of the new domicile. A narrow stair leads to the entrance. A number of legal aspects required clarification, and the construction site logistics presented the young architects with a considerable challenge: on account of the property's small size, neither a crane nor a bulldozer could be used. The home's additional space – which was carved out of the slope – was dug out manually. The soil was removed from the site by the pail. Then 8-metre-long soil nails were put in place to secure the slope, and the back side of the house was stabilised with a 70-centimetre-thick layer of shotcrete. All salvageable construction materials were set aside and later reused. The compact, two-storey house grows, as it were, out of the original workshop. The addition is clearly recognisable as such – both inside and outside. It was executed in insulating exposed concrete. The use of recycled expanded-glass aggregate contributes to the warm, comfortable atmosphere. The concrete envelope is the backbone of the house, both technically and structurally: it holds all of the house's installations. The new design conforms to the original building envelope. To attain more lofty spaces, the floor level of the older part of the house was lowered. The new handcrafted standing-seam roof pays homage to its predecessor. Rectangular skylights dot the roof surface; they are strategically placed to bring sunlight into the interior. This choreography of light plays an important part in counteracting the dense built fabric and the northern orientation of the house.

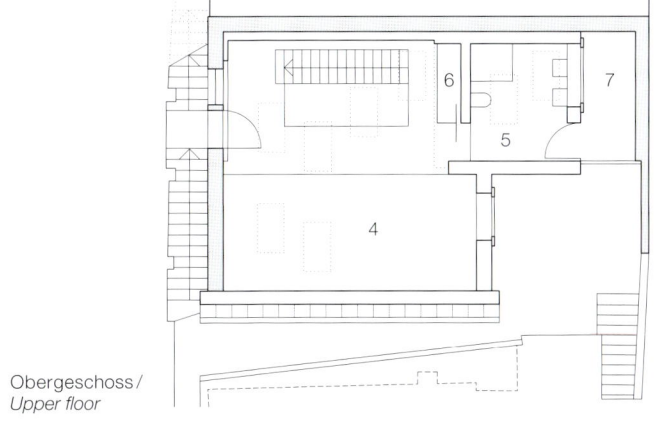

Obergeschoss / Upper floor

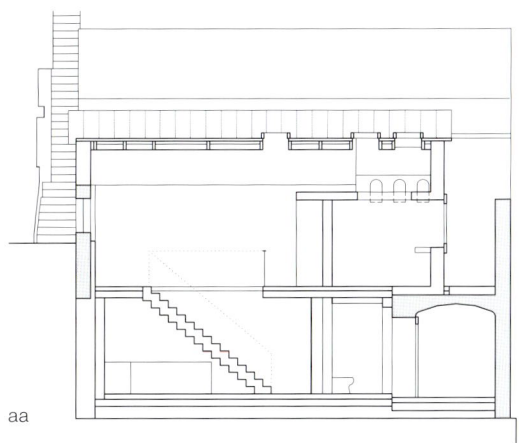

aa

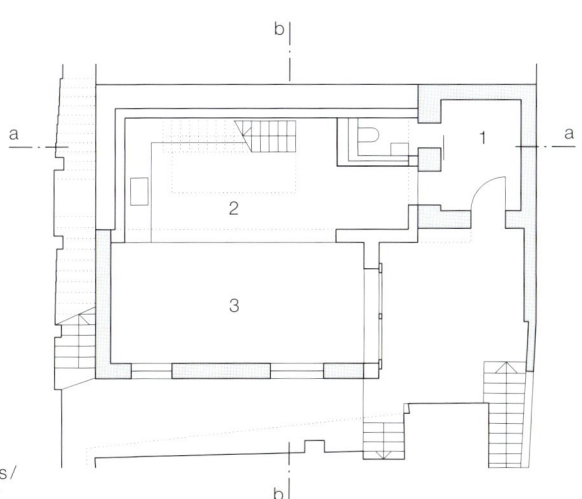

Erdgeschoss / Ground floor

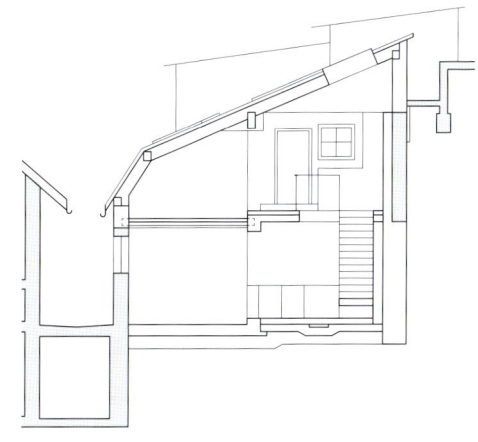

bb

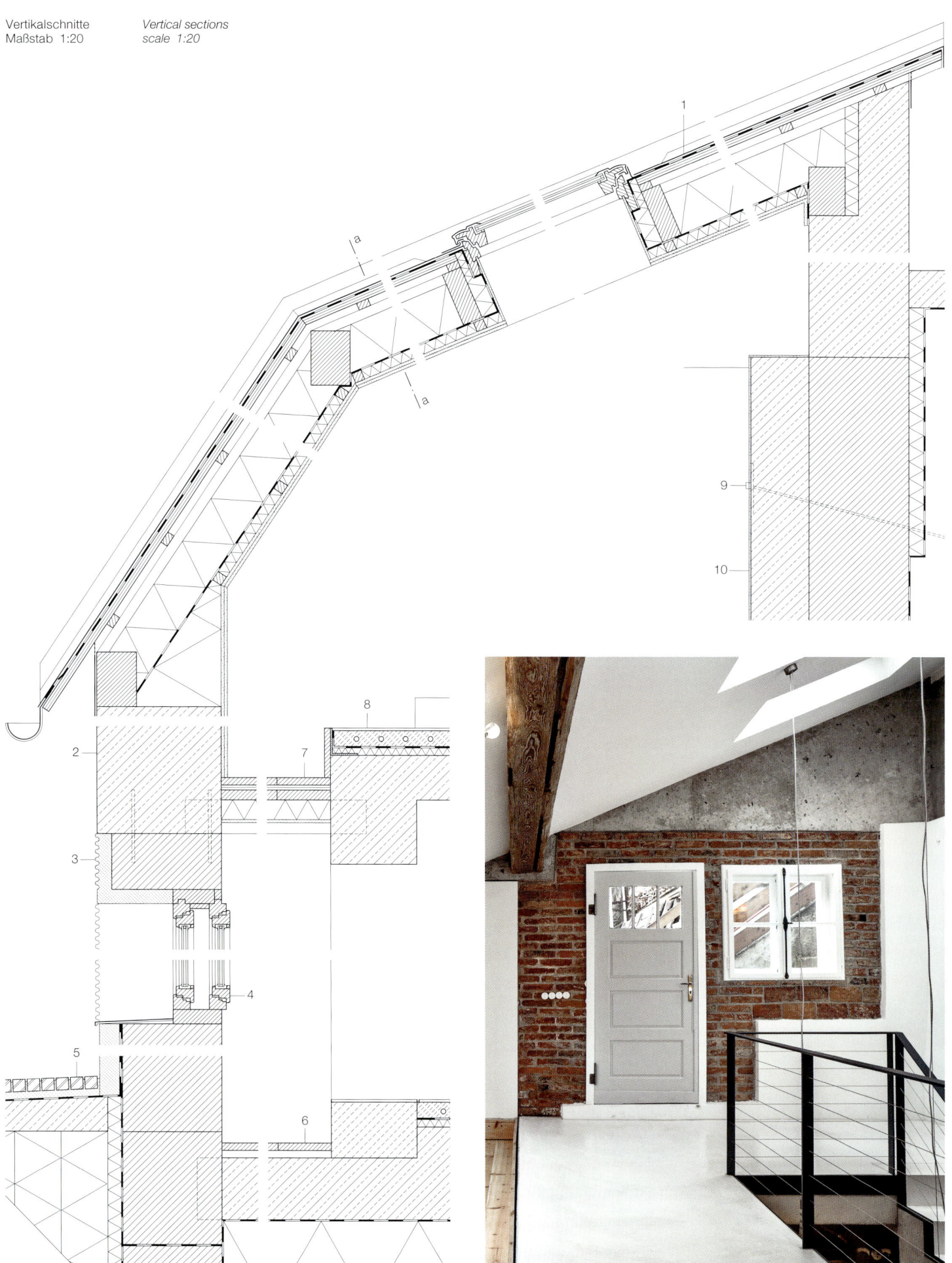

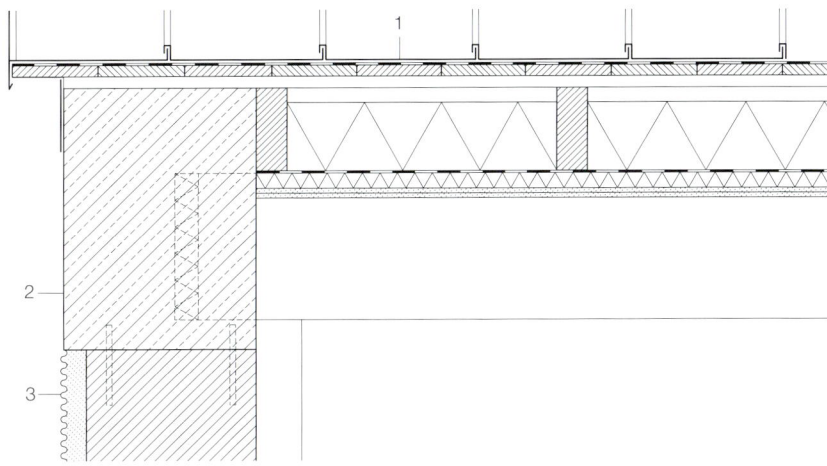

aa

1 Stehfalzdeckung Edelstahl verzinnt 0,5 mm
 Dichtungsbahn, Schalung sägerau 24 mm
 Lattung Kiefer 30/50 mm, Hinterlüftung
 Sparren 80/220 mm, Mineralwolle 180 mm
 Dampfsperre, Lattung 40/40 mm
 dazwischen Wärmedämmung
 Gipskartonplatte 2× 12,5 mm
2 Dämmbeton 500 mm
3 Dämmputz Trass-Zementputz 60–80 mm mit
 handgezogener Struktur, Fasche glatt 100 mm
 Ziegelwand (Bestand)
4 Kastenfenster (Bestand)
5 Mosaikboden Marmor, Basaltstein 50/50 mm
 Splittbett 30 mm, Flüssigabdichtung, Betonplatte
 im Gefälle, Schüttung Glasschaumgranulat
6 Dielen Eiche 30 mm, Lattung 30/50 mm
 Bodenplatte Stahlbeton 250 mm
 Bitumen-Dickbeschichtung 5 mm, Trennlage
 Glasschaumgranulat 350 mm, Trennlage
7 Dielen Zirbe 25 mm geölt
 Lattung 20/50 mm, Holzbohlen 40 mm

Balken 130/150 mm
 dazwischen Trittschalldämmung 80 mm
 Gipskartonplatte 12,5 mm
8 Spachtelmasse zementgebunden weiß 10 mm
 Heizestrich 100 mm, Trennlage
 Dämmung 30 mm,
 Unterzug Stahlbeton 350/440 mm
9 Erdnägel Titan ⌀ 32 mm L: 8000 mm
10 Putz 5 mm, Spritzbeton 200 mm
 Ziegelwand (Bestand), Abdichtung

1 0.5 mm stainless-steel standing seam roof cladding
 sealing layer; 24 mm rough-sawn boarding
 30/50 mm pine battens; ventilated cavity
 80/220 mm rafters; 180 mm mineral wool
 vapour barrier; thermal insulation between
 40/40 mm battens; 2× 12.5 mm plasterboard
2 500 mm insulating concrete
3 60–80 mm insulating trass cement rendering,
 grooved by hand
 100 mm casing, smooth; brick wall (existing)

4 box-type window (existing)
5 50/50 mm mosaic floor (marble, basalt)
 30 mm crushed stone; liquid sealant;
 concrete slab to falls; expanded glass granule fill
6 30 mm oak planks; 30/50 mm battens
 250 mm reinforced concrete slab
 5 mm thick bitumen coating; separating layer
 350 mm expanded glass granule; separating layer
7 25 mm arolla pine planks, oiled
 20/50 mm battens
 40 mm wood boards
 80 mm impact sound insulation between
 130/150 mm timber beams
 12.5 mm plasterboard
8 10 mm filler compound, cement-bound, white
 100 mm heating screed; separating layer
 30 mm insulation
 350/440 mm reinforced concrete downstand beam
9 ⌀ 32 mm titanium soil nails, length: 8000 mm
10 5 mm plaster; 200 mm shotcrete
 brick wall (existing); seal

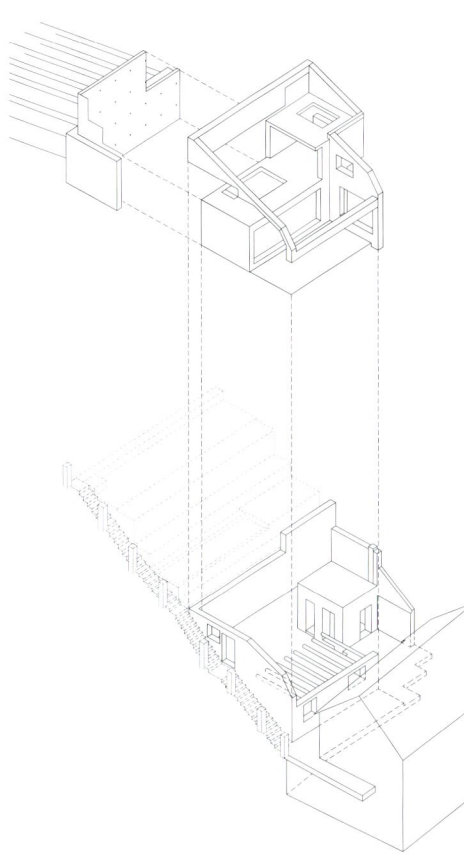

Wohnhaus in Melbourne

House in Melbourne

Architekten • *Architects*:
Sean Godsell Architects, Melbourne
Tragwerksplaner • *Structural engineers*:
Perrett Simpson Stantin, Melbourne

Der Architekt Sean Godsell ist nicht zuletzt durch seine außergewöhnlichen Wohnhäuser bekannt geworden, die über ihre Einfachheit und Materialität mit der urwüchsigen Landschaft Australiens zu verschmelzen scheinen. Insofern bot das städtische Grundstück dieses Einfamilienhauses, nur 4 km von Melbournes Zentrum entfernt, eine neue Herausforderung. Da er die üblichen, aus den Abstandsvorgaben resultierenden Restflächen an den Grundstücksgrenzen vermeiden wollte, plante Godsell einen eingeschossigen Baukörper mit abgesenktem Bodenniveau. Auf diese Weise konnte er die gesamte Breite des rechteckigen Grundstücks ausnutzen, ohne gegen die lokalen Baugesetze zu verstoßen. Von der heterogenen Nachbarbebauung schottet sich das Gebäude konsequent mit einem Holzzaun ab. Zur Straße hin ist ein kleines denkmalgeschütztes Natursteinhaus vorgelagert, das die Bauherren – ein Künstler und eine Musikerin mit drei Kindern – als Atelier nutzen. Das eigentliche Wohnhaus betritt man über einen schmalen Gang an der Seite. Innen ist es komplett mit Holz ausgekleidet: Die Oberflächen von Böden, Decken und Wänden sind aus einer einheimischen Eukalyptusart gefertigt, ebenso die raumhohen Schiebetüren, die Schlafzimmer, Bäder und Schrankräume abtrennen. Allein die beiden Erschließungsgänge heben sich durch einen Boden aus roh belassenem Estrich ab. Außen zieht sich eine homogene transluzente Hülle aus feuerverzinkten Stahlgitterrosten vollständig um das Gebäude. An den Stirnseiten lassen sich die einzelnen Gitterrostelemente über die gesamte Breite hochklappen, sodass auf beiden Seiten eine sonnengeschützte Veranda entsteht. Darüber hinaus ermöglichen die verschiebbaren Fenstertüren einen nahtlosen Übergang von innen nach außen, was mit den durchlaufenden Bodenbelägen aus Holz bzw. Estrich noch unterstrichen wird. So sind trotz der städtischen Umgebung Räume entstanden, die von einem starken Außenbezug leben.
DETAIL 11/2013

Architect Sean Godsell's extraordinary residences – which, owing to their simplicity and materiality, appear to merge with Australia's primal landscape – have received international acclaim. Consequently, an urban site for a single-family residence, located only four kilometres from the centre of Melbourne, constituted a new challenge. Because he wanted to avoid the residual spaces that typically result from building setbacks from property lines, Godsell designed a single-storey structure with sunken floor. In this manner he could make use of the entire width of the rectangular site without violating the local building ordinances. The structure is screened from its high-density, heterogeneous surroundings by

a wooden fence. A small, listed stone residence is situated between the new structure and the street; the clients – an artist and a musician and their three children – use it as an atelier.

The main entrance is via a narrow corridor on the side of the building. The home's interior is completely clad in wood: the surfaces of the floors, ceilings and walls are made of the wood of the blackbutt (or Eucalyptus pilularis, a local tree that can attain a height of 50 metres or more), as are those of the floor-to-ceiling sliding doors, and the partition walls in the bedrooms, bathrooms, and closets. The two corridors, parallel organising devices structuring the residence, are the only exception to

the rule: their floors are untreated screed. The exterior is sheathed in a unifying translucent skin made of hot-dip-galvanised steel grating – it enwraps the entire building. At the residence's front and back elevations, the individual grating elements can be tilted up along the entire length of the facade, creating a pair of sun-shaded verandas. Furthermore, the accompanying sliding doors facilitate a seamless transition from interior to exterior, a design decision underscored by the continuous flooring materials (blackbutt wood and screed). In sum, Godsell's design has produced a house that, despite its urban surroundings, thrives from its strong relationship to the outdoors.

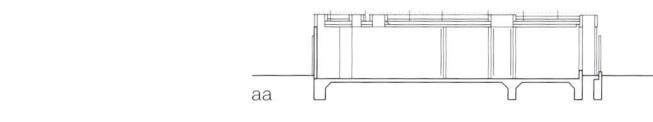

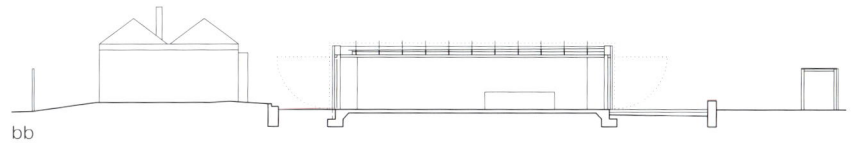

Schnitte · Grundriss
Maßstab 1:400

1 Kochen
2 Atelier
3 Bad
4 Schlafen
5 Arbeiten
6 Hauswirtschaftsraum
7 Bibliothek
8 Terrasse
9 Wohnen/Essen
10 Eingang
11 Schuppen

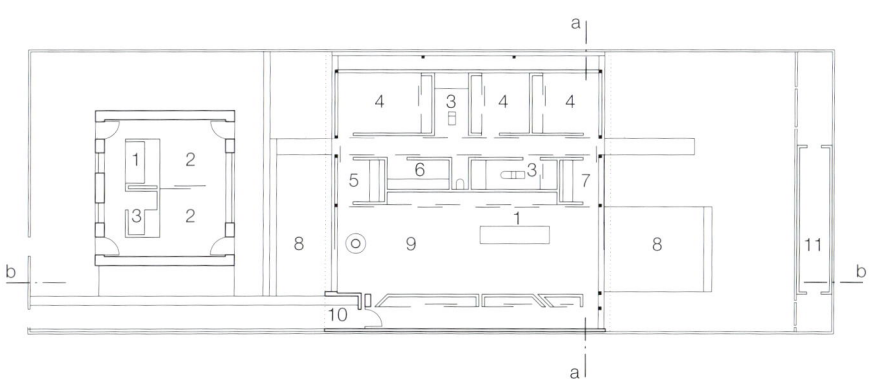

Sections · Layout plan
scale 1:400

1 Kitchen
2 Studio
3 Bathroom
4 Bedroom
5 Study
6 Laundry
7 Library
8 Veranda
9 Living/Dining
10 Entrance
11 Shed

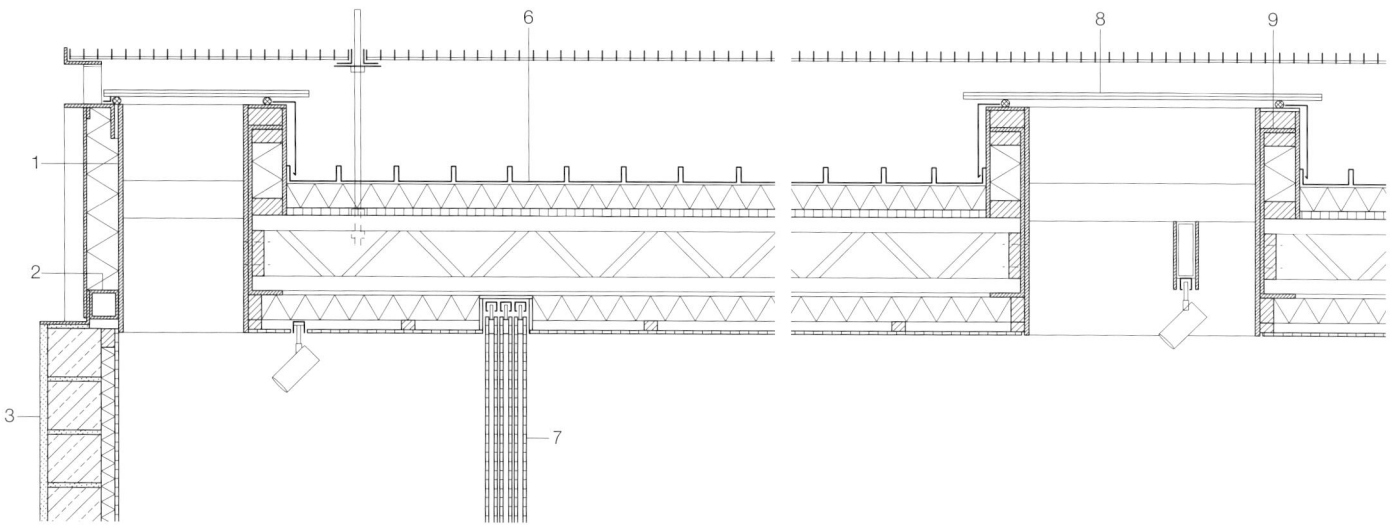

1	Flachstahl feuerverzinkt 12 mm
2	Stahlrohr ☐ 75/75 mm
3	Zementputz 20 mm Außenwand Mauerwerk Stahlbeton 140 mm Lattung, dazwischen Dämmung PS-Hartschaum 25 mm Wandverkleidung Sperrholz 9 mm, Oberfläche Blackbutt (australische Eukalyptusart)
4	Zementestrich 40 mm
5	Dielen Blackbutt recycelt 19 mm Kantholz 50/25 mm Bodenplatte Stahlbeton 150 mm Abdichtung
6	Dachdeckung Zinkaluminiumblech Akustikdämmung, Schalung Fachwerkträger 200 mm Dämmung, Lattung Deckenverkleidung Sperrholz 9 mm, Oberfläche Blackbutt
7	Schiebetür: Unterkonstruktion Aluminium, beidseitig mit Sperr- holz 9 mm beplankt, Oberfläche Blackbutt
8	Oberlicht VSG 6,4 mm aus 2× ESG
9	Stahlträger feuerverzinkt
10	Gewindestab 16 mm
11	Stahlwinkel L 40/40/5 mm
12	Sonnenschutz Gitterrost Stahl feuerverzinkt 30/3 mm
13	Fensterrahmen Stahl verzinkt 200/10 mm
14	Isolierverglasung mit Low-E- Beschichtung
15	Stütze Stahlrohr feuerverzinkt ☐ 90/90 mm

1	12 mm steel flat, hot-dip galvanised
2	75/75 mm steel SHS
3	20 mm cement render exterior wall: 140 mm reinforced- concrete masonry 25 mm rigid-polystyrene-foam insulation between battens wall cladding: 9 mm blackbutt-faced plywood
4	40 mm concrete screed
5	19 mm recycl. blackbutt floorboards 50/25 mm timber battens 150 mm reinforced-concrete slab on grade tanking membrane
6	steel sheet with aluminium-zinc-alloy coating acoustic insulation boarding 200 mm engineered parallel-chord truss insulation; battens 9 mm blackbutt-faced plyw. ceiling
7	sliding door: aluminium supporting structure, sheathed on both sides with 9 mm blackbutt-faced plywood
8	sky light: 6.4 mm laminated-safety glass of 2× toughened glass
9	steel beam, hot-dip galvanised
10	16 mm threaded rod
11	40/40/5 mm steel angle
12	solar protection: 30/3 mm steel grating, hot-dip galvanised
13	200/10 mm steel window frame, galvanised
14	double-glazing with low-e coating
15	column: 90/90 mm steel SHS, hot-dip galvanised

Schnitt
Maßstab 1:20

*Section
scale 1:20*

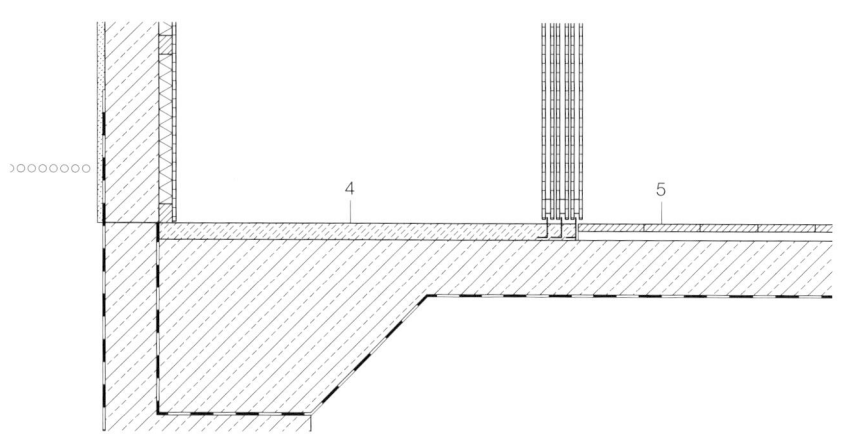

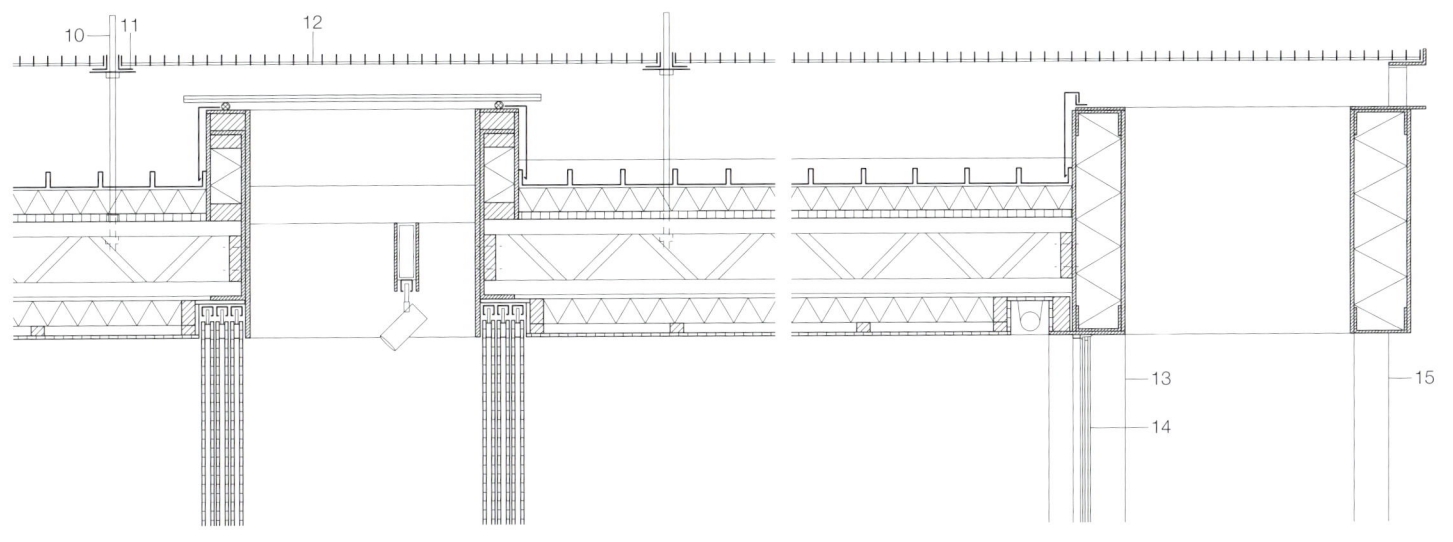

Schnitt
Maßstab 1:20

Section
scale 1:20

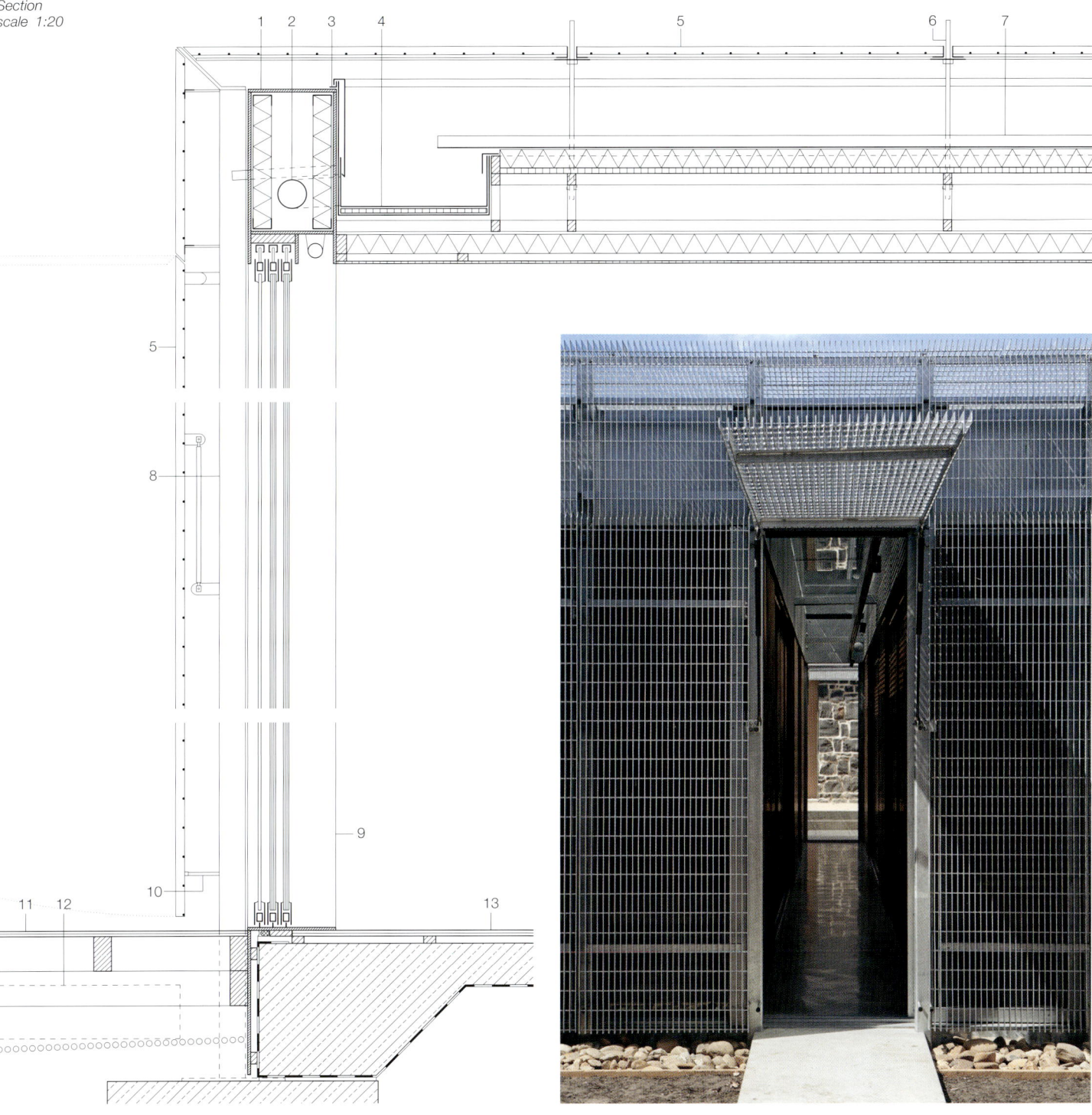

1 Stahlträger feuerverzinkt
  300/500 mm
2 Entwässerungsrohr PVC-U
  Ø 100 mm
3 Stahlwinkel L 30/30/3 mm
4 Entwässerungsrinne Zinkaluminiumblech 0,7 mm
  auf Sperrholz wasserdicht
5 Sonnenschutz Gitterrost Stahl
  feuerverzinkt 30/3 mm
6 Gewindestab 16 mm
7 Dachdeckung Zinkaluminiumblech
  Akustikdämmung, Schalung
  Fachwerkträger 200 mm

Dämmung, Lattung
Deckenverkleidung Sperrholz
9 mm, Oberfläche Blackbutt
(australische Eukalyptusart)
8 Stütze Stahlrohr Ø 90/90 mm
9 Fensterrahmen Stahl feuerverzinkt
  300/10 mm
10 Gewindestab mit Gummidämpfer
11 Dielen Blackbutt recycelt 19 mm
12 Regenwassersammelbecken
13 Dielen Blackbutt recycelt 19 mm
   Kantholz 50/30 mm
   Bodenplatte Stahlbeton 150 mm
   Abdichtung

1 300/500 mm steel beam, hot-dip
  galvanised
2 Ø 100 mm PVC-U drainage pipe
3 30/30/3 mm steel angle
4 gutter: 0.7 mm steel sheet with
  aluminium-zinc-alloy coating on
  plywood, watertight
5 solar protection: 30/3 mm steel
  grating, hot-dip galvanised
6 16 mm threaded rod
7 steel sheet with
  aluminium-zinc-alloy coating
  acoustic insulation
  boarding

200 mm engineered parallel-chord
truss; insulation
battens
9 mm blackbutt-faced plyw. ceiling
8 column: 90/90 mm steel SHS
9 window frame: 300/10 mm steel,
  hot-dip galvanised
10 threaded rod with rubber dampers
11 19 mm recycled blackbutt boards
12 rainwater collection tank
13 19 mm floorboards, blackbutt,
   recycled; 50/30 mm timber battens
   150 mm reinforced-concrete slab
   on grade; tanking membrane

Wohnhaus in Collonges-sous-Salève

House in Collonges-sous-Salève

Architekten · *Architects*:
Pierre-Alain Dupraz Architecte, Genf
Tragwerksplaner · *Structural engineers*:
Jean Regad & Roger Todesco Ingénieurs
Civil, Genf

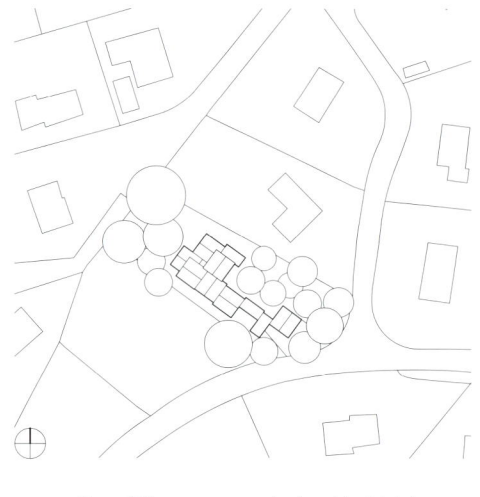

Lageplan
Maßstab 1:2000

Site plan
scale 1:2000

Der Entwurf für das südlich von Genf in einem kleinen französischen Ort gelegene Einfamilienhaus basiert auf der simplen Idee, rund 20 identische Kuben so anzuordnen, dass ein vielfältiges, sich gut in die Geländetopografie einpassendes Raumgefüge entsteht. Um dieses Ziel auch mit dem überschaubaren Budget der Bauherrnfamilie zu erreichen, wandten sich die Architekten an einen Hersteller von Stahlbeton-Fertigteilgaragen. Aus gemeinsamen Machbarkeitsüberlegungen gingen schließlich im Werk vorgefertigte und vor Ort versetzt angeordnete Kuben hervor, die in Bezug auf Konstruktion und Größe gewöhnlichen Fertigteilgaragen entsprechen. Dass das Wohnhaus

dennoch bestenfalls auf den zweiten Blick an solche Garagen erinnert, hat vor allem zwei Gründe. Erstens liegen die einzelnen Räume weder horizontal noch vertikal exakt neben- bzw. übereinander, was zu wechselnden Raumniveaus und einer lebhaften Gesamterscheinung führt. Zweitens sorgen präzise Sichtbetonoberflächen und Bauteilfugen sowie großflächige Holzfenster für ebenso hochwertige wie feingliedrige Außenfassaden, die keinerlei Assoziationen zu Garagen wecken. Weil die glatte Schalungsaußenseite als Fassade ausgebildet werden sollte und ein zweischaliger Wandaufbau aus Platzgründen nicht infrage kam, erhielten sämtliche Wände und Decken eine in-

nenseitige Dämmung und eine Verkleidung aus Gipskarton zu verkleiden. Relativ aufwendig gestaltete sich die Ausbildung der zahlreichen Fugen zwischen den Dach- und Seitenflächen der Betonkuben. Letztlich gelang jedoch eine bemerkenswert konsequente Umsetzung der Entwurfsidee. Allerdings ließ sich das Wohnhaus am Ende nicht kostengünstiger als konventionelle Alternativen etwa aus Ortbeton oder Mauerwerk realisieren, dafür aber kostengünstiger als andere eigens entwickelte modulare Lösungen. Und so arbeiten Architekten und Garagenhersteller bereits an der Weiterentwicklung von modularen Wohnbaulösungen mit Betonkuben. DETAIL 05/2013

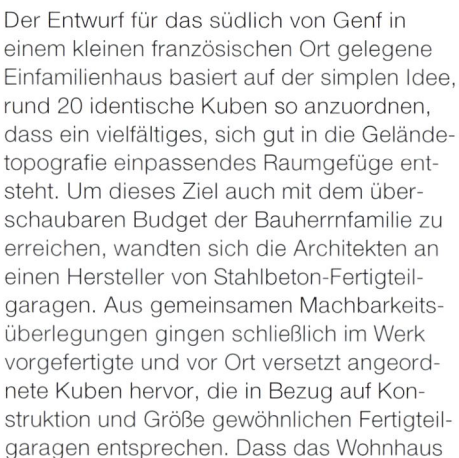

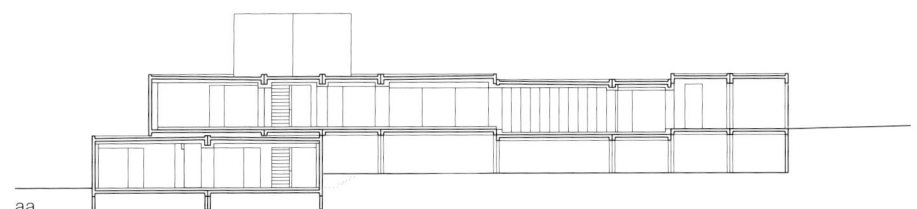

aa

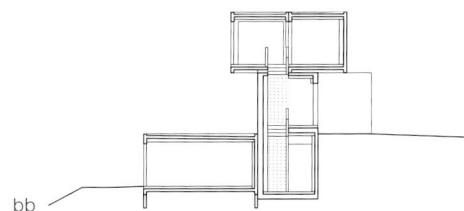

bb

The design for a single-family home located south of Geneva in a small French village is based on a simple concept: the arrangement of about twenty identical orthogonal units creating a spatial construct that is carefully inserted in the site's topography and is rich in variety. To this end – and with the limited budget of the family who commissioned the house in mind – the architects turned to a manufacturer of precast concrete garages. Together they studied the feasibility of the concept, developed the units, and produced them in the plant. They were then set up on site in an informal arrangement; they correspond, with respect to structure and size, to standard prefabricated garages. There are

two reasons that the house, if at all, gives rise to associations with such garages only on second glance. First, neither horizontally nor vertically are the individual rooms aligned, which means that the levels of the rooms vary and have a lively overall appearance. Second, high-precision, exposed concrete surfaces and joints between the units, accompanied by large-format glazing in wood windows, provide a high standard for the carefully artic-ulated exterior facades, which by no means bring to mind merely a place to park one's car. Because the smooth outer face of the form was to be used as facade, and due to space limitations, a double-wythe wall assem-bly was out of the question; all walls and

ceilings are insulated on the interior surface of the concrete and clad in plasterboard. Sealing the many joints between the units' roofs and outer wall surfaces turned out to be a relatively elaborate process. As consolation, the architects were able to realise their original concept in an unusually thorough manner. In the end, the construction of the residence was not more cost-efficient than conventional alternatives such as in-situ concrete or ma-sonry would have been. It was, however, more economical than other custom-devel-oped modular solutions. Therefore, the archi-tects and garage manufacturer are already working to further develop modular solutions for dwellings that employ concrete units.

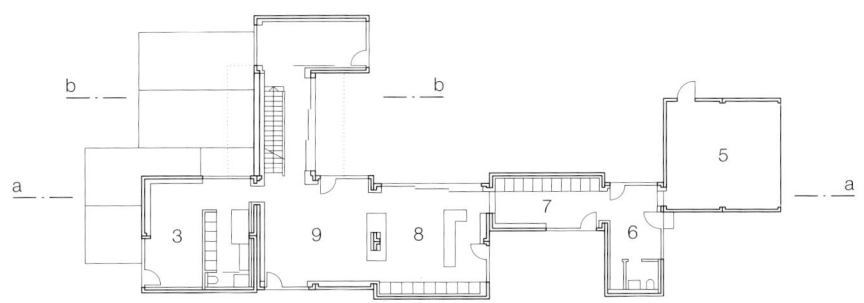

Erdgeschoss / Ground floor

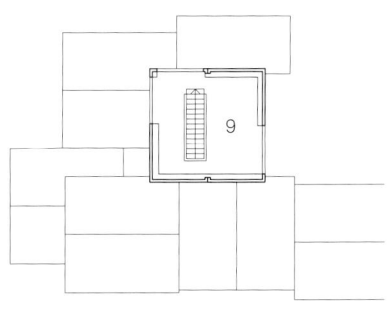

Obergeschoss / Upper floor

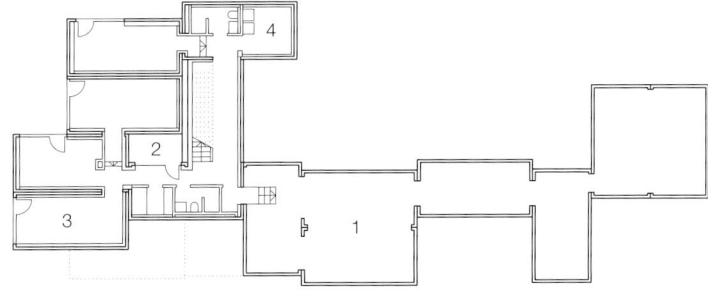

Untergeschoss / Basement

Schnitte · Grundrisse Maßstab 1:400	Sections · Layout plans scale 1:400
1 Kriechkeller	1 Basement
2 Innenhof	2 Courtyard
3 Schlafen	3 Bedroom
4 Waschküche	4 Laundry
5 Garage	5 Garage
6 Diele	6 Hall
7 Schrankraum / Garderobe	7 Walk-in closet
8 Kochen / Essen	8 Kitchen / Dining room
9 Wohnen	9 Living room

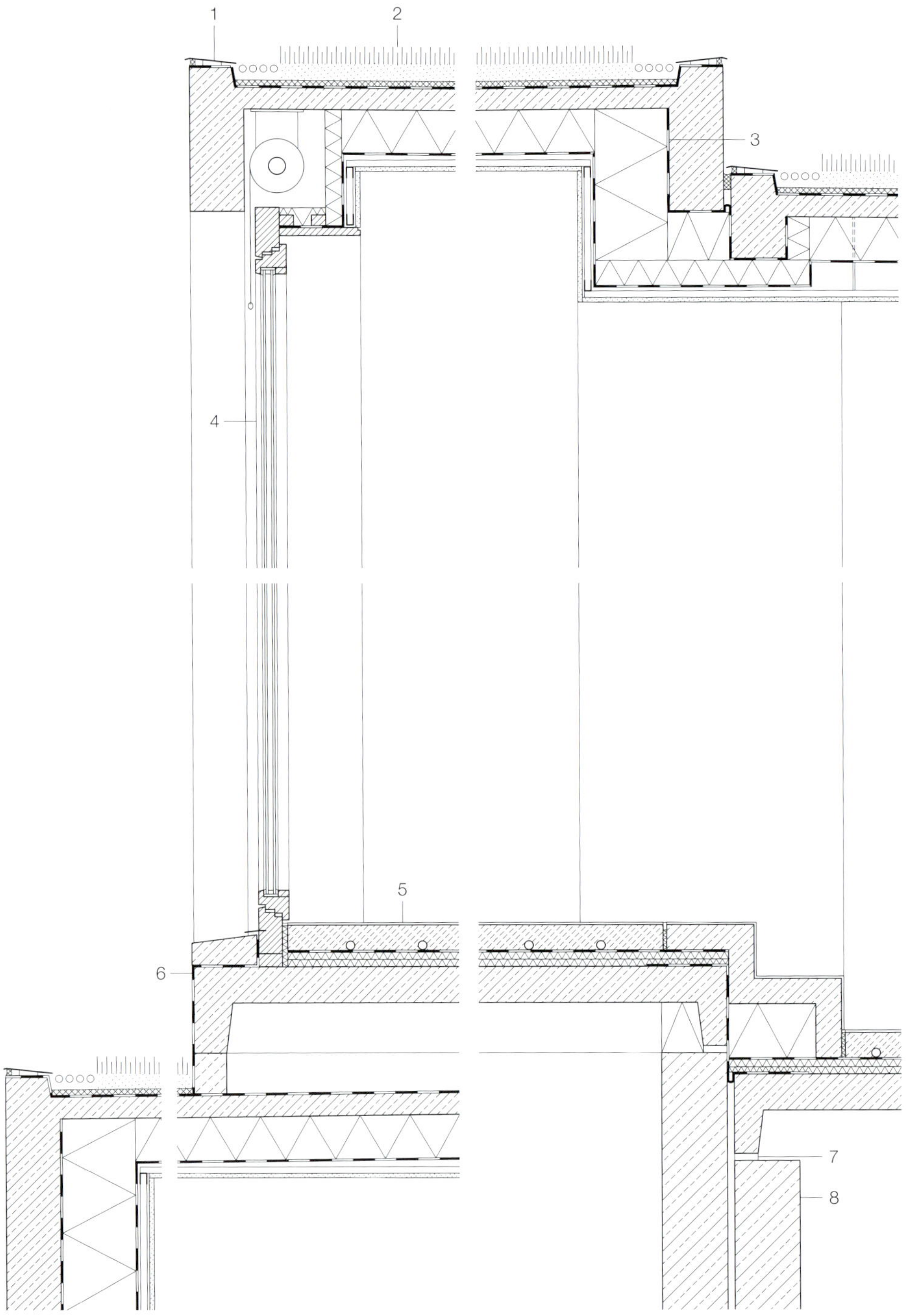

1 Blechabdeckung Edelstahl 1 mm
2 Substrat 40 mm
  Dränageschicht 20 mm
  Dachdichtung Bitumenbahn einlagig 10 mm
  Stahlbetondecke im Gefälle 60 mm
  Wärmedämmung Mineralwolle 120 mm
  Dampfsperre
  Gipskartonplatte 12,5 mm
3 Innendichtung Bitumenbahn 10 mm
4 Isolierverglasung in Holzrahmen Tanne
5 Beschichtung Wachsbeton 3 mm
  Heizestrich 70 mm, Trennlage
  Dämmung Polyurethan aluminiumbeschichtet
  20 mm, Dämmung Polyurethan 20 mm
  Porenbeton bewehrt 100 mm
  Leerraum für Sanitärleitungen
6 Flüssigabdichtung Harz
7 Ausgleichsklotz Hartplastik punktuell
8 Streifenfundament Stahlbeton 180 mm
9 Stahlbeton 90 mm, Mineralwolle 270 mm
  Dampfsperre, Gipskartonplatte 12,5 mm

1 1 mm stainless-steel flashing
2 40 mm substrate layer
   20 mm drainage layer
   10 mm bituminous sheeting, one layer
   60 mm reinforced-concrete deck to falls
   120 mm mineral-wool insulation; vapour barrier
   12.5 mm plasterboard
3 10 mm bituminous sheeting
4 double glazing in fir frame
5 3 mm coating on exposed-aggregate concrete
   70 mm heating screed; separating layer
   20 mm polyurethane insulation,
   aluminium-coated; 20 mm polyurethane insulation
   100 mm aerated autoclaved concrete, reinforced
   cavity for plumbing
6 liquid sealant: resin
7 hard-plastic shim, at invervals
8 180 mm reinforced-concrete strip foundation
9 90 mm reinforced concrete
   120 mm mineral-wool insulation; vapour barrier
   12.5 mm plasterboard

Vertikalschnitt / Horizontalschnitt   Maßstab 1:20
Vertical section / Horizontal section   scale 1:20

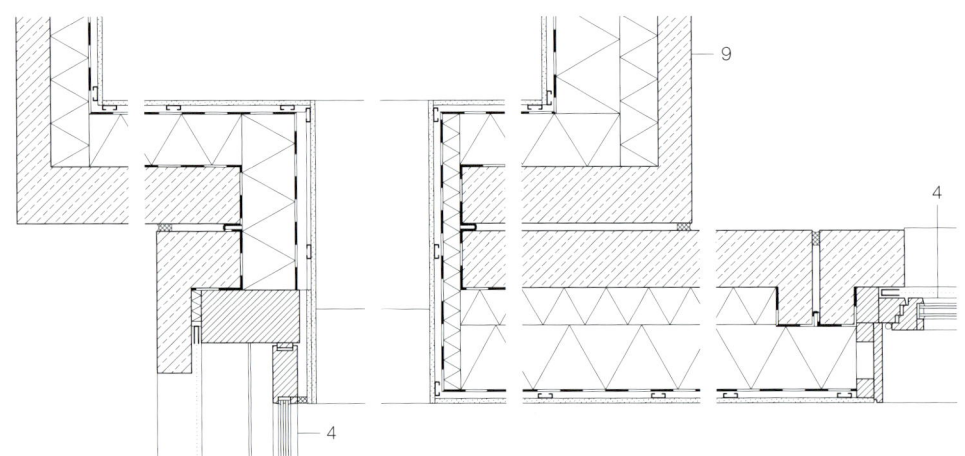

Wohnhaus in Hiroshima

House in Hiroshima

Architekten • *Architects*:
UID Architects, Hiroshima
Tragwerksplaner • *Structural engineers*:
Konishi Structural Engineers, Tokio

Lageplan
Maßstab 1:10 000

Site plan
scale 1:10 000

»Nest« lautet der Projektname des Wohnhauses für eine Mutter und ihre zwei Töchter. Ähnlich wie ein Vogelnest liegt das Haus in der Natur. Trotz Tiefsttemperaturen von bis zu 2 °C der Witterung ausgesetzt, ist es nur mit einer Wärmedämmung von 100 mm ausgestattet. Sein großer zentraler Eingangsbereich verzahnt sich mit dem Außenraum und nur bei großer Kälte und Wind trennen Schiebewände aus Einfachverglasung die Wohnbereiche von der Mittelzone ab. Geöffnet lassen sich die Gläser außerhalb der Fassade fixieren und verstellen so nicht das innere Raumkontinuum. Trotz seiner einfach gestalteten Außenansicht ist das Wohnhaus in seinem Aufbau durchaus komplex: So

gräbt sich der Zugang zunächst in die Tiefe, um sich in Hausmitte zu einem hohen Raum in Form eines Gartens zu öffnen, in dem sich ein japanischer Ahorn durch das offene Dach in den Himmel streckt. Auf verschiedenen Ebenen können die Bewohner sitzen und in die einzelnen Bereiche blicken: zur Kochzeile und auf den abgesenkten Ess- und Wohnbereich oder auf einen mit Holzregalen zonierten Raum mit Arbeits- und Schlafplätzen. Ein weiteres Schlafzimmer ist ein Geschoss tiefer in die Erde gesetzt. Kleine Treppen und ein Tunnel aus Stahlbeton verbinden die Bereiche, die durch Öffnungen und Sichtbezüge miteinander in Verbindung stehen.   DETAIL 05/2013

Surrounded by nature, this residence is aptly named nest. Although the components are subject to temperatures as low as 2 °C, their insulation is only 100 mm thick, and the large central entrance space intermingles with the outdoors. Only when temperatures drop significantly are the sliding elements employed to enclose the space. Their parked position is outside the facade and does not infringe upon the spatial continuum. Simple elevations are paired with a complex spatial concept: the entrance is cut into the earth, extending the garden contained within the building massing vertically. The residents can choose from a variety of options, e.g. at which level they will sit and which view of the spaces they prefer.

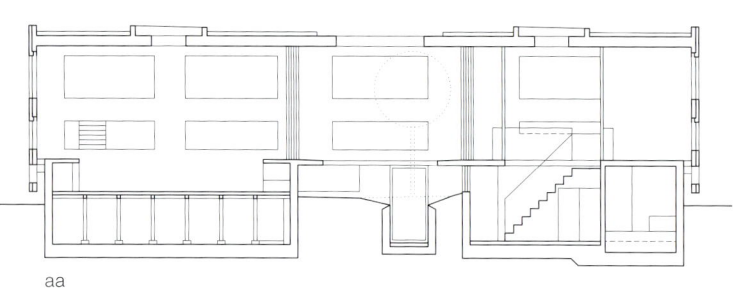

aa

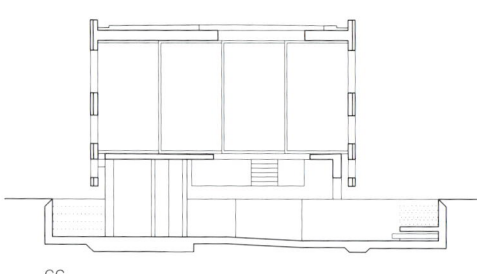

cc

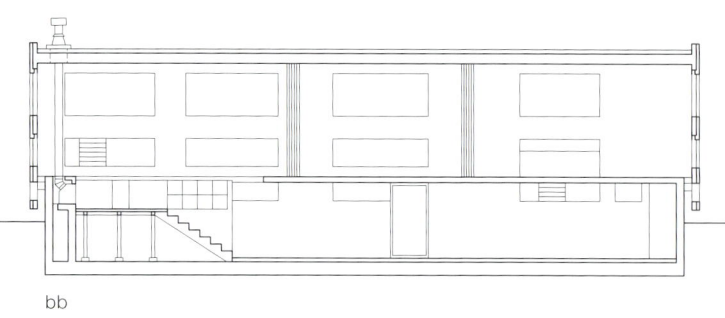

bb

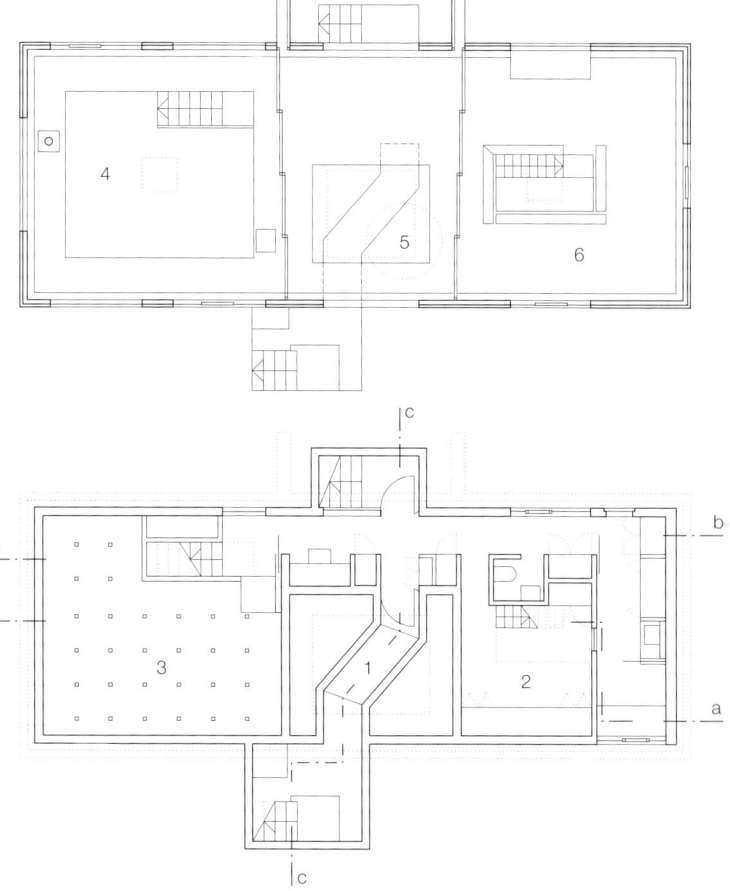

Schnitte	1	Eingangshalle	1	*Entrance hall*
Grundrisse	2	Schlafen	2	*Bedroom*
Maßstab 1:200	3	Abstellfläche	3	*Storage*
Sections	4	Wohnen / Kochen / Essen	4	*Living and dining*
Floor plans	5	Garten	5	*Garden*
scale 1:200	6	Schlafen / Arbeiten	6	*Bedroom / Study*

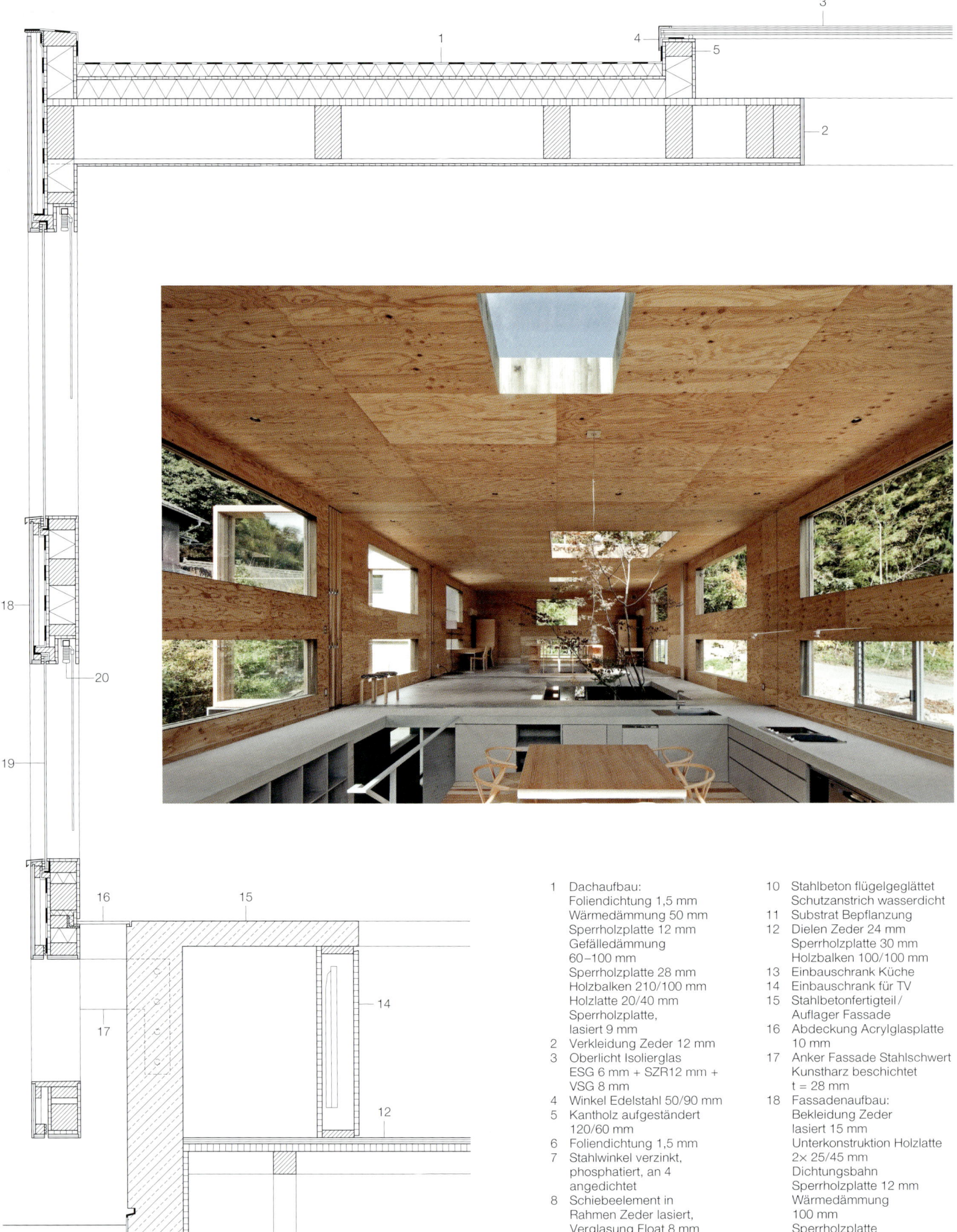

1 Dachaufbau:
Foliendichtung 1,5 mm
Wärmedämmung 50 mm
Sperrholzplatte 12 mm
Gefälledämmung
60–100 mm
Sperrholzplatte 28 mm
Holzbalken 210/100 mm
Holzlatte 20/40 mm
Sperrholzplatte,
lasiert 9 mm
2 Verkleidung Zeder 12 mm
3 Oberlicht Isolierglas
ESG 6 mm + SZR12 mm +
VSG 8 mm
4 Winkel Edelstahl 50/90 mm
5 Kantholz aufgeständert
120/60 mm
6 Foliendichtung 1,5 mm
7 Stahlwinkel verzinkt,
phosphatiert, an 4
angedichtet
8 Schiebeelement in
Rahmen Zeder lasiert,
Verglasung Float 8 mm
9 Einlegplatte Edelstahl
330/450/6 mm mit ange-
schweißten Laschen
Edelstahl 20/5 mm

10 Stahlbeton flügelgeglättet
Schutzanstrich wasserdicht
11 Substrat Bepflanzung
12 Dielen Zeder 24 mm
Sperrholzplatte 30 mm
Holzbalken 100/100 mm
13 Einbauschrank Küche
14 Einbauschrank für TV
15 Stahlbetonfertigteil /
Auflager Fassade
16 Abdeckung Acrylglasplatte
10 mm
17 Anker Fassade Stahlschwert
Kunstharz beschichtet
t = 28 mm
18 Fassadenaufbau:
Bekleidung Zeder
lasiert 15 mm
Unterkonstruktion Holzlatte
2× 25/45 mm
Dichtungsbahn
Sperrholzplatte 12 mm
Wärmedämmung
100 mm
Sperrholzplatte
lasiert 12 mm
19 Festverglasung
Float 8 mm
20 Blendschutz

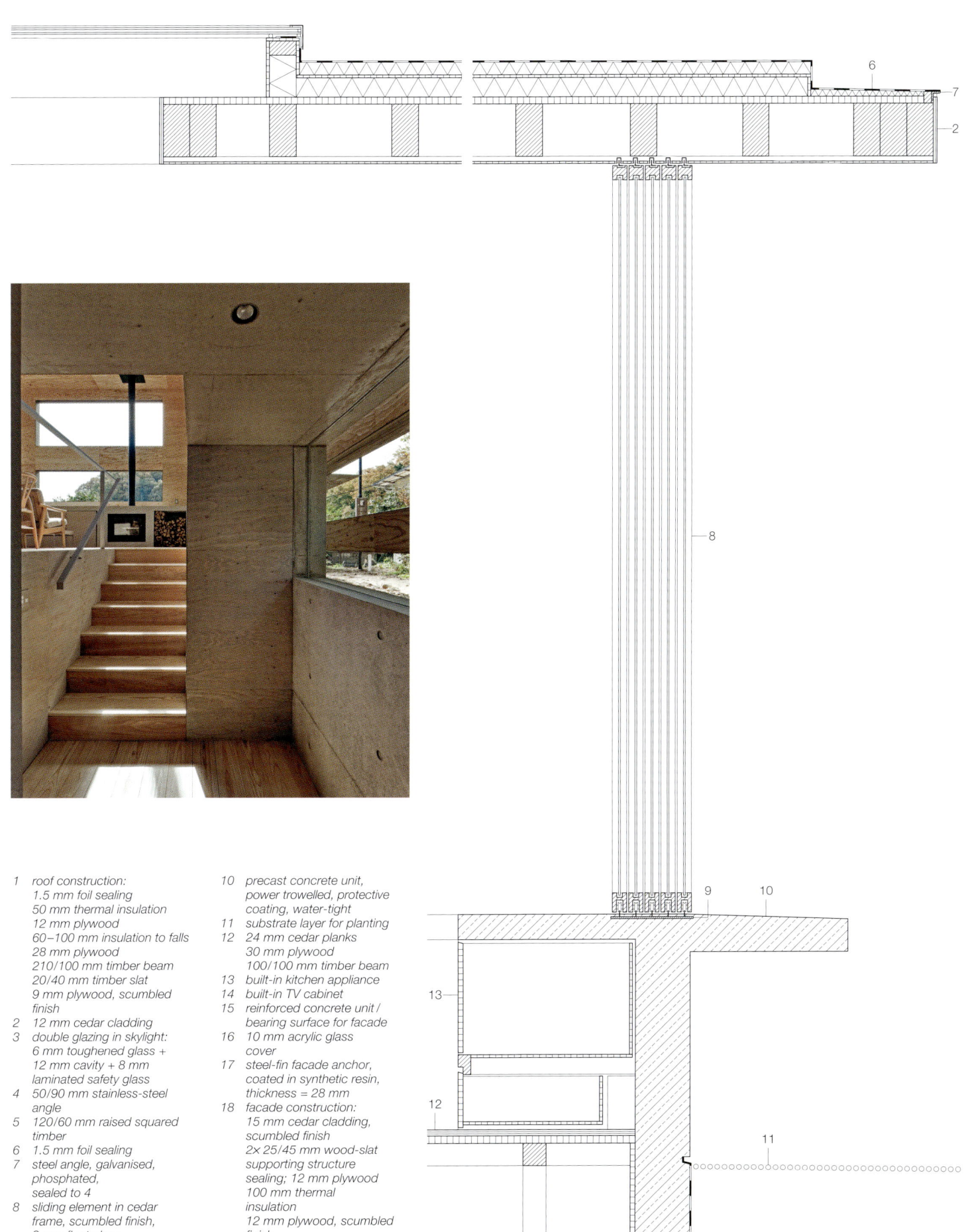

1 roof construction:
  1.5 mm foil sealing
  50 mm thermal insulation
  12 mm plywood
  60–100 mm insulation to falls
  28 mm plywood
  210/100 mm timber beam
  20/40 mm timber slat
  9 mm plywood, scumbled finish
2 12 mm cedar cladding
3 double glazing in skylight:
  6 mm toughened glass +
  12 mm cavity + 8 mm
  laminated safety glass
4 50/90 mm stainless-steel angle
5 120/60 mm raised squared timber
6 1.5 mm foil sealing
7 steel angle, galvanised, phosphated, sealed to 4
8 sliding element in cedar frame, scumbled finish, 8 mm float glass
9 330/450/6 mm stainless-steel-sheet inlay with welded 20/5 mm stainless-steel tabs

10 precast concrete unit, power trowelled, protective coating, water-tight
11 substrate layer for planting
12 24 mm cedar planks
   30 mm plywood
   100/100 mm timber beam
13 built-in kitchen appliance
14 built-in TV cabinet
15 reinforced concrete unit / bearing surface for facade
16 10 mm acrylic glass cover
17 steel-fin facade anchor, coated in synthetic resin, thickness = 28 mm
18 facade construction:
   15 mm cedar cladding, scumbled finish
   2× 25/45 mm wood-slat supporting structure
   sealing; 12 mm plywood
   100 mm thermal insulation
   12 mm plywood, scumbled finish
19 fixed glazing: 8 mm float glass
20 glare protection

Schnitte   Sections
Maßstab 1:20   scale 1:20

103

Wohnhäuser in Bullas

Houses in Bullas

Architekten • *Architects*:
blancafort-reus arquitectura, Barcelona
Tragwerksplaner • *Structural engineer*:
Ginés Sabater, Murcia

Lageplan
Maßstab 1:10 000
Schnitte • Grundrisse
Maßstab 1:400
1   Wohnen
2   Essen
3   Küche
4   Schlafen
5   Abstellraum
6   Dachterrasse

Site plan
scale 1:10,000
Sections • Floor plans
scale 1:400
1   *Living room*
2   *Dining room*
3   *Kitchen*
4   *Bedroom*
5   *Store*
6   *Roof terrace*

Die Wohnanlage für drei Geschwister und deren Familien liegt am Ortsrand der spanischen Stadt Bullas in der Provinz Murcia umgeben von Weinstöcken und Olivenbäumen. Heiße Sommer und kalte Winter charakterisieren das Klima dieser sonnenreichen Region. Die Architekten entwickelten verschiedene Strategien, um mit einem energieeffizienten Haus, das lokale Traditionen aufnimmt, den klimatischen Bedingungen gerecht zu werden. Dazu gehören die Solarpaneele auf den Dächern im Süden sowie die Biomasseheizung und das System zum Sammlung von Regenwasser für die Gartenbewässerung. Drei unabhängige Einheiten gruppieren sich um einen zentralen, gemeinsamen Hof; die windmühlenflügelartige Anordnung sorgt dabei für genug Pri-

vatheit. Den Mittelpunkt der ähnlichen, aber individuell gestalteten Grundrisse bildet jeweils ein großzügiger L-förmiger Wohn- und Essbereich mit offener Küche. Über der Sitzgruppe mit Loggia ist der Raum höher, ein Oberlicht sorgt für zusätzliches Tageslicht und Querlüftung. Die Elternschlafzimmer mit Dachterrassen liegen im Obergeschoss mit weiten Ausblicken auf die hügelige Landschaft.
Von außen zeigt sich die gesamte Anlage einheitlich mit einer im Autoklaven druckbehandelten Fassade aus Pinienholz, das mit der Zeit grau ausbleicht. Die Konstruktion besteht jedoch aus hybriden Bauteilen, die je nach Anforderung unterschiedlich gewählt sind. Als Ausgleich zum Wärmeeintrag durch die großzügigen Südverglasungen sind die

Häuser als Massivbau ausgeführt, Außenwände aus Thermoziegel sowie Betondecken und -böden sorgen für große Speichermassen. Eine durchgehende Dämmung auf der Außenseite der Thermoziegel und über den Massivdecken verhindert Wärmebrücken. Der weiße Gipsputz auf den Innenwänden, die weiße abgehängte Decke über der Kochnische und die weiß gestrichenen Ziegelelemente der Hohlkörperdecke bilden einen neutralen Rahmen für die kräftige Materialwirkung der grauen Betonböden und Unterzüge. Bunte traditionelle Fliesen verbinden Küchentresen und Treppensockel zu einer eingestellten Einheit, während der obere Teil der Treppe als abgehängte Holzkonstruktion auf die darüberliegenden Schlafräume hinweist.   DETAIL 12/2012

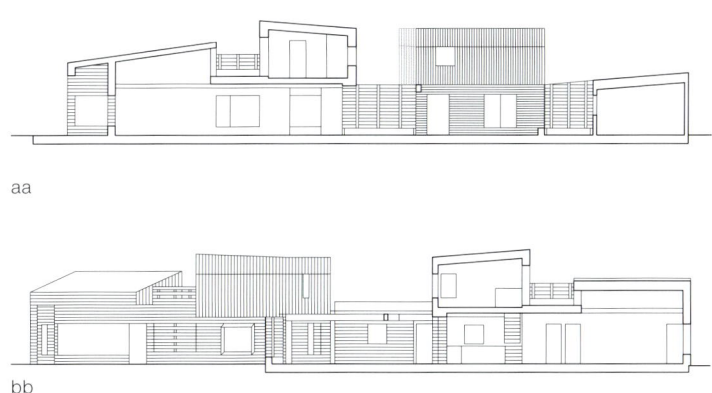

aa

bb

Surrounded by vineyards and olive trees, this housing development for three siblings and their families is situated on the urban periphery of Bullas in the province of Murcia. The climate in this sunny region is characterised by hot summers and cold winters. The architects developed a number of strategies to create an energy-efficient housing group that not only responds to climatic conditions, but that also reflects local building traditions. These measures included the use of solar panels on the south-facing roof areas, the installation of a biomass heating plant and a system for collecting rainwater for use in the gardens.
Three independent dwelling units are grouped about a central, communal courtyard – not unlike a windmill in layout, which ensures adequate privacy between the houses. With indi-

vidually designed floor plans that are nevertheless similar in form, the dwellings have as their focus a generous, L-shaped living-dining realm with an open kitchen. The loggia and the space over the sitting area are higher, and a rooflight ensures additional daylight and cross-ventilation. The parents' bedrooms, with adjoining roof terraces, are situated on the upper-floor level and command broad views over the hilly landscape.
Externally, the development presents a unified appearance, with an autoclave printed pine facade that will fade and turn grey in the course of time. The structure consists of hybrid elements selected according to various principles. To counteract heat gains through the generous south-facing glazing, the houses were realised in a solid form of construction.

External walls in thermal blocks as well as concrete-block floors provide extensive storage mass. Continuous insulation on the external face of the walls and over the solid floors helps to prevent thermal bridges.
The white gypsum plaster applied to the inner faces of the walls, the white suspended soffits over the kitchens/cooking recesses and the white-painted block elements of the hollow floors form a neutral background to the powerful effect of the grey concrete floor slabs and downstand beams. Traditional coloured tiles form a unifying element for the kitchen strip and the lower part of the staircase.
The upper section of the stairs, in contrast, is designed as a suspended timber structure that indicates the bedrooms on the level above.

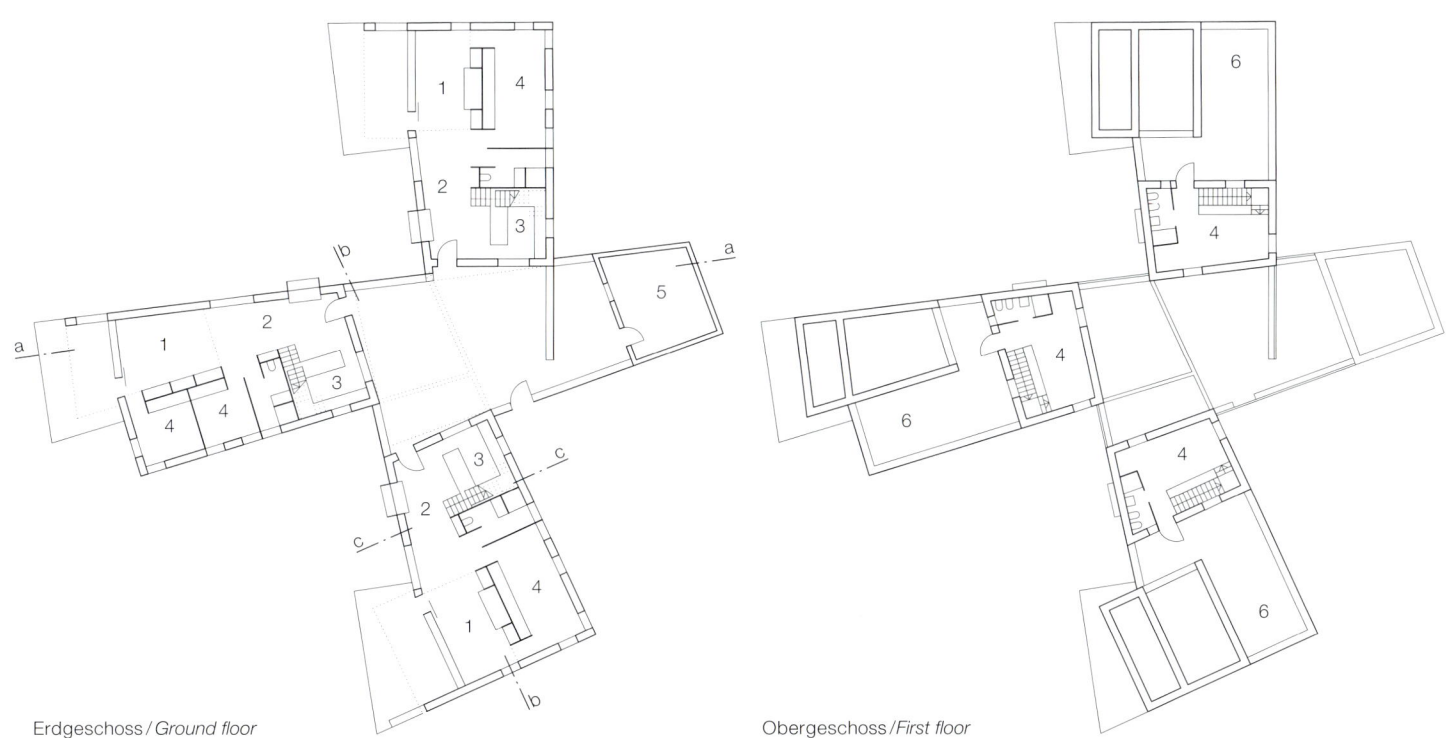

Erdgeschoss / Ground floor

Obergeschoss / First floor

Schnitt
Maßstab 1:400
Vertikalschnitt
Maßstab 1:20

Section
scale 1:400
Vertical section
scale 1:20

cc

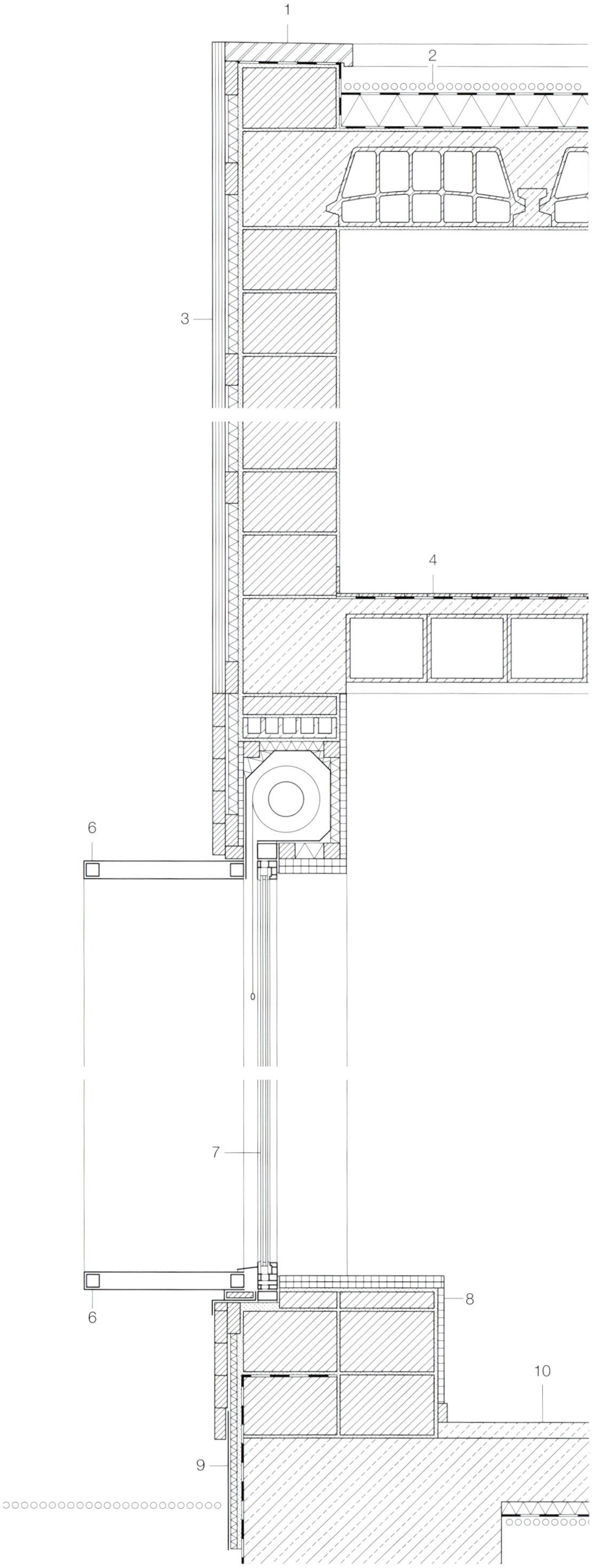

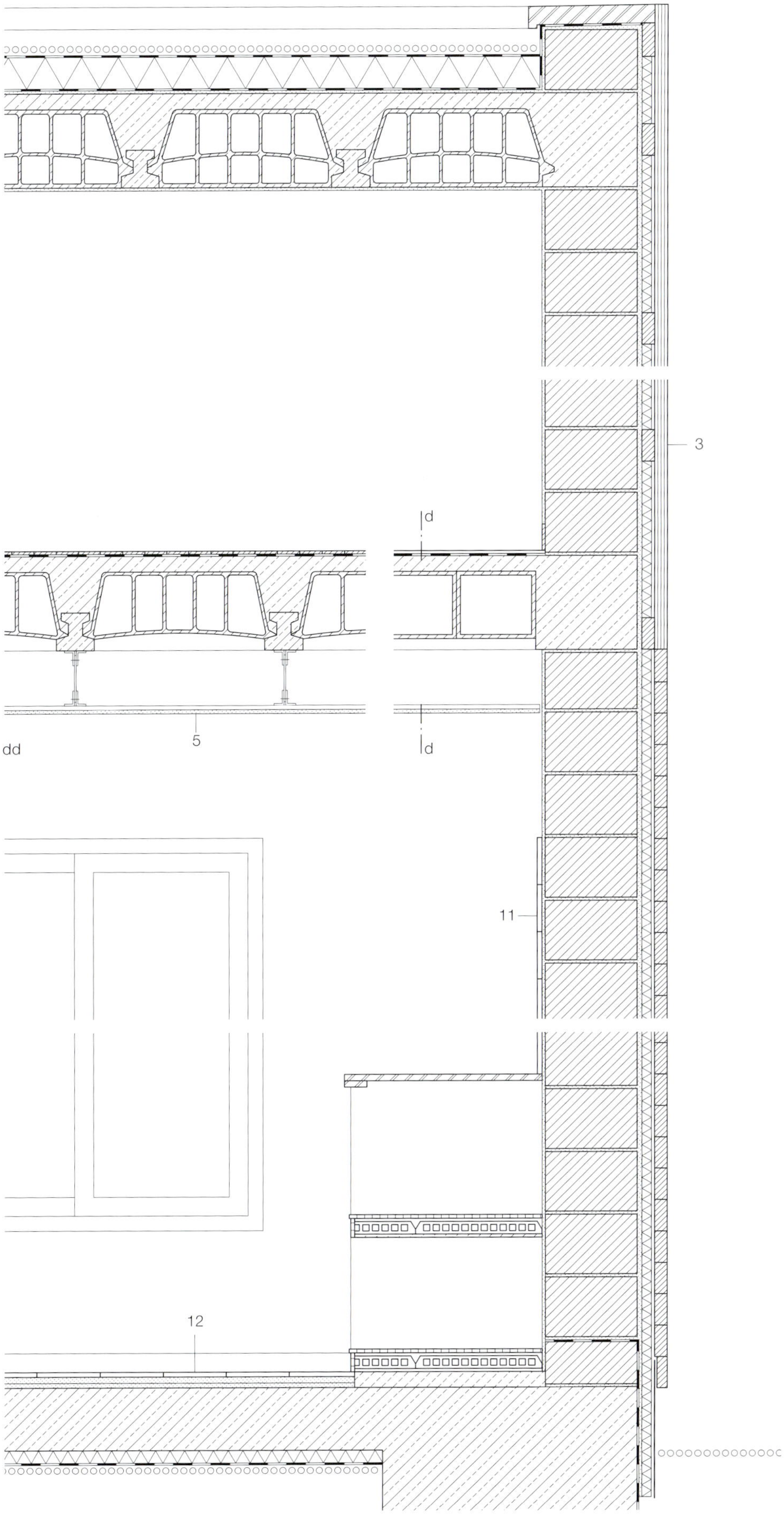

1 Kunststein grau 500/400/60 mm
2 Kies, Geotextil
   Polystyrol-Hartschaum extrudiert 100 mm
   Geotextil, Abdichtung, Ausgleichsmörtel
   Leichtbeton, 2 % Gefälle
   Hohlkörperdecke 300 mm: Aufbeton 50 mm,
   Hohlkörper Beton 500/250/250 mm
   Gipsputz 15 mm
3 Schalung Pinienholz 40/100 mm hinterlüftet
   Lattung Pinienholz 40/100 mm
   Spritz-PU-Schaum 30 mm, Zementputz 20 mm
   Thermoziegel 300/290/190 mm, Gipsputz 15 mm
4 Parkettboden Ahornholz 10 mm
   Dampfsperre PE-Schaum 2 mm
   Hohlkörperdecke 300 mm: Aufbeton 50 mm,
   Hohlkörper Keramik 450/200/250 mm
   weiß gestrichen
5 Gipskartonplatte 12,5 mm
6 Stahlblech verzinkt, Stahlrohr 40/40 mm
7 Isolierverglasung in Aluminiumrahmen
8 Sperrholzplatte weiß lackiert 19 mm
9 Stahlblech verzinkt
   Spritz-PU-Schaum 30 mm
   Zementputz 20 mm, Dampfsperre
   Fundament Stahlbeton
10 Beton versiegelt, poliert 50 mm
11 Fliesen weiß, gefast 100/200/15 mm
   Zementputz 15 mm
12 Fliesen farbig glasiert 200/200/15 mm
   Zementmörtel 20 mm, Ausgleichsmörtel
   Stahlbetonplatte 200 mm
   Polystyrol extrudiert 40 mm, Polystyrolfolie
   Splitt, Boden verdichtet

1 *500/400/60 mm grey artificial-stone coping*
2 *bed of gravel; geotextile layer*
   100 mm extruded polystyrene rigid foam
   geotextile layer; sealing layer; levelling mortar
   lightweight concrete with 2 % falls
   300 mm floor: 50 mm concrete topping
   500/200/250 mm hollow concrete blocks
   15 mm gypsum plaster
3 *40/100 mm pine boarding, rear ventilated*
   40/100 mm pine battens
   30 mm polyurethane foam; 20 mm mortar
   300/290/190 mm thermal blocks; 15 mm plaster
4 *10 mm maple parquet flooring*
   2 mm polythene-foam vapour barrier
   300 mm floor: 50 mm concrete topping
   450/200/250 mm hollow ceramic blocks,
   painted white
5 *12.5 mm gypsum plasterboard*
6 *galvanized steel sheeting; 40/40 mm steel SHSs*
7 *double glazing in aluminium frame*
8 *19 mm plywood, painted white*
9 *galvanized steel sheeting*
   30 mm polyurethane sprayed foam
   20 mm cement and sand; vapour barrier
   reinforced concrete foundation
10 *50 mm layer of concrete sealed and polished*
11 *100/200/15 mm white tiling with bevelled edges*
   15 mm cement and sand layer
12 *200/200/15 mm coloured glazed tiling*
   20 mm cement and sand; levelling layer of mortar
   200 mm reinforced concrete slab
   40 mm extruded polystyrene; polystyrene foil
   stone chippings on compacted ground

Wohnlandschaft in Weißenbach

Landscape for Living in Weißenbach

Architekten • *Architects*:
AL1 ArchitektInnen, München
bauchplan, München
grundstein, Wien
Peter Kneidinger, Wien
Tragwerksplaner • *Structural engineer*:
Peter Kneidinger, Wien

Lageplan
Maßstab 1:2000

Site plan
scale 1:2000

Schnitte • Grundrisse
Maßstab 1:400

Sections • Floor plans
scale 1:400

1 überdeckter Hof
2 Speisekammer
3 Wohnen / Kochen
4 Kinder
5 Galerie
6 Balkon
7 Schlafen
8 Dachterrasse

1 Covered courtyard
2 Pantry
3 Cooking / Living
4 Children
5 Gallery
6 Balcony
7 Sleeping
8 Roof terrace

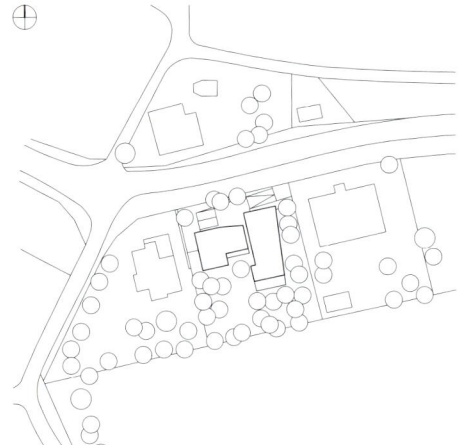

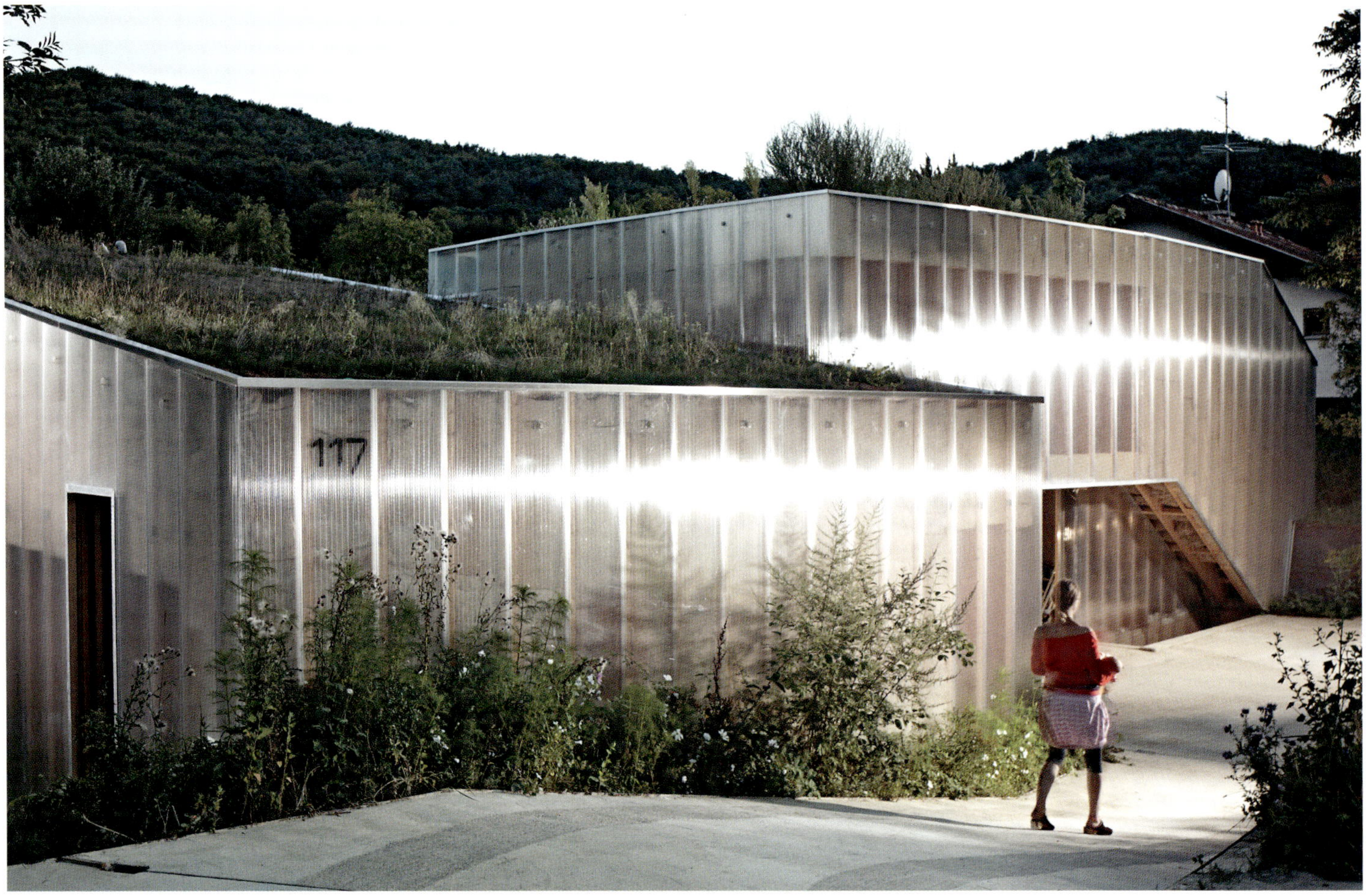

Seit 2010 bereichert ein ungewöhnliches Wohnhaus-Ensemble das Bild des kleinen Orts Weißenbach, 20 km südwestlich von Wien. Die Bauherren, selbst Teil des interdisziplinären Planungsteams, beschäftigten sich intensiv mit der Situation vor Ort und stellten dem üblichen »Häuselbauerdenken« eine naturnahe und offene Wohnform entgegen. Auf dem nach Süden geneigten Grundstück mit altem Baumbestand arrangierten sie zwei L-förmige Baukörper, die sich mit den Außenräumen – Hof, überdeckter Hof, Dachterrasse, Gründach und Garten – zu einer vielseitig nutzbaren Wohnlandschaft verbinden. Auch die Grundrisse widersetzen sich gängigen Mustern: Ausgehend von Thesen wie »Kinder wollen nicht in jedem Alter eigene Zimmer«, »Bäder können Durchgangsräume sein« und »Licht als oberste Prämisse« gestalteten die Architekten zwei als offene Raumfolge bewohnbare Ebenen, die – abgesehen vom tragenden Sanitärkern – mit flexiblen Schrankwänden als Trennung auskommen. Der Wunsch, kostengünstig und ressourcenschonend zu bauen, führte zu einer Holz-Beton-Verbundkonstruktion mit einfachen Details, die zugleich Decke, geschlossene Wand und lichtdurchlässige Stützenreihe ist. Zum Einsatz kamen regionale Baustoffe wie das Holz des Wienerwalds, die Hanfdämmung aus dem nahen Tschechien und der Lehm des Aushubs als Boden. Die erdfeuchte Schicht wurde in Eigenarbeit von 12 auf 8 cm eingestampft und sorgt für ein ausgeglichenes Raumklima. Ihre lebendige Struktur steht in spannendem Kontrast zur Fassade aus industriell gefertigten Polycarbonatplatten. Mal sind diese mit Sichtbetonscheiben als innere Schale kombiniert, mal mit einer weiteren Mehrstegplatte. Mit einem U-Wert von 0,8 W/m²K wird mühelos Niedrigenergiestandard erreicht. Doch ihre eigentliche Stärke zeigt sich im Atmosphärischen: Die transluzenten Bereiche machen Natur, Wetter und Jahreszeit im Innern erlebbar, außen erhält das »gemini+« genannte Ensemble durch die schimmernde Oberfläche sein charakteristisches Aussehen. DETAIL 11/2013

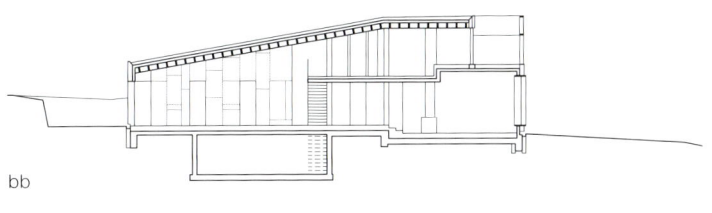

aa   bb

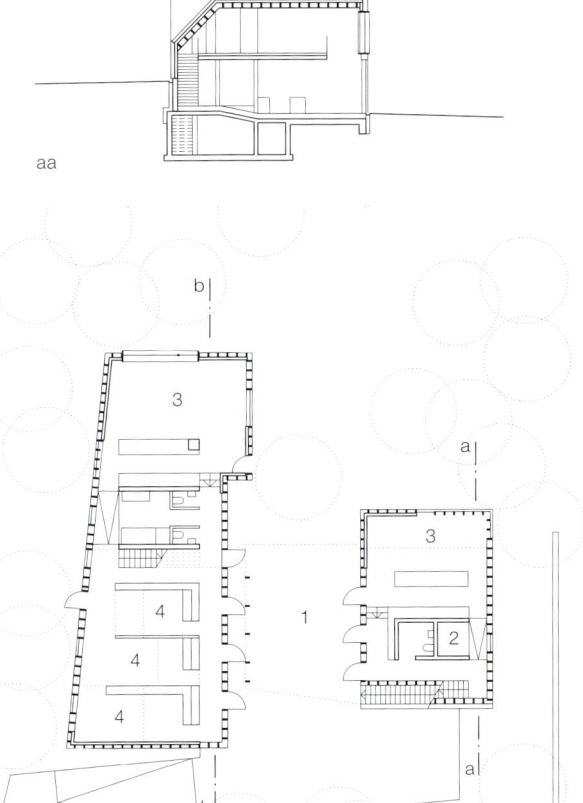

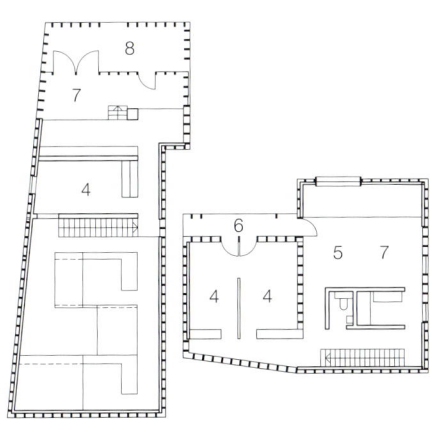

Erdgeschoss / *Ground floor*   Obergeschoss / *Upper floor*

An out-of-the ordinary residential ensemble enhances the built environment in Weißenbach, a town located less than 20 kilometres southwest of Vienna. The clients, who were part of the interdisciplinary design team, were keenly alert to the existing conditions and counterposed the ubiquitous, run-of-the-mill homes with an open, ecologically minded form of dwelling. The team situated two L-shaped structures on a site with mature trees; in combination with the outdoor spaces – open courtyard, covered courtyard, roof terrace, green roof and garden – they create a versatile landscape for living. The floor plans defy established conventions: taking as point of departure propositions such as "a child

does not need a room of his or her own at every age", "bathrooms can have more than one door" and "light is the highest precept", they designed the two levels, which – aside from the load-bearing sanitary core – rely only on freestanding closets to separate spaces. Their desire to build cost-effectively and resourcefully led them to concrete-timber composite construction, which manifests itself – in simple details – in the ceilings, walls and light-permeable rows of columns. Preference was given to locally sourced construction materials such as timber from the Vienna Woods, hemp insulation acquired in the nearby Czech Republic, and the loam excavated on site. The clients themselves worked the latter, com-

pacting it from twelve to eight centimetres; the indoor climate benefits from this rammed-earth construction technique. Its animated texture contrasts strikingly with the facade, which is made of polycarbonate boards. The boards were positioned either as inner shell in combination with the exposed concrete walls or paired with another multi-wall polycarbonate sheet. Its U-value of 0.8 W/m^2K easily meets requirements for low-energy certification. But its real strength becomes apparent in the overall atmosphere: the translucent areas allow the residents to experience nature, weather and the seasons from inside the home. On the exterior its shimmering surface gives the ensemble its distinctive appearance.

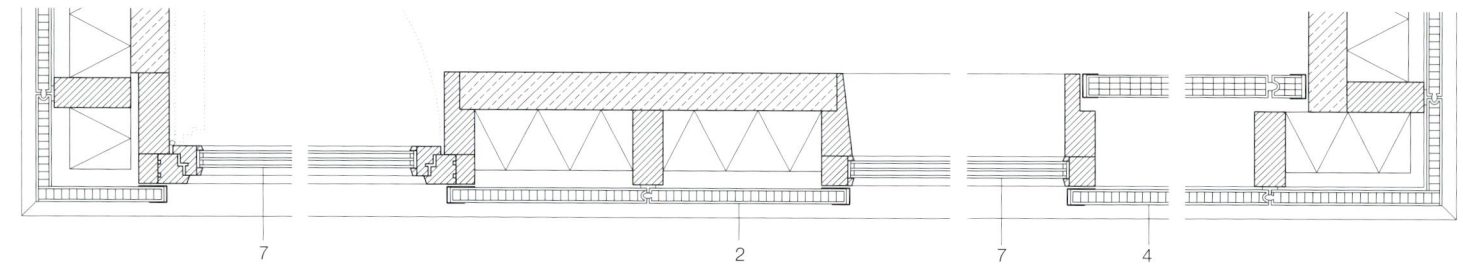

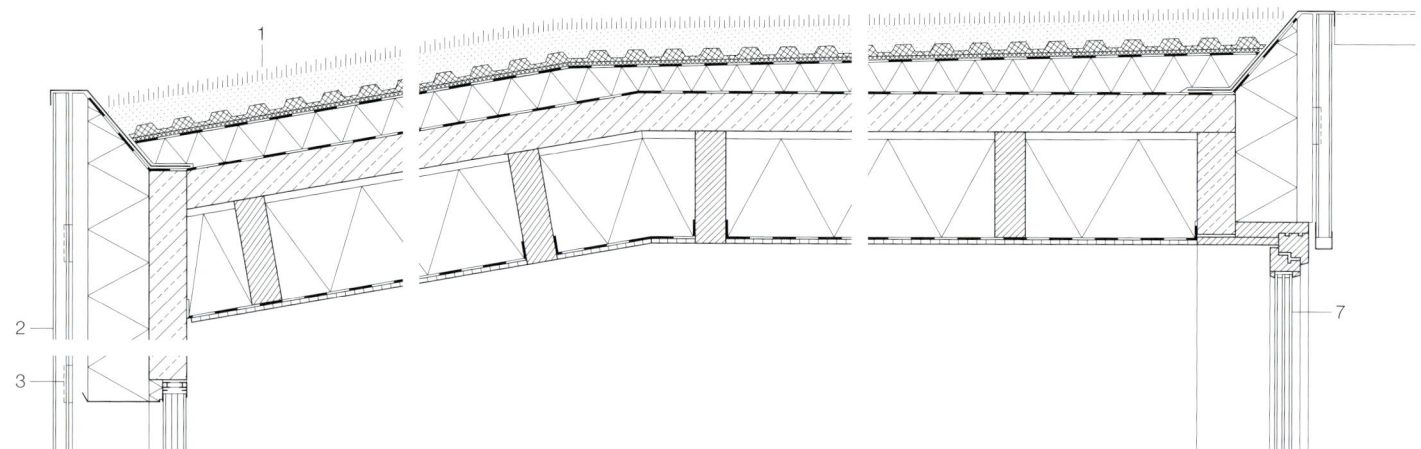

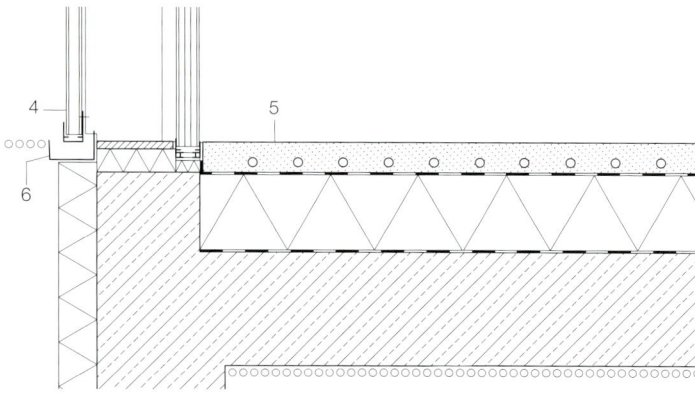

Horizontalschnitt
Vertikalschnitt
Maßstab 1:20

1 Dachaufbau:
   Magersubstrat mit
   Extensivbegrünung 80–100 mm
   Speichermatte 30 mm
   Dränagevlies 10 mm
   Dichtungsbahn wurzelfest
   Wärmedämmung Hartschaum
   extrudiert 60–100 mm
   Notdichtung Bitumenbahn
   Stahlbeton 100 mm
   Sparren 80/280 mm
   Wärmedämmung Hanf 260 mm
   Dampfbremse, OSB-Platte 12 mm
2 Wandaufbau:
   Doppelstegplatte Polycarbonat
   40 mm, Hinterlüftung 40 mm
   Wärmedämmung 160 mm
   Sichtbeton 100 mm
3 Befestigung Soganker
4 Wandaufbau:
   Doppelstegplatte Polycarbonat
   40 mm
   Pfosten Konstruktionsvollholz
   80/200 mm bzw. Luftraum 200 mm
   Mehrstegplatte Polycarbonat
   60 mm
5 Bodenaufbau:
   Stampflehm mit
   Fußbodenheizung 80 mm
   Trennlage
   Wärmedämmung Hartschaum
   200 mm
   Dichtungsbahn
   Bodenplatte Stahlbeton 300 mm
6 Rinne Edelstahl umlaufend
7 Dreifach-Isolierverglasung
   ESG 4 mm + SZR 16 mm argonbefüllt + ESG 4 mm + SZR 16 mm
   argonbefüllt + ESG 4 mm, Low-E-
   beschichtet in Holzrahmen Fichte

Horizontal section
Vertical section
scale 1:20

1 roof construction:
   80–100 mm light substrate with
   extensive vegetation
   30 mm moisture-retention mat
   10 mm drainage mat
   root-proof membrane
   60–100 mm extruded rigid-foam
   thermal insulation
   bituminous sheeting as
   back-up measure
   100 mm reinforced concrete
   80/280 mm rafters
   260 mm hemp thermal insulation
   vapour retarder
   12 mm oriented-strand board
2 wall construction:
   40 mm twin-wall
   polycarbonate sheet
   40 mm ventilated cavity
   160 mm thermal insulation
   100 mm exposed concrete
3 fastener: purlin clip
4 wall construction:
   40 mm twin-wall polycarbonate sheet
   80/200 mm timber posts/200 mm
   cavity
   60 mm multi-wall polycarbonate sheet
5 floor construction:
   80 mm rammed earth with
   underfloor heating
   separating layer
   200 mm rigid-foam thermal insulation
   sealing layer
   300 mm reinforced-concrete slab
6 stainless-steel gutter, on all sides
7 triple glazing: 4 mm toughened glass
   + 16 mm argon-filled cavity + 4 mm
   toughened glass + 16 mm argon-
   filled cavity + 4 mm toughened glass,
   low-e coating, in wood frame

Ferienhütte in Helsinki

Cabin in Helsinki

Architekten • *Architects*:
Verstas architects, Helsinki
Tragwerksplaner • *Structural engineers*:
Stora Enso Building and Living, Pälkäne

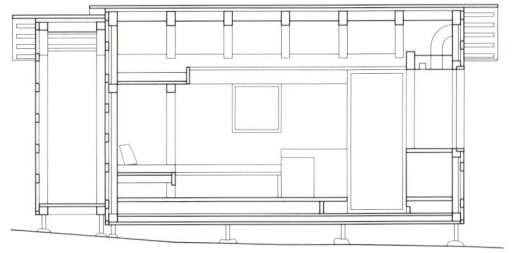

aa

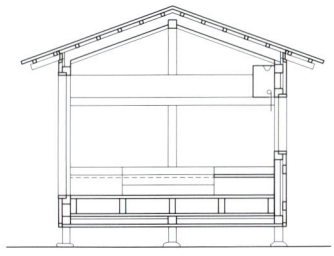

bb

The Mökki, a small wooden house usually constructed of logs, is a mainstay of the Finnish summer. Painted in different colours, they are sited at a considerable distance to their nearest woodland neighbours. This cabin overlooks a bay just 2 km from Helsinki's city limits. It is inhabited by a pair of architects and their 2 children; they use propane to cook and firewood to heat. Although the form and layout of the cabin were predetermined, the architects created a lucid space by introducing a broad panorama window, a raised wooden platform, and a variety of built-in features. A system of folding and sliding elements transforms the sofa and table into a comfortable double bed; the children sleep in the loft.

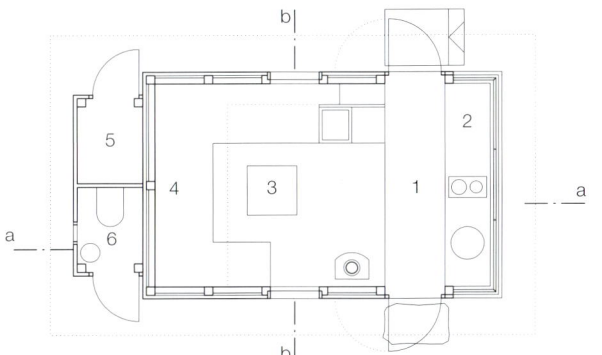

Schnitte	Sections
Grundriss	Floor plan
Maßstab 1:100	scale 1:100

1	Eingangszone	1	Entrance zone
2	Kochzeile	2	Kitchen counter
3	Esstisch	3	Kitchen table
4	Schlafsofa	4	Sofa bed
5	Abstellraum	5	Storage
6	Trocken-WC	6	Composting toilet

Zu Finnlands Sommeridylle zählt nicht nur die seenreiche Landschaft, sondern auch das »Mökki« – das kleine, meist in Blockbauweise errichtete Holzhaus ohne Komfort. Nur 2 km von Helsinkis Stadtgrenze entfernt liegt dieses kleine Ferienhaus an einer Meeresbucht. Seine Bewohner, ein Architektenpaar mit zwei Kindern, können auch für kurze Entspannungspausen aus dem nahe gelegenen Büro in ihr Feriendomizil fahren, um dem Großstadttrubel zu entfliehen. Gekocht wird nur mit Propangas, geheizt mit Holz und geschlafen im Schlafsack. Auf gestalterischen Anspruch aber wollten die Eigentümer nicht verzichteten. Zwar waren Form und Aufteilung des nur 14 m² großen Hauses vorgegeben, doch schaffen die Architekten mit dem breiten Panoramafenster, dem hölzernen Podest zum Essen und Schlafen und den vielen versteckten Einbauten einen klaren Raum. Ein ausgetüfteltes System aus Klapp- und Schiebeelementen verwandelt Sofa und Tisch nachts in ein bequemes Elternbett, die Kinder gelangen über eine Strickleiter auf ihre Schlafgalerie. Der Eingangsbereich mit dunklem Teppich darf mit Schuhen betreten werden, die beim Besteigen des erhöhten Wohnraums auszuziehen sind. DETAIL 05/2013

1	Bitumenbahn zweilagig besandet	1	bituminous sheeting, 2 layers

1 Bitumenbahn zweilagig besandet
Sperrholzplatte wasserfest 25 mm
Lattung 40/40 mm
Sparren 170/70 mm, dazwischen
Wärmedämmumg 120 mm
Dampfsperre
Sperrholzplatte Birke 15 mm
2 Podest Birke massiv 45 mm
Kantholz 80/200 mm
dazwischen Stauraum für
Brennholz / Schuhe
Teppich, Sperrholzplatte 9 + 25 mm
Holzbalken 110/90 mm, dazwischen
Wärmedämmung 80 mm
Dichtungsbahn
Sperrholzplatte wasserfest 15 mm
3 Schalung Fichte gestrichen 15 mm
Lattung 25/50 mm
Holzständer BSH 110/110 mm
Wärmedämmung 80 mm, Dampf-
sperre, Sperrholzplatte 15 mm

1 bituminous sheeting, 2 layers
25 mm plywood, water resistant
40/40 mm battens
120 mm insulation between
170/70 mm rafters
vapour barrier
15 mm birch plywood
2 platform: 45 mm solid birch
80/200 mm squared timber,
storage space for firewood /shoes
between squared timber
carpet; 9 + 25 mm plywood
80 mm insulation between
110/90 mm timber beams
80 mm insulation; sealing layer
15 mm plywood, water resistant
3 15 mm spruce boarding, painted
25/50 mm battens
80 mm insulation, vapour barrier and
15 mm plywood within 110/110 mm
glue-laminated timber frame

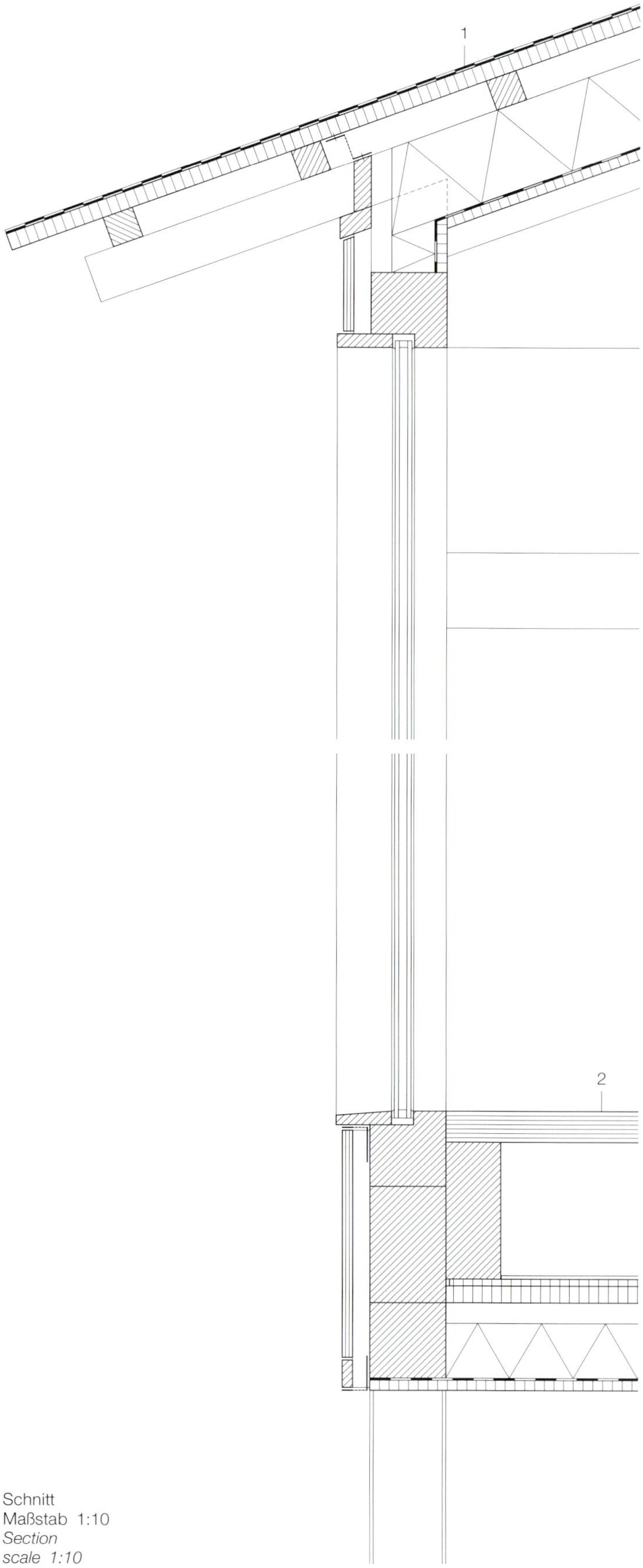

Schnitt
Maßstab 1:10
Section
scale 1:10

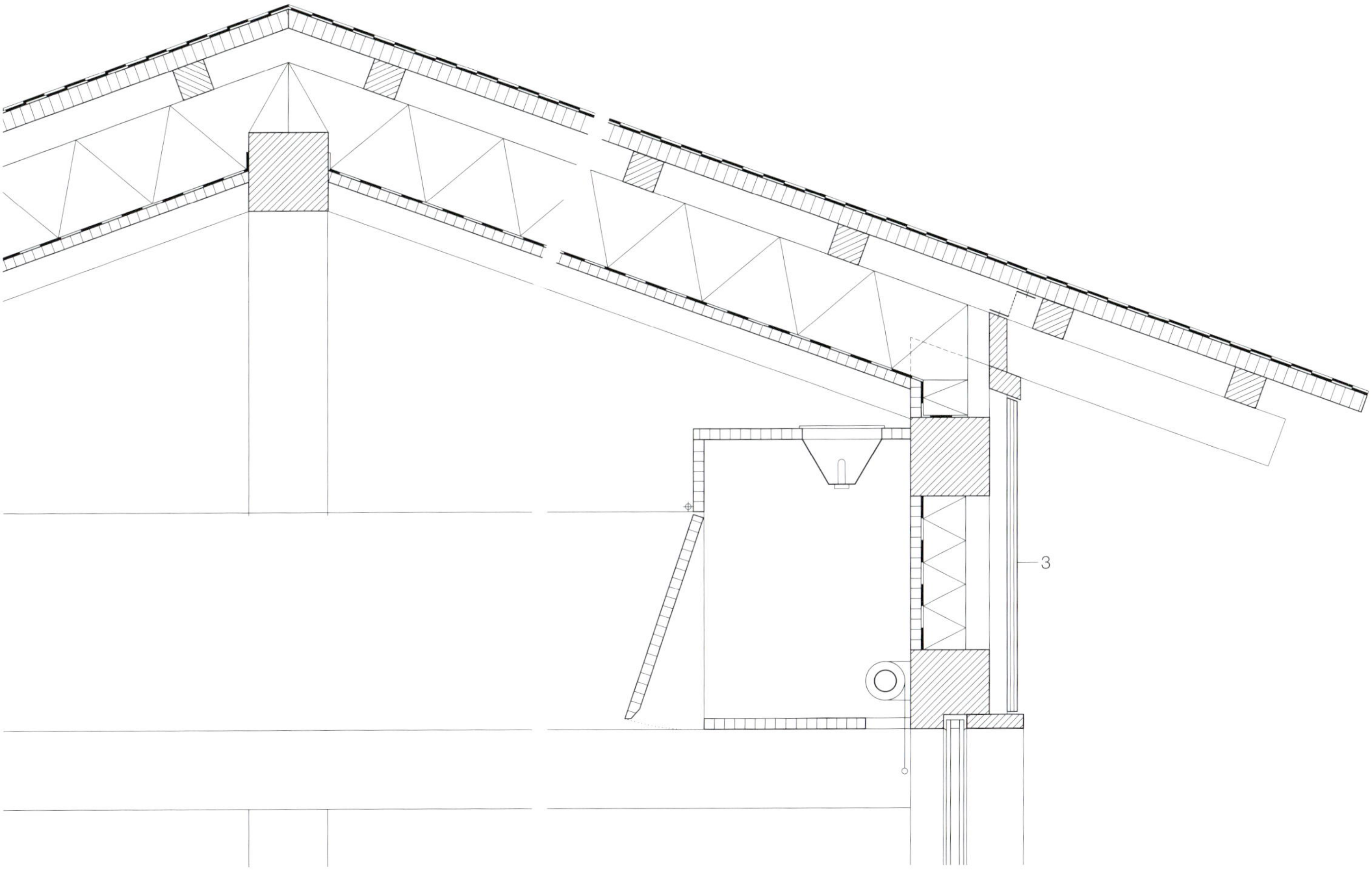
3

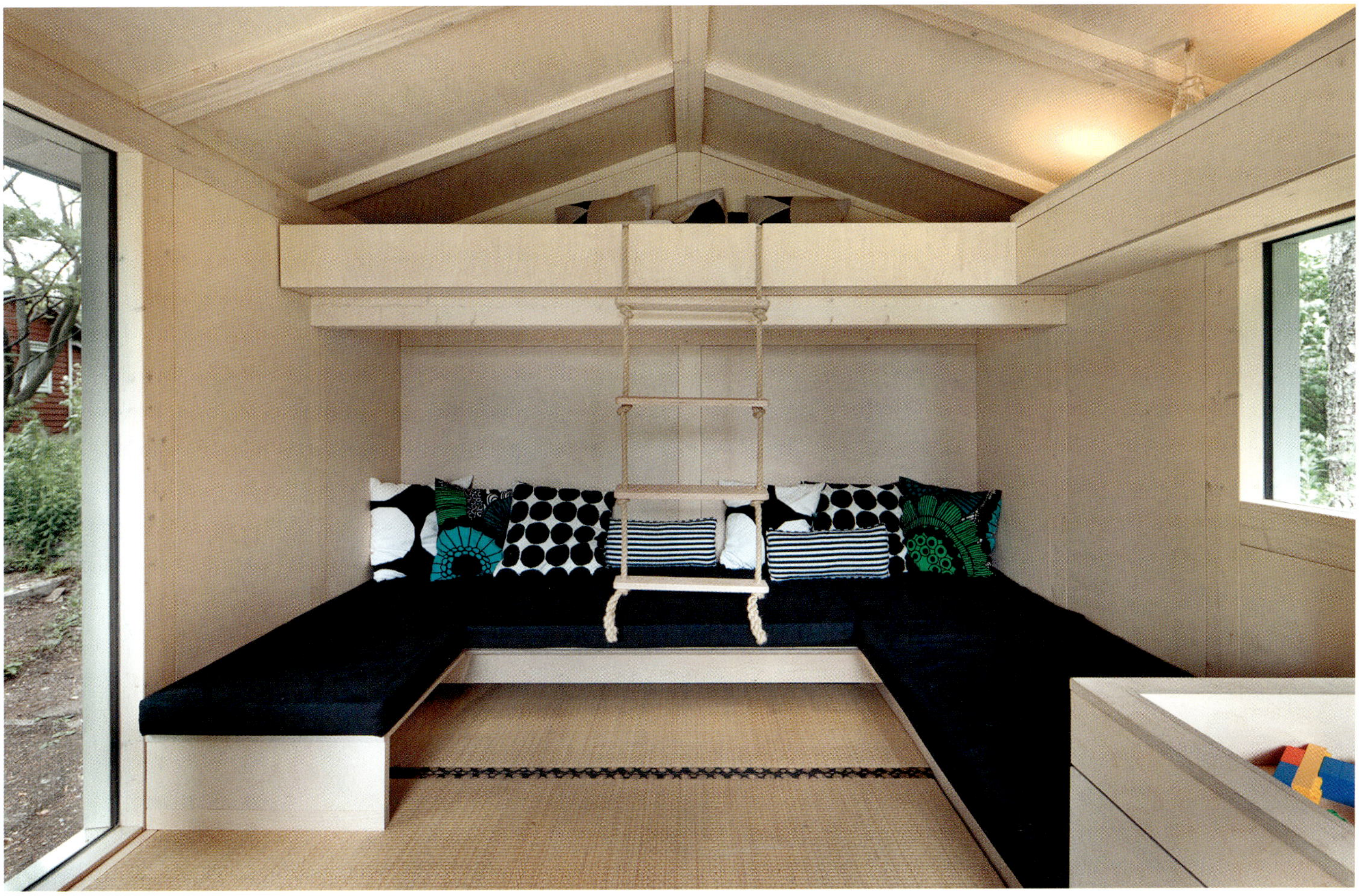

Même-Experimentalhaus in Taiki

Même Experimental House in Taiki

Architekten · *Architects*:
Kengo Kuma & Associates, Tokio
Tragwerksplaner · *Structural engineer*:
Yashushi Moribe, Tokio
(Showa Women's University)

In Zusammenarbeit mit dem nationalen japanischen Institut für Umwelttechnologie entwickelten die Architekten ein prototypisches Experimentalhaus als Studienobjekt für umweltverträgliche, zukunftsfähige Architektur. Das »Même« genannte Haus mit einer Grundfläche von fast 80 m² liegt in unmittelbarer Nähe des neuen Forschungszentrums für umweltgerechte Architektur in kalten Klimaregionen im Süden von Hokkaido, Japans nördlicher Hauptinsel, wo es unter den teils extremen Wetterbedingungen vor Ort getestet wird. Bei der Planung bezogen sich die Architekten auf die »Chise« genannten Wohnhäuser der Ainu, der Ureinwohner Nordjapans. Ihre traditionellen Wohnhäuser

waren – im Gegensatz zu den auf der südlichen japanischen Hauptinsel üblichen, meist aufgeständerten Holzkonstruktionen – als erdverbundene »Grashäuser« an Dach und Wand mit einer Schicht aus Riedgras oder Bambusgräsern bekleidet, die auch als Wärmedämmung diente. Die Chise wurden direkt auf dem Erdboden platziert, mit einer Feuerstelle im Zentrum, die permanent in Betrieb gehalten werden musste, um die Strahlungswärme des so erwärmten Bodens zu nutzen. Die tragende Struktur des Experimentalhauses besteht aus einem Holzskelett aus japanischer Lärche. Dieses ist außen mit einer diffusionsoffenen Kunststoffmembran umhüllt und innen vollständig mit einem ab-

nehmbaren Glasfasergewebe bekleidet. Im Zwischenraum befindet sich eine aus PET-Flaschen recycelte transparente Polyesterfaserdämmung. Der Aufbau beruht auf der Idee, dass die Konvektion der Luft im Membranzwischenraum zu einem angenehmen Klima im Innenraum beiträgt. Ziel ist über die bisher übliche stationäre Betrachtungsweise von Wärmedämmschichten hinausgehend, auch dynamische Vorgänge innerhalb der Gebäudehülle zu erfassen und zu berücksichtigen. Ein weiterer Grund für die Wahl der Membranhülle war die Vorstellung eines von möglichst viel natürlichem Licht umgebenen Lebens in der weiten Weidelandschaft. Im Inneren erwacht man mit Ta-

Lageplan
Maßstab 1:10000
Schnitte · Grundriss
Maßstab 1:200

1 Eingang
2 Wohnen/Essen
3 Küche
4 Bad
5 Ankleideraum
6 Waschmaschinenplatz
7 Schlafen
8 Arbeiten

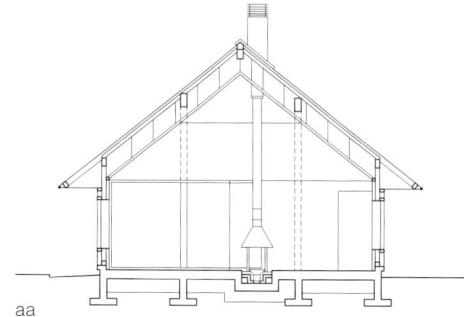

aa

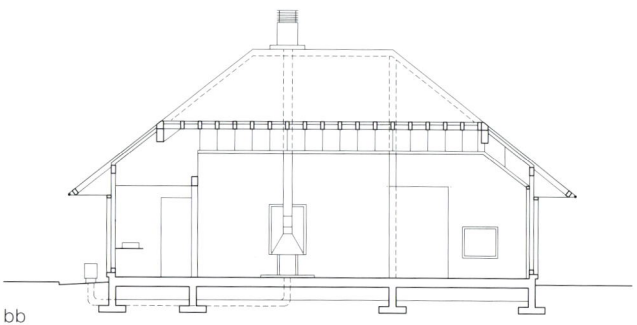

bb

Site plan
scale 1:10000
Sections · Floor plan
scale 1:200

1 *Entrance*
2 *Living/Dining room*
3 *Kitchen*
4 *Bathroom*
5 *Dressing*
6 *Washing machine*
7 *Bedroom*
8 *Study*

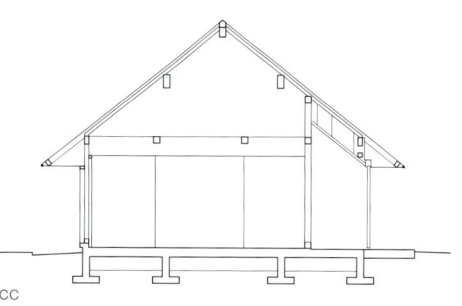

cc

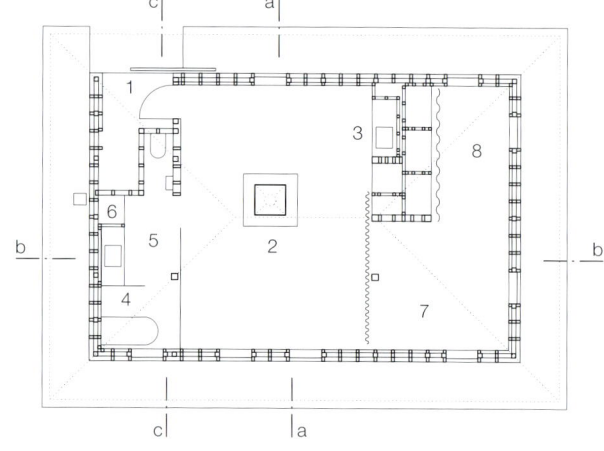

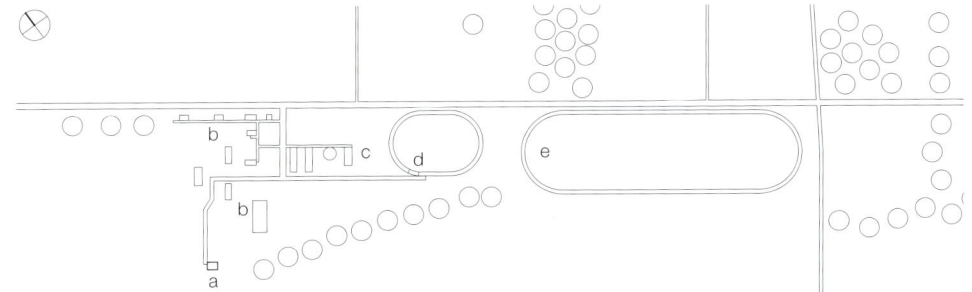

a   Experimentalhaus »Même«
b   Wohn-, Büro- und Lagergebäude (Bestand)
c   Unterkunft / Labor Forschungszentrum
     (renoviertes Stallgebäude)
d   Restaurant (Teil der renovierten Reitbahn)
e   Reitbahn (Bestand)

a   Même Experimental House
b   Flats, offices and storage (existing)
c   Lodging / Laboratory research centre
     (renovated barn)
d   Restaurant (part of renovated hippodrome)
e   Hippodrome (existing)

gesanbruch und kommt mit der Dämmerung
zur Ruhe – so begünstigt die Membranhülle
ein Leben im natürlichen Rhythmus. Den
Eingangsbereich schützt ein wärmege-
dämmter Schiebeflügel, der, vor die Wand
geschoben, die Untersuchung von Aufbau-
varianten ermöglicht. Zur Veränderung der
Aufbauten können zudem alle Teile der inneren Membran abgenommen werden. In
Wände, Dach und Böden integrierte Senso-
ren sammeln Informationen über die seismi-
sche Belastung und den Wärmedurchgang
der Bauteile und Materialien. Die Konstruk-
tionsweise erlaubt eine einfache Montage
und Demontage des gesamten Gebäudes.
DETAIL 01–02/2013

*Même, a prototype with a surface area of
about 80 m², is located on the grounds of
a research institute in Hokkaido focusing
on environmental design for colder climates.
The architects' concept was informed by their
studies of the "chise" huts of the Ainu, a people that has traditionally inhabited northern
Japan, Sakhalin and the Kuril Islands. Their
traditional dwelling was a "grass house", its
roof and walls cloaked in an insulating layer of
sedge or bamboo. The chise were placed directly on the ground, and each had a fire pit in
the centre that was kept burning continuously
to take advantage of the radiant heat. Même's
load-bearing structure is a timber frame. A
moisture-diffusing synthetic membrane covers*
*it; the interior is clad entirely in removable
glass-fibre fabric. Between the two layers
there is transparent polyester-fibre insulation
made of recycled PET bottles. This assembly
is based on the principle that the air convec-
tion in the space between the membranes
benefits the indoor climate. The goal is to
go beyond the conventional static layers of
thermal insulation and take into consideration
the dynamic processes within the building
envelope. To facilitate making changes to the
assembly, all parts of the inner membrane
can be taken down. Sensors integrated in the
walls, roof and floors collect information on
the seismic loads and the heat transmission
of the materials and the building components.*

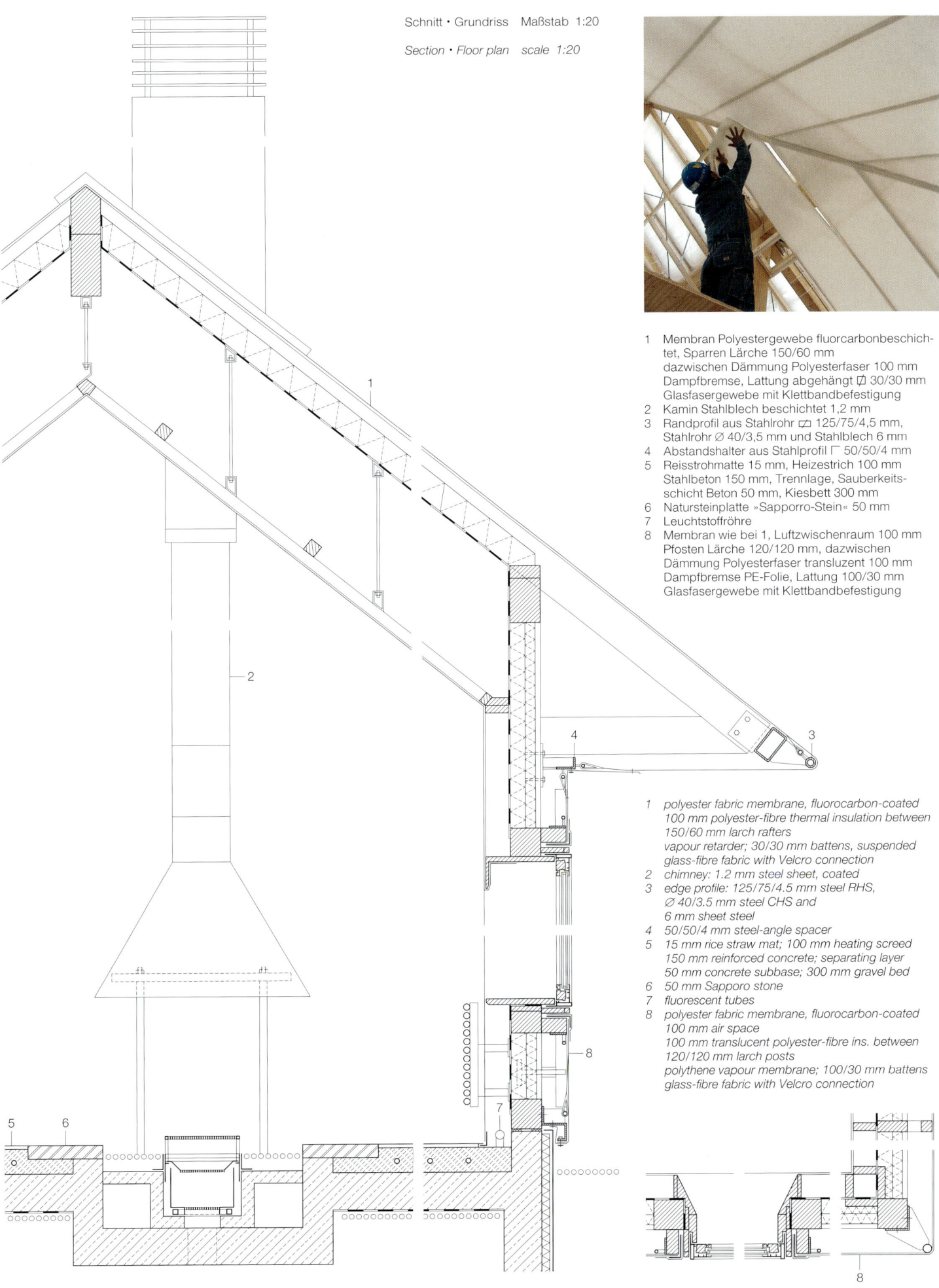

1   Membran Polyestergewebe fluorcarbonbeschich-
     tet, Sparren Lärche 150/60 mm
     dazwischen Dämmung Polyesterfaser 100 mm
     Dampfbremse, Lattung abgehängt ⌷ 30/30 mm
     Glasfasergewebe mit Klettbandbefestigung
2   Kamin Stahlblech beschichtet 1,2 mm
3   Randprofil aus Stahlrohr ⌷ 125/75/4,5 mm,
     Stahlrohr Ø 40/3,5 mm und Stahlblech 6 mm
4   Abstandshalter aus Stahlprofil ⌐ 50/50/4 mm
5   Reisstrohmatte 15 mm, Heizestrich 100 mm
     Stahlbeton 150 mm, Trennlage, Sauberkeits-
     schicht Beton 50 mm, Kiesbett 300 mm
6   Natursteinplatte »Sapporo-Stein« 50 mm
7   Leuchtstoffröhre
8   Membran wie bei 1, Luftzwischenraum 100 mm
     Pfosten Lärche 120/120 mm, dazwischen
     Dämmung Polyesterfaser transluzent 100 mm
     Dampfbremse PE-Folie, Lattung 100/30 mm
     Glasfasergewebe mit Klettbandbefestigung

1   *polyester fabric membrane, fluorocarbon-coated*
     100 mm polyester-fibre thermal insulation between
     150/60 mm larch rafters
     vapour retarder; 30/30 mm battens, suspended
     glass-fibre fabric with Velcro connection
2   *chimney: 1.2 mm steel sheet, coated*
3   *edge profile: 125/75/4.5 mm steel RHS,*
     Ø 40/3.5 mm steel CHS and
     6 mm sheet steel
4   *50/50/4 mm steel-angle spacer*
5   *15 mm rice straw mat; 100 mm heating screed*
     150 mm reinforced concrete; separating layer
     50 mm concrete subbase; 300 mm gravel bed
6   *50 mm Sapporo stone*
7   *fluorescent tubes*
8   *polyester fabric membrane, fluorocarbon-coated*
     100 mm air space
     100 mm translucent polyester-fibre ins. between
     120/120 mm larch posts
     polythene vapour membrane; 100/30 mm battens
     glass-fibre fabric with Velcro connection

Wohnhaus in Soglio

House in Soglio

Architekten • *Architects*:
Ruinelli Associati Architetti, Soglio
Tragwerksplaner • *Structural engineers*:
Toscano, St. Moritz

Soglio ist ein kleines Dorf im italienischsprachigen Teil von Graubünden. Typisch für die Bergdörfer dieser Region sind die 10 × 10 m messenden Scheunen und Ställe mit ihren Steindächern, den mächtigen Eckpfeilern aus Naturstein und den Füllungen aus Rundhölzern. Weil nicht mehr die Landwirtschaft, sondern zunehmend der Tourismus den Ort bestimmt, wurde auch dieser am Rand des Dorfkerns liegende ungenutzte Stall in ein Ferienhaus umgewandelt. Dabei blieb die historische Struktur aus Holz und Stein erhalten, ergänzt durch Betonelemente, die im Erdgeschoss die Öffnungen umrahmen. Aus demselben Material, jedoch unbewehrt als Stampfbeton ausgeführt, sind auch die neu-

en Stützwände, die den Außenbereich modellieren und auf verschiedenen Ebenen Terrassen und Höfe schaffen. Stampfbeton setzt sich auch im Innenraum fort. Dort verschmilzt er mit der alten Steinmauer – die Baumaterialien aus früherer und heutiger Zeit verbinden sich optisch und statisch zu einer modernen Hybridkonstruktion. Alle Materialien strahlen eine rohe Ästhetik aus: Eiche – an der Decke sägerau – Stahl und Stampfbeton. In den Schlaf- und Arbeitsräumen sind Einbaumöbel aus unbehandelter Eiche in die Betonschale gesetzt. Die handwerklich perfekt bearbeiteten, naturbelassenen Materialien verleihen den Räumen eine besondere Ästhetik.   DETAIL 12/2012

A typical feature of villages in this part of the Grisons are the barns and cowsheds with stone roofs and corner columns, and wall areas filled with rounded timbers. The present barn has now been converted into a dwelling house. The historical structure was left intact and complemented with concrete elements that frame the ground floor openings. Non-reinforced concrete was used for the retaining walls that articulate the outdoor areas and also internally alongside the old stonework to form a hybrid structure. The materials were left largely in an untreated state, including the oak furnishings and the sawn oak boarding to the soffits. The effect of the exposed surfaces is heightened by the precise workmanship.

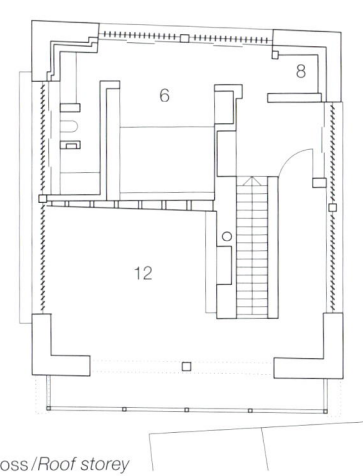

Dachgeschoss/*Roof storey*

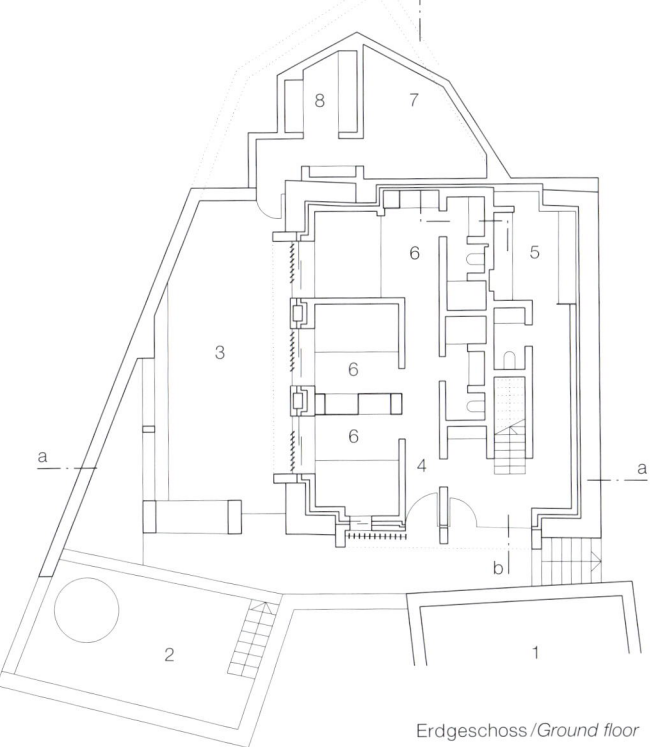

Erdgeschoss/*Ground floor*

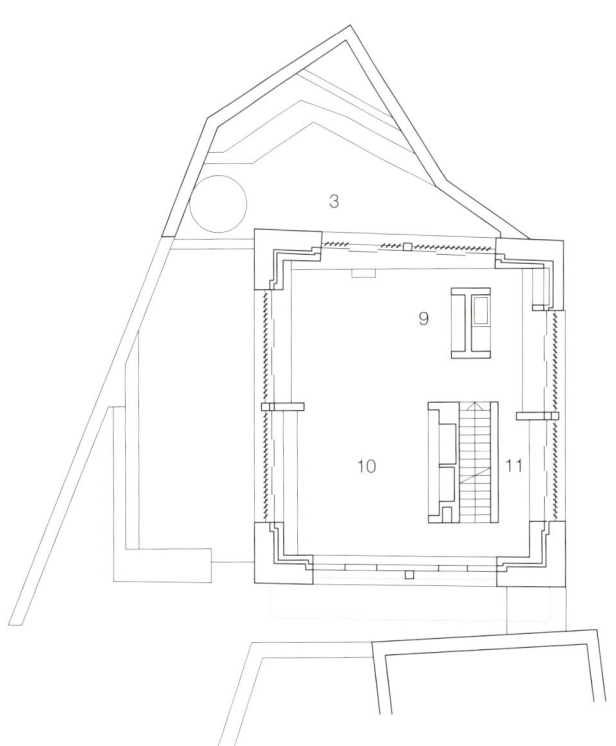

Obergeschoss/*Upper floor*

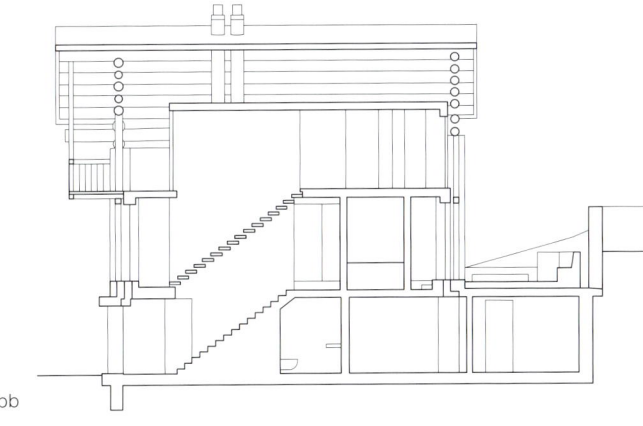

aa

bb

Lageplan Maßstab 1:1500	1 benachbarter Stall	7 Technik	Site plan scale 1:1500	1 Neighbouring stable	7 Mechanical services
	2 Garten	8 Abstellraum		2 Garden	8 Store
	3 Hof	9 Kochen/Essen		3 Yard	9 Kitchen/Dining room
Grundrisse Schnitte Maßstab 1:250	4 Eingang	10 Wohnen	Floor plans Sections scale 1:250	4 Entrance	10 Living room
	5 Waschküche	11 Arbeiten		5 Laundry room	11 Workroom
	6 Schlafen	12 Loggia		6 Bedroom	12 Loggia

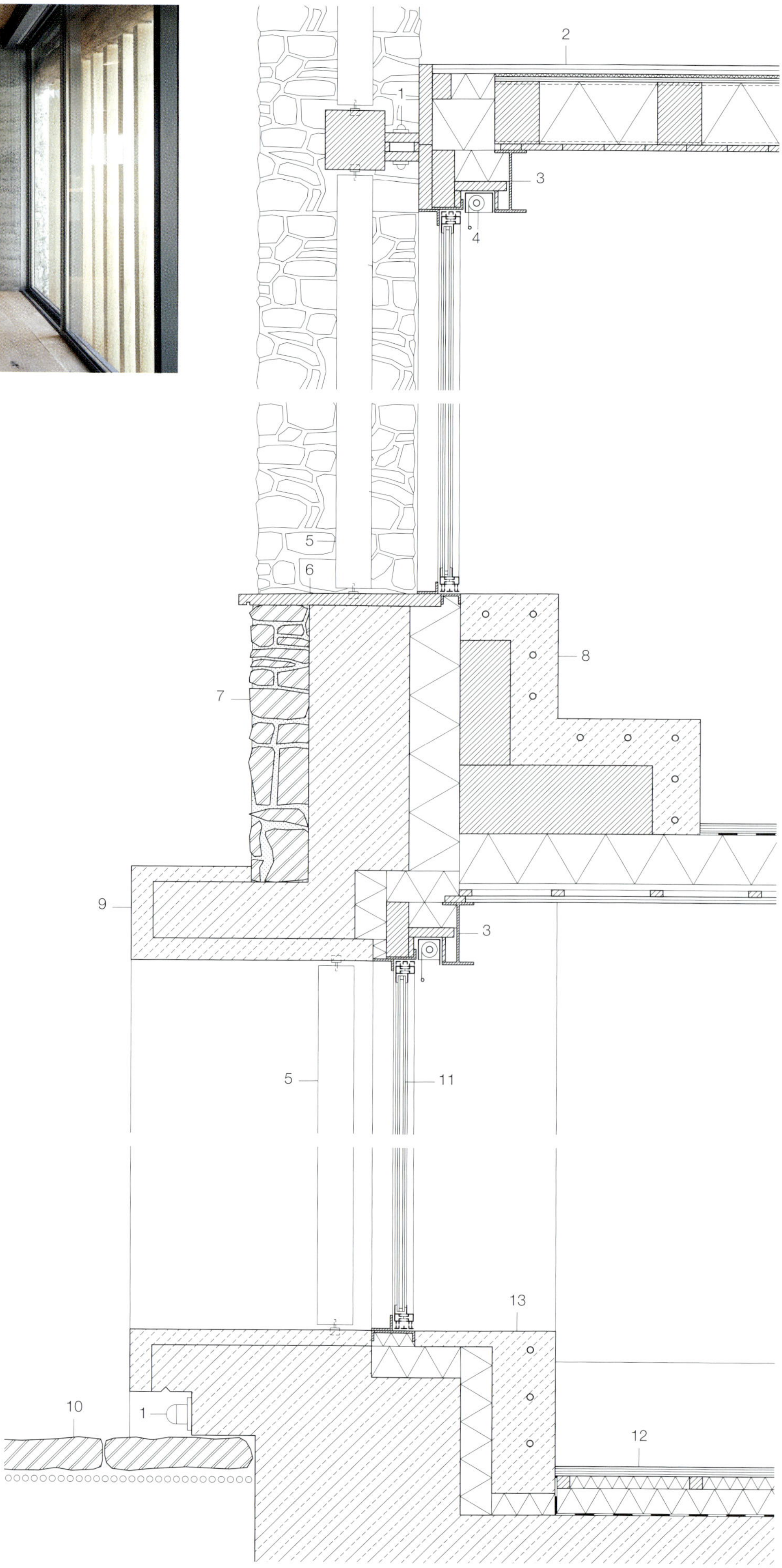

Schnitt
Maßstab 1:20
1 Leuchte
2 Bodenaufbau Loggia:
  Holzdielen Eiche sägerau 30 mm
  Trittschalldämmung 3 mm
  Schalung 15 mm
  Holzbalken 140/220 mm
  dazwischen Mineralwolle 220 mm
  Eiche sägerau 20 mm
3 Stahlträger gestrichen IPE 200
4 Textilrollo
5 Lamelle Eiche 120/24 mm sägerau
  mechanisch drehbar
6 Fensterbrett Eiche 40–60 mm
7 Wandaufbau:
  Bruchsteinmauer 180 mm
  Stahlbeton 320 mm
  Wärmedämmung 160 mm
8 Stampfbeton mit Kieselstreuung, beheizt 150 mm
  verlorene Schalung Vollholz
9 Verblendung Stampfbeton
10 Bruchstein in Splittbett
11 Fenstertür Isolierglas in thermisch getrenntem
  Stahlrahmen
12 Bodenaufbau:
  Diele Eiche sägerau 30 mm
  Mineralwolle 120 mm
  Lattung Fichte 40/60 mm, Trennlage
  Stahlbeton 200 mm
  Sauberkeitsschicht
13 Stampfbeton mit Kieselstreuung, beheizt

Section
scale 1:20
  1 lighting
  2 loggia floor construction:
   30 mm sawn oak boarding
   3 mm impact-sound insulation
   15 mm boarding
   140/220 mm wood beams with
   220 mm mineral-wool between
   20 mm sawn oak boarding
  3 steel I-beam 200 mm deep, painted
  4 fabric blind
  5 24/120 mm sawn oak louvres
   mechanically pivoting
  6 40–60 mm oak window sill
  7 wall construction:
   180 mm rough stone walling
   320 mm reinforced concrete wall
   160 mm thermal insulation
  8 150 mm heated tamped concrete with gravel
   strewn in; permanent wood formwork
  9 tamped concrete finishing
 10 rough stone paving in bed of chippings
 11 casement door: double glazing in
   thermally divided steel frame
 12 floor construction:
   30 mm sawn oak boarding
   120 mm mineral wool
   40/60 softwood battens; separating layer
   200 mm reinforced concrete bed
   blinding layer
 13 heated tamped concrete with gravel strewn in

Schnitt
Maßstab 1:20
1 Steindeckung, Dachstuhl Bestand
2 Diele Eiche sägerau 30 mm
  Trittschalldämmung 3 mm
  Schalung 15 mm
  Holzbalken 140/220 mm
  dazwischen Mineralwolle
  Eiche sägerau 20 mm
3 Downlight
4 Holzbalken sägerau 180/180 mm
5 Lamelle Eiche sägerau
  120/24 mm mechanisch drehbar
6 IPE 200 gestrichen
7 Textilrollo
8 Schiebefenster Isolierglas in
  thermisch getrenntem Stahlrahmen
9 Stahlrahmen L 70/35 mm
10 Arbeitsfläche Eiche 500/80 mm
11 Fensterbrett Eiche 40–60 mm
12 Bruchsteinmauer 500 mm

Mineralwolle 100 mm
Stampfbeton 250 mm
mit eingelegten Heizrohren
13 Diele Eiche sägerau 30 mm
   Kantholz 120/80 mm
   Holzbalken 160/120 mm/
   dazwischen Mineralwolle
   Lattung 20/40 mm
   Konterlattung 20/40 mm
   Eiche sägerau 20 mm

Section
scale 1:20
1 *stone roofing on existing structure*
2 *30 mm sawn oak boarding*
  3 mm impact-sound insulation
  15 mm boarding
  140/220 mm wood beams with
  mineral-wool between
  20 mm sawn oak boarding
3 *downlighter*

4 *180/180 mm sawn wood beam*
5 *24/120 mm sawn oak louvres*
  mechanically pivoting
6 *steel I-beam 200 mm deep*
7 *fabric blind*
8 *sliding window: double glazing in*
  thermally divided steel frame
9 *70/35 mm steel angle frame*
10 *80 mm oak worktop 500 mm wide*
11 *40–60 mm oak window sill*
12 *500 mm rough stone walling*
   100 mm mineral wool
   250 mm tamped concrete wall
   with inlaid heating tubes
13 *30 mm sawn oak boarding*
   80/120 mm wood joists
   120/160 mm wood bearers with
   mineral wool between
   20/40 mm battens and
   counterbattens
   20 mm sawn oak boarding

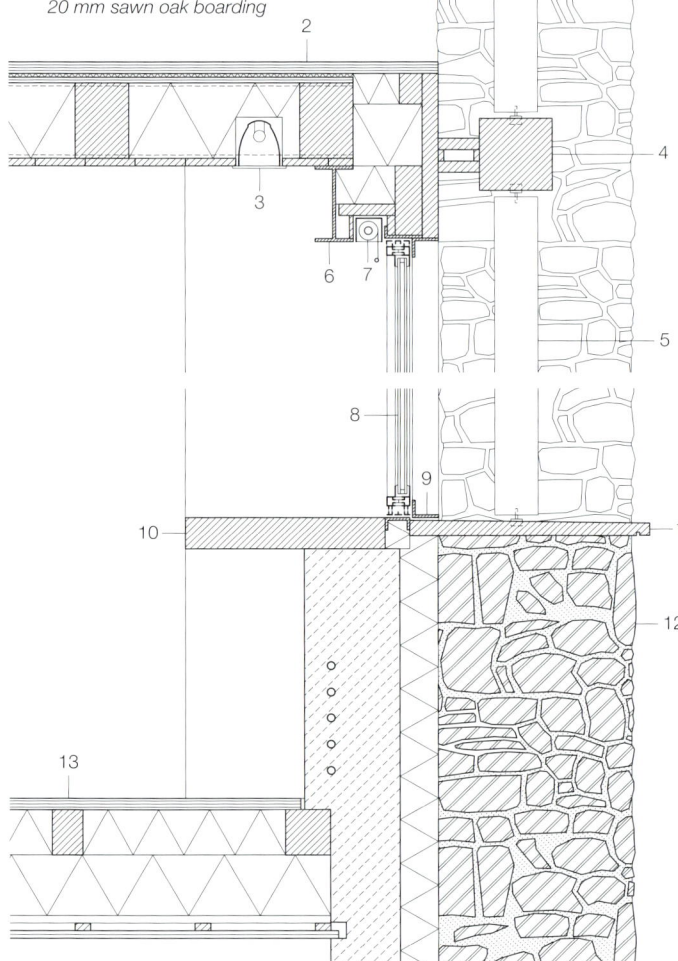

Reihenhäuser in München-Riem

Townhouses in Munich-Riem

Architekten • *Architects*:
Bucher-Beholz Architekten, Gaienhofen
Tragwerksplaner • *Structural engineer*:
Helmut Fischer, Bad Endorf

Das neue Quartier im Münchner Stadtteil Riem führt vor, wie Zeilenbau stringent und zugleich flexibel umgesetzt werden kann. Für eine Baugemeinschaft aus 24 Parteien, die Wert auf gestalterisch wie ökologisch zukunftsweisenden Wohnraum legen, entwickelten die Architekten sechs gleiche Vierergruppen vertikal organisierter Wohneinheiten mit großzügigem Charakter. Über das gesamte Erdgeschoss der jeweils 10,50 × 5 m großen Häuser erstreckt sich ein transparenter Wohnbereich, der über vorgelagerte Holzterrassen in den Garten und einen geschützen Eingangsvorbereich übergeht. Aus dem Dachgeschoss ausgesparte Terrassen rhythmisieren die Zeilen und leiten über die zentrale Treppe zusätzlich Tageslicht in alle Geschosse.
Eine hellgraue Naturschieferbekleidung verleiht den Fassaden im Wechsel mit den großen Verglasungen eine lebendige Wirkung. Die Gebäude sind hochgedämmt und mit Dreifachverglasungen sowie einer kontrollierten Lüftung mit Wärmerückgewinnung ausgestattet. So erreichen sie einen rechnerischen Heizwärmebedarf von lediglich 15 bis 20 kWh/m²a.
Auch baukonstruktiv werden ungewöhnliche Wege beschritten. Der Baustoff Holz spielt seine Leistungsfähigkeit hier in Kombination mit einem filigranen Stahltragwerk aus – nicht zuletzt in der hierdurch erzielten räumlichen Wirkung.   DETAIL 01–02/2012

The townhouses in Riem, a district in Munich, are both rigorous and flexible in their conception. A private initiative comprising 24 families set out to create an ecologically minded habitat with high design standards. The architects developed six identical groups, each with four units. A lofty living area extends the length of the ground floor; adjoining terraces serve as thresholds to both the garden and the sheltered forecourt. Terraces cut out of the attic level provide rhythm to the massing and direct daylight to the staircase. Alternating fields of slate cladding and extensive glazing animate the facade. By employing wood in combination with a delicate steel structure, its structural potential was optimised.

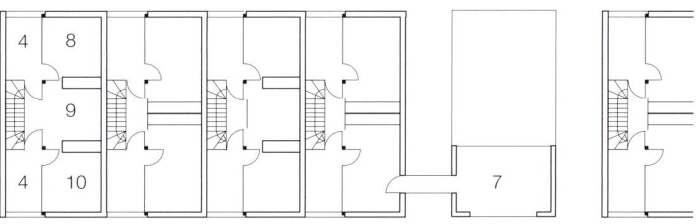

2. Obergeschoss / *Second floor*

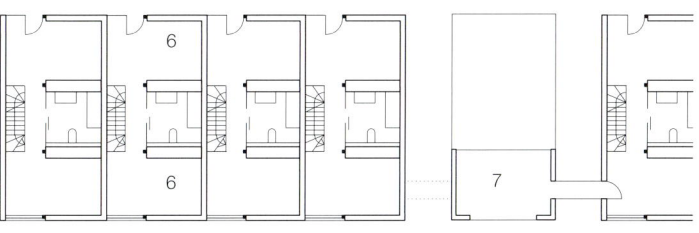

1. Obergeschoss / *First floor*

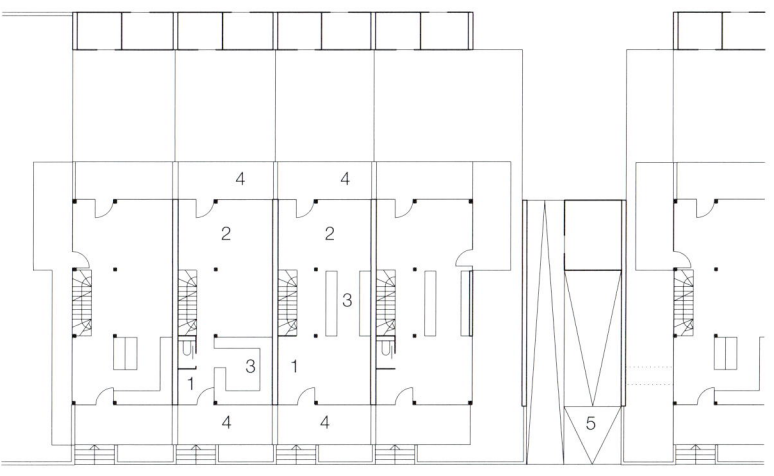

Erdgeschoss / *Ground floor*

Grundrisse   Maßstab 1:200   *Floor plans   scale 1:200*

1	Diele	6	Kinder	1	*Hall*	6	*Children*
2	Wohnen	7	Loggia	2	*Living*	7	*Loggia*
3	Küche	8	Schlafen	3	*Kitchen*	8	*Bedroom*
4	Terrasse	9	Studio	4	*Terrace*	9	*Studio*
5	Tiefgaragenzufahrt	10	Gäste	5	*Ramp to parking level*	10	*Guest*

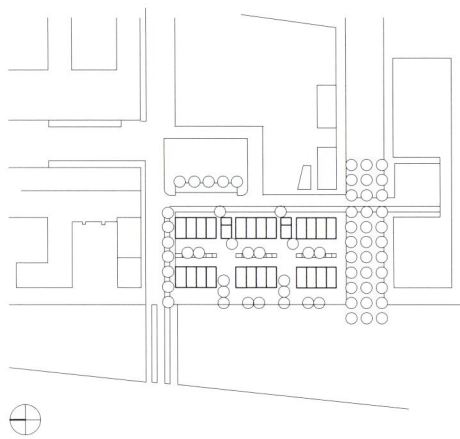

1 extensive Begrünung 100 mm, Abdichtung
  Wärmedämmung 300 mm, Dampfsperre
  Holz-Dreischichtplatte 75 mm
2 Fenster Eiche mit Dreifach-Isolierverglasung
3 Holzbohlen 70/40 mm, Unterkonstruktion 60 mm
  Gummigranulatmatte 10 mm, Abdichtung
  Vakuumdämmplatte 30 mm, Dampfsperre
  Holz-Dreischichtplatte 50 mm
4 Schieferplatten, Holzlattung 50/30 mm
  Konterlattung 20 mm, Unterspannbahn
  Wärmedämmung 220 mm, Dampfsperre
  Gipsfaserplatte 15 mm
5 Stahlprofil IPE 140/70 mm
6 Stütze Stahlrohr ⬚ 70/70/4 mm
7 Bodenbelag 10 mm, Heizestrich 60 mm
  Trennlage, Trittschalldämmung 80 mm
  Holz-Dreischichtplatte 50 mm
8 Trennwand beidseitig Holzrahmenbauelement,
  wärmegedämmt aus Gipsfaserplatte 15 mm,
  Rahmen 100/60 mm, Dreischichtplatte 30 mm
  dazwischen Schalldämmung 30 mm

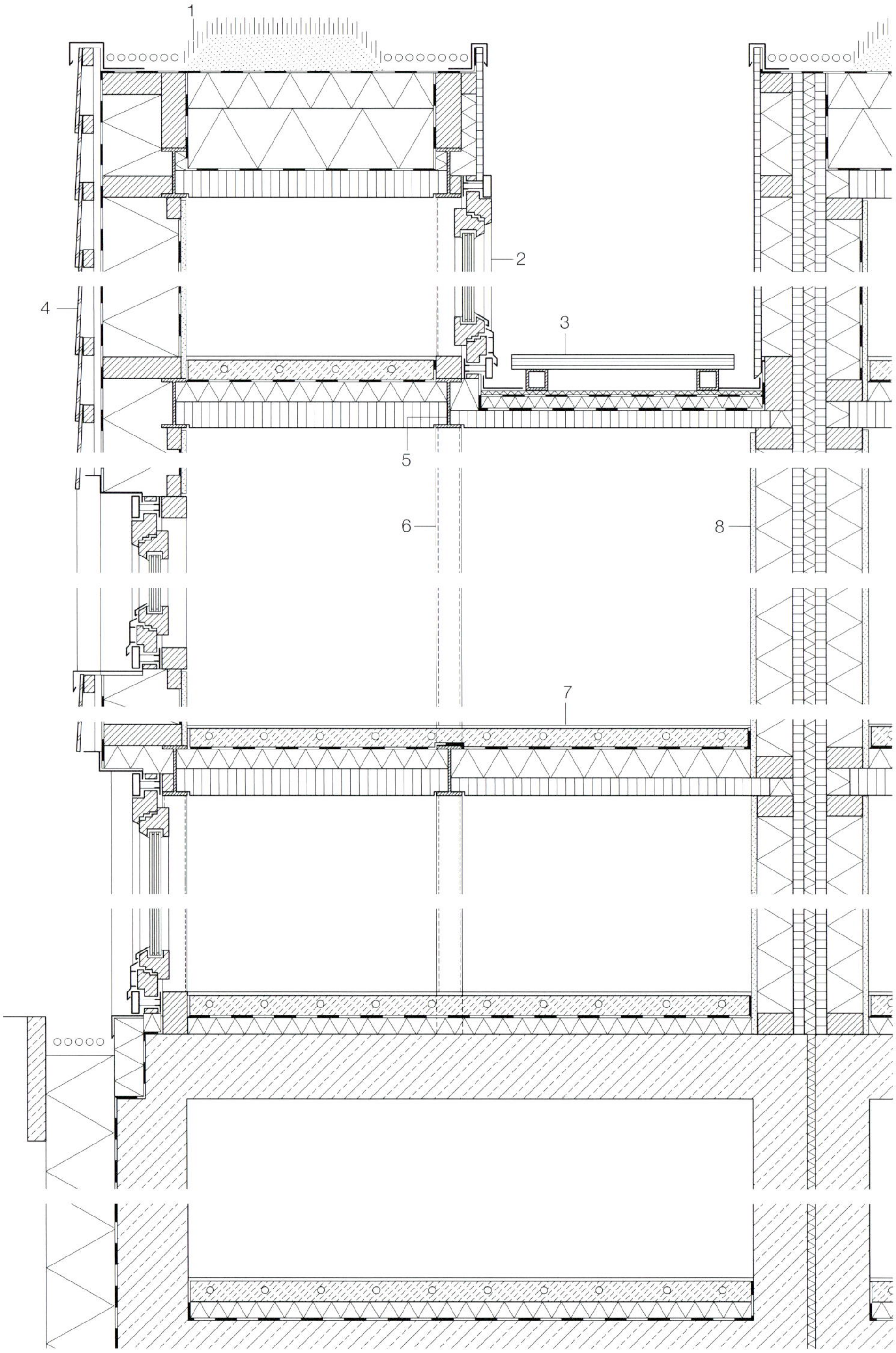

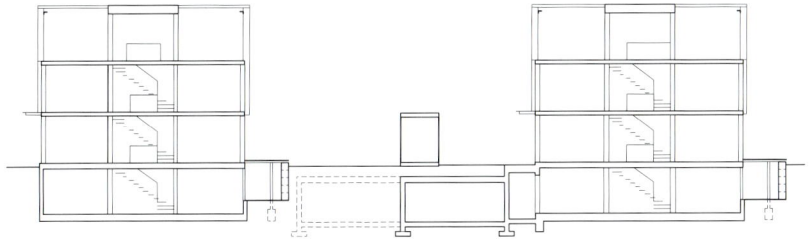

Lageplan   Maßstab 1:2000
Schnitt   Maßstab 1:200
Vertikalschnitte   Maßstab 1:20

Site plan   scale 1:2000
Section   scale 1:200
Vertical sections   scale 1:20

1 100 mm extensive vegetation; seal
   300 mm thermal insulation; vapour barrier
   75 mm lumber-core plywood (3-ply)
2 oak windows with triple glazing
3 70/40 mm timber planks; 60 mm supporting
   structure; 10 mm rubber granulate mat; seal
   30 mm vacuum insulated panel; vapour barrier
   50 mm lumber-core plywood (3-ply)
4 slate; 50/30 mm timber battens
   20 mm timber counterbattens; sarking membr.
   220 mm thermal insulation; vapour barrier
   15 mm plasterboard
5 140/70 mm IPE steel section
6 ⃞ 70/70/4 mm steel SHS column
7 10 mm floor covering; 60 mm heating estrich
   separating layer; 80 mm impact-sound insulation
   50 mm lumber-core plywood (3-ply)
8 solid-wood-panel party wall, double-sided,
   insulated: 15 mm plasterboard,
   100/60 mm frame; 30 mm acoustic insulation sandwiched betw. 30 mm lumber-core plywood (3-ply)

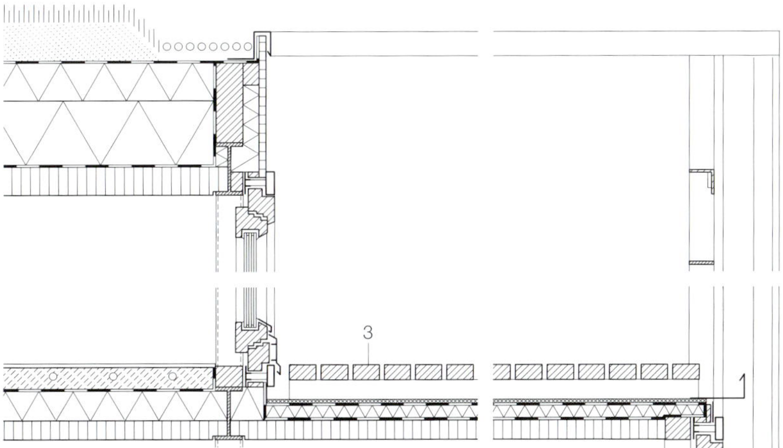

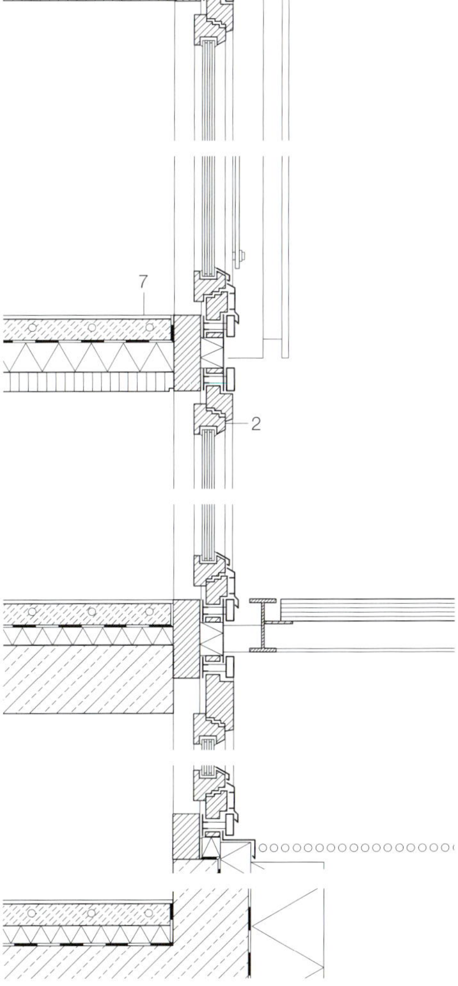

1 Schieferplatte, Lattung 50/30 mm, Spalt 20 mm,
  Unterspannbahn, Wärmedämmung 220 mm,
  Dampfsperre, Gipsfaserplatte 15 mm
2 Holzfenster Eiche mit Dreifach-Isolierverglasung
3 Kommunwand beidseitig Holzrahmenbauelement,
  wärmegedämmt aus Gipsfaserplatte 15 mm,
  Rahmen 100/60 mm, Dreischichtplatte 30 mm
  dazwischen Schalldämmung 30 mm
4 Dreifach-Isolierverglasung als Festverglasung
5 Stütze Stahlrohr ⌀ 70/70/4 mm

1 slate; 50/30 mm battens; 20 mm gap
  sarking membrane; 220 mm thermal insulation,
  vapour barrier; 15 mm plasterboard
2 oak windows with thermopane glazing
3 thermally insulated, double-sided solid-wood panels:
  15 mm plasterboard; 100/60 mm frame
  30 mm acoustic insulation sandwiched between
  30 mm lumber-core plywood (3-ply)
4 triple glazing, fix
5 ⌀ 70/70/4 mm CHS column

The structural concept combines cross-wall and frame construction. The structural party walls, at 5 metre intervals, are load-bearing cross-walls. The floors of lumber-core plywood are subdivided by lightweight steel members in 2.00 and 3.00 m segments to reduce the thickness of the load-bearing panels to 75 mm or 50 mm and to facilitate subsequent openings in the ceiling. The party walls consist of double-wythe, wood-frame wall panels (each 15 cm thick). In order to expedite construction, they were fabricated so that one panel extends the length and height of each storey. The decision to execute the frame construction between the panels in steel profiles allowed us to achieve slender cross-sections which would not detract from the open spatial concept. The structural floor panels are supported by the lower flange of the steel beam. In the interiors, the consistent use of white brings about a flush, homogeneous overall impression and the structural members remain legible without becoming dominant. And thanks to the frame construction, partition walls were not required. Where necessary, floor-to-ceiling built-in cabinets provide spatial definition. The party walls provide the longitudinal bracing. The lateral bracing is achieved with diagonal cross-bracing made of steel hollow sections; on the ground floor this is integrated in the architectural concept and remains visible.

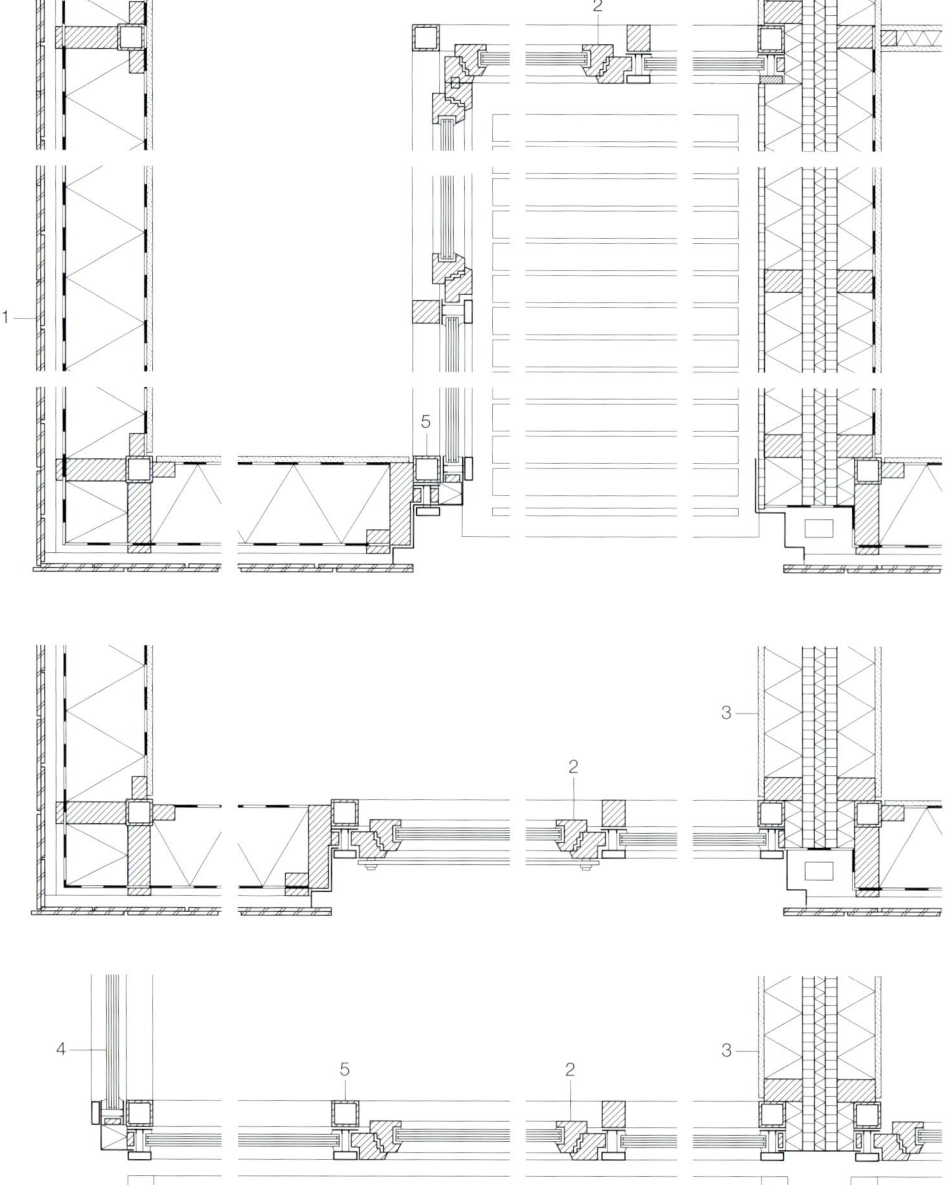

Horizontalschnitte   Maßstab 1:20

Horizontal sections   scale 1:20

Bei den 24 Reihenhäusern in München-Riem handelt es sich aus baukonstruktiver Sicht um eine Mischbauweise aus Holzschotten und Stahlskelett. Die tragenden Kommunwände der Häuser im Abstand von 5 m sind als Schotten konzipiert. Die Spannweite der Geschossdecken aus Holz-Dreischichtplatten wird durch eine filigrane Stahlskelettkonstruktion asymmetrisch in ein 2-m-Feld und ein 3-m-Feld unterteilt, sodass die Stärke der tragenden Deckenscheiben auf 50 bzw. 75 mm verringert werden konnte und flexible Auswechslungen bis hin zu großzügigen Lufträumen möglich sind. Die Kommunwände bestehen aus zweischaligen, jeweils 15 cm starken Holzrahmenbauwänden, die geschosshoch in Gebäudelänge vorgefertigt wurden und sehr kurze Montagezeiten ermöglichten. Die Entscheidung, die dazwischen angeordnete Skelettkonstruktion aus Stahlprofilen auszuführen, erlaubte minimierte, schlanke Profilquerschnitte (Stütze Stahlrohr ⬦ 70/70/4 mm, Träger IPE 140), die das offene und flexible Raumkonzept nicht beeinträchtigen. Die tragenden Deckenscheiben liegen auf dem unteren Flansch des Stahlträgers auf – dadurch und durch die einheitlich weiße Farbgebung der Bauteile entsteht ein flächenbündiges, homogenes Gesamtbild, in dem die konstruktiven Elemente ablesbar bleiben, ohne zu dominieren: Die Konstruktion wird auf ihre Funktion reduziert. Durch das Skelettsystem konnte auf trennende Innenwände verzichtet werden. Wo erforderlich, teilen raumhohe Einbauschränke und Nasszellen den Raum. In Gebäudelängsrichtung übernehmen die Kommunwände die Aussteifung. In Querrichtung dienen hierzu Diagonalspannverbände aus Rundstahl, die im Erdgeschoss als konstruktives Element sichtbar bleiben. Die Mischbauweise ermöglicht zusammen mit einem disziplinierten Entwurfsprozess und einer puristischen Umsetzung der Baukonstruktion einen ökonomischen Bauprozess und kann einen Beitrag für eine zeitgemäße und hoffentlich zeitlose Architektur leisten. Martin Frey

Einfamilienhaus in Gent

House in Ghent

Architekten • *Architects*:
Dierendonckblancke architecten, Gent
Alexander Dierendonck, Isabelle Blancke
Tragwerksplaner • *Structural engineer*:
Arthur De Roover, Gent

In seiner klaren Formgebung behauptet
sich das kleine Gebäude zwischen den
typisch flämischen Ziegelsteinfassaden eines
Wohnviertels im Zentrum der Stadt Gent.
Sein rohes Sichtmauerwerk aus Beton kontrastiert mit den benachbarten Bauten. Auf
der nur 3,50 m breiten und 21 m tiefen Parzelle entwickelten die Architekten ein Konzept, das die Staffelung dreier unterschiedlich hoher Baukörper vorsieht, damit differenziert auf den baulichen Kontext reagiert
und eine großzügige Belichtung ermöglicht.
Die Ebenen der beiden dreigeschossigen
Gebäudeteile sind als Split-Level zueinander versetzt und werden über eine offen
gestaltete Holztreppe miteinander verbunden, die interessante Blickverbindungen
zulässt. Vom Eingang gelangt man vorbei
an der offenen Küche mit Essbereich direkt
in das angegliederte eingeschossige
Wohnzimmer, das den dritten Baukörper
des Hauses bildet. Eine großzügige Glasfront gibt den Blick frei auf den angrenzenden Garten. In den oberen Ebenen befinden sich ein Arbeitszimmer, ein Bad und
zwei Schlafräume. Das Prinzip der Staffelung setzt sich in der Materialität fort. Während die längslaufenden Wände aus weiß
gestrichenem Ziegelmauerwerk gefertigt
sind, bestehen alle Querwände wie die
Außenhaut aus Betonsteinen mit roher,
unverputzter Oberfläche und vertieften
Fugen.   DETAIL 11/2012

Although small, this building – wedged be-
tween typical Flemish brick facades – manag-
es to make its presence felt, perhaps because
its rough, concrete-block aesthetic contrasts
with the neighbouring facades. The massing
has three different heights, allowing for a dif-
ferentiated response to the context. The two
3-storey segments are offset and connected
by a wooden stair. Upon entering one arrives
first at the kitchen and dining area; the adjoin-
ing living space occupies the single-storey
segment. Fully glazed facades open on to the
garden courtyard. The walls running length-
wise are of painted brick masonry; all trans-
verse walls, in concrete block, have rough,
unplastered surfaces and recessed joints.

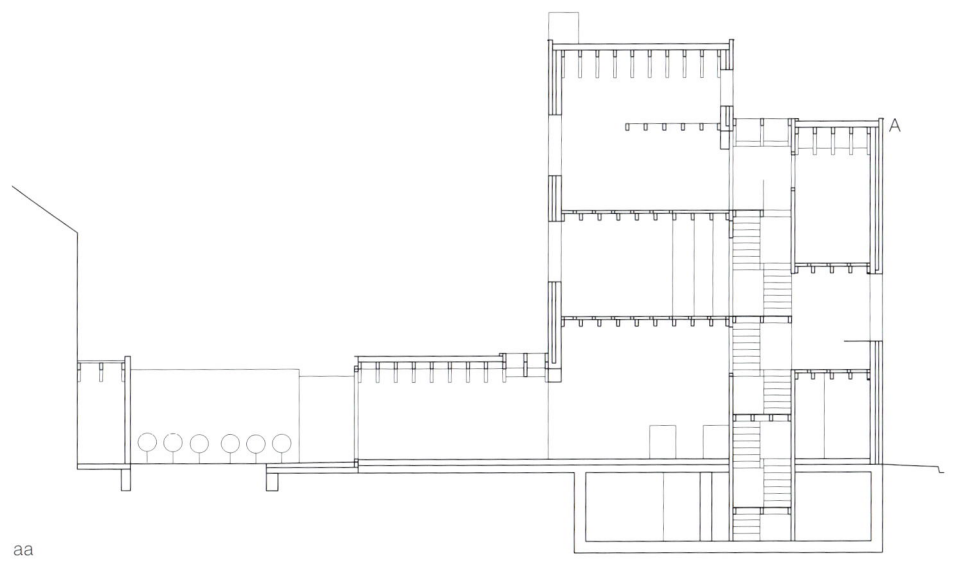

aa

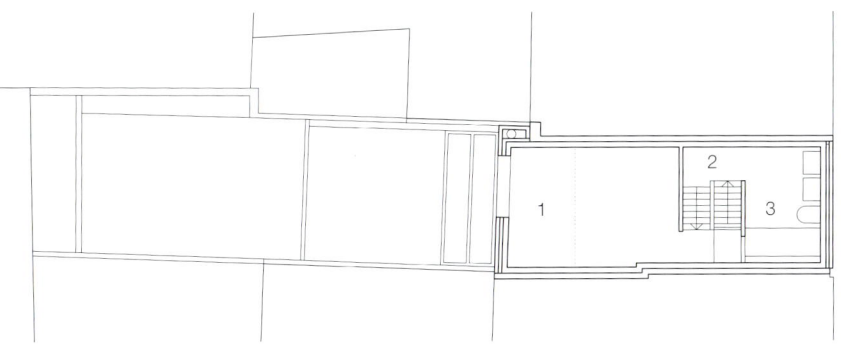

2. Obergeschoss/*Second floor*

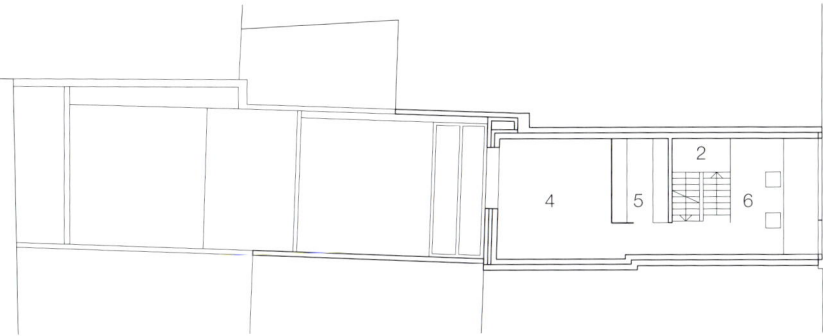

1. Obergeschoss/*First floor*

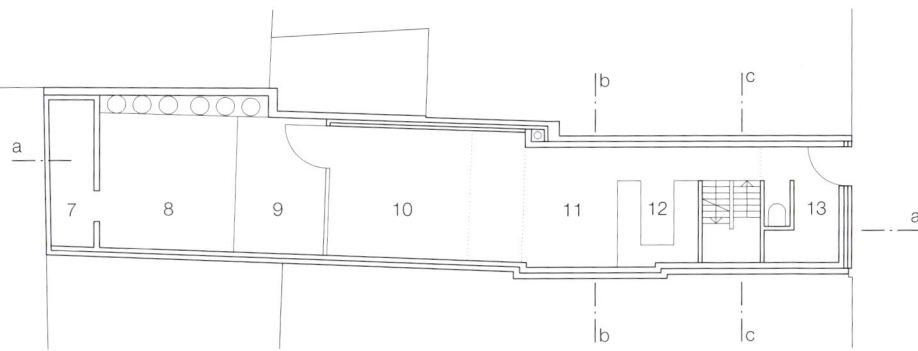

Erdgeschoss/*Ground floor*

Lageplan
Maßstab 1:1000
Schnitte · Grundrisse
Maßstab 1:200

Site plan
scale 1:1000
Sections · Floor plans
scale 1:200

1	Schlafzimmer mit Mezzanin	*1 Bedroom with gallery*
2	Treppenhaus	*2 Stair*
3	Bad	*3 Bathroom*
4	Schlafen	*4 Bedroom*
5	Ankleide	*5 Dressing room*
6	Arbeiten	*6 Study*
7	Gartenschuppen	*7 Garden shed*
8	Garten	*8 Garden*
9	Terrasse	*9 Terrace*
10	Wohnen	*10 Living area*
11	Essen	*11 Dining area*
12	Küche	*12 Kitchen*
13	Eingang	*13 Entrance*

bb   cc

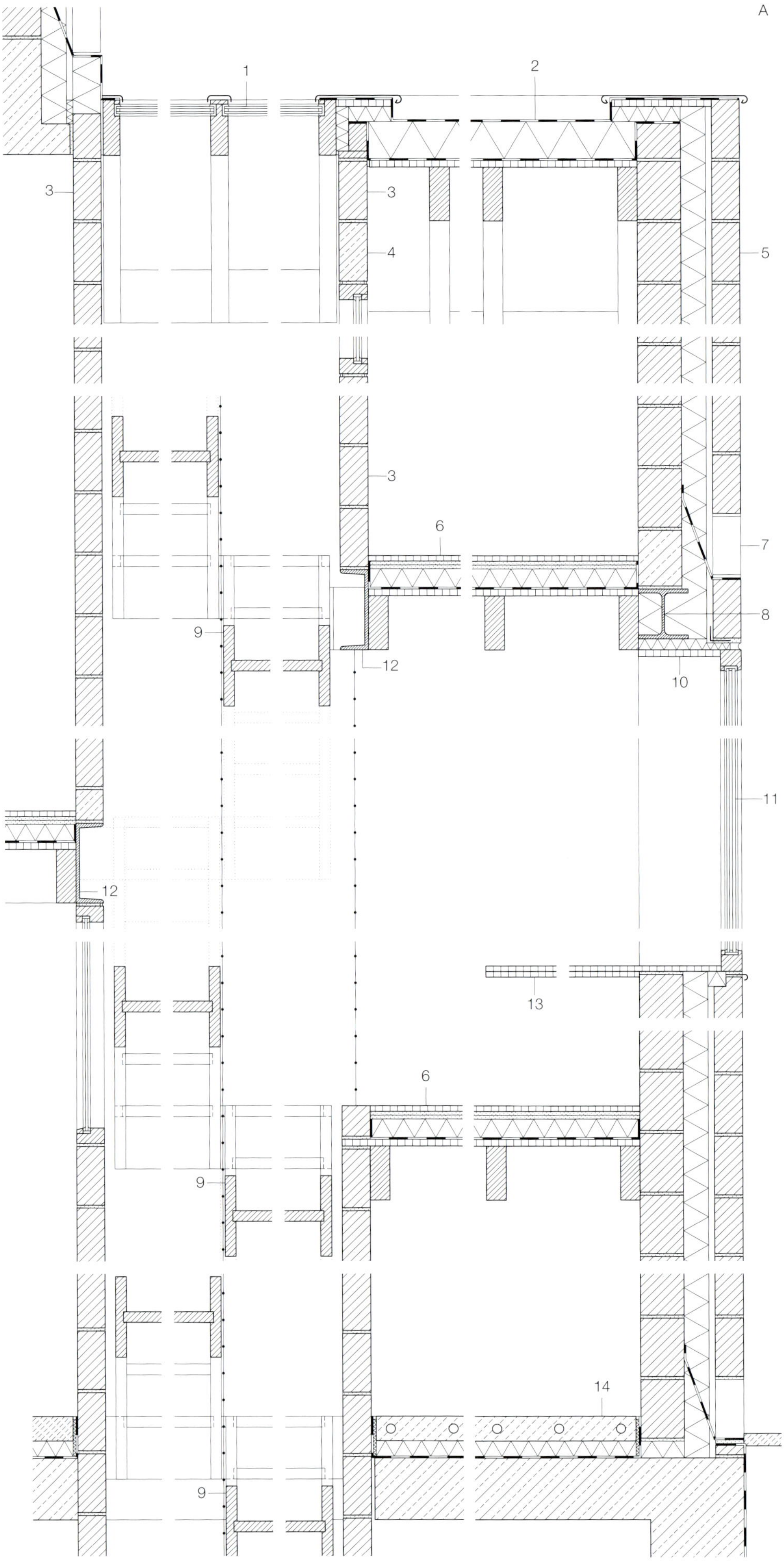

Schnitt Maßstab 1:20
Section scale 1:20

1 Oberlicht Sonnenschutzverglasung
 VSG 2× 4 mm + SZR 10 mm + VSG 2× 4 mm
 Rahmen Holz lackiert 55/180 mm
2 Dachabdichtung Bitumenbahn
 Wärmedämmung PUR 120 mm, Dampfsperre
 Furniersperrholzplatte Douglasie 22 mm
 Holzbalken 63/175 mm
3 Betonsteinmauerwerk Format 90/190/390 mm
4 Betonträger 90/190/1400 mm
5 Betonsteinmauerwerk Format 90/190/390 mm
 im Läuferverband, Zementfugen 10 mm
 Hohlraum 20 mm, Dämmung 80 mm
 Betonsteinmauerwerk Format 140/190/390 mm
6 Furniersperrholzplatte Douglasie 18 mm
 Trockenestrichplatte 2× 12,5 mm
 Ausgleichsschüttung trittschalldämmend 60 mm
 Dampfsperre PE-Folie
 Furniersperrholzplatte Douglasie 22 mm
 Holzbalken 63/175 mm
7 offene Entwässerungsfuge vertikal 10 mm
8 Stahlprofil I 160 mm, schwarz lackiert
9 Holztreppe Douglasie, Wangenprofil 35/210 mm
10 MDF-Platte wasserabweisend 18 mm
11 Isolierverglasung VSG 10 mm + SZR 10 mm +
 Float 8 mm
12 Stahlprofil ⊔ 260 mm, schwarz lackiert
13 Furniersperrholzplatte Douglasie 2× 18 mm
14 Ortbeton geschliffen 80 mm, Fußbodenheizung
 Dämmung PUR 50 mm, Dampfsperre PE-Folie
 Stahlbetondecke 200 mm

1 roof light, double glazing: 2× 4 mm laminated safety
 glass + 10 mm cavity + 2× 4 mm laminated safety
 glass, 55/180 mm wood frame, laquered
2 bituminous seal; 120 mm PUR thermal insulation
 vapour barrier; 22 mm Douglas fir veneer plywood
 63/175 mm timber beam
3 90/190/390 mm format concrete-block masonry
4 90/190/1400 mm concrete beam
5 90/190/390 mm format concrete-block masonry
 in stretcher bond, 10 mm cement joint
 20 mm cavity; 80 mm insulation
 140/190/390 mm format concrete-block masonry
6 18 mm Douglas fir veneer plywood
 2× 12.5 mm subflooring
 60 mm loose-fill, sound-insulating levelling
 polythene vapour membrane
 22 mm Douglas fir veneer plywood
 roof construction: 63/175 mm timber beam
7 10 mm drainage groove, vertical
8 160 mm steel I-beam, lacquered black
9 Douglas fir stair, 35/210 mm stringboard
10 18 mm medium-density fibreboard,
 water-repellent
11 double glazing: 10 mm laminated safety glass +
 10 mm cavity + 8 mm float glass
12 260 mm steel channel, lacquered black
13 2× 18 mm Douglas fir veneer plywood
14 80 mm in-situ concrete, grinded; underfloor heating
 50 mm PUR insulation; polythene vapour mem-
 brane; 200 mm reinforced-concrete deck

A

Wohnhaus in London

House in London

Architekten · *Architects*:
Liddicoat & Goldhill, London
Tragwerksplaner · *Structural engineers*:
Peter Kelsey Associates, Brentwood

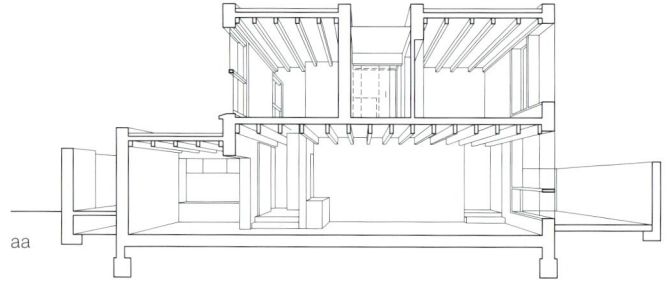

aa

Ein eigenes Haus bauen – das war der sehnliche Wunsch des jungen Architektenpaars. Dass es klein werden würde, war wegen des geringen Budgets von Anfang an klar. Auch die Suche nach einem geeigneten Grundstück zog sich wegen des überhitzten Immobilienmarkts und überteuerter Grundstückspreise in die Länge. Schließlich investierte das Paar den Großteil seiner finanziellen Mittel in ein kleines Restgrundstück im beliebten Stadtteil Camden. Auf der nur 38 m² großen Fläche stand früher eine Garage. Die strengen Bauvorschriften aufgrund der unter Ensembleschutz stehenden Nachbarbauten aus spätviktorianischer Zeit grenzten Bauhöhe und Materialauswahl stark ein. So sollte das Haus aus Kostengründen zunächst aus Holz errichtet werden, schließlich einigte man sich auf schwarzen Ziegel aus Holland, der normalerweise für Industriebauten zum Einsatz kommt. Dank exakter Verlegeplanung reichten zwei Lastwagenladungen aus. Außerdem entstand kaum Verschnitt, und ein teurer Ziegelschneider wurde nur für zwei Tage benötigt. Zuletzt blieb genug Material übrig, um den Boden des kleinen Gartenhofs damit zu belegen. Ebenfalls vom Denkmalschutz vorgegeben waren breite, weiße Fensterlaibungen. Der Vorschlag, stattdessen zwischen die Fenster zur Straße Marmorplatten zu setzen, wurde genehmigt. Aufgrund der starken Maserung und der Einschlüsse sehr preiswert, wirken diese jedoch edel. Die Recherche über Baustoffe trug insgesamt erheblich zur Minimierung der Kosten bei. Genaues Nachfragen bei Firmen und Herstellern, welche Einzelelemente und Bearbeitungsschritte besonders teuer sind, ermöglichte es, diese Kosten zu umgehen. So entsprechen die Größen der Fenster der maximalen Wirtschaftlichkeit bei der Herstellung. Die Deckenbalken sind zwar statisch überdimensioniert, benötigen dadurch aber keine aufwendige Brandschutzbehandlung. Für die Küchenschränke kamen nur Verschnittstücke aus MDF zum Einsatz, zudem wurde für das Einschneiden der Türgriffe das entsprechende Werkzeug angeschafft, was günstiger war, als sie in der Schreinerei fertigen zu lassen. Auch der Kauf eines Generators und des Baustellengerüsts stellten sich als kostengünstiger heraus. Als eine erhebliche Sparmaßnahme erwies sich aber, dass immer einer der Architekten auf der Baustelle anwesend war, mithalf und Probleme sofort mit den Handwerkern lösen konnte. Diese kamen meist von großen Baustellen in der Umgebung. Kam es dort zu Leerlauf, konnte ohne Anfahrtskosten an diesem kleinen Projekt weitergebaut werden. Mittlerweile hat das Paar sein Haus verkauft und einen guten Preis erzielt. Das neue Heim, das bereits in Planung ist, soll wieder auf ähnliche Weise entstehen, nur diesmal größer und mit höherem Budget.   DETAIL 05/2012

Building their own house – this was the ardent wish of this young architect couple. The fact that it would be small was clear from the very beginning, due to the low budget. The strict building code strongly limited possible height and material selection, since the neighbouring buildings from the late Victorian era were in a protected conservation area. Eventually, black brick from Holland was selected, a material that is typically used in industrial buildings. Historic preservation also called for broad, white window sills. The alternative suggestion to apply marble slabs between the windows facing the street was accepted. Due to the texture of grain and inclusions, it was very inexpensive, yet provides a noble appearance. Careful selection of construction materials greatly reduced costs. The window sizes were chosen in relation to maximum cost-efficiency in manufacture. The ceiling beams are actually oversized in structural terms, yet as a result don't require complex fireproofing. One of the two architects was always present on site, giving a helping hand and quickly solving problems with the construction workers. Most of them came from large construction sites in the surrounding area. If they weren't busy, construction of the small project could proceed, while transport costs were avoided. The couple later sold the house at a good price. The new home that they are already planning is intended to be built similarly, yet larger and at a higher budget.

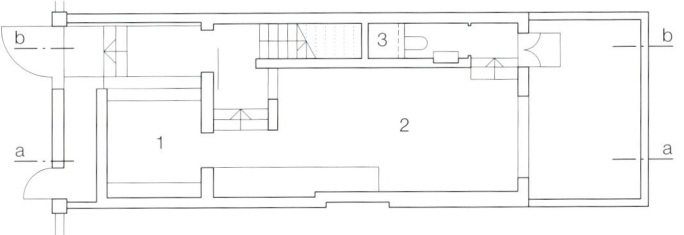

Erdgeschoss/*Ground floor*

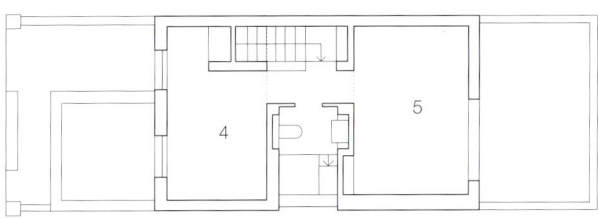

Obergeschoss/*Upper floor*

Schnitt • Grundrisse
Ansichten
Maßstab 1:200
Lageplan
Maßstab 1:2000

1 Wohnen
2 Kochen/Essen
3 Waschmaschine
4 Arbeiten
5 Schlafen

Section • Floor plans
Elevations
scale 1:200
Site plan
scale 1:2000

1 *Living room*
2 *Kitchen/dining*
3 *Washing machine*
4 *Study*
5 *Bedroom*

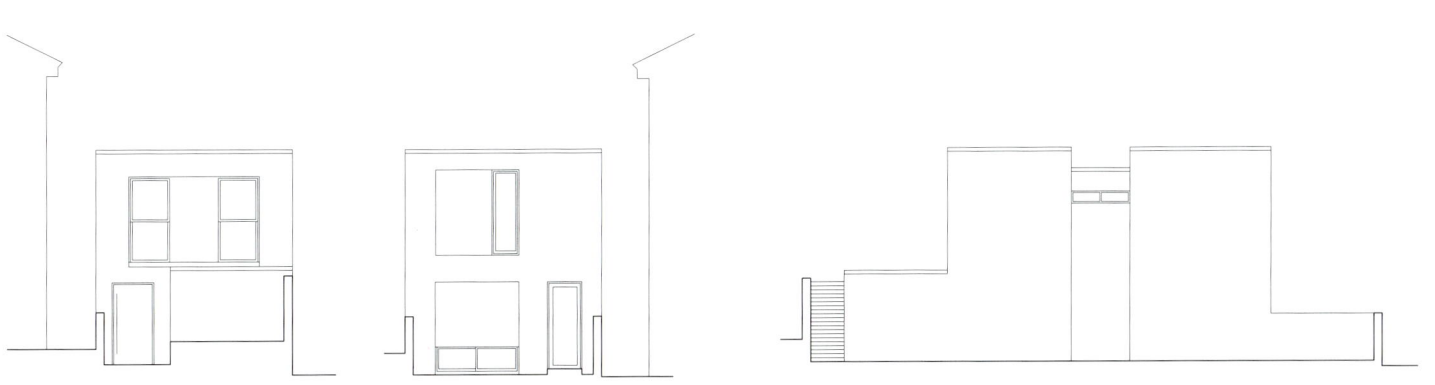

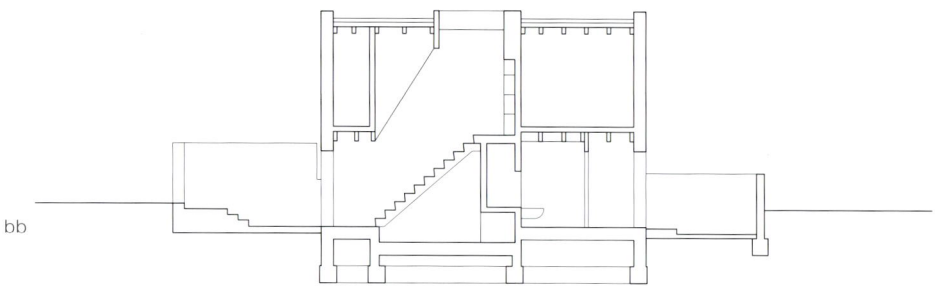

bb

Schnitt
Maßstab 1:200
Vertikalschnitt
Maßstab 1:20

Section
scale 1:200
Vertical section
scale 1:20

Bruttogrundfläche: 77 m²
Gross floor area: 77 m²
Bauwerkskosten: 210 000 €
Total gross construction cost: €210,000

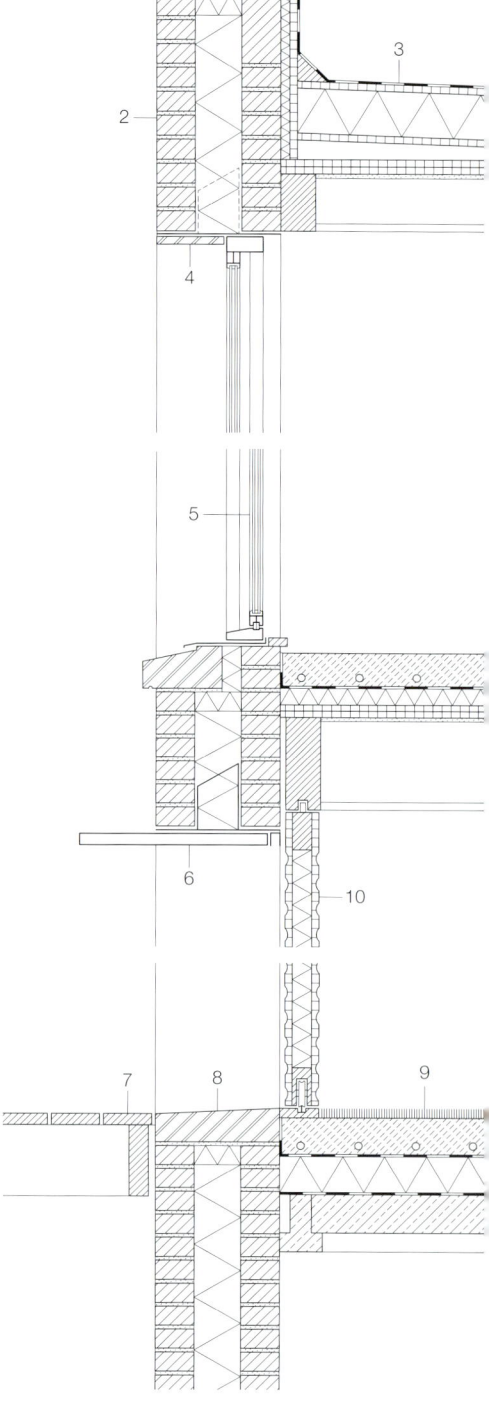

1 Attika Abdeckstein chinesischer Granit
2 Industrieziegel 100/50 mm, Dämmung 120 mm
3 Kunststoffdichtung, Sperrholzplatte 18 mm,
  Mineralwolle 120 mm, Sperrholzplatte 18 mm
4 Sturz / Laibung Marmorplatte 20 mm
5 Vertikalschiebefenster in Aluminiumrahmen
6 Vordach Aluminium
7 Holzdielen wiederverwendet 28 mm
8 Schwelle Granit 320/80–100 mm
9 Kokos Velours, Heizestrich 100 mm, Trennlage,
  Wärmedämmung 100 mm, Dichtungsbahn,
  Plattenbalkendecke 160 mm
10 Schiebetüre MDF wasserfest, geriffelt, lackiert
11 Weichholz Setzstufe 36 mm, Trittstufe 24 mm
12 Stahlprofil IPE 180
13 Glasdach ESG 14 mm + SZR 16 mm + VSG 6 mm
14 Spiegelschrank
15 Heizestrich 100 mm, Trennlage, Dämmung 50 mm,
   Sperrholzplatte 2× 18 mm, Gipskartonplatte
   12,5 mm, Balken Lärche 90/240 mm
16 Fensterlaibung Sperrholzplatte 20 mm

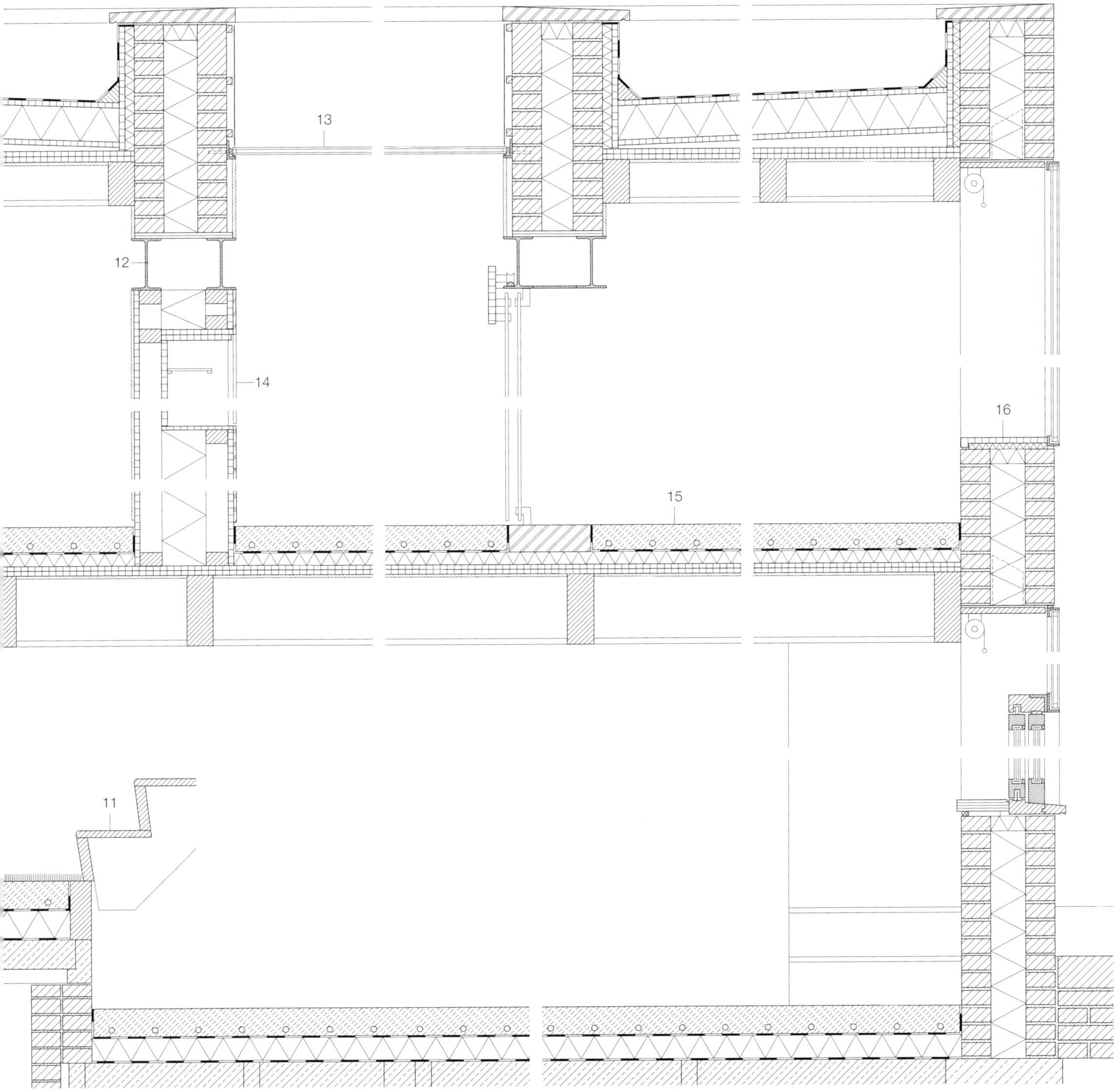

1 parapet, Chinese granite
2 100/50 mm industrial brick, 120 mm insulation
3 plastic sealant,18 mm plywood sheathing, 120 mm mineral wool, 18 mm plywood sheathing
4 20 mm lintel/sill, marble slab
5 vertical sliding window, aluminium frame
6 canopy, aluminium
7 28 mm recycled wood flooring
8 320/80–100 mm granite threshold
9 coconut flooring, 100 mm heating screed, separating layer, 100 mm thermal insulation, sealant layer, 160 mm beam-and-block construction
10 sliding door, MDF, grooved, waterproof paint finish
11 36 mm softwood riser, 24 mm tread
12 180 mm I-beam
13 toughened gl. 14 + cav. 16 + lam. safety gl. 6 mm
14 closet with mirror door
15 100 mm heating screed; separating layer, 50 mm insulation, 2× 18 mm plywood sheathing, 12.5 mm gyp. brd. panel, 240/90 mm beam, larch
16 window sill, 20 mm plywood panel

Wohnhaus in Grünwald

House in Grünwald

Architekten · *Architects*:
Titus Bernhard Architekten, Augsburg
Tragwerksplaner · *Structural engineers*:
Dr. Schütz Ingenieure, Kempten

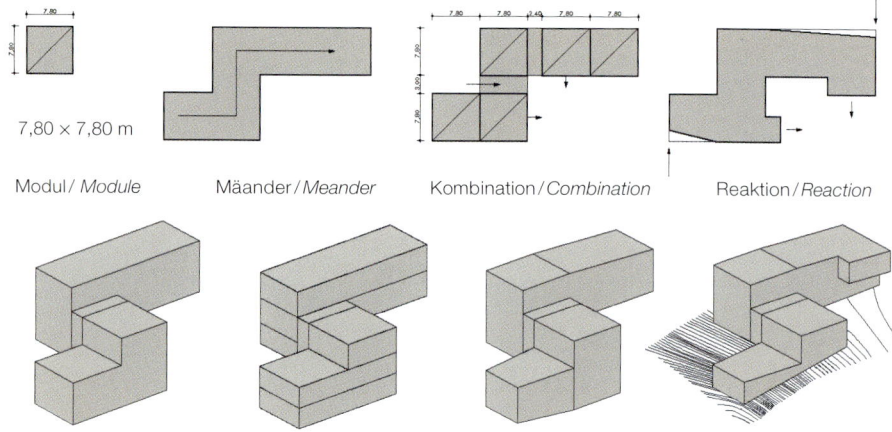

7,80 × 7,80 m

Modul / *Module*   Mäander / *Meander*   Kombination / *Combination*   Reaktion / *Reaction*

Die Besonderheit des Grundstücks liegt in seinem Nordhang, der von der Straße aus über zwei Geschosse überwunden werden muss, um die annähernd plane Gartenebene zu erreichen. Der Baukörper reagiert darauf mit einer komplexen Geometrie, die dem Hang folgt und sich trotz des umfangreichen Raumprogramms harmonisch in die Villensiedlung des Münchner Nobelvororts einfügt. Der Hangsituation geschuldet, gibt sich die Straßenfassade mit hohen Stützmauern relativ geschlossen. Über eine Freitreppe erreicht man den Eingang, hinter dem sich ein zweigeschossiger Treppenraum öffnet. Auf dieser Ebene befinden sich Nebenfunktionen wie der Gäste- und Wellnessbereich, bevor eine Treppe nach oben auf die Wohnebene führt, die sich mit ihrem L-förmigen Grundriss fast vollständig zum Garten nach Südwesten hin öffnet. Darüber liegen die Schlafräume, die sich mit einer Loggia und einer Dachterrasse ebenfalls zum Garten orientieren.
Während das äußere Erscheinungsbild durch die sinnliche, raue Oberfläche des

Bruchsteinmauerwerks aus Granit geprägt ist, lebt der Innenraum von den vielfältigen Außenbezügen und den präzise gesetzten Fensteröffnungen, die – teils als Übereckverglasung – gezielt Licht ins Innere lenken. Hinter der geschlossenen Straßenfassade beispielsweise gelangt Licht durch eine gläserne Fuge im Dach über den mehrgeschossigen Luftraum bis in den Wellnessbereich. Ganz anders verhält es sich im Wohnbereich: Mit ihren äußerst schmalen Profile tritt die raumhohe Glasfront kaum in Erscheinung und lässt, unterstrichen durch den durchgehenden, großformatigen Sandsteinbelag, Zimmer und Terrasse ineinander übergehen. Darüber hinaus besticht das Gebäude durch zahlreiche Details und Besonderheiten wie das Weinregal aus Bruchsteinmauerwerk, die minimalistische Küche mit eloxierten Aluminiumfronten oder den Kamin, der sowohl von innen als auch von außen nutzbar ist. Nicht zuletzt bieten die Räume vielfältige Möglichkeiten, die Kunstsammlung des Bauherrn wirkungsvoll zu inszenieren.   DETAIL 11/2011

The unique characteristic of this site is its northern slope. The building responds to this situation with its complex geometry: it follows the slope, yet still blends in with the villa community in this high-end residential neighbourhood in Munich. The entrance can be accessed via an open flight of stairs. Behind it, a two-storey staircase unfolds. Ancillary functions, such as guest rooms and wellness area, are located on this level. The upper living level can be accessed by ascending the stairs. With its L-shaped floor plan, it opens almost entirely towards the garden in the south-west. The bedrooms are situated on the topmost level. Their loggias and the roof terrace are also oriented towards the garden. The exterior visual appearance of the building is characterised by the sensual, rough surface of the natural stone wall made of granite. The interior, on the other hand, is enlivened by a multitude of relations to the exterior and precisely set window openings that – in part as glazed corners – direct light into the interior in a targeted way.

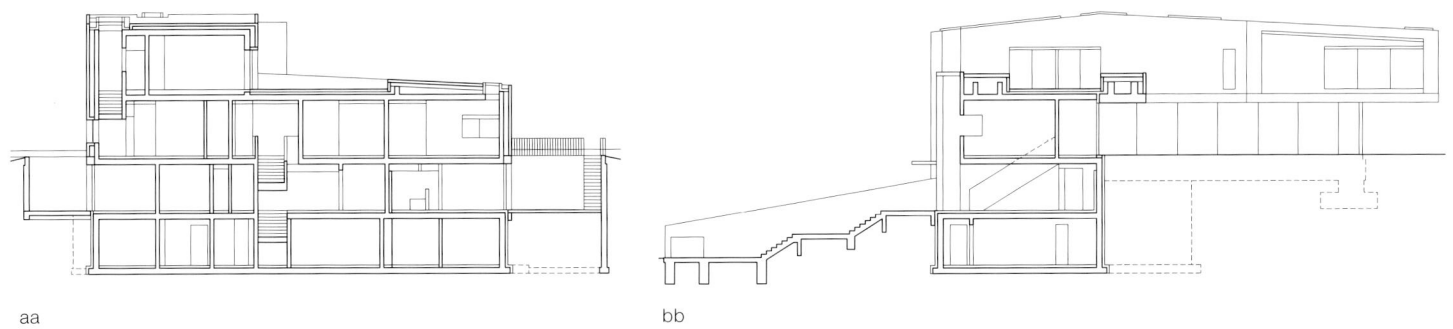

aa   bb

Konzeptstudien   Concept studies
Grundrisse · Schnitte   Floor plans · sections
Maßstab 1:400   scale 1:400

1 Eingang   1 Entrance
2 Diele / Zugang   2 Hallway / access to
   Wohnebene   living area
3 Wellnessbereich   3 Wellness area
4 Au-pair-Wohnung   4 Au pair apartment
5 Gäste   5 Guest room
6 Tiefhof   6 Sunken courtyard
7 Zugang   7 Access to bedroom
   Schlafbereich   area
8 Wohnen   8 Living area
9 Essen   9 Dining room
10 Küche   10 Kitchen
11 Terrasse   11 Terrace
12 Pool   12 Pool
13 Schlafen   13 Bedroom
14 Ankleide   14 Dressing room
15 Dachterrasse   15 Roof terrace
16 Loggia   16 Loggia

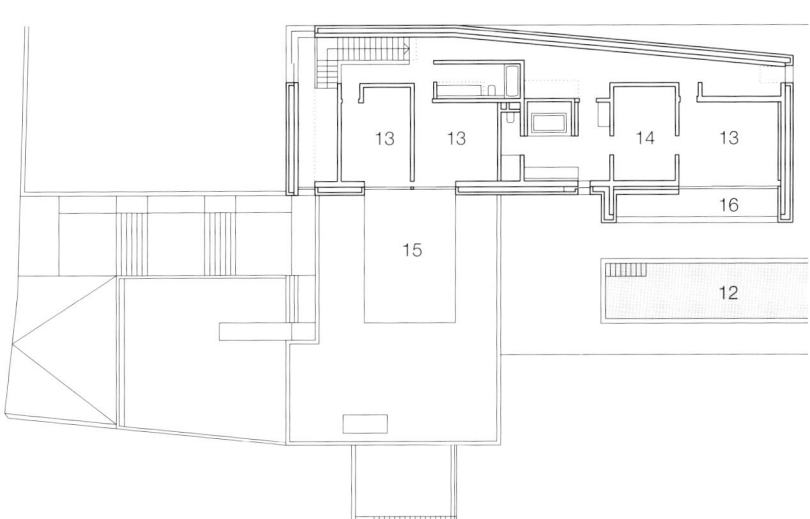

Obergeschoss / Upper floor

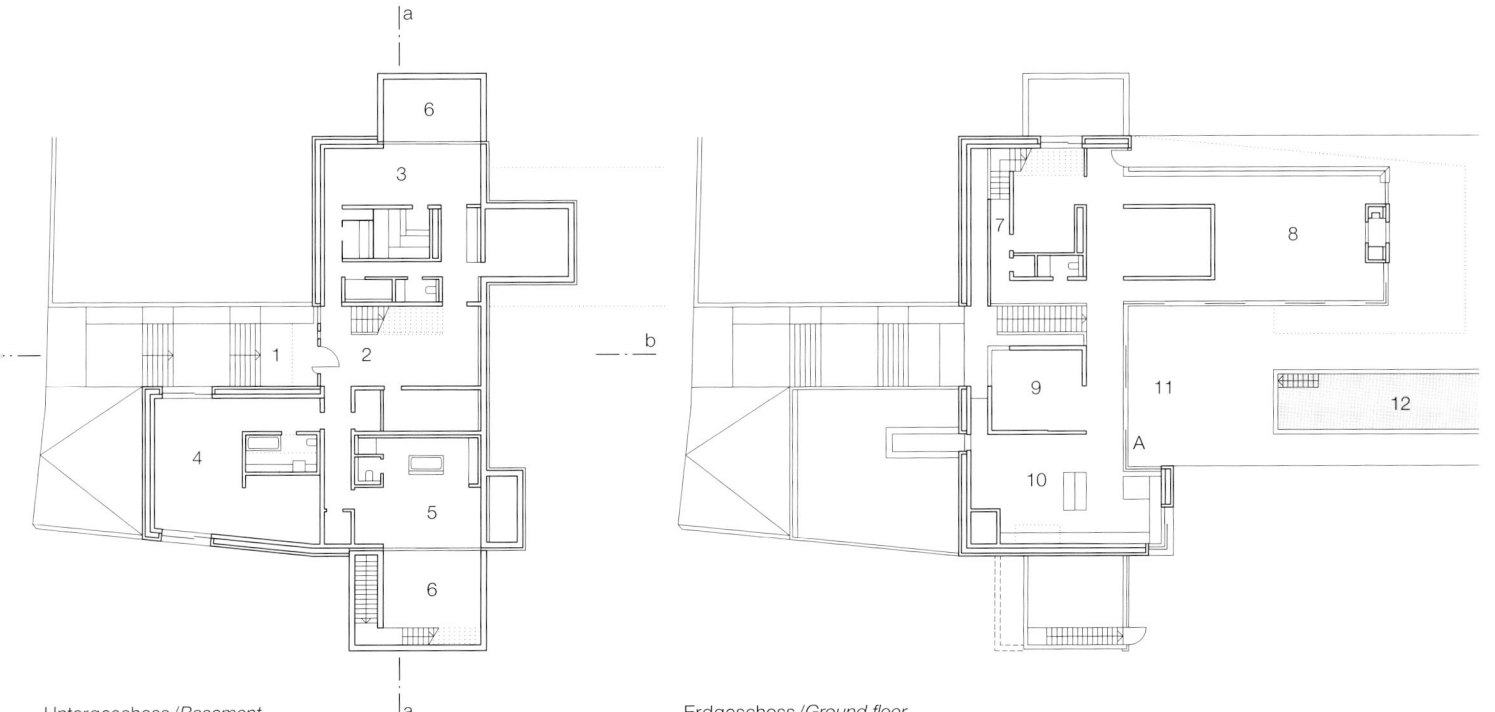

Untergeschoss / Basement   Erdgeschoss / Ground floor

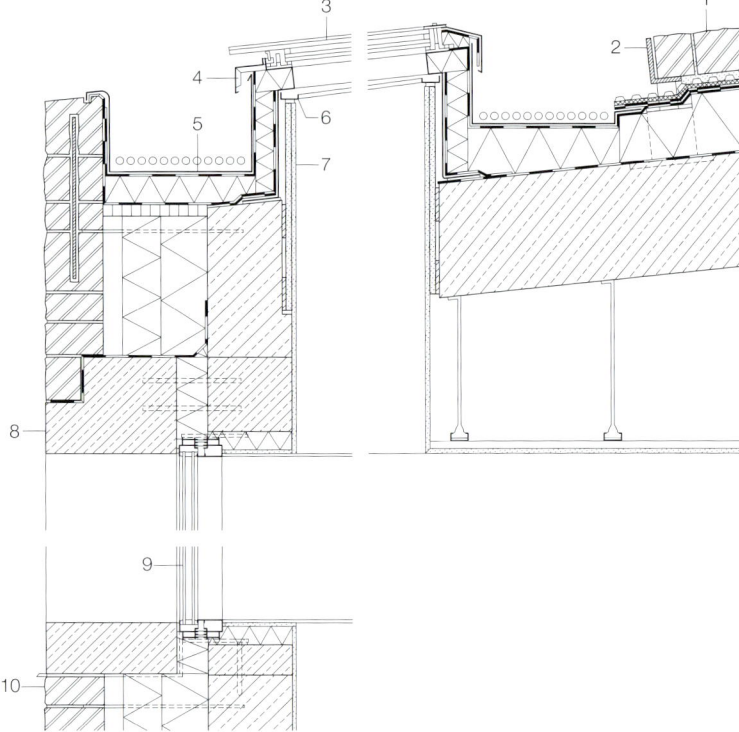

A

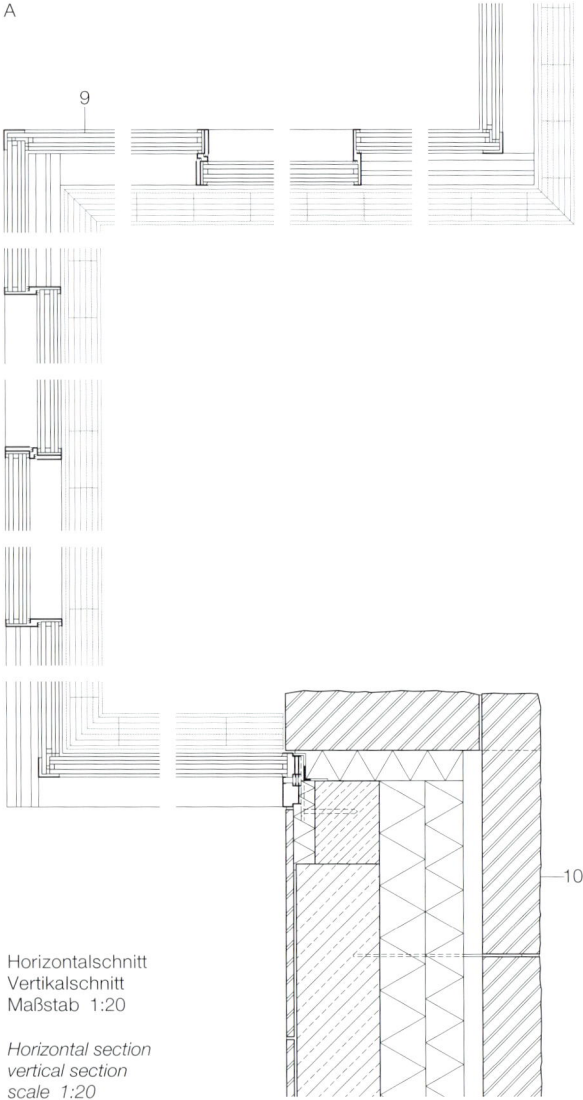

Horizontalschnitt
Vertikalschnitt
Maßstab 1:20

*Horizontal section
vertical section
scale 1:20*

1 Dachaufbau:
 Naturstein Granit 110 mm,
 Stoßfugen mit Dränagemörtel
 verfugt
 Dränagemörtel 10 mm
 Kunststoff-Noppenbahn
 Dränage-Bautenschutz-
 Verbundmatte
 Abdichtung bituminös dreilagig
 Wärmedämmung PUR-Hart-
 schaumplatte 160 mm
 Dampfbremse
 Stahlbetondecke 300 mm
 Innenputz 10 mm
2 Schubsicherung Stahlprofil
 L 120/90/12 mm verzinkt,
 auf Abstandhalter, mit
 Flüssigkunststoff abgedichtet
3 Isolierverglasung ESG 12 mm +
 SZR 14 mm + VSG 2× 10 mm
 in Aluminiumrahmen schwarz
 eloxiert
4 Falzentwässerung
 Aluminiumrohr Ø 12 mm
5 Edelstahlrinne, mit
 Flüssigkunststoff beschichtet
6 Kondenswasserrinne Aluminium
7 Putz 12 mm auf
 Gipskartonplatte 15 mm
8 Stahlbetonfertigteil
9 Glasschiebeelement rahmenlos:
 VSG 2× 10 mm + SZR 14 mm +
 ESG 12 mm
10 Wandaufbau:
 Naturstein Granit 150 mm,
 befestigt mit
 Mauerwerksanker Edelstahl
 Hinterlüftung 50 mm
 Wärmedämmung PUR-Hart-
 schaumplatte 120 + 100 mm
 Stahlbetonwand 220 mm
 Innenputz 10 mm /
 Granitplatte 20 mm geklebt
11 Bodenaufbau:
 Sandsteinplatte 20 mm
 Mörtelbett 8 mm
 Zementestrich mit
 Fußbodenheizung 60 mm
 Estrichfolie
 Trittschalldämmung 20 mm
 Wärmedämmung 40 mm

1 *roof construction:
 110 mm natural stone, granite
 vertical joints: drainage mortar
 10 mm drainage mortar
 dimpled membrane, plastic
 drainage and building
 protection mat
 3-ply bituminous membrane
 160 mm PUR rigid insulation
 vapour barrier
 300 mm reinforced concrete slab
 10 mm interior render*
2 *120/90/12 mm steel L-profile
 for shear protection, galvanised,
 mount to spacers
 liquid plastic sealant*
3 *insulation glazing:
 12 mm toughened glass +
 14 mm cavity + 2× 10 mm
 laminated safety glass in
 aluminium frame,
 anodised black*
4 *Ø 12 mm aluminium RHS standing
 seam drainage*
5 *stainless steel gutter,
 liquid plastic coating*
6 *aluminium evaporation channel*
7 *12 mm render on 15 mm
 gypsum board*
8 *prefabricated reinforced concrete
 element*
9 *frameless glass sliding element:
 2× 10 mm laminated safety glass
 + 14 mm cavity + 12 mm
 toughened glass*
10 *wall construction:
 150 mm natural stone, granite
 stainless steel masonry connector;
 50 mm ventilation gap;
 120 mm + 100 mm PUR rigid
 thermal insulation
 220 mm reinforced concrete wall
 10 mm interior stucco
 20 mm granite panel, laminated*
11 *floor construction:
 20 mm sandstone paver
 8 mm mortar bed
 60 mm cement screed with
 underfloor heating; screed foil
 20 mm impact sound insulation
 40 mm thermal insulation*

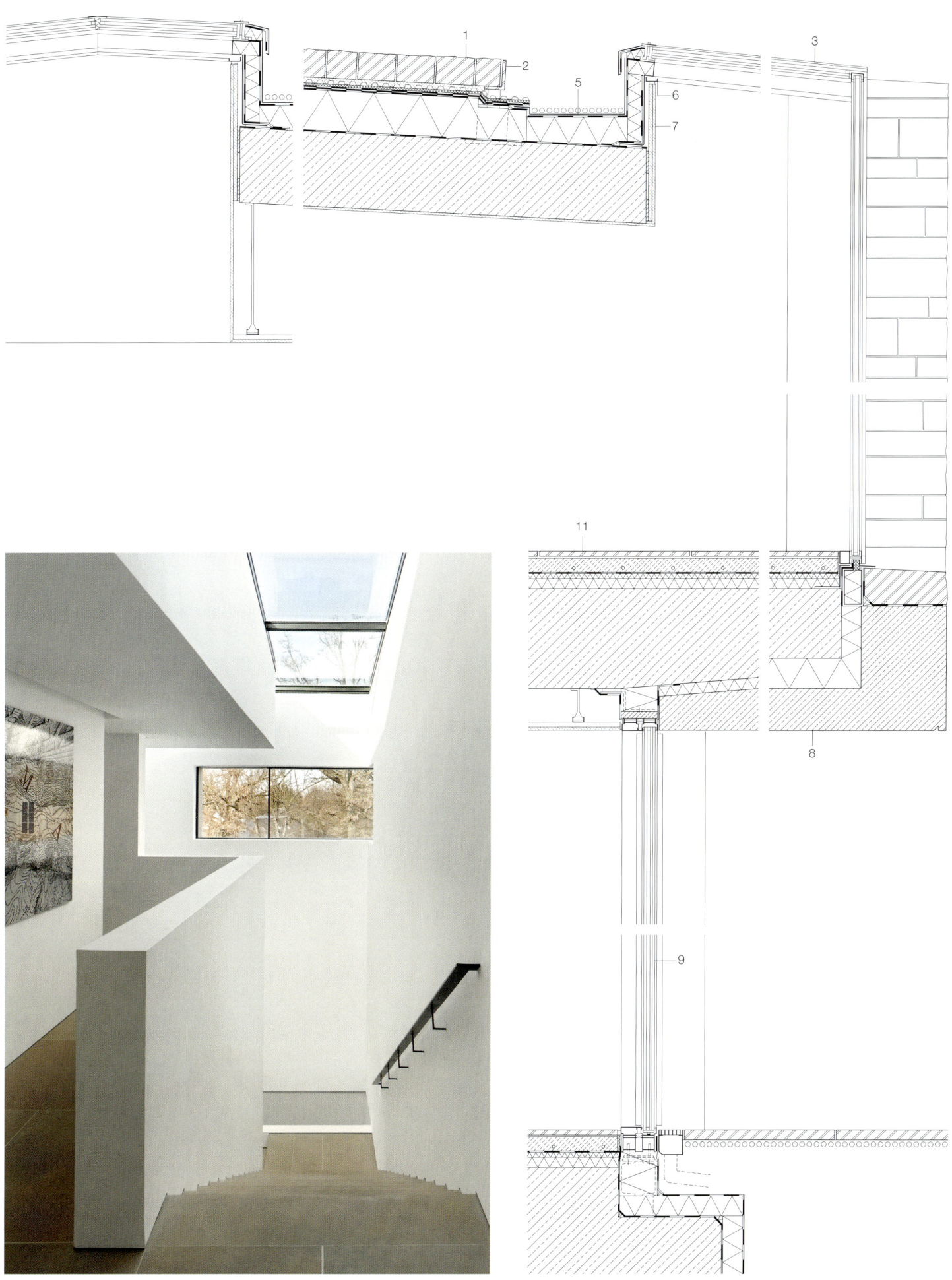

Wohnhaus in Ávila

House in Ávila

Architekten • *Architects*:
Herreros Arquitectos, Madrid
Tragwerksplaner • *Structural engineer*:
Eduardo Barrón, Madrid

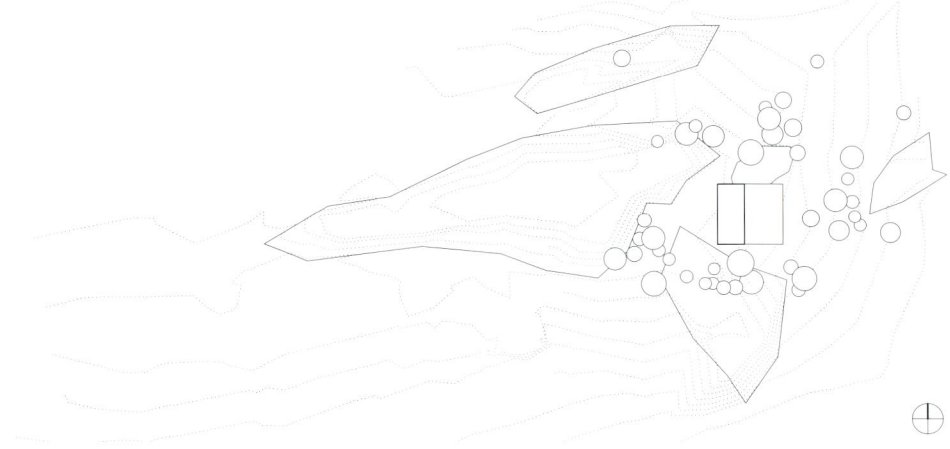

Das einfache Wohnhaus, auf einem Hügel im spanischen Ávila gelegen, dient als Prototyp für ein industriell vorgefertigtes modulares System, das je nach Bedürfnissen der Nutzer variiert und erweitert werden kann. Trotz geringer Kosten, kurzer Bauzeit und hohem Vorfertigungsgrad entstand ein hochwertiges Gebäude. Die Konstruktion besteht aus acht in der Werkstatt vorgefertigten Elementen: vier für den Sockel und vier für das Galeriegeschoss mit Dach. Die Einheiten wurden in Trockenbauweise erstellt und einschließlich der inneren Verkleidung, Fußbodenheizung und integrierter Möbel angeliefert. Ihre Größe ist auf die maximal im Straßenverkehr zulässigen

Maße von 3 m Breite, 2,50 m Höhe und 12 m Länge begrenzt. Im Lauf eines Tages konnten die Arbeiter die Grundkonstruktion mithilfe eines Krans montieren. Lediglich Teile der äußeren Fassaden- und Dachverkleidung mussten sie vor Ort anbringen, um eine kontinuierliche, dichte äußere Hülle zu erreichen. Durch seinen industriellen Charakter hebt sich das losgelöst vom Boden auf zehn Stützen stehende Gebäude von der Landschaft ab: Fassade und Dach sind außen mit verzinktem Wellblech und innen mit OSB-Platten verkleidet. Weitere vorgefertigte und auf der Terrasse platzierte Schlafzimmer sollen das Wohnhaus ergänzen.   DETAIL 05/2012

This simple residential house, situated on a hill in Ávila, Spain, serves as a prototype for an industrially prefabricated modular system that offers the opportunity for variation and expansion according to users' needs. Despite low costs, short construction time, and a high degree of prefabrication, the architects created a high-quality product. Its construction consists of eight elements that were prefabricated in the workshop: four elements as pedestal and four as gallery level with roof. The industrial character of the building provides a strong contrast to the landscape: Facades and roof feature exterior cladding made of galvanised steel sheet metal, while interiors are lined with OSB panels.

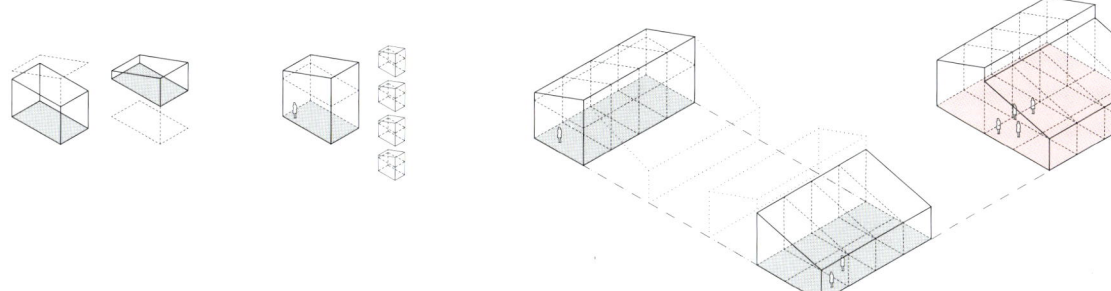

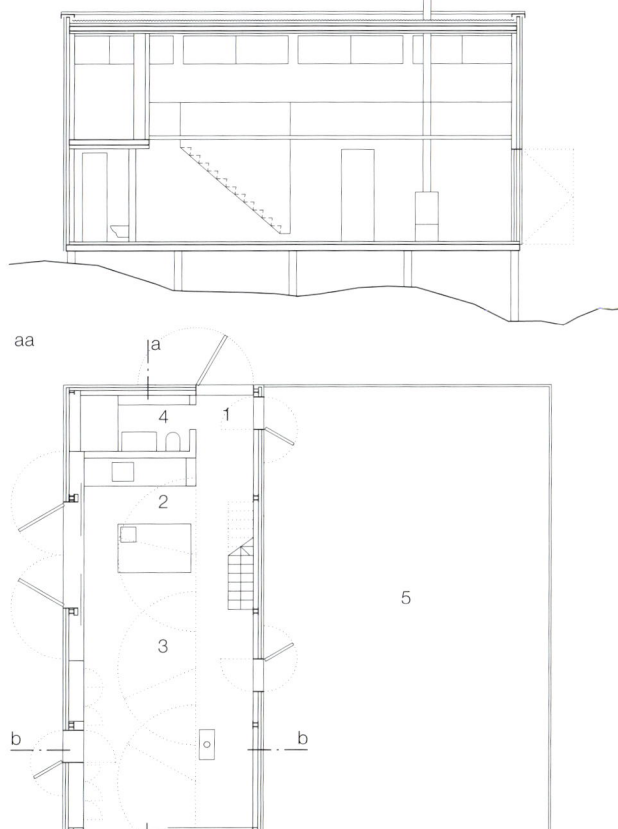

aa

b ——— b

|a

|a

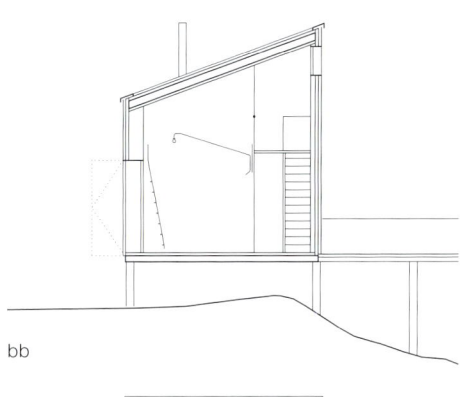

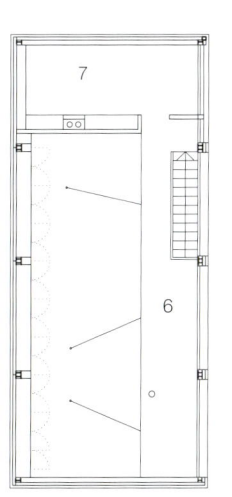

bb

Lageplan
Maßstab 1:5000
Site plan
scale 1:5000

additives System
Bauprozess
additive system
construction process

Bruttogrundfläche: 90 m²
Gross floor area: 90 m²
Bauwerkskosten:
100 000 €
Total gross construction
cost: €100,000

Grundrisse · Schnitte
Maßstab 1:200

1 Diele
2 Küche
3 Wohnen/Essen
4 Bad
5 Terrasse
6 Gang
7 Schlafen

Floor plans · Sections
scale 1:200

1 *Entrance*
2 *Kitchen*
3 *Living and dining room*
4 *Bathroom*
5 *Terrace*
6 *Corridor*
7 *Bedroom*

141

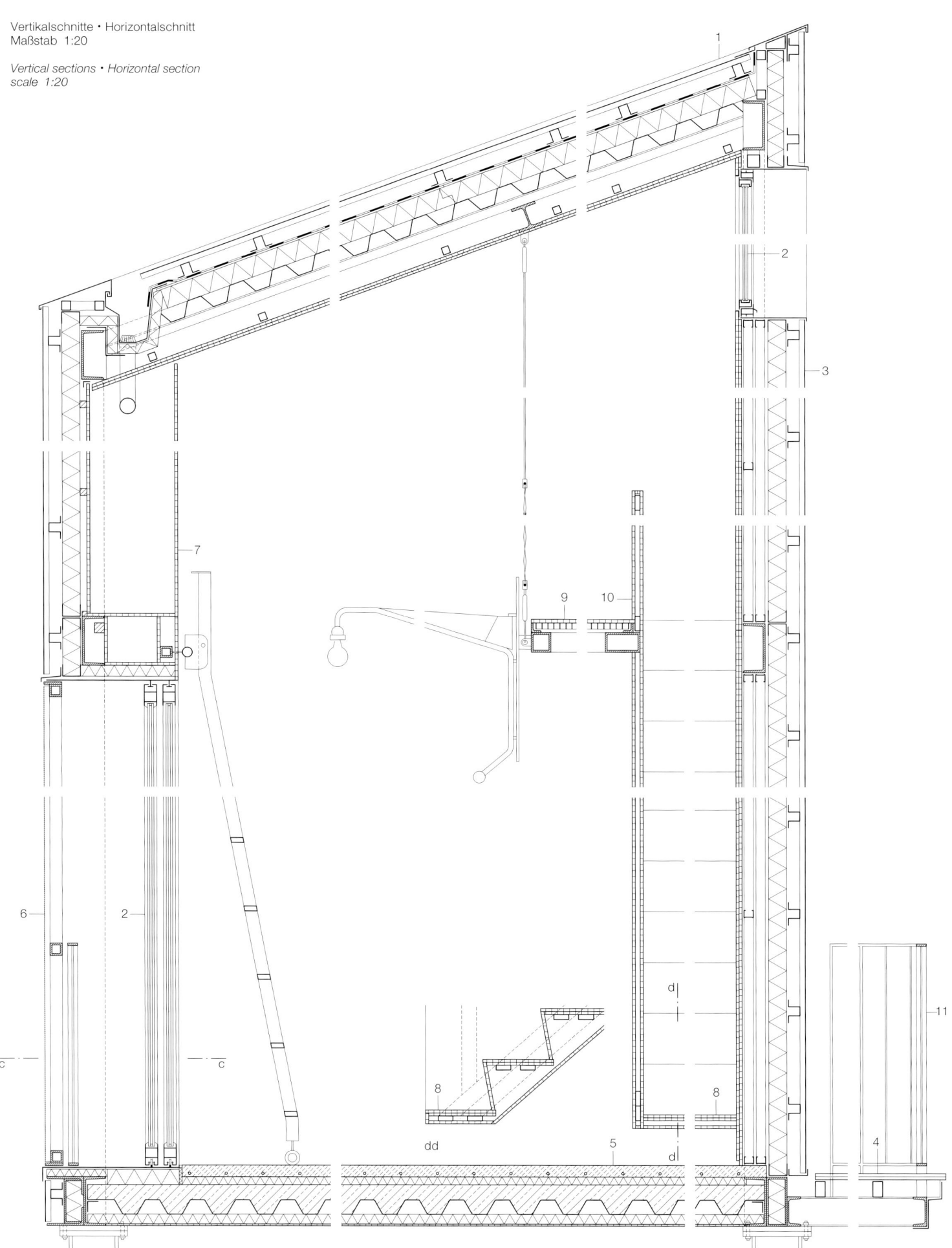

1 Wellblech Stahl verzinkt 22 mm
Aluminiumprofil 56/31 mm
Dichtungsbahn
Sandwichpaneel Aluminium/Polystyrol,
Nut-und-Federverbindung 80 mm
Trapezblech Stahl 46 mm
Sekundärträger Stahlprofil L 50/50 mm
Hauptträger Stahlprofil I 100/100 mm
Hinterlüftung, Aluminiumrohr ⌷ 30/30 mm
OSB-Platte 2× 12 mm
2 Isolierverglasung in Aluminiumrahmen,
thermisch getrennt, silber lackiert
3 Wellblech Stahl verzinkt 22 mm
Aluminiumprofil 40/25 mm
Sandwichpaneel Aluminium/Polystyrol,
Nut-und-Federverbindung 80 mm
Hinterlüftung, Aluminiumständer 2× 38 mm
OSB-Platte 2× 12 mm
4 Diele Ipé 25 mm
Stahlrohr ⌷ 70/40/3 mm
5 Epoxidharz, Estrich mit Fußbodenheizung 50 mm
Dämmung Polystyrol 40 mm
Verbunddecke:
Stahlbeton 140 mm in
Trapezblech Stahl 60 mm
Sandwichpaneel Aluminium/Polystyrol 40 mm
Sperrholzplatte phenolharzbeschichtet,
verschraubt, dunkelgrau lackiert
6 Laden Wellblech Stahl, gelocht, verzinkt,
auf Rahmen Stahlrohr ⌷ 40/40 mm,
dunkelgrau lackiert
7 Schrank OSB-Platte 15 mm
8 Treppe OSB-Platte 2× 12 mm;
Stahlrohr verschweißt ⌷ 60/20 mm
9 Holzspanplatte recycelt 5 mm
Stahlrost lackiert 30/30 mm
Stahlrohr ⌷ 140/80 mm
Stahrohr ⌷ 80/80 mm
10 OSB-Platte 12 mm
Stahlrohr verschweißt ⌷ 60/20 mm
OSB-Platte 12 mm
11 Geländer dunkelgrau lackiert:
Flachstahl horizontal 40/10 mm
Stahlstab vertikal ⌀ 5 mm

1 22 mm corrugated steel sheet metal, galvanised
56/31 mm aluminium channel
sealant layer
80 mm sandwich panel, aluminium polystyrene,
tongue-and-groove connection
46 mm metal decking
50/50 mm steel angle (purlin)
100/100 mm steel I-section (beam)
30/3 mm aluminium SHS, back-ventilation
2× 12 mm OSB panel
2 insulation glazing in aluminium frame, thermally
separated, silver paint finish
3 22 mm corrugated steel sheet metal
40/25 mm aluminium profile
80 mm sandwich panel, aluminium polystyrene,
tongue-and-groove connection
2× 38 mm aluminium studs
2× 12 mm OSB panel
4 25 mm ipe decking
70/40/3 mm steel RHS
5 50 mm screed with underfloor heating and epoxy
resin finish; 40 mm polystyrene thermal insulation
composite ceiling:
140 mm reinforced concrete
60 mm metal decking
40 mm sandwich panel, aluminium polystyrene
plywood panel, phenol resin coating, screw
connectors, dark grey paint finish
6 corrugated steel sheet metal door, perforated,
galvanized
40/40 mm steel SHS, dark grey paint finish
7 15 mm OSB closet
8 2× 12 mm OSB staircase
60/20 mm steel RHS, welded
9 5 mm flooring, particle board, recycled
30/30 mm steel grating, paint finish
140/80 mm steel RHS
80/80 mm steel SHS
10 12 mm OSB panel
60/20 mm SHS, welded
12 mm OSB panel
11 railing, dark grey paint finish:
40/10 mm horizontal flat steel
5 mm vertical steel rod

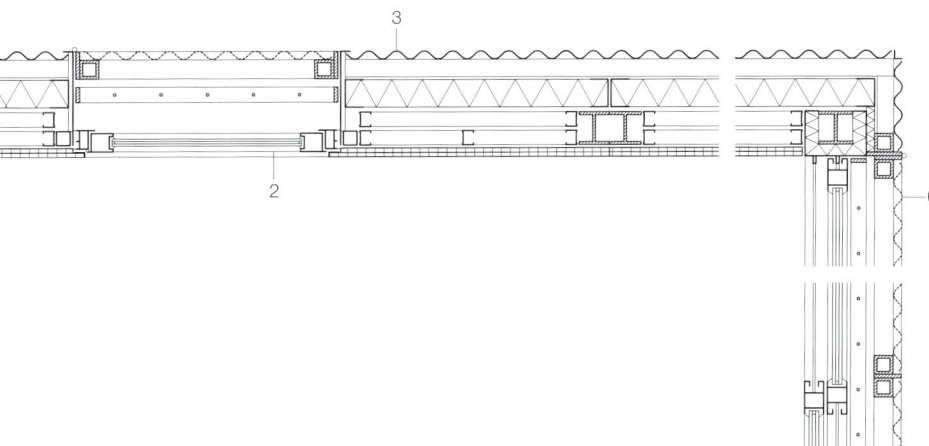

cc

Wohnhaus in Sulz

House in Sulz

Architekt · *Architects*:
Bernardo Bader, Dornbirn
Tragwerksplaner · *Structural engineers*:
Mader & Flatz, Bregenz

Der markante hölzerne Baukörper steht am Rand eines eng parzellierten Neubaugebiets im Vorarlberger Rheintal, an eine unverbaubare Grünzone im Westen anschließend. Zeitweise stark frequentierte Spazier- und Radwege führen am Haus vorbei zu einem Naherholungsgebiet. Von Osten wird die künftige Bebauung heranrücken. Um in dieser Lage die gewünschte Privatheit zu gewährleisten, trotzdem aber auch in Bezug zur Umgebung zu treten, ist das Gebäude als introvertiertes Hofhaus mit gezielten Ausblicken konzipiert. Im Gegensatz zu vielen Wohnhäusern der Gegend, bei denen eher notdürftig mit Bepflanzung abgeteilte Freibereiche in erster Linie einen Restabstand markieren, steht hier

ein privater, vielseitig nutzbarer Innenhof im Zentrum. Große Glasflächen mit Schiebeelementen erweitern die Wohnräume nicht nur optisch ins Freie; die Bauherrnfamilie kann, teils überdacht, auch draußen wohnen. Ein großes Fenster rahmt den Blick von der Terrasse in den Landschaftsraum, bei Bedarf lässt es sich mit Schiebeläden schließen. Eine weitere mit Bedacht positionierte Öffnung findet sich über dem Essplatz: das annähernd quadratische Fenster in der Nordfassade ist hoch genug gesetzt, um Einblicke von außen zu verhindern, von innen bietet sich die Aussicht auf den am Hang liegenden Dorfkern von Viktorsberg. Küche und Essbereich gehen fließend in

den Wohnraum über, dabei zonieren unterschiedliche Höhen diesen Gemeinschaftsbereich. Mit einer Ausnahme sind auch die Schlafzimmer im Obergeschoss zum Hof orientiert. So lässt sich mit Abstand das Geschehen ein Stockwerk tiefer verfolgen, und über den Hof hinweg zeigt sich bei guter Sicht die Schweizer Seite des Rheintals. Die Fassaden sind mit sägerauer Tanne geschalt, die geschützten Bereiche an Eingang und Terrasse als gehobelte, glatte Flächen ausgeführt. Innen sorgen bandgesägte, somit leicht gewellte und aufgeraute Dielen für Fußwärme, da beim Gehen immer kleinste Lufträume erhalten bleiben.
DETAIL 01–02/2012

1	Eingang	1	Entrance	
2	Freisitz überdacht	2	Covered seating	
3	Innenhof	3	Courtyard	
4	Garage	4	Garage	
5	Kochen / Essen	5	Kitchen/Dining	
6	Wohnen	6	Living	
7	Schlafen	7	Bedroom	

Lageplan Maßstab 1:2000
Schnitte · Grundrisse
Maßstab 1:400

Site plan scale 1:2000
Sections · Layout plans
scale 1:400

At the edge of a new subdivision in Vorarl-berg's Rhine Valley bordered to the west by a green zone stands a home whose striking building massing is clad in wood. The plots of land here are relatively small, and the sidewalk and bike path along the edge of the site – which are at times highly frequented – lead to a recreational area. In future there will be building activity to the east. In order to attain the desired level of privacy in this setting yet retain the relationship to the surroundings, the building is conceived as an introverted court-yard house with strategic views to the land-scape beyond. In contrast to many of the single-family houses in the area in which the outdoor spaces are little more than residual

spaces with awkward plantings, here a private courtyard takes centre stage. The extensive glazing, accompanied by sliding elements, extends the living spaces – not just visually – beyond the building's limits. The family has different options – sheltered from rain or open to the sky – for spending time outdoors. A large window frames the view from the terrace to the Alpine landscape, but when needed, can be screened from view with sliding shut-ters. Another carefully positioned opening is situated above the dining-room table: the nearly square window in the north facade is placed high enough in the room so that the family is not visible from the street, while from inside there is a view of the mountainside vil-

lage Viktorsberg. The kitchen and dining area flow over into the living space, but the spaces are articulated by their different ceiling heights. The bedrooms on the upper level are – with one exception – also oriented to the court-yard. This makes it possible to see, at a slight remove, the activity on the floor below. When skies are clear, the Swiss side of the valley is visible beyond the courtyard. The exterior fa-cades and those facing the courtyard are clad in rough-sawn fir boarding; for the protected areas at the entrance and the terrace, planed, smooth surfaces were employed. Inside the home, band-sawn – and consequently slightly undulating, textured – planks contribute to the warm atmosphere.

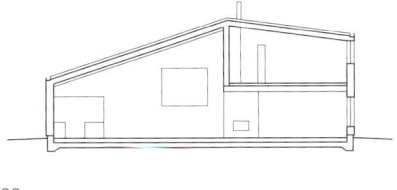

aa

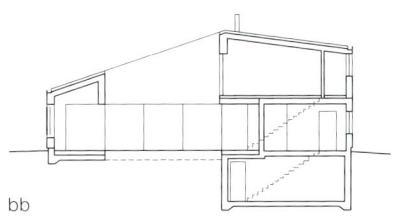

bb

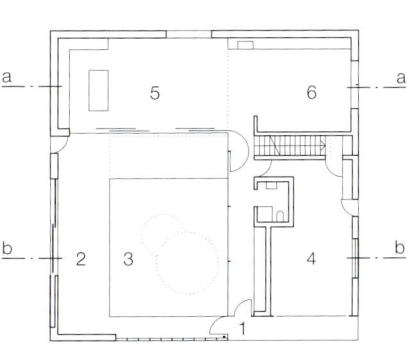

Erdgeschoss/*Ground floor*

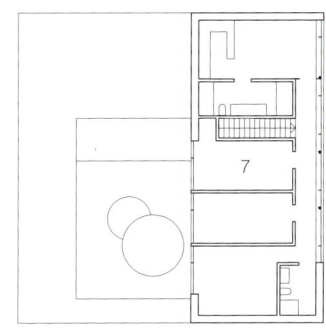

Obergeschoss/*Upper floor*

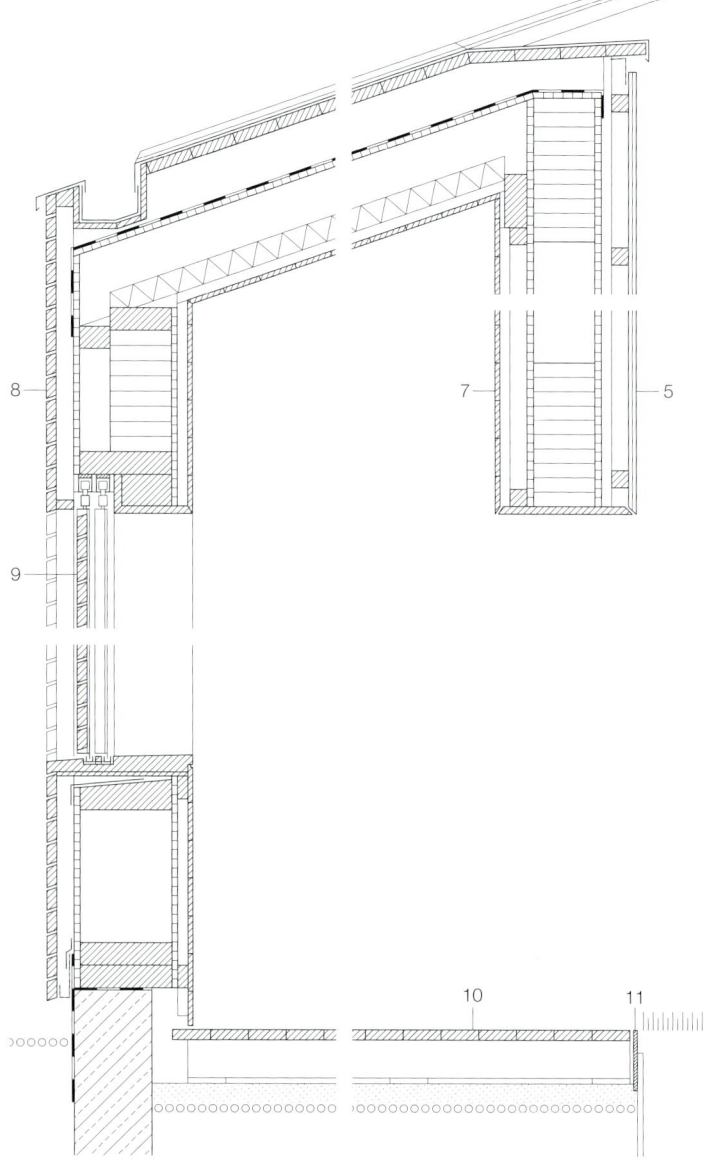

Sämtliche Holzschalungen und -dielen sind innen wie außen unbehandelt ausgeführt.

1 Schalung Tanne sägerau 26/60 mm, Traglattung/Hinterlüftung 45 mm, Fassadenbahn diffusionsoffen, Holzfaserplatte 16 mm Konstruktionsvollholz/Zellulosedämmung 240 mm OSB-Platte 15 mm, Dampfbremse Lattung 45 mm/Mineralwolledämmung 40 mm, Traglattung 27 mm Gipskartonplatte gestrichen 15 mm
2 Aluminiumblech dunkel eloxiert
3 Dreifach-Isolierverglasung in Rahmen Holz/Aluminium, Deckleisten beschichtet
4 Stehfalzdeckung Aluminium Rohschalung 30 mm, Konterlattung/Hinterlüftung 120 mm Nageldichtung, Unterspannbahn Kunststoff diffusionsoffen Unterdeckplatte Holzfaser hydrophobiert 60 mm Konstruktionsvollholz/Zellulosedämmung 240 mm OSB-Platte 15 mm, Dampfbremse Installationsebene/Lattung 27 mm Gipskartonplatte gestrichen 15 mm
5 Nut-und-Feder-Schalung vertikal: Tanne sägerau 20 mm
6 Dielen Eiche bandgesägt 20 mm
7 Schalung Tanne gehobelt 20 mm
8 Schalung Tanne sägerau 26/60 mm
9 Schiebeladen: Schalung Lärche sägerau 26/60 mm, Rahmen Stahl schwarz lackiert
10 Dielen Terrasse Eiche bandgesägt 27 mm
11 Einfassung Stahlplatte mit Erdspieß

All wood boarding and planks – both inside and outdoors – are untreated.

1 26/60 mm rough-sawn fir boarding 45 mm battens/ventilated cavity moisture-diffusing facade membrane; 16 mm wood fibreboard 240 mm timber beam/cellulose insulation; 15 mm oriented-strand board; vapour retarder 45 mm battens/40 mm mineral-wool insulation; 27 mm battens 15 mm plasterboard, painted
2 aluminium sheet, anodised in dark shade
3 triple glazing in wood/aluminium frame, caps coated
4 aluminium standing-seam roofing 30 mm rough boarding; 120 mm counterbattens/ventilated cavity nail sealing tape; plastic sarking membrane, moisture diffusing 60 mm wood-fibre sheathing, water-repellent 240 mm structural timber/cellulose insulation 15 mm oriented-strand board vapour retarder 27 mm building services layer/ battens 15 mm plasterboard, painted
5 tongue-and-groove boarding, vertical: 20 mm rough-sawn fir
6 20 mm oak planks, band-sawn
7 20 mm fir boarding, squared
8 26/60 mm rough-sawn fir boarding
9 sliding shutters: 26/60 mm rough-sawn larch boarding steel frame, laquered black
10 terrace deck: 27 mm band-sawn oak planks
11 steel plate surround with spike

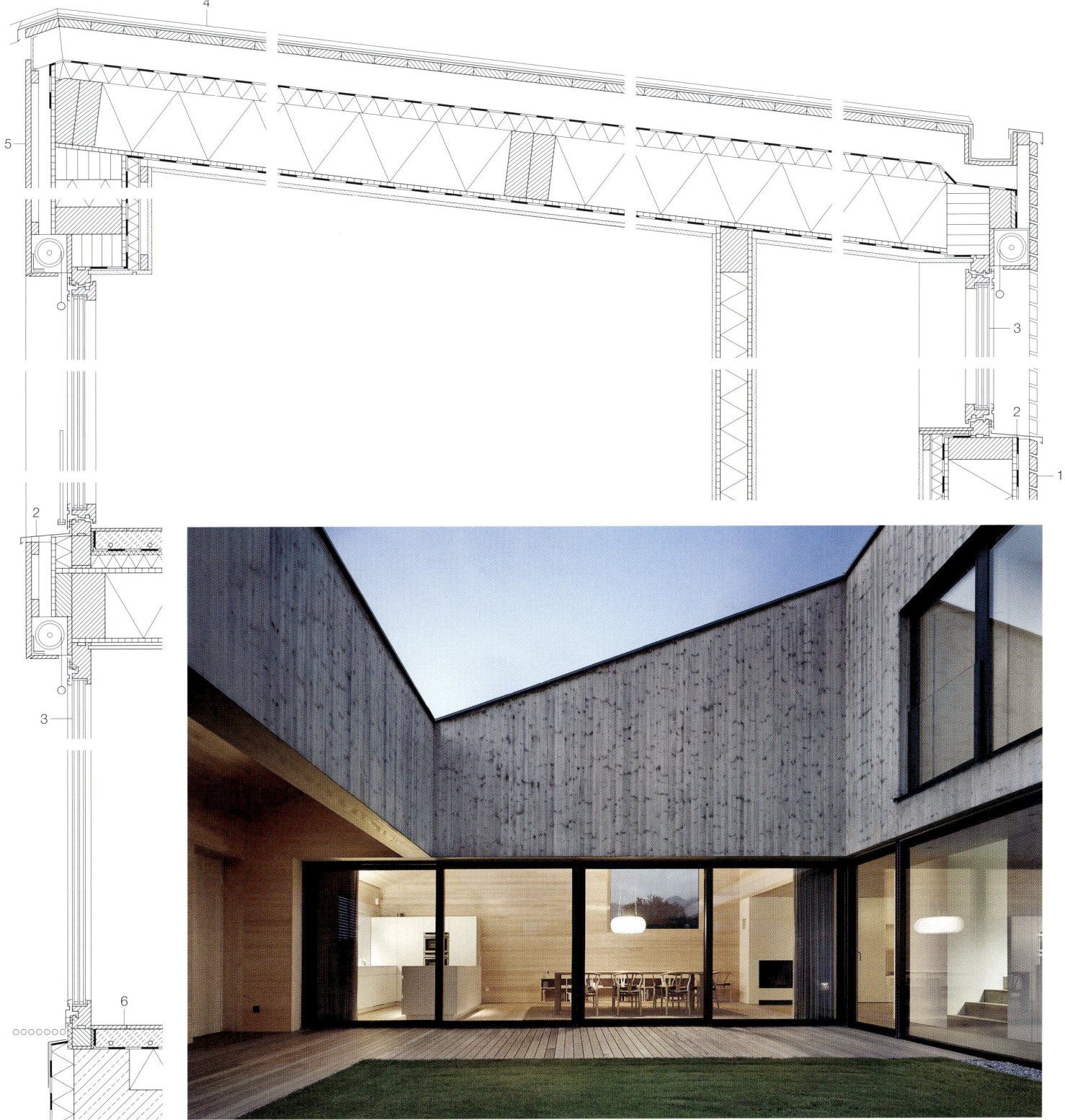

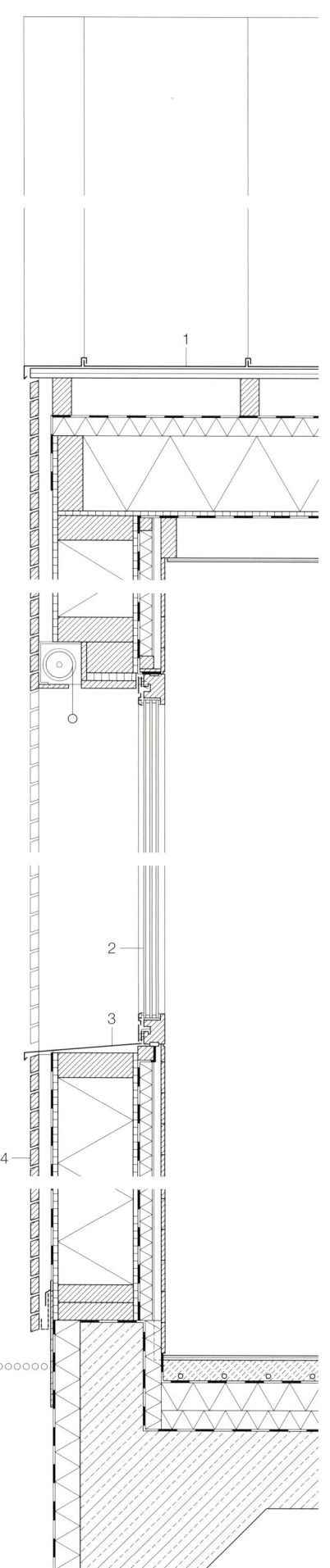

Schnitt Nordfassade   Maßstab 1:20

1 Stehfalzdeckung Aluminium, Rohschalung 30 mm
   Konterlattung / Hinterlüftung 120 mm
   Nageldichtung, Unterspannbahn Elastomerbitumen
   Unterdeckplatte Holzfaser hydrophobiert 60 mm
   Konstruktionsvollholz / Zellulosedämmung 240 mm
   OSB-Platte 15 mm, Dampfbremse
   Installationsebene / Lattung 140 mm
   Täfelung Tanne gehobelt 20 mm
2 Dreifach-Isolierverglasung in Rahmen Holz /
   Aluminium, Deckleisten beschichtet
3 Aluminiumblech dunkel eloxiert
4 Schalung Tanne sägerau 26/60 mm
   Traglattung / Hinterlüftung 45 mm, Fassadenbahn
   diffusionsoffen, Holzfaserplatte 16 mm
   Konstruktionsvollholz / Zellulosedämmung 240 mm
   OSB-Platte 15 mm, Dampfbremse
   Lattung 45 mm / Mineralwolledämmung 40 mm
   Traglattung 27 mm
   Täfelung Tanne gehobelt 20 mm

Section of north facade   scale 1:20

1 aluminium standing-seam roofing; 30 mm rough
   boarding; 120 mm counterbattens /ventilation cavity
   nail sealing tape; elastomer bitumen sarking
   membrane
   60 mm wood-fibre sheathing, water-repellent
   240 mm timber beam/cellulose insulation
   15 mm oriented-strand board; vapour retarder
   140 mm building services layer/battens
   20 mm fir panelling, planed
2 triple glazing in wood/aluminium frame, caps coated
3 aluminium sheet, anodised in dark shade
4 26/60 mm rough-sawn fir boarding
   45 mm battens / ventilated cavity
   moisture-diffusing facade membrane
   16 mm wood fibreboard
   240 mm timber beam/cellulose insulation
   15 mm oriented-strand board; vapour retarder
   45 mm battens / 40 mm mineral-wool insulation
   27 mm battens; 20 mm fir panelling, pland

Ferienhaus in Vitznau

Holiday House in Vitznau

Architekten · *Architects*:
Lischer Partner Architekten Planer, Luzern
Tragwerksplaner · *Structural engineers*:
Trachsel, Luzern (Hochbau · Structural engineering)
Holzbauingenieur · *Timber construction engineer*:
Pirmin Jung Ingenieure für Holzbau, Rain

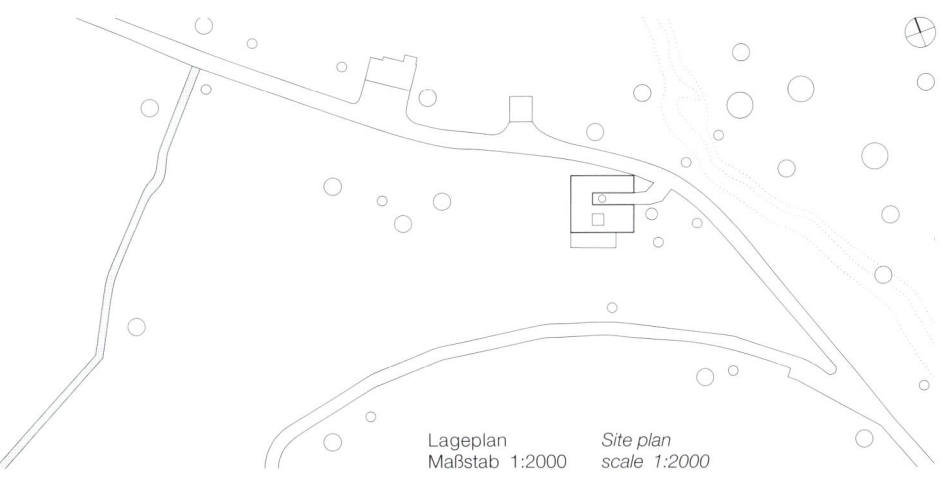

Lageplan   Site plan
Maßstab 1:2000   scale 1:2000

Die Lage vor der Felskulisse am Vierwaldstättersee inspirierte die Architekten zu dem monolithisch wirkenden Betonkubus, der mit dem Hintergrund verschmilzt. Den Effekt eines veredelten Felsblocks erreichen sie durch die Beimischung von Kies, der den rötlichen Farbton des Nagelfluh aufnimmt. Eine Behandlung der Oberfläche mit einem Wasserhochdruckstrahler legte die Körnung frei und verleiht dem Beton seine raue, einheitliche Oberfläche. Hinter der grauen Schale verbirgt sich ein Kern aus Lärchenholz. Alle inneren Flächen, von Wand über Boden bis zur Decke, sind mit Blockholzplatten aus verleimten Vollholzstäben belegt. Die selbsttragende innere Holzkonstruktion besteht aus vorgefertigten gedämmten Hohlkastenelementen, die vor Ort montiert mit Dampfbremse und außenseitiger Dämmung versehen wurden. Die Materialien Holz und Beton bilden eine konstruktive Einheit: Die Holzelemente dienen als verlorene Schalung für den Ortbeton; durch den Verbund konnten die Dimensionen der tragenden Holzelemente reduziert werden, da sie keine Schubkräfte aufnehmen müssen. Die aus dem Volumen geschnittenen Loggien mit Ausblicken auf den See machen die umlaufende Holzverkleidung mit ihrem warmen Gelbton auch außen sichtbar, stellen den Bezug zum umliegenden Baumbestand her und heben sich konsequent von der harten Betonschale ab.   DETAIL 12/2012

This location on Lake Lucerne inspired a monolithic cube with a rough concrete outer skin that merges with the background. The effect of a noble stone block was achieved by the gravel content that absorbed the reddish colour of the conglomerate. High-pressure water treatment of the surface brought out the grain and lent the concrete a rough, uniform finish. All internal surfaces are lined with insulated slabs of solid wood strips. The timber and concrete enter into a constructional unity: the wooden elements form a permanent formwork to the in-situ concrete. Cut from the overall volume, the loggias, with views of the lake, reveal the timber cladding and are contrasted with the hard, concrete, outer skin.

1 Schlafen	1 Bedroom	Grundrisse
2 Loggia	2 Loggia	Schnitte
3 Technikraum	3 Services room	Maßstab 1:250
4 Bibliothek/Büro	4 Library/Office	
5 Sauna	5 Sauna	*Floor plans*
6 Waschraum	6 Washroom	*Sections*
7 Weinkeller	7 Wine cellar	*scale 1:250*
8 Wohnen	8 Living room	
9 Essen	9 Dining room	
10 Küche	10 Kitchen	
11 Innenhof	11 Courtyard	
12 Garage	12 Garage	
13 Brücke	13 Bridge	

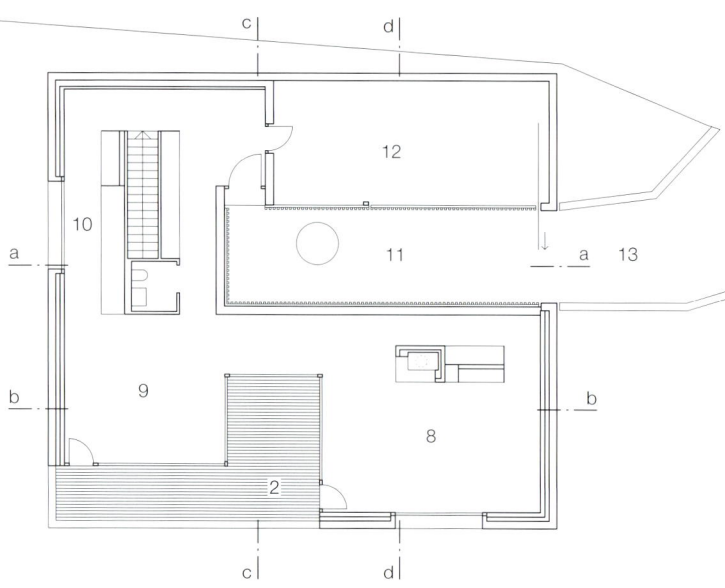

2. Obergeschoss / *Second floor*

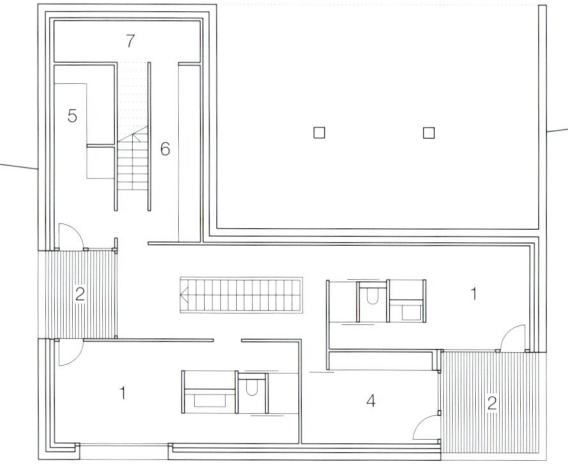

1. Obergeschoss / *First floor*

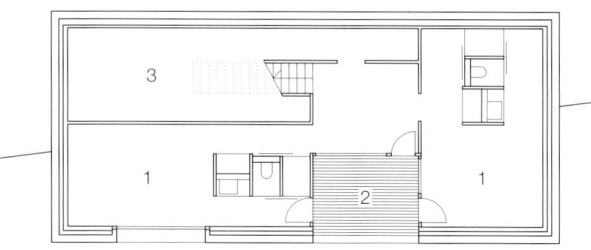

Erdgeschoss / *Ground floor*

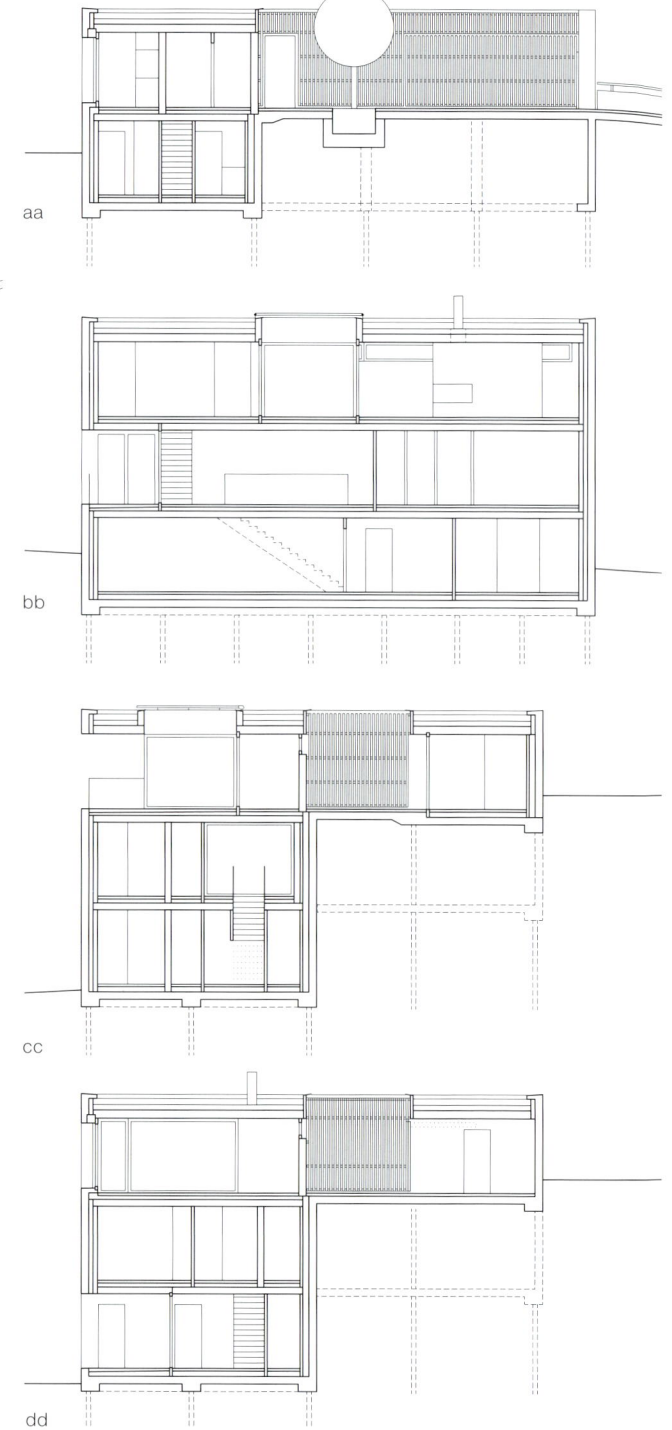

aa

bb

cc

dd

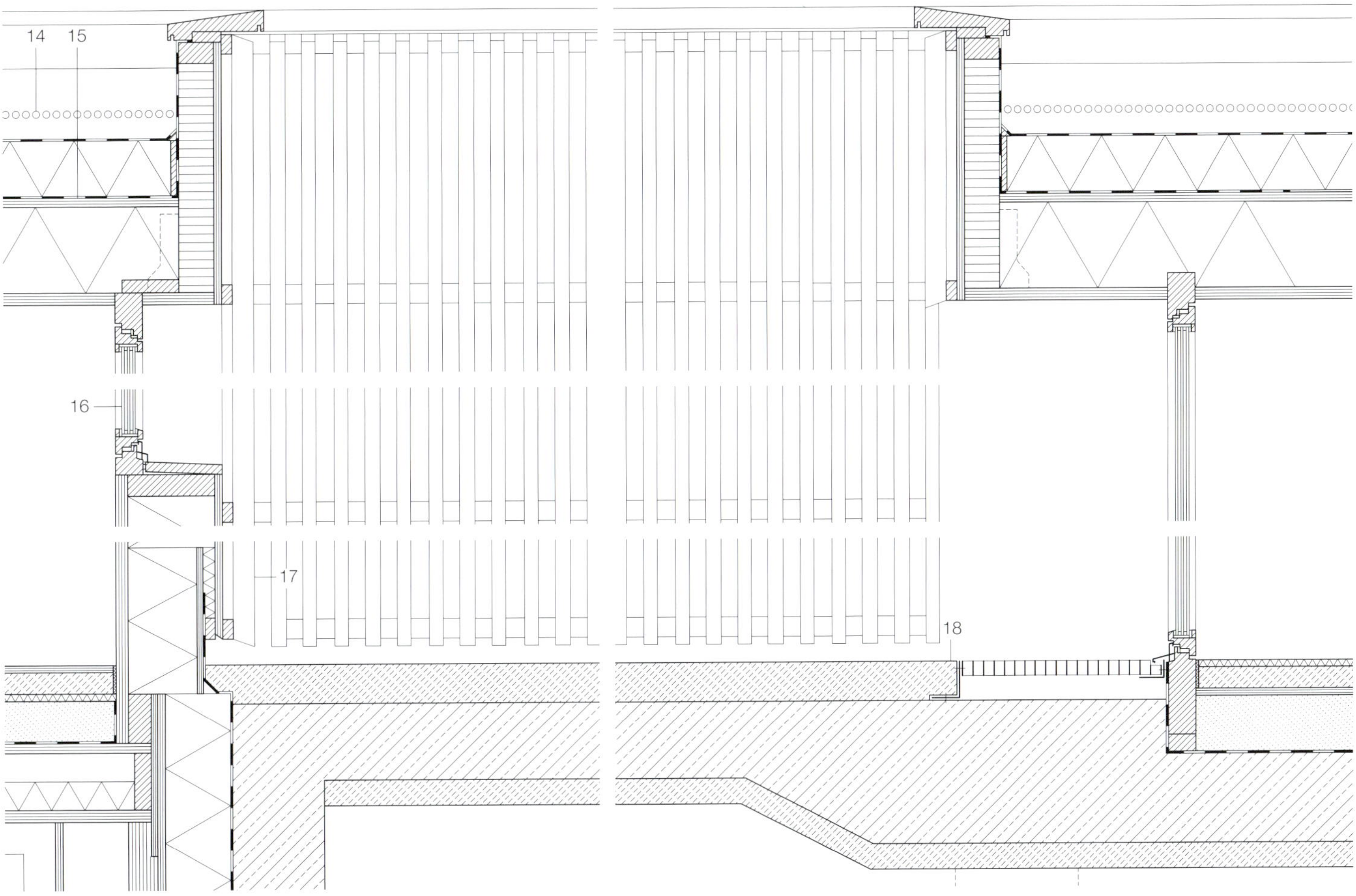

14 Pflanzsubstrat 80–100 mm
Schutzvlies 400 g/m² 4 mm
Polymerbitumenbahn 5 + 3 mm
Gefälledämmung 60–160 mm
Dampfsperre
15 Hohlkastenelement:
Blockholzplatte 27 mm
Kantholzrippen 60/240 m
dazwischen Dämmung 240 mm
Blockholzplatte Lärche 35 mm
16 Fensterband, Dreifach-Isolier-
verglasung, Rahmen Lärche
17 Lattung Lärche 40/60 mm
Lattung 30/60 mm
Hohlkastenelement:
Blockholzplatte 27 mm
Kantholzpfosten 160/190 mm
Wärmedämmung 240 mm
Blockholzplatte Lärche 35 mm
18 Asphalt im Gefälle 105 mm
Schmutzschleuse

14 80–100 mm planting layer
4 mm protective mat 400 g/m²
5 + 3 mm polymer-bitumen layers
60–160 mm insulation to falls
vapour barrier
15 hollow-box element:
27 mm wood-strip slab
60/240 mm timber ribs with
240 mm insulation between
35 mm larch-strip slab
16 window strip:
triple glazing in larch frame
17 40/60 mm larch strips on
30/60 mm battens
hollow-box element:
27 mm wood strip slab
160/190 mm timber posts with
240 mm insulation between
35 mm larch-strip slab
18 105 mm asphalt to falls
dirt trap

Vertikalschnitt • Horizontalschnitt
Maßstab 1:20

*Vertical and horizontal sections
scale 1:20*

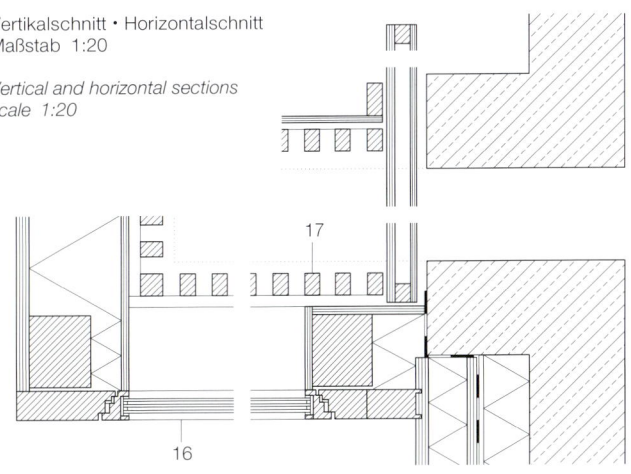

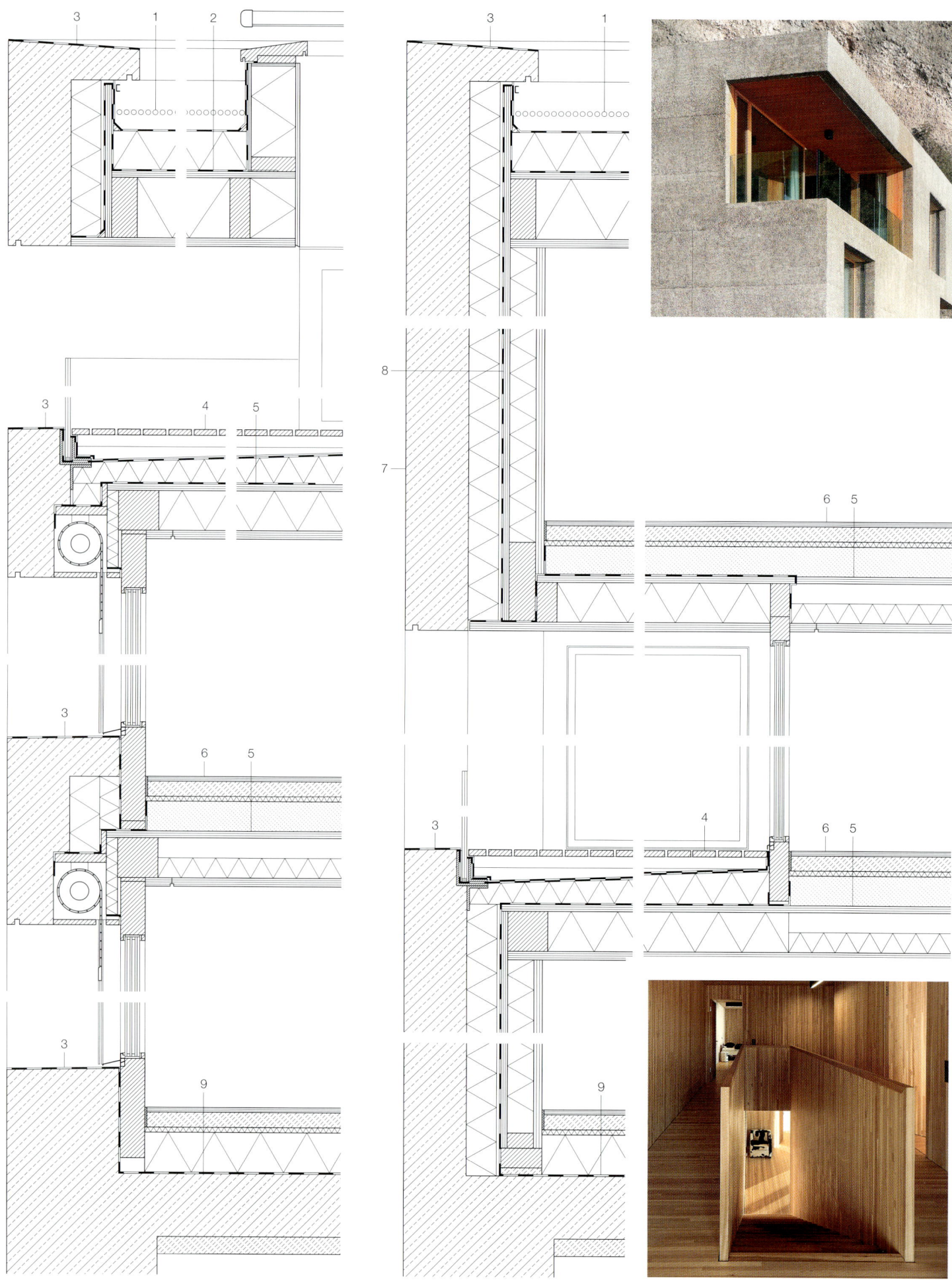

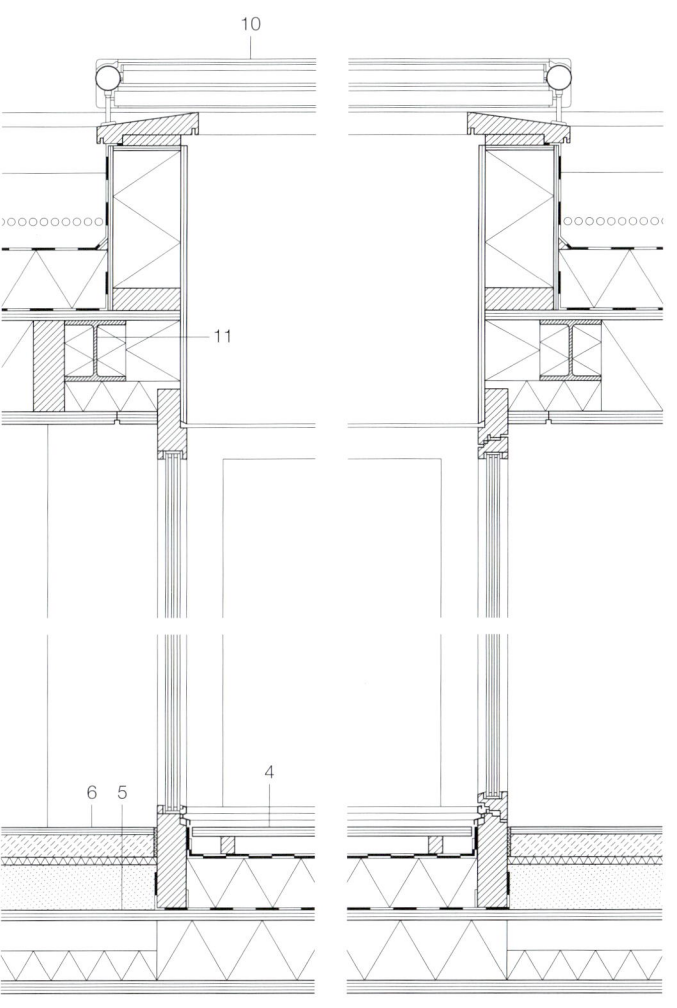

Vertikalschnitte
Maßstab 1:20
1 Pflanzsubstrat 80–100 mm
  Schutzvlies 400 g/m² 4 mm
  Polymerbitumenbahn 5 + 3 mm
  Gefälledämmung 60–160 mm
  Dampfsperre
2 Hohlkastenelement:
  Blockholzplatte 27 mm
  Kantholzrippen 60/240 mm
  dazwischen Dämmung 240 mm
  Blockholzplatte Lärche 35 mm
3 Flüssigabdichtung Kunststoff gesandet
4 Holzrost Lärche 25 mm
  Aluminiumprofil auf Neoprenlagern
  Polymerbitumenbahn 5 + 3 mm
  Gefälledämmung 90–140 mm
  Dampfsperre
5 Hohlkastenelement:
  Blockholzplatte 27 mm
  Kantholzrippen 60/160 mm
  dazwischen Dämmung
  80 bzw. 160 mm
  Blockholzplatte Lärche 35 mm
6 Bodenbelag Lärche 20 mm
  Anhydritestrich 60 mm
  Trittschalldämmung
  Mineralfaser 20 mm
  Trenn- und Gleitlager
  Lattung / Kalksplitt 120 mm
7 Ortbeton mit Kiesbeimischung,
  hochdruckgestrahlt 250 mm
  Dämmung XPS 120 mm
  Abdichtung Polymerbutyl 1,5 mm
8 Hohlkastenelement:
  Blockholzplatte 27 mm
  Kantholzrippen 40/100 mm
  dazwischen Dämmung 100 mm
  Blockholzplatte Lärche 35 mm
9 Kapillarwassersperre
  Ortbeton 250 mm
  Magerbeton 70 mm
10 Stoffmarkise
11 Unterzug Stahlprofil I 160 mm

Vertical sections
scale 1:20
1 80–100 mm planting layer
  4 mm protective mat 400 g/m²
  5 + 3 mm polymer-bitumen layers
  60–160 mm insulation to falls
  vapour barrier
2 hollow-box element:
  27 mm wood-strip slab
  60/240 mm timber ribs with
  240 mm insulation between
  35 mm larch-strip slab
3 synthetic liquid seal, sanded finish
4 25 mm larch-strip grid
  alum. sections on neoprene bearers
  5 + 3 mm polymer-bitumen layers
  90–140 mm insulation to falls
  vapour barrier
5 hollow-box element:
  27 mm wood-strip slab
  60/160 mm timber ribs with
  80 or 160 mm insulation between
  35 mm larch-strip slab
6 20 mm larch-strip flooring
  60 mm anhydrite underfloor layer
  impact-sound insulation
  20 mm mineral-fibre
  separating and sliding bearings
  120 mm battens / limestone
  chippings
7 250 mm concrete wall with gravel
  mixture; high-pressure treated
  120 mm extr. polystyrene insulation
  1.5 mm polymerbutyl seal
8 hollow-box element:
  27 mm wood-strip slab
  40/100 mm timber ribs with
  100 mm insulation between
  35 mm larch-strip slab
9 capillary water barrier
  250 mm concrete
  70 mm lean concrete
10 fabric awning
11 160 mm steel I-beam

Hausboot auf dem Eilbekkanal in Hamburg

Houseboat on the Eilbek Canal in Hamburg

Architekten • *Architects:*
Rost Niderehe Architekten und Ingenieure, Hamburg
Tragwerksplaner (Aufbau) • *Structural engineers (house):*
Niderehe Design & Engineering, Stavanger
Buschmann und Söhne, Hamburg
Tragwerksplaner (Schwimmkörper) • *Structural engineering (boat):*
Buschmann und Söhne, Hamburg

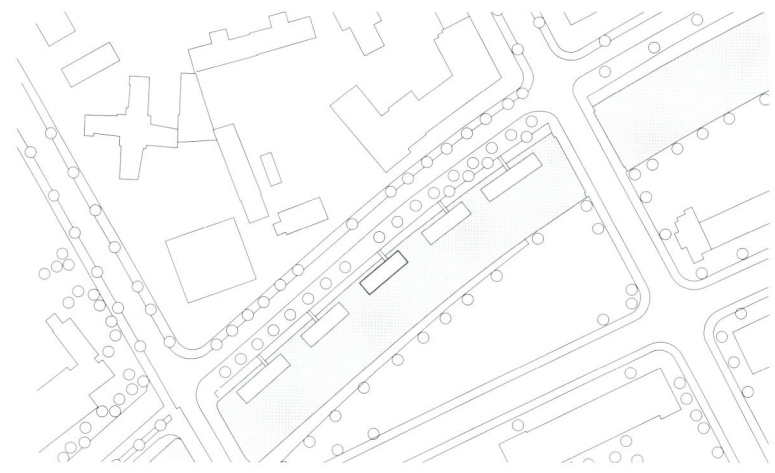

Der Stadtteil Barmbek-Süd ist ein ehemaliges Arbeiterviertel in Hamburg, das sich aufgrund seiner Zentrumsnähe wachsender Beliebtheit erfreut. So schrieb die Stadt im Jahr 2006 den Wettbewerb »Wohnen auf dem Wasser« aus, um den Eilbekkanal mit seiner steilen Uferböschung für Wohnzwecke nutzbar zu machen. Die Preisträger erhielten das Recht auf einen Liegeplatz. Bei der Planung galt es, eine Reihe von Randbedingungen zu beachten. So waren Brückengängigkeit, ein demontierbares Obergeschoss, Eintauchtiefe, Freibord – Abstand zwischen Wasserlinie und Reling – Gewicht, Farben und Oberflächen vorgegeben. Um das Projekt in kurzer Zeit ver-

wirklichen zu können, entwickelten die zehn Wettbewerbsgewinner gemeinsam notwendige Maßnahmen zur Erschließung und dem Setzen der Pfähle.
Für das Hausboot kam ein Schwimmkörper in der Bauweise eines Lastkahns zum Einsatz, dessen Tiefgang bei Normalbelastung durch vier Personen und einen Hund auf 80 cm ausgelegt ist. Der Freibord beträgt 65 cm, wodurch auch bei höheren Lasten die geforderte Freibordhöhe von 50 cm eingehalten wird. Um den nötigen Tiefgang zu sichern und die Lage des Hausboots zu trimmen, sind zwischen den Aussteifungsrippen Betonplatten als Zusatzballast eingehängt. Darauf steht die Holzständerkonstruk-

tion, die in statisch hochbelasteten Teilen durch Stahlhohlprofile verstärkt ist. Sollte das Hausboot einmal auf Reisen gehen, kann das Obergeschoss abgehoben und zerlegt werden, damit das Boot unter Brücken hindurchfahren kann. Auch das umlaufende Geländer, der Zugangssteg und die Versorgungsleitungen sind demontierbar; sie laufen zentral in einer Box aus eingefärbtem Beton an der Uferstraße zusammen, in der die Mülltonnen und die Briefkästen untergebracht sind. Die beiden Architekten, die auch ihr Büro in ihrem schwimmenden Zuhause haben, genießen die Nähe zum Stadtzentrum und zugleich das Leben auf dem Wasser. DETAIL 12/2011

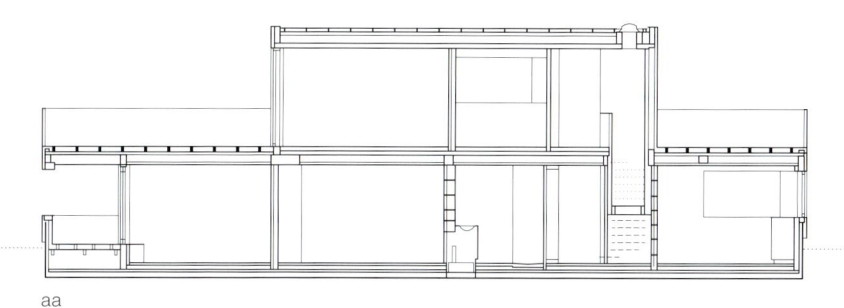

aa

In 2006, the city of Hamburg held a competition for "Living on the Water" in a former workers' quarter that has come to enjoy increasing popularity because of its central location. The prizewinners were granted the right to their own berths. Various constraints had to be observed in the design: access beneath bridges was to remain unimpeded, the top storey was to be removable, and other aspects like spacing, weight, draught and colour were specified. To implement the scheme quickly, the ten competition winners joined forces to plan common measures.

The present houseboat has a hull resembling that of a barge. It has a draught of 80 cm under normal loading for four persons, and a freeboard of 65 cm. Even with greater loading, the minimum freeboard of 50 cm is maintained. To ensure the necessary draught and to trim the vessel, concrete slabs were inserted as additional ballast. The timber-frame construction, which stands on these, is reinforced by hollow steel sections in areas of greater loading. Should the houseboat ever need to be moved and pass beneath bridges, the upper storey can be disassembled. The balustrade, gangplank and service runs are demountable, too. The services converge in a central concrete cell, where refuse containers and letter boxes are also housed. The two architects reside and have their office on board, where they can enjoy life on the water.

	Lageplan		Site plan
	Maßstab 1:3000		scale 1:3000
	Schnitt		Section
	Grundrisse		Plans
	Maßstab 1:200		scale 1:200

1	Steg	1	Gangplank
2	Eingang	2	Entrance
3	Kochen / Essen	3	Kitchen/Dining room
4	Vorderdeck	4	Foredeck
5	Achterdeck	5	Afterdeck
6	Bad	6	Bathroom
7	Hauswirtschafts-	7	Utility room
	raum	8	Living area
8	Wohnen	9	Office
9	Arbeiten	10	Bedroom
10	Schlafen	11	Circulation
11	Umgang		deck

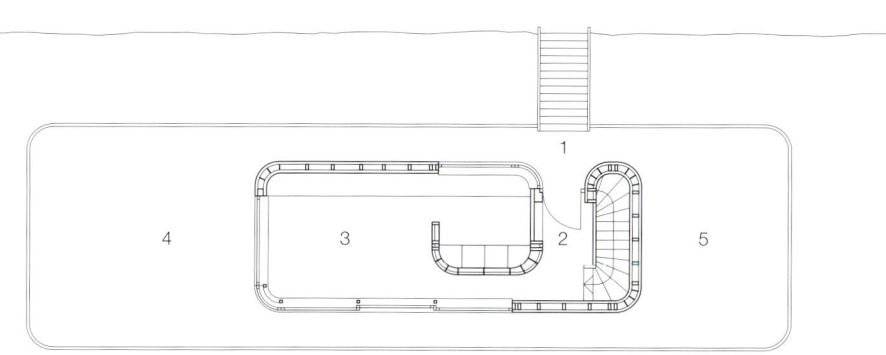

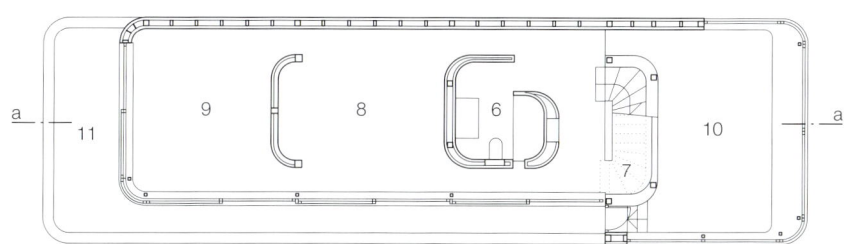

Horizontalschnitt
Vertikalschnitt
Maßstab 1:20

Horizontal section
Vertical section
scale 1:20

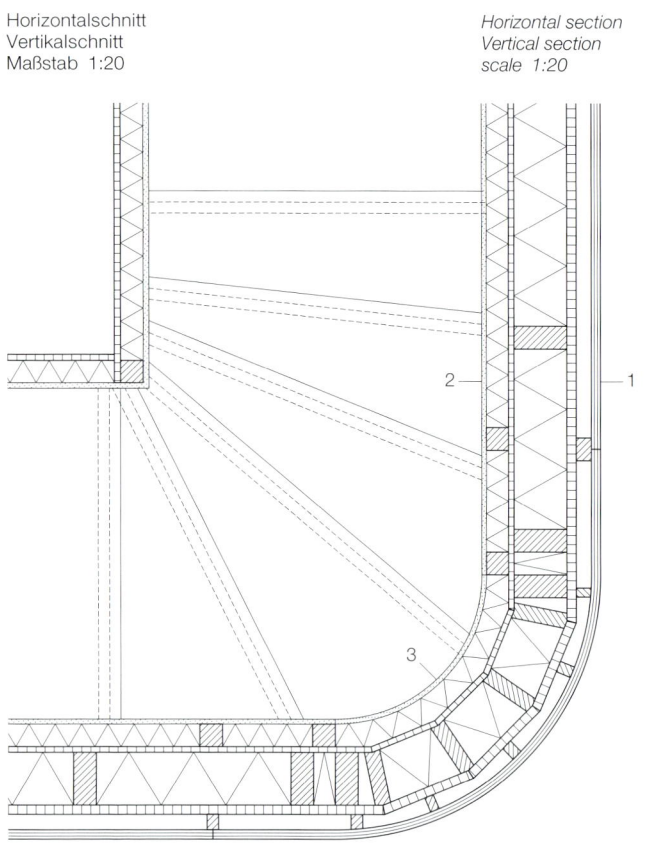

2   1

3

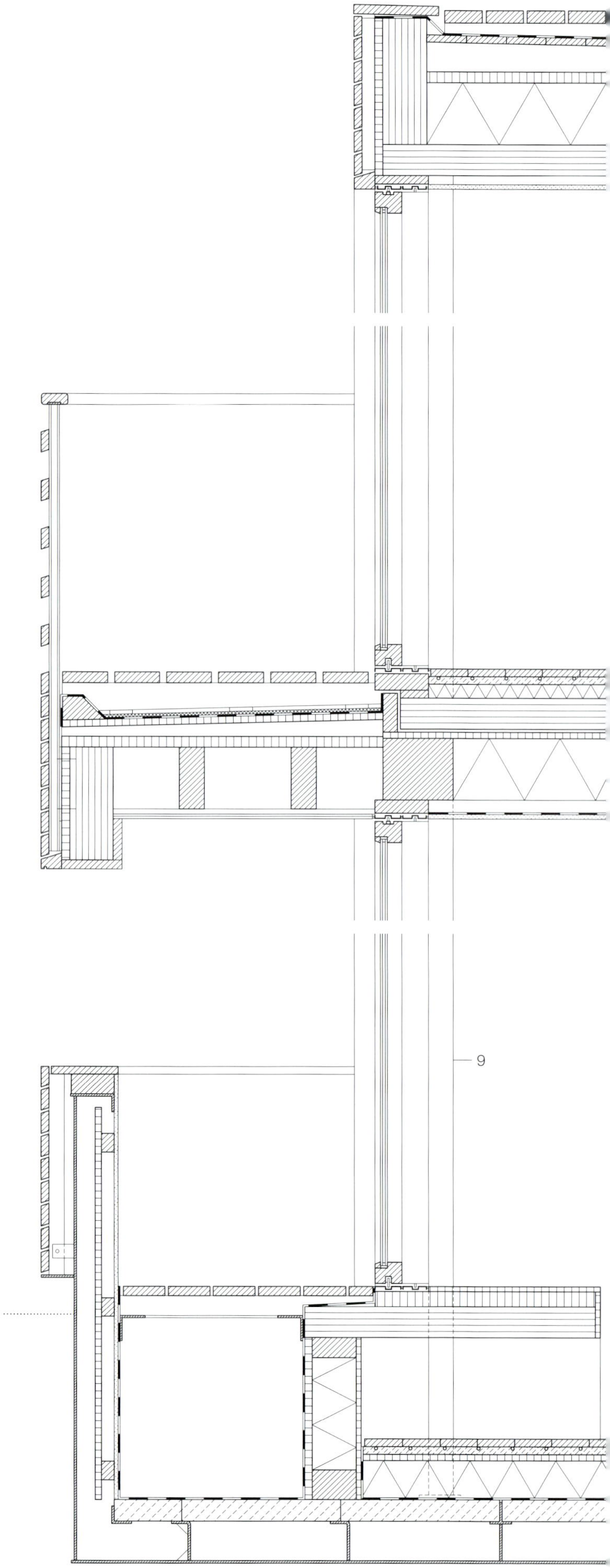

9

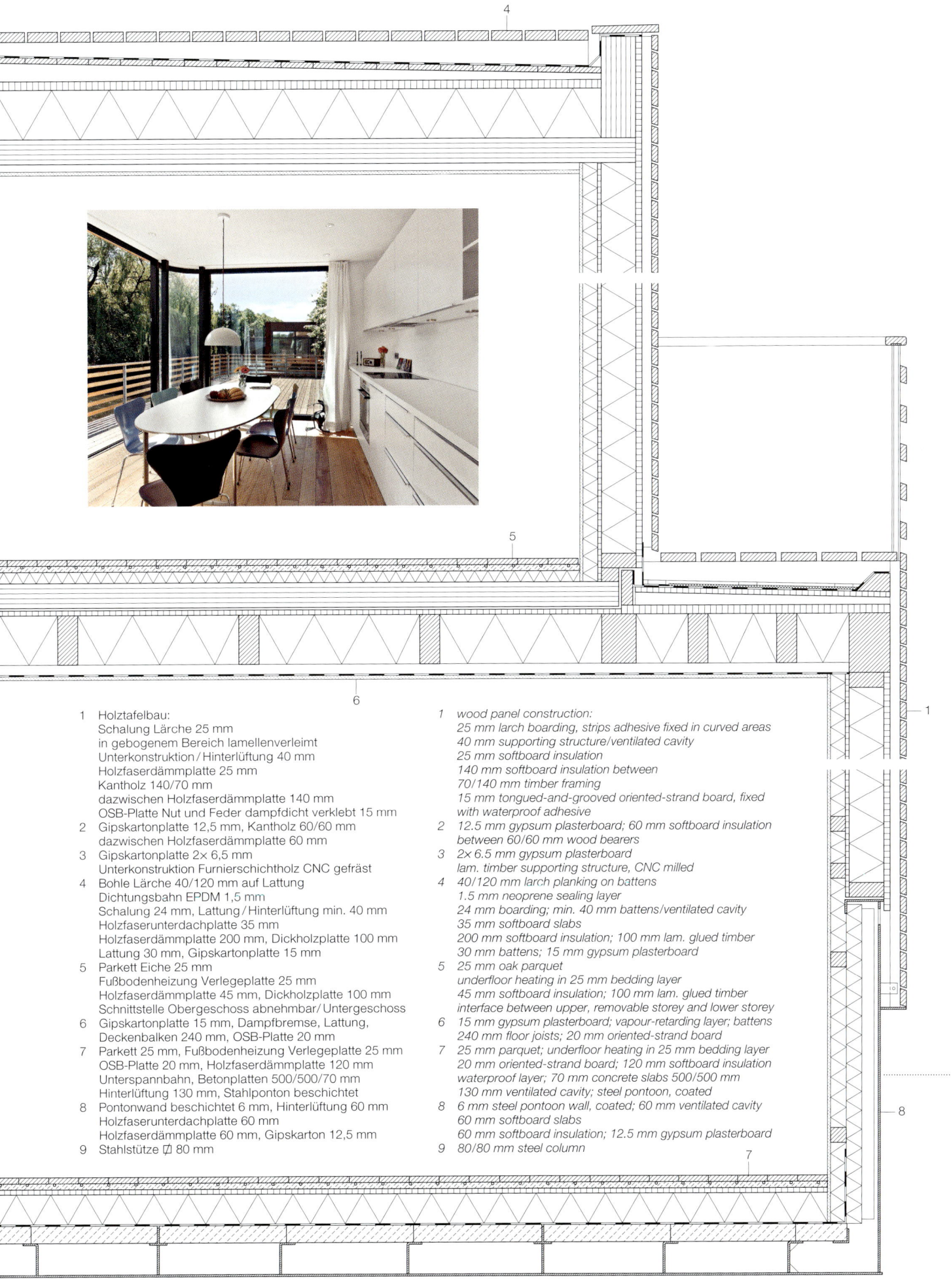

1 Holztafelbau:
  Schalung Lärche 25 mm
  in gebogenem Bereich lamellenverleimt
  Unterkonstruktion / Hinterlüftung 40 mm
  Holzfaserdämmplatte 25 mm
  Kantholz 140/70 mm
  dazwischen Holzfaserdämmplatte 140 mm
  OSB-Platte Nut und Feder dampfdicht verklebt 15 mm
2 Gipskartonplatte 12,5 mm, Kantholz 60/60 mm
  dazwischen Holzfaserdämmplatte 60 mm
3 Gipskartonplatte 2× 6,5 mm
  Unterkonstruktion Furnierschichtholz CNC gefräst
4 Bohle Lärche 40/120 mm auf Lattung
  Dichtungsbahn EPDM 1,5 mm
  Schalung 24 mm, Lattung / Hinterlüftung min. 40 mm
  Holzfaserunterdachplatte 35 mm
  Holzfaserdämmplatte 200 mm, Dickholzplatte 100 mm
  Lattung 30 mm, Gipskartonplatte 15 mm
5 Parkett Eiche 25 mm
  Fußbodenheizung Verlegeplatte 25 mm
  Holzfaserdämmplatte 45 mm, Dickholzplatte 100 mm
  Schnittstelle Obergeschoss abnehmbar/ Untergeschoss
6 Gipskartonplatte 15 mm, Dampfbremse, Lattung,
  Deckenbalken 240 mm, OSB-Platte 20 mm
7 Parkett 25 mm, Fußbodenheizung Verlegeplatte 25 mm
  OSB-Platte 20 mm, Holzfaserdämmplatte 120 mm
  Unterspannbahn, Betonplatten 500/500/70 mm
  Hinterlüftung 130 mm, Stahlponton beschichtet
8 Pontonwand beschichtet 6 mm, Hinterlüftung 60 mm
  Holzfaserunterdachplatte 60 mm
  Holzfaserdämmplatte 60 mm, Gipskarton 12,5 mm
9 Stahlstütze ⎇ 80 mm

1 wood panel construction:
  25 mm larch boarding, strips adhesive fixed in curved areas
  40 mm supporting structure/ventilated cavity
  25 mm softboard insulation
  140 mm softboard insulation between
  70/140 mm timber framing
  15 mm tongued-and-grooved oriented-strand board, fixed
  with waterproof adhesive
2 12.5 mm gypsum plasterboard; 60 mm softboard insulation
  between 60/60 mm wood bearers
3 2× 6.5 mm gypsum plasterboard
  lam. timber supporting structure, CNC milled
4 40/120 mm larch planking on battens
  1.5 mm neoprene sealing layer
  24 mm boarding; min. 40 mm battens/ventilated cavity
  35 mm softboard slabs
  200 mm softboard insulation; 100 mm lam. glued timber
  30 mm battens; 15 mm gypsum plasterboard
5 25 mm oak parquet
  underfloor heating in 25 mm bedding layer
  45 mm softboard insulation; 100 mm lam. glued timber
  interface between upper, removable storey and lower storey
6 15 mm gypsum plasterboard; vapour-retarding layer; battens
  240 mm floor joists; 20 mm oriented-strand board
7 25 mm parquet; underfloor heating in 25 mm bedding layer
  20 mm oriented-strand board; 120 mm softboard insulation
  waterproof layer; 70 mm concrete slabs 500/500 mm
  130 mm ventilated cavity; steel pontoon, coated
8 6 mm steel pontoon wall, coated; 60 mm ventilated cavity
  60 mm softboard slabs
  60 mm softboard insulation; 12.5 mm gypsum plasterboard
9 80/80 mm steel column

Ferienhaus auf Gotland

Holiday Home on Gotland

Architekten · *Architects:*
DinellJohansson, Stockholm

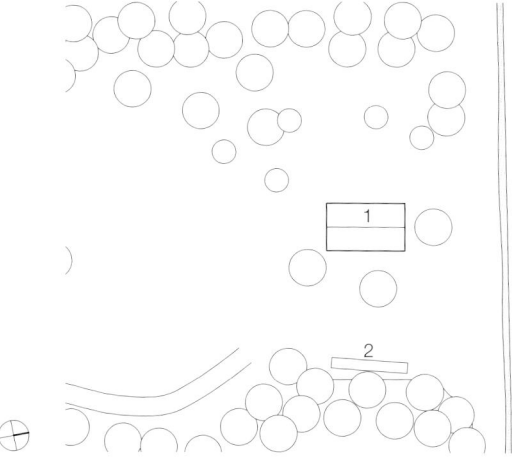

Von einer »Sommarstuga« träumen nicht nur viele Schweden, viele besitzen sie auch. Dabei handelt es sich meistens um ein kleines Häuschen mit wenig haustechnischem Komfort in naturnaher Umgebung, in dem man die Sommerferien und Sommerwochenenden verbringt. Auch das Ferienhaus auf der Insel Gotland, das der Architekt für sich selbst gebaut hat, folgt dieser Tradition. Schon aus finanziellen Gründen sollte es einfach konstruiert sein, sodass ein großer Teil der Arbeiten in Eigenleistung erbracht werden konnte. Ursprünglich hatte der Architekt sich vorgestellt, eine alte Scheune auszubauen, fand jedoch kein geeignetes Objekt. Also erwarb er ein eingewachsenes Naturgrundstück und setzte seine Vision des Sommerhauses in einem Neubau um: ein schlichtes, graues Satteldachhaus mit wenigen, präzise gesetzten Öffnungen. Das Innere ist als ein einziger großer Allzweckraum konzipiert, dessen Grundriss einem durchdachten symmetrischen Prinzip folgt: Die mittig platzierte Küchenzeile teilt den Raum längs in einen Wohn- und einen Essbereich; an den Stirnseiten befinden sich diagonal gegenüberliegend zwei Holzkuben, die auf engstem Raum verschiedene Funktionen aufnehmen. Zum einen beherbergen sie die mit einem Vorhang abteilbaren Mini-Schlafzimmer, zum anderen bieten eingelassene Regale und Schränke

Stauraum für die Dinge des Alltags. Auch der Raum oberhalb der Kuben bleibt nicht ungenutzt: Hier können die Kinder spielen oder zusätzliche Personen schlafen. Auf diese Weise wird die nur ca. 65 m² große Grundfläche maximal ausgenutzt. Dusche und WC sind in einem Nebengebäude untergebracht.
So einfach wie die innere Organisation ist auch die gewählte Konstruktion aus verputzten, großformatigen Leichtbetonsteinen. Diese ist nicht nur einem unkomplizierten Bauablauf geschuldet, sondern orientiert sich auch an der lokalen Bautradition: Weil der Baustoff Holz auf Gotland im Gegensatz zum schwedischen Festland rar ist, finden sich dort überwiegend verputzte Steinhäuser.
Innen treten die außen verwendeten Materialien wieder auf: grauer Putz an den Wänden und gewelltes Aluminiumzinkblech als Verkleidung der Dachinnenseiten. Gemeinsam mit dem Betonboden geben sie dem Innenraum einen rohen Charakter, zu dessen Grau- und Silbertönen das warme Rot der Einbauten aus Sperrholz kontrastiert. Die großformatigen, außen aufgesetzten Fenstertüren lassen sich wie Fensterläden nach außen aufklappen und fixieren: So kann die Natur nach innen fließen wie bei einer echten »Sommarstuga«.
DETAIL 06/2011

Many Swedes own a small house in the country with a modest degree of technical comfort where they can spend their weekends in summer. The present house on the island of Gotland, designed for the architect's own use, was to have a simple form of construction so that he could undertake much of the building work himself. Set on an untouched site, the new structure has a simple pitched roof and a few carefully positioned openings in the outer skin. The interior was conceived as an all-purpose space with a symmetrical layout. A central kitchen strip divides the living from the dining area. Situated diagonally opposite each other at the ends of the house are two small timber cubes that contain bedrooms – which can be divided off by curtains – shelving and cupboards. Above the cubes are spaces that may be used by children for playing or to accommodate additional beds. The 65 m² area is thus fully exploited. The WC and shower are housed in an ancillary building. Timber is rare on Gotland, and with its rendered lightweight concrete-block walls, the house has a simple form of construction that is oriented to the local masonry tradition. The same materials are used internally as externally. The underside of the roof is clad with corrugated aluminium-zinc sheeting, for example, and the floor has a bare concrete finish. Contrasted with the silvery-grey background are the warm tones of the inbuilt plywood fittings.

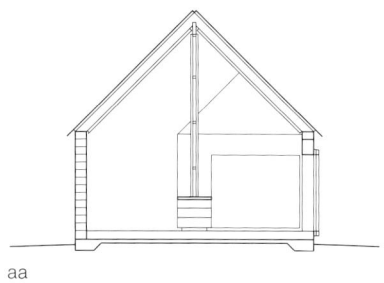

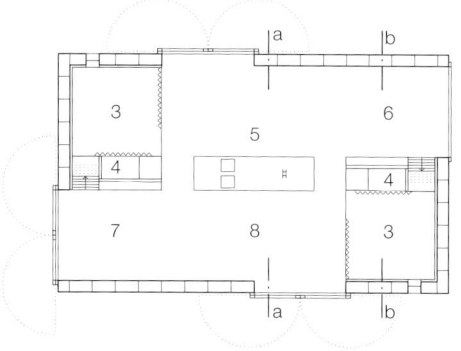

Lageplan		1	Ferienhaus
Maßstab 1:1000		2	Dusche, WC
Schnitte · Grundriss		3	Schlafen
Maßstab 1:200		4	Schrank
		5	Kochen
		6	Wohnen
		7	Eingang
		8	Essen

Site plan		1	*Holiday home*
scale 1:1000		2	*Shower, WC*
Sections · Floor plan		3	*Sleeping area*
scale 1:200		4	*Cupboard*
		5	*Cooking area*
		6	*Living area*
		7	*Entrance*
		8	*Dining area*

1 Rinne Aluminiumzink 0,9 mm
2 Dachaufbau:
  Dachdeckung Aluminiumzinkwellplatte 0,6 mm
  Lattung 70/45 mm
  Unterdeckbahn Polyestervlies mit
  PU-Beschichtung diffusionsoffen
  Sparren 45/220 mm, dazwischen
  Wärmedämmung Zellulose
  Dampfbremse diffusionsoffen
  Lattung 70/45 mm, dazwischen
  Wärmedämmung Mineralwolle
  Verkleidung Aluminiumzinkwellplatte 0,6 mm
  bzw. Sperrholz beschichtet 12 mm
3 Firstpfette Brettschichtholz 90/315 mm
4 Isolierverglasung Float 6 mm +
  SZR 12 mm + VSG 2× 4 mm
5 Fensterlaibung Sperrholz
  beschichtet 12 mm
6 Fenstersturz Leichtbeton 300 mm
7 Isolierverglasung Float 6 mm +
  SZR 12 mm + Float 6 mm mit
  Low-E-Beschichtung
  in Fensterrahmen Kiefer
8 Bodenaufbau:
  Beton mit integrierter Fußboden-
  heizung 85 mm
  Dämmung PS-Hartschaum 90 mm
  Dämmung Schaumglas 50 mm
  Abdichtung bituminös
  Bodenplatte Stahlbeton 100 mm
9 Sperrholz beschichtet 18 mm
10 Decke Schlafbox:
  Sperrholz beschichtet 18 mm
  Holzbalken 45/145 mm
  Sperrholz beschichtet 18 mm
11 Boden Schlafbox:
  Sperrholz beschichtet 18 mm
  Kantholz 45/70 mm
12 Ringanker Stahlbeton
13 Außenwand:
  Außenputz 20 mm
  Mauerwerk Leichtbeton 300 mm
  Innenputz 10 mm
14 Aussparung für Türdrücker

1 0.9 mm aluminium-zinc rainwater gutter
2 roof construction:
  0.6 mm corrugated aluminium-zinc sheeting
  70/45 mm battens
  polyester-mat underlayer with
  polyurethane moisture-diffusing coating
  cellulose thermal insulation between
  45/220 mm rafters
  moisture-diffusing vapour-retarding layer
  mineral-wool thermal insulation between
  70/45 mm battens
  0.6 mm corrugated sheet aluminium-zinc
  cladding
  or 12 mm coated plywood
3 90/315 mm laminated timber ridge purlin
4 double glazing: 6 mm float glass + 12 mm
  cavity + 2× 4 mm laminated safety glass
5 12 mm coated plywood window surround
6 300 mm lightweight-concrete lintel
7 double glazing in pine window frame:
  6 mm float glass + 12 mm cavity
  + 6 mm float glass with low-E coating
8 floor construction:
  85 mm concrete with integrated underfloor
  heating
  90 mm polystyrene rigid-foam insulation
  50 mm foamed-glass insulation
  bituminous sealing layer
  100 mm reinforced concrete floor slab
9 18 mm coated plywood
10 ceiling over sleeping space:
  18 mm coated plywood
  45/145 mm timber joists
  18 mm coated plywood
11 floor to sleeping space:
  18 mm coated plywood
  45/70 mm battens
12 reinforced concrete peripheral tie beam
13 external wall:
  20 mm rendering
  300 mm lightweight-concrete blockwork
  10 mm plaster
14 recess for door latch

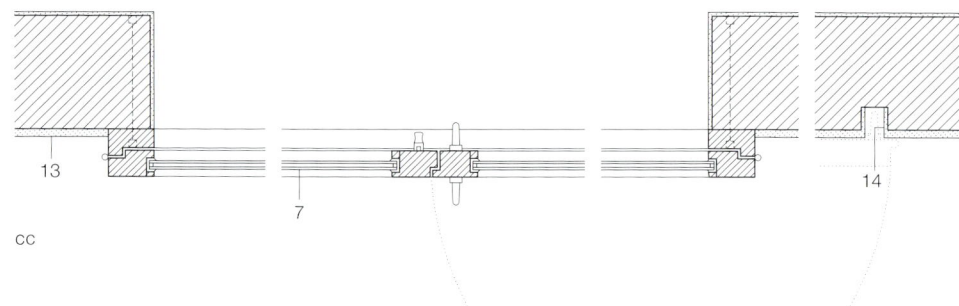

13   cc   7   14

dd

Horizontalschnitte • Vertikalschnitt
Maßstab 1:20

*Horizontal sections • Vertical section
scale 1:20*

Ökologisches Einfamilienhaus in Deitingen

Eco-Friendly House in Deitingen

Architekten • *Architects:*
spaceshop Architekten, Biel
Lehmbau • *Earth construction consultant*:
Ralph Künzler, Winterthur
Tragwerksplaner Holzbau • *Structural engineering timber construction*:
TS Holzbauplanung, Ersigen

Ein nachhaltiges Lowtech-Wohnhaus war der ausdrückliche Wunsch des Bauherrn. Im Fokus stand dabei nicht nur eine vom öffentlichen Netz unabhängige Energie- und Wasserversorgung, sondern auch die Verwendung umweltschonender Baustoffe, die keine Giftstoffe aufweisen und möglichst wenig graue Energie benötigen.

Der Bauherr, Gärtnermeister von Beruf, war nach dem Auszug seiner Kinder auf der Suche nach einer an den neuen Lebensabschnitt angepassten Wohnform; sein bisheriges Haus – ein ehemaliges Bauernhaus mit angegliederter Gärtnerei und Gewächshaus – beabsichtigte er zu vermieten. Schon lange hatte er sich mit den Themen Autar-

kie, Ökologie und Gesundheit beschäftigt und erarbeitete schließlich aus seinen zunächst vagen Vorstellungen gemeinsam mit einem Planerteam die konkreten Rahmenbedingungen bezüglich Haustechnik und Materialisierung für das neue Gebäude. Um eine der speziellen Bauaufgabe entsprechende architektonische Antwort zu finden, führte er einen Wettbewerb unter vier eingeladenen Architekturbüros durch. Der Siegerentwurf von spaceshop Architekten wurde dann gemeinsam mit dem Bauherrn weiterentwickelt.

Das neue Gebäude entstand auf der großzügigen Gartenfläche des vorhandenen Bauernhausgrundstücks, das in der länd-

lich geprägten Dorfgemeinde Deitingen bei Solothurn liegt. Der pavillonartige Neubau bildet das Bindeglied zwischen dem Garten und dem Werkhof der Bestandsgebäude. Eine prägnante Steinmauer unterteilt diese beiden Außenräume und verbindet sich mit dem Sockel des Hauses, das wegen des Grundwasserspiegels teilweise angehoben ist. Zwei gegenläufige, 80 cm starke L-förmige Lehmwände bilden die Grundrissfigur und spannen drei gestaffelte Räume auf. Jeweils durch einen schmalen Durchgang verbunden, öffnen sich die Räume mit raumhohen Fenstern zum Garten hin. Der Eingang führt ins Zentrum des Hauses, wo sich der Kochherd und der Essbereich befinden.

Lageplan Maßstab 1:2500	*Site plan* *scale 1:2500*
Schnitte · Grundrisse Maßstab 1:250	*Sections · Floor plans* *scale 1:250*

1	ehemaliges Bauernhaus	*1*	*Former farmhouse*
2	Gärtnerei- und Nebengebäude	*2*	*Nursery and* *outbuildings*
3	Keller	*3*	*Basement*
4	Kompostbehälter	*4*	*Compost container*
5	Kriechkeller	*5*	*Crawl space*
6	Schlafen	*6*	*Sleeping area*
7	Bad	*7*	*Bathroom*
8	Gäste	*8*	*Guest room*
9	Terrasse	*9*	*Terrace*
10	Kochen / Essen	*10*	*Kitchen /* *Dining area*
11	Wohnen	*11*	*Living room*

Zum Bauernhaus hin öffnet sich ein Gartenzimmer als Wohnbereich; auf der gegenüberliegenden Hausseite befindet sich zum Bach hin der Rückzugsraum für Körperpflege und Ruhe.

Die Anordnung und Öffnung der Räume erlauben einen allseitigen Bezug zum Garten und schaffen einen fließenden Übergang zwischen Innen- und Außenraum. Verbindendes Element ist die massive Lehmwand, die mit ihrer sinnlichen Oberfläche nahtlos vom Wohnraum in den Garten hinausgreift und das Innen mit dem Außen verwebt. Das Haus zelebriert das Wohnen inmitten und mit dem Garten und schafft ein ausgewogenes Verhältnis zwischen Offenheit und Intimität.

Lokale Materialien
Mit dem Anspruch, ein nachhaltiges Gebäude errichten zu wollen, kam der Materialwahl eine entscheidende Bedeutung zu. Die Kriterien dafür waren sich neben der Eignung für das jeweilige Bauteil insbesondere ein geringer Anteil an grauer Energie und Natürlichkeit des Materials. Die benötigte Energie für die Herstellung, den Transport und die spätere Entsorgung der Baustoffe wurde bewusst niedrig gehalten. Die eingesetzten Baustoffe sind im Wesentlichen Naturstein, Lehm, Stroh und Holz und stammen aus einem Umkreis von nicht mehr als 10 km (Abb. 3). Das Thema des lokalen Baustoffs hinterfragt die grenzenlose Mobilität unserer Gesellschaft und den enormen Materialtransfer in der Baubranche. Der Verzicht auf Zement- und Erdölprodukte unterstreicht die Absicht, energieaufwendige und umweltproblematische Gewinnungs- und Herstellungsprozesse zu vermeiden. Mit Ausnahme der Lehmbauer sind alle beteiligten Unternehmer im Umkreis von nicht mehr als 20 km angesiedelt.

Von der Gewinnung der Baumaterialien zur Herstellung der benötigten Baustoffe ist ein niedriger oder gar kein Energieaufwand notwendig. Strohballen, Aushublehm und Recyclingsteine etwa wurden ohne zusätzliche Energie her- bzw. bereitgestellt und sind zu 100 % giftstofffrei.

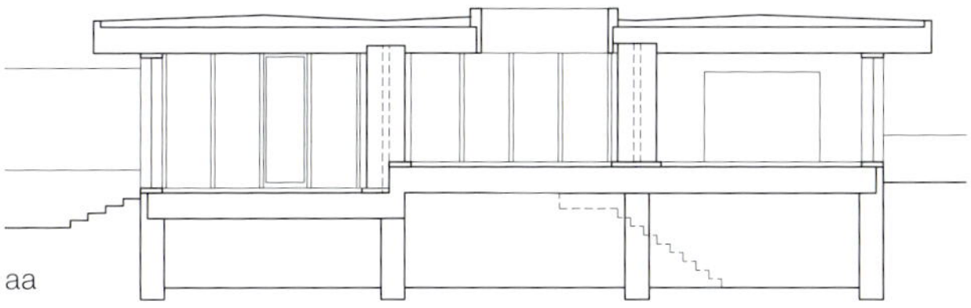

aa

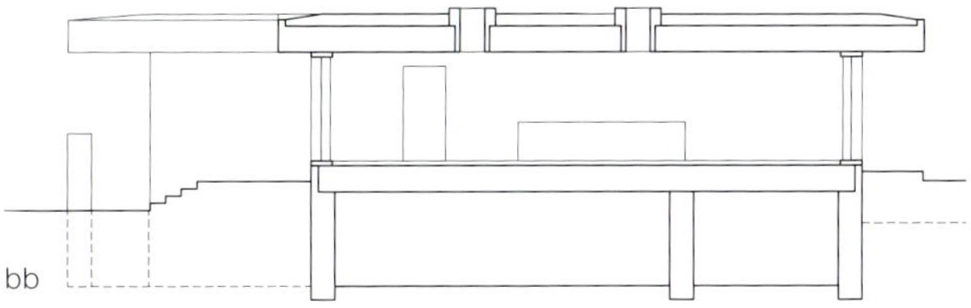

bb

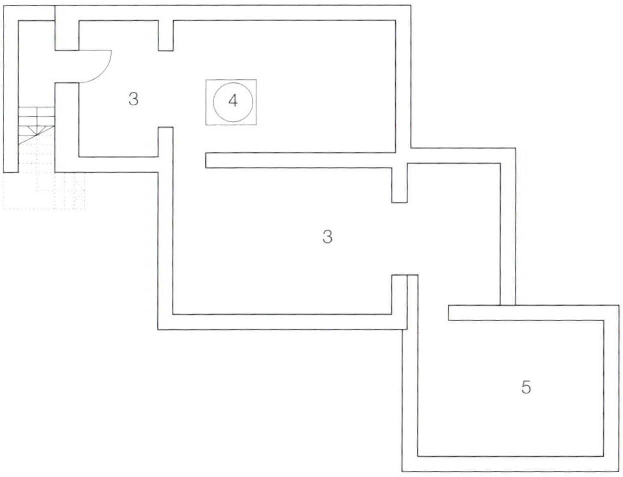

3

4

3

5

Kellergeschoss /
Basement

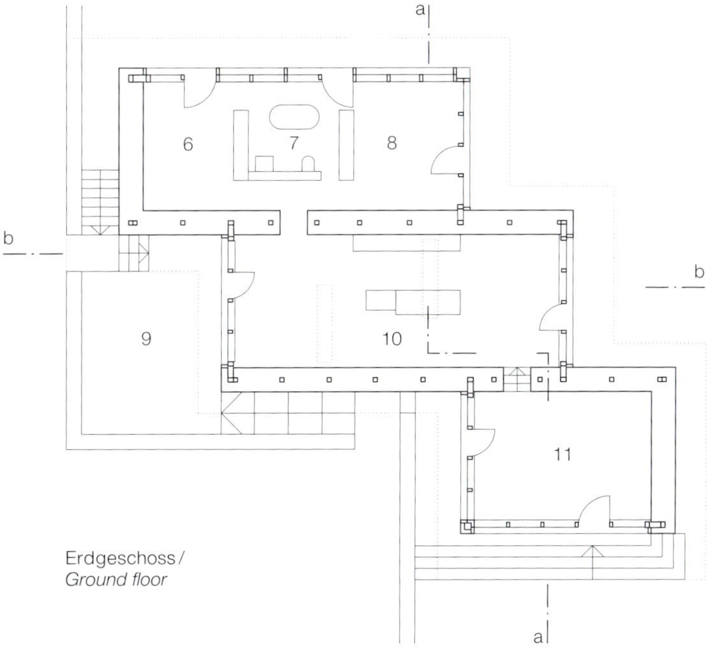

a

6   7   8

b   b

9   10

11

Erdgeschoss /
Ground floor

a

1,2 Bau der Lehmwand in Wellerbauweise
3   Schema Transportwege
4,5 fertiges Teilstück der Lehmwand

1,2 Cobwork construction of clay wall
3   Diagram of transport distances
4,5 Finished clay wall

Bei den meisten eingesetzten Materialien handelte es sich um unveredelte, d.h. in ihrer Rohheit direkt weiterverwendete Baustoffe. Um Schwermetallemissionen zu vermeiden, wurden sämtliche Kupferbleche für Spenglerarbeiten verzinnt.
Neben den Hauptmaterialien Naturstein, Lehm, Holz und Stroh kamen auch marktübliche Produkte zum Einsatz. Dabei wurde stets auf die Empfehlung von Minergie-Eco geachtet und eine für das Objekt günstige Auswahl getroffen. So besteht die Flachdachabdichtung z.B. aus einer vorkonfektionierten Folie aus synthetischem Kautschuk. Zur Luftdichtigkeit des Gebäudes und somit zur Heizenergieeinsparung ist, wie heute üblich, eine Dampfbremse angebracht.

Einfache Konstruktion
Entwurf, Konstruktion und Materialisierung sind kohärent aufeinander abgestimmt: Die Klarheit des Entwurfs schlägt sich in der Einfachheit der Bauteile und deren reduzierter Materialisierung nieder. Unter Berücksichtigung der technischen und bauphysikalischen Grundregeln wurde nach einfachen und schlüssigen Detaillösungen gesucht. Die sichtbaren Dimensionen und die Rohheit der Bauteile machen die Konstruktion des Hauses nahezu überall ablesbar.

Recycelter Naturstein als Sockel
Für die Kellerwände wurden Grabsteine und Abbruchsteine von Mauern und Brücken eingesetzt, die der Bauherr über Jahre gesammelt und zur Wiederverwendung gelagert hatte. Die Steine sind unbearbeitet mit Lagerfugen aus Trasskalkmörtel vermauert und bilden den Sockel für den darüberliegenden Wohnbereich (Abb. 5). Der Kellerboden aus verdichtetem Mergel ist naturbelassen.

Holz als Tragwerk
Das Traggerüst des Hauses besteht aus Fichtenholz aus dem nahe gelegenen Wald. Das Bauholz wurde zu einem laut Mondkalender günstigen Zeitpunkt geschlagen, an dem das sogenannte Mondholz einen minimalen Wassergehalt aufweist und somit innerhalb von sechs Monaten ohne zusätzliche Energie luftgetrocknet werden kann. Das Holz für Konstruktion und Verkleidungen ist ausschließlich massiv und unverleimt. Die Balkenlage des Erdgeschossbodens hat ein Rastermaß von 57 cm, das sich aus der Breite eines gepressten Strohballens ergibt. Das Stroh dient als Dämmmaterial und ist satt zwischen die Balkenlage gefügt. Das Längenmaß des Hauses ergibt sich somit aus einem Vielfachen des Strohballenmoduls.

Lehm als Wand
Die raumtrennenden Erdgeschosswände sind aus Lehm gebaut. Die ursprüngliche Überlegung, Stampflehm zu verwenden, wurde wieder verworfen, da mit einer rein aus gestampftem Lehm bestehenden Wand der erforderliche Dämmwert nur schwer zu erreichen gewesen wäre. Außerdem hätte das für die Schalung benötigte Holz allein für den Lehmbau bereitgestellt und anschließend wieder entsorgt werden müssen. Stattdessen wurde nach einigen Recherchen die sogenannte Lehmwellerbauart gewählt: Dabei wird ein Gemisch aus Lehm und Stroh ca. 60–90 cm hoch ohne Schalung mit einer Mistgabel aufgeschichtet und nachträglich mit einem Spaten zur fertigen Wand abgestochen (Abb. 1, 2, 4). Nach dem Trocknen wird die nächste Lage aufgeschichtet. Diese in Vergessenheit geratene Bautechnik ist noch heute an zahlreichen alten Häusern in überwiegend ländlichen Regionen vorzufinden. Die Wandstärke von 80 cm resultiert zum einen aus der konstruktiven Machart und Stabilität, zum anderen aus dem angestrebten Dämmwert von 0,66 W/m²K. Der Lehm entstammt einem Aushub einer Nachbargemeinde und sollte ursprünglich in der Deponiegrube in Deitingen entsorgt werden.

Dachkonstruktion
Das Dach ist wie der Boden mit einer Balkenlage und dazwischengelegten Strohballen konstruiert. Die Lasten werden über einzelne Stützen in der Lehmwand auf die Sockelwände abgeleitet. Die zum Teil weit ausladenden Vordachbereiche schützen die Lehmwände an exponierten Stellen vor der Abwitterung. Die Dachhaut besteht aus synthetischem Kautschuk und ist mit einem Recycling-Ziegelschrotsubstrat überdeckt. Die extensive Dachbegrünung dient als ökologische Ausgleichsfläche und begünstigt die Retention des Regenwassers.

Energie und Haustechnik
Anstelle komplizierter Technikinstallationen sollten einfache Wirkprinzipien und ein intelligentes Benutzerverhalten treten (Abb. 6, 7). Dieser Grundsatz folgt einem expliziten Wunsch des Bauherrn und zeigt, dass ökologisches Verhalten im Bewusstsein jedes Einzelnen beginnt und nicht ausschließlich mit teurer Technik erreicht werden kann. Infolgedessen wurde auf eine für den Schweizer Minergie-Standard notwendige Lüftungsanlage verzichtet. Die im Haushalt anfallende Feuchtigkeit wird in idealer Weise durch die Lehmwände reguliert, sodass die Luftfeuchtigkeit konstant ausgewogen bleibt. Die Massivität der Lehmwände vermag zudem die tagsüber aufgenommene Einstrahlungswärme der Sonne phasenverschoben in der Nacht wieder abzugeben und wirkt als effizienter sommerlicher Wärmeschutz.

Heizen mit Holz
Zur Wärmeerzeugung in den Heizperioden kommt ein Stückholz-Zentralheizherd zum Einsatz. Der Heizkessel steht im Zentrum des Hauses und bildet zugleich die Kochstelle, wie es in manchen historischen Wohnhäusern noch heute der Fall ist (Abb. 8). Die Holzheizung entspricht dem heutigen Stand der Technik und erfüllt alle maßgebenden europäischen Normen sowie die Emissionsgrenzwerte gemäß Luftreinhalteverordnung (Kohlenmonoxid und Staub). Während ein kleiner Teil der vom Herd erzeugten Wärme als Abwärme direkt zur Raumbeheizung genutzt werden kann, wird der größere Teil in einen Wasserspeicher und einen Boiler im Keller eingespeist und über Heizkörper in den einzelnen Räumen kontrolliert abgegeben. Dieses Heizsystem verlangt eine

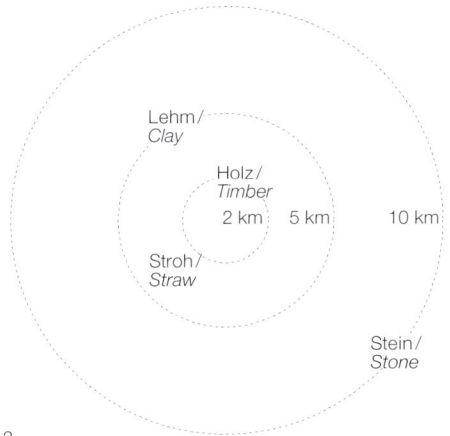

Lehm/
Clay

Holz/
Timber

2 km 5 km 10 km

Stroh/
Straw

Stein/
Stone

3

4

eigenhändige Beschickung und im Gegensatz zur heute verbreiteten Pelletheizung auch das Zuschneiden und Spalten des Stückholzes.

Unabhängige Wasser- und Stromversorgung
Auch die Wasserversorgung funktioniert unabhängig vom öffentlichen Netz. Die Versorgung mit Frischwasser erfolgt über den eigenen Quellwasseranschluss des ehemaligen Bauernhauses. Das Abwasser von Küche und Bad wird als Grauwasser über eine im Garten eingerichtete Sandpflanzenfilteranlage gereinigt und kann zum Gießen der Topfpflanzen im benachbarten Blumenladen wiederverwendet werden. Fäkalien

werden separat in einem Kompostbehälter im Keller auf natürliche Weise zersetzt. Der Strom wird von einer Photovoltaikanlage auf dem ehemaligen Bauernhaus erzeugt. Der Überschuss an gewonnener Energie kann in das öffentliche Netz eingespeist werden. Auf Internet, Fernseh- und Telefonanschluss wurde auf Wunsch des Bauherrn verzichtet.

Energiebilanz
Die Berechnung der grauen Energie für das gesamte Haus ergab einen Wert von 194 672 kWh, was ungefähr der Hälfte des Werts für ein konventionelles Einfamilienhaus entspricht. Unter Berücksichtigung

der eigenen Produktion von Haushaltsstrom wurde errechnet, dass sich mit dem Überschuss an Solarenergie der Photovoltaikanlage die graue Energie des Gebäudes (inklusive der grauen Energie der Solaranlage) in 39 Jahren amortisiert hat.
Dieses persönliche Pilotprojekt des Bauherrn erhebt nicht den Anspruch einer allgemeingültigen Vorreiterrolle. Es verdeutlicht vielmehr die Gesamtheit der beim Hausbau mitspielenden Umweltfaktoren ergänzend zu anerkannten Energie- und Ökolabels.

Der Bauherr Ueli Flury berichtet:
»Mit jedem Tag, an dem ich in meinem Haus lebe, fühle ich mich wohler. Zu meiner eigenen Überraschung habe ich mich rasch an die neuen Betriebsabläufe gewöhnt. Jeden Monat säge ich zwei Ster Holz und staple die Scheite in Obstkisten. Jeden Samstag wechsle ich neun leere gegen neun volle Kisten. Dies entspricht etwa einem Wochenbedarf bei stetigen Minusgraden. Wenn es im Winter besonders kalt ist, verbrenne ich bereits über Mittag zwei Kessel Holz und abends nochmals zwei bis drei. Außerhalb der Heizperiode geht mir gelegentlich das heiße Wasser aus. Um Heißwasser zu produzieren, benötigt man eben ein paar Holzscheite mehr als nur zum Kochen. Alle zwei bis drei Wochen muss das Wasser aus dem Kompostbehälter abgelassen werden. Den Kompostbehälter selbst muss ich zweimal im Jahr leeren und das Material kompostieren. All diese Arbeiten um und im Haus erlebe ich als mein persönliches Ritual und Teil meiner Lebensqualität.
Was mich am meisten überrascht hat, ist das Raumklima. Zu jeder Jahreszeit sind die Temperatur und die Luftfeuchtigkeit nur ganz kleinen Schwankungen unterworfen. Sämtliche Düfte werden von der Lehmmauer absorbiert, sei es Zigarettenrauch oder Kochgerüche. Von meiner Tätigkeit als Geschäftsführer nach Hause kommend, tauche ich ein in meinen gesunden Wohnraum und fühle mich daheim. Ich kann mir im Moment nicht vorstellen, anders zu wohnen. Alle meine Erwartungen haben sich mehr als erfüllt.«   DETAIL 04/2011

5

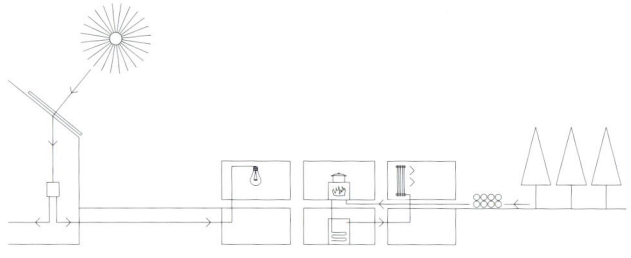

6

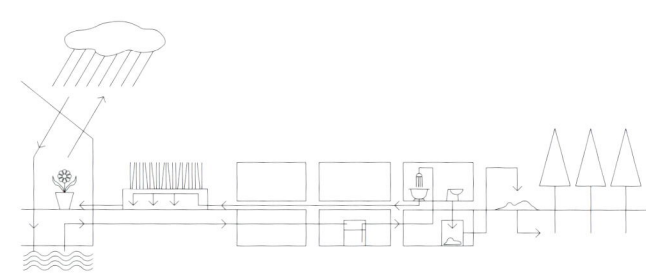

7

It was the wish of the client, a gardener by profession who has long been concerned with themes like autarky, ecology and health, to build an environmentally sound and sustainable low-tech house. Not only was the supply of energy and water to be independent of the public networks; the use of environmentally friendly materials with no toxic substances and a minimum of grey energy was required.

To find an adequate solution, the client invited four architectural practices to participate in a competition. This was won by spaceshop, who then proceeded to develop the scheme further with the client. The new building was erected on an extensive rural site with a large former-farmhouse, a nursery and a greenhouse. The new pavilion-like structure forms a link between the garden and the yard of the existing buildings. These two spaces are divided by a stone wall that also intersects the plinth of the new dwelling. The house is partly raised because of the groundwater level. The layout plan consists of two 80 cm L-shaped clay walls that enclose three offset internal spaces. These are linked by narrow openings. Room-height windows open the spaces to the garden. From the entrance, one has access to the centre of the house, where a dining area and kitchen facilities are situated. A garden room, which forms the living area, faces the farmhouse opposite. On the other side of the dwelling overlooking a stream is a space to which one can withdraw to enjoy peace and quiet and for purposes of personal hygiene. The layout of the rooms establishes links to the garden on all sides and a flowing transition between indoors and outdoors. The linking element in this respect is the clay wall with its haptic surface. The wall extends without a break from the living area into the garden. The choice of materials played a decisive role in creating an environmentally sustainable building. The criteria in this respect were the appropriateness of a material for a particular element as well as its natural quality and the grey energy it contained. Energy required for the production, transport and subsequent

8

9   10

disposal of building components was kept as low as possible. The materials used comprise mainly natural stone, clay, straw and timber, all drawn from a distance not exceeding 10 km from the house (ill. 3). The avoidance of cement and oil products underlines the aim to avoid the use of energy-intensive and environmentally problematic extraction and manufacturing processes. In addition, all contractors who worked on the building, with the exception of the clay construction team, came from a distance of not more than 20 km from the site. The bales of straw, excavated clay and recycled stones were produced or obtained without the use of additional energy and are wholly free of toxic substances. Most of the materials used were unprocessed; i.e. they were applied in their raw state. Care was taken to avoid emissions from heavy metals, which is why all copper sheeting was tin plated. In addition to the main materials, common market products were employed, whereby "Minergie-Eco" recommendations were observed in all cases. The flat-roof seal, for example, is a ready-made membrane consisting of synthetic rubber. To improve the airtightness of the building and to save heating energy, a vapour-retarding layer was incorporated in the roof and floor construction. Taking account of the basic principles of building physics and technology, simple yet logical solutions were sought for the details. The clear dimensions and raw state of the building elements mean that the construction remains legible almost everywhere.

For many years, the client collected gravestones and stones from demolished structures. These were used to construct the basement walls. The stones were not reworked and were laid with trass-lime mortar to form the plinth on which the house stands. The basement floor consists of compacted marl that was otherwise left untreated.

The load-bearing framework of the house was constructed in softwood obtained from a nearby forest. In accordance with the lunar calendar, a favourable time was chosen to fell the trees so that the wood contains a minimum of moisture. All timber for the structure and cladding was used in a solid state without adhesives. The ground floor joists were laid to a grid dimension based on the width of the pressed bales of straw that were inserted as thermal insulation.

On the ground floor, the walls were built of clay. After much research, an ancient and largely forgotten form of construction – socalled "cobwork" – was chosen, in which a mixture of clay and straw is heaped up to a height of 60–90 cm without formwork and subsequently sheared off with a spade to form the finished wall surface (ills. 1, 2, 4). After drying, the next layer is added. A thickness of 80 cm was specified partly to provide stability, but also to achieve the required insulation value of 0.66 W/m^2K. The clay was obtained from a neighbouring community.

Like the floor, the roof was constructed with rafters and straw bales. Loads are transmitted to the plinth at the base via individual columns in the clay walls. The roof canopy, which is broadly cantilevered in part, protects the clay walls against the elements in exposed positions. The roof skin consists of synthetic rubber covered with a substrate layer of recycled crushed bricks. An extensive planting layer on top balances out the footprint of the house and also helps with the retention of rainwater.

Instead of complicated service installations, the client required a simple yet effective system to be implemented that relied on the intelligent behaviour of the users. The ventilation plant that would have been necessary to meet Swiss "Minergie" standards was not installed. Any moisture occurring in the house is regulated by the solid clay walls, which maintain a balance in the indoor climate. In view of their great thickness, the walls also absorb solar heat during the day and emit it internally at night, providing an effective form of thermal protection in summer.

Wood is used for heating during the cold period. The boiler is situated at the centre of the house and is combined with a cooking range, as in many traditional houses. The wood-fired heating nevertheless complies with modern technology and all relevant European standards. A small part of the thermal energy emitted by the boiler serves to heat the rooms directly. The greater part of the heat, however, is conducted to a water storage tank and a boiler in the basement, from where radiators in the rooms are fed. This heating system requires hand control, and the wood has to be cut as well.

The water supply is also independent of the public network. Fresh water is drawn from a natural source belonging to the former farmhouse. Waste water from the kitchen and bathroom (grey water) is purified by a psammophyte plant filter and can be reused for watering plants in the neighbouring flower shop. Sewage is decomposed naturally in a compost container in the basement.

Electricity is generated by a photovoltaic plant on the former farmhouse. Surplus energy can be fed into the public network. The client did not want phone, internet or TV connections. Calculations for the grey energy in the house show a value of 194,672 kWh – roughly half the value for a conventional family house. In view of the surplus of solar energy from the photovoltaic plant, it was calculated that the grey energy in the building (including that in the solar plant) will be amortised in 39 years.

"Every day I live in my house, I feel better. To my own surprise, I've quickly got used to the new operational routine," the client says. "Every month, I cut two steres (2 m^3) of wood and stack the pieces in fruit crates. ... When it was particularly cold in winter, I burned two crates of wood at midday and another two or three in the evening. Outside the heating period, I ran out of hot water occasionally. To produce hot water, you need a bit more wood than for cooking. Every two or three weeks, I have to let the water out of the compost container, and I have to empty the container completely twice a year and compost the waste matter. All these jobs in and around the house are things I experience as a personal ritual and part of the quality of my life.

"What has surprised me most is the indoor climate. At all times of year, the temperature and moisture content of the air are subject to only very small fluctuations. All odours are absorbed by the clay walls – whether cigarette smoke or cooking smells. ... At the moment, I can't imagine living in any different way. All my expectations have been more than fulfilled."

Fassadenschnitte Maßstab 1:20
Sections through facade scale 1:20

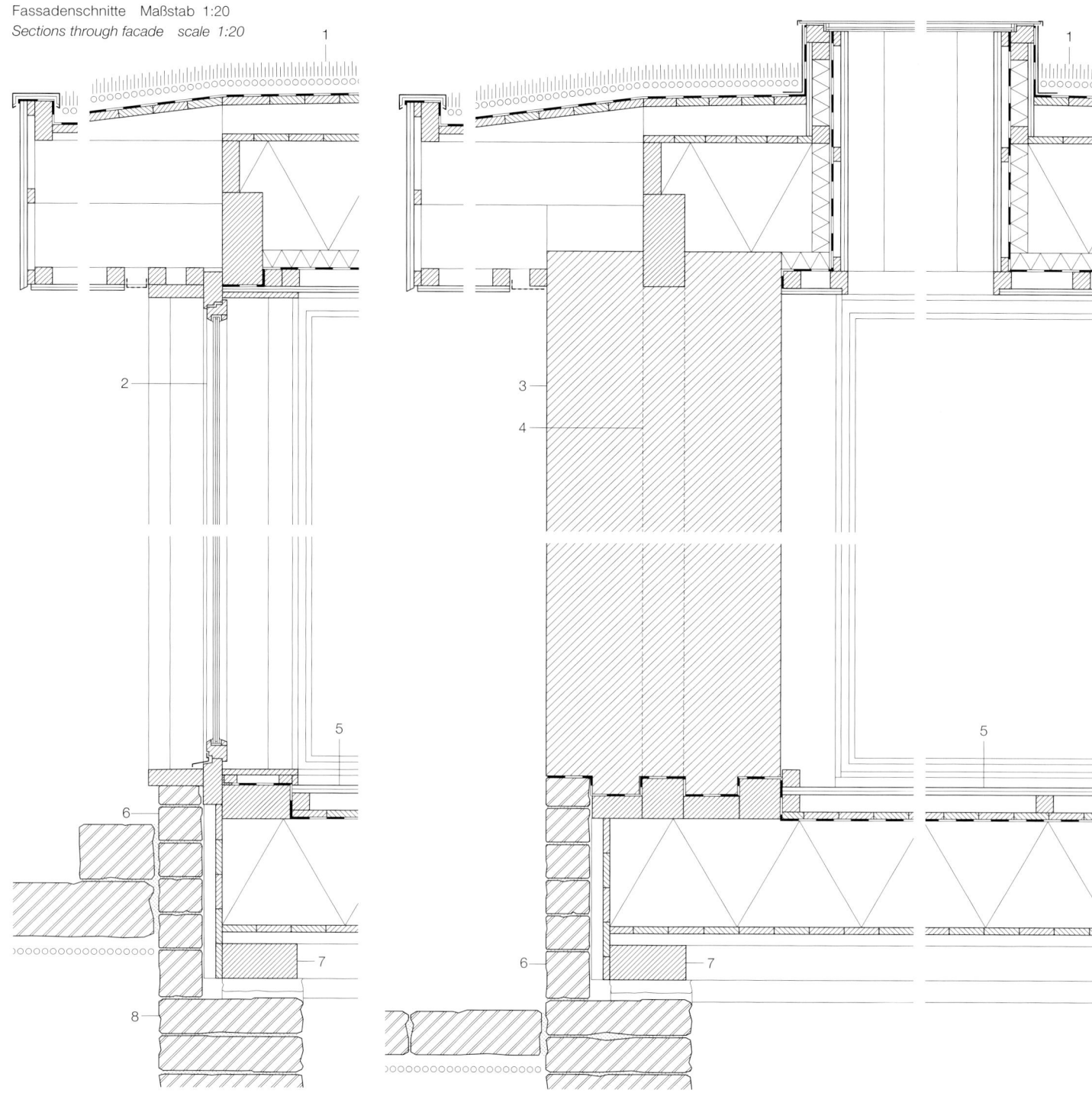

1   Ziegelschrotsubstrat extensiv begrünt 80 mm
    Schutzlage Faservlies
    Abdichtung EPDM
    Trennlage Faservlies
    Schalung Fichte 28 mm
    Lattung / Hinterlüftung 100–150 mm
    Blindschalung Fichte 24 mm
    Sparren Fichte massiv 80/440 mm
    dazwischen Wärmedämmung Strohballen
    490/1000/380 mm auf Zelluloseplatten
    Dampfbremse
    Lattung 60/60 mm
    Schalung Fichte sägerau 120/20 mm
2   Fenster Lärche massiv, Verglasung Float 4 mm +
    SZR 20 mm + Float 4 mm, U_g = 1,1 W/m²K
3   Wand Lehm / Stroh in Wellerbauweise 800 mm
4   Holzständer 140/140 mm mit Ölpapier eingepackt
5   Riemenboden Fichte massiv, gehobelt, gewachst
    120/27 mm
    Lattung 60/60 mm
    Blindschalung Fichte 24 mm, Dampfbremse

    Balken Fichte massiv 440/80 mm
    dazwischen Wärmedämmung Strohballen
    490/1000/380 mm
    Schalung Fichte 24 mm
    Randlatte 40/40 mm
6   Sockel Natursteinmauerwerk 150 mm
    Hinterlüftung / Anschlaglatte 40/40 mm
    Blindschalung Fichte 24 mm
7   Holzschwelle 120/260 mm
8   Trockensteinmauer Naturstein recycelt 500 mm

1   *80 mm crushed-brick substrate with extensive
    planting*
    fibre-mat protective layer on neoprene sealing layer
    fibre-mat separating layer
    28 mm softwood boarding
    100–150 mm battens/rear ventilation
    24 mm softwood underfloor boarding
    80/440 mm softwood rafters with 490/1,000/380 mm
    straw-bale thermal insulation between
    cellulose slabs

    vapour-retarding layer
    60/60 mm battens
    20/120 mm sawn softwood boarding
2   *larch window with double glazing:*
    2× 4 mm float glass + 20 mm cavity (U_g = 1.1 W/m²K)
3   *800 mm clay and straw cobwork wall*
4   *140/140 mm timber posts wrapped in*
    oil-impregnated paper
5   *27/120 mm wrot-softwood strip flooring, waxed*
    60/60 mm battens
    24 mm softwood underfloor boarding
    vapour-retarding layer
    80/440 mm softwood joists with 490/1,000/380 mm
    straw-bale thermal insulation between
    24 mm softwood boarding
    40/40 mm edge strip
6   *150 mm stone plinth wall*
    40/40 mm fixing strips/rear ventilation
    24 mm softwood boarding
7   *260/120 mm wood sill*
8   *500 mm recycled dry stone walling*

Containeranbau in Nantes

House Extension in Nantes Using Containers

Architekt · *Architect:*
Christophe Nogry, Nantes
Tragwerksplaner · *Structural engineering*:
Meca, Nantes

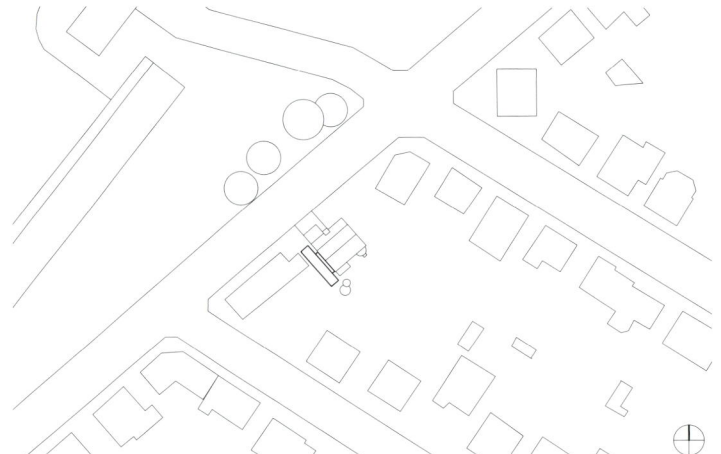

Lageplan
Maßstab 1:2000

*Site plan
scale 1:2000*

Ansicht Nord
Grundrisse
Schnitt
Maßstab 1:250

*North elevation
Floor plans
Section
scale 1:250*

Wunsch des Bauherrn war es, sein Haus aus den 1960er-Jahren durch einen Anbau im Osten des Grundstücks zu ergänzen. Dadurch sollte das Wohnzimmer erweitert werden und ein zusätzlicher Schlafraum mit Bad entstehen. Da das Grundstück an der Ostseite sehr schmal ist, kam der Architekt auf die Idee, mit ausrangierten Schiffscontainern zu arbeiten. Diese waren kostengünstig zu erwerben und wiesen fast genau die benötigten Abmessungen auf. Durch eine Pufferzone aus Holz ist das Haupthaus nun an die Stahlcontainer angebunden. Im Erdgeschoss nimmt der Container die große Sammlung an Büchern, CDs und Schallplatten auf. Dafür entwarf der Designer Jean-François Godet ein Regal aus Stahl, das die hohen Lasten der Mediathek in die Schiffscontainer einleitet. Der gewonnene Raum dient nun als Musik-, Lese- oder Ruheraum, und im eigentlichen Wohnzimmer ist wieder Platz für andere Dinge. Der Container im oberen Geschoss mit dem neuen Schlafraum des Hausherrn musste aus baurechtlichen Gründen um 5 m gekürzt. Dies und das erneute Anschweißen der Stirnfassade erfolgte in der Werkstatt. Alle Böden, Decken und Wände der neuen Räume sind mit Kork gedämmt und in Faserzementplatten gekleidet. Das einheitliche Bild verleiht den ehemals industriellen Bauteilen eine ruhige, wohnliche Atmosphäre.   DETAIL 12/2010

Since the space available for an extension at the side of the 1960s house was very tight, the architect had the idea of using redundant steel shipping containers. These had almost the precise dimensions required and were available at a low cost. The new and existing structures are linked by a timber buffer zone. Used as a media library, the ground-floor container now houses the client's large collection of books, CDs, etc., thus freeing the existing living room. Planning laws required the upper-floor container, which accommodates the new main bedroom, to be cut back in length by five metres. All floors, walls and ceilings in the extension are insulated with cork and clad with fibre-cement sheeting.

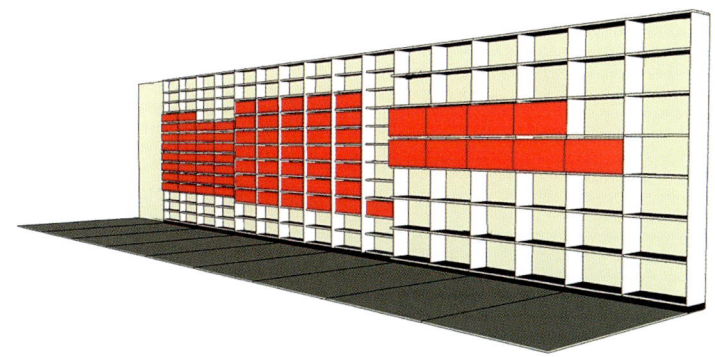

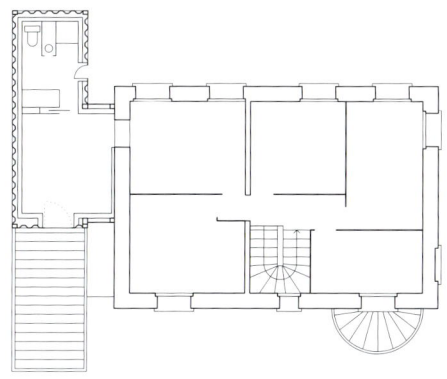

Obergeschoss /First floor

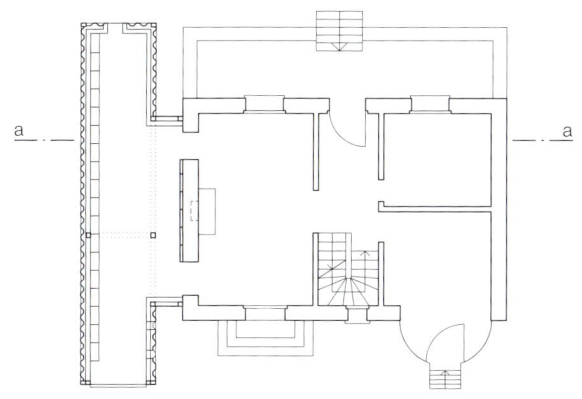

a ·—·—· a

Erdgeschoss /Ground floor

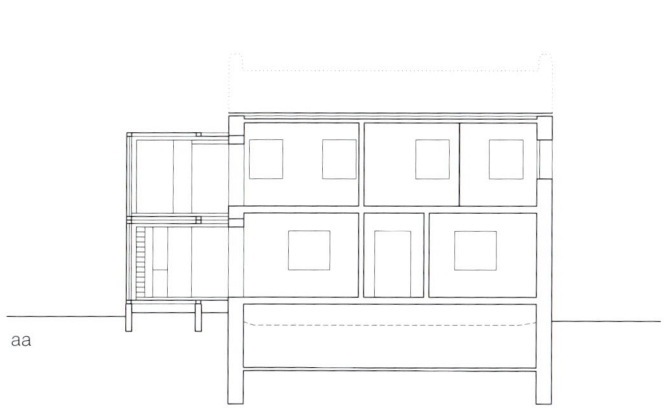

aa

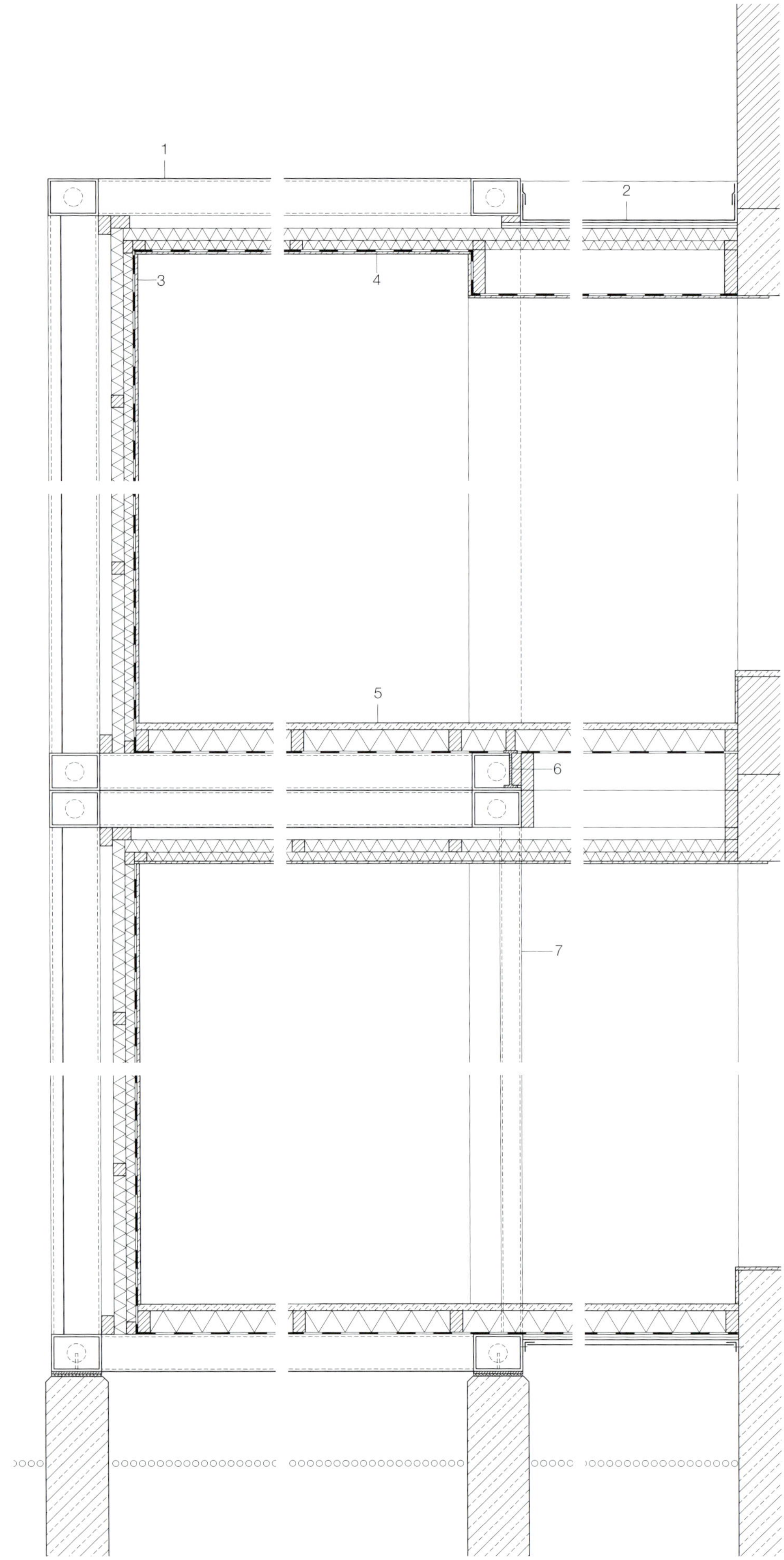

Schnitt
Maßstab 1:20

1   Schiffscontainer gebraucht 12,20/2,50 m
    Innenseite angeschliffen
2   Stahlblech verzinkt, Schalung 18 mm
    Unterkonstruktion Holz 3 % im Gefälle
3   Wandaufbau:
    Faserzementplatte 10 mm
    Dampfsperre
    Wärmedämmung Kork 70 mm zwischen
    Konterlattung 30/40 mm und
    Lattung 40/40 mm
    Holzleiste 60/40 mm an 1 geklebt
4   Faserzementplatte 8 mm
5   Bodenaufbau:
    Faserzementplatte 22 mm
    Kork lose verlegt zwischen
    Kantholz 70/40 mm, PE-Folie
6   Überzug Stahlprofil verzinkt IPE 120 mm
7   Stütze Stahlrohr verzinkt ⌷ 70/70 mm

Section
scale 1:20

1   12.20/2.50 m used shipping container
    with ground inner face
2   galvanised steel sheeting
    18 mm wood boarding
    timber supporting structure with 3 % falls
3   wall construction:
    10 mm fibre-cement sheeting; vapour barrier
    70 mm cork thermal insulation between
    30/40 mm counterbattens
    40/40 mm battens
    40/60 mm wood strips adhesive fixed to 1
4   8 mm fibre-cement sheeting
5   floor construction:
    22 mm fibre-cement sheeting
    cork laid unfixed between
    40/70 mm wood bearers; polythene sheeting
6   galvanised steel I-section 120 mm deep
7   70/70 mm galvanised steel SHS column

Einfamilienhaus in Krailling

House in Krailling

Architekten • *Architects*:
Unterlandstättner Architekten, München
Thomas Unterlandstättner
Tragwerksplaner • *Structural engineers*:
a.k.a Ingenieure, München

Lageplan
Maßstab 1:2000

*Site plan
scale 1:2000*

Anthrazitfarbener Putz und ein scharf geschnittenes Volumen machen das Haus für eine Familie mit drei Kindern im beschaulichen Kontext einer 1960-Jahre-Siedlung im Südwesten Münchens schon von Weitem als Neubau erkennbar. Der Bebauungsplan schrieb die Kubatur vor und forderte ein Satteldach. Aus diesen Vorgaben entwickelten die Architekten einen Baukörper mit präzise angeordneten und unterschiedlich dimensionierten Öffnungen, die sehr differenziert den Bezug zwischen innen und außen artikulieren und in der Folge vier ganz unterschiedliche Fassaden hervorbringen. Drei Einschnitte verleihen dem Haus seine skulpturale Qualität: Ein langgezogener Rücksprung schützt den Eingang und den durch eine Betonwand abgetrennten Vorbereich der Küche. Ein Einschnitt an der Südwestecke schafft einen überdeckten Freisitz und öffnet den Wohnbereich zum Garten. Schließlich belichtet eine aus dem Obergeschoss geschnittene, nach oben offene Loggia über eine großflächige Verglasung einen zweigeschossigen, zentralen Raum. Von hier erschließt sich die Organisation des gesamten Hauses. Von der Haustür um die Treppe herum führt der Weg ins Wohnzimmer, wo ein schmales Fenster und eine von innen nach außen optisch durchgehende Sitzbank den räumlichen Bezug zurück zum Eingangsbereich herstellen. Ein Bodenversprung orientiert den Essplatz zur abgesenkten Terrasse, während ein bodenbündiges niedriges Fensterband das Nachbargrundstück ausblendet. Im Obergeschoss ist die Südostfassade geschlossen, die dahinterliegenden Bäder werden durch das zenitale Licht prismenartig verkleideter Oberlichter inszeniert. In den Giebelseiten bilden dreigeteilte Fenster – bestehend aus einer Festverglasung, einem Öffnungsflügel und einer stark angeschrägten Laibung aus Eichenholz – einen Kontrast zu den dunklen, betont rauen Außenputzflächen des Wärmedämmverbundsystems. Die drei Einschnitte verweisen mit einer feineren Oberfläche aus weißem Glattputz oder Eichenholz auf den sorgfältig detaillierten Ausbau im Inneren.   DETAIL 07–08/2014

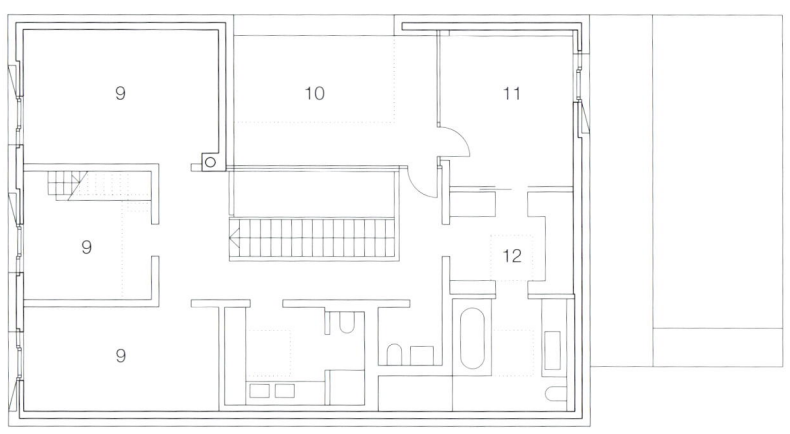

aa

Grundrisse · Schnitt
Maßstab 1:200

*Floor plans · Section
scale 1:200*

The dark grey stucco and sharp-edged aesthetics ensure that a house for a family with three children on Munich's southwest side is recognisable from afar as new construction. The master plan specified the allowable cubage and the type of roof. The architects developed the building massing with carefully positioned openings of varying dimensions, which articulate the relationship between inside and outside and form four very different facades. The cut-outs give the house its sculptural quality: an elongated recess shelters the entrance and the threshold to the kitchen. A cut-out on the southwest corner gives rise to a covered seating area and opens up the living area toward the garden. Last but not least, an opening in the upper level creates a loggia above the extensively glazed, double-height central space where the house's circulation is concentrated. From the entrance, the path leads around the stair to the living room, where a narrow window and a bench that visually extends from the interior to the exterior gestures back to the entrance area. A ribbon of windows extending to the floor shields the interior from the neighbouring property. On the upper level the southeast facade has no openings; the bathrooms behind it receive daylight from prism-like skylights. On the gable ends the tri-partite windows provide a contrast to the dark, rough stucco surfaces of the thermal insulation composite system.

Obergeschoss / *Upper floor*

1	Eingang	8 Lichthof
2	Garderobe	9 Kinder
3	Wohnen	10 Loggia
4	Terrasse	11 Schlafen
5	Essen	12 Ankleide
6	Hauswirtschaftsraum	13 Sauna
7	Küche	14 Arbeiten

1	Entrance	8 Light well
2	Coat rack	9 Children
3	Living room	10 Loggia
4	Terrace	11 Bedroom
5	Dining area	12 Dressing room
6	Utility room	13 Sauna
7	Kitchen	14 Study

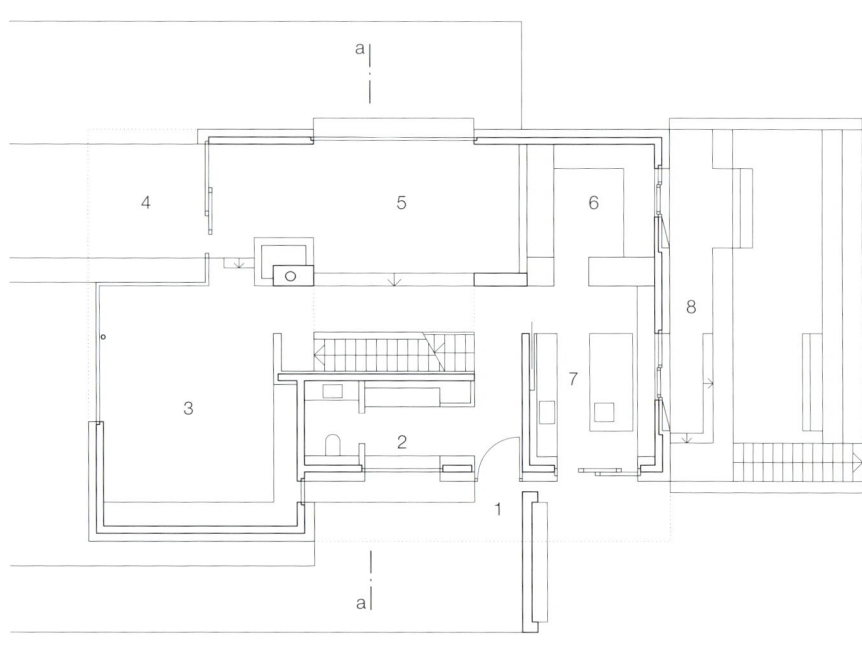

Erdgeschoss / *Ground floor*

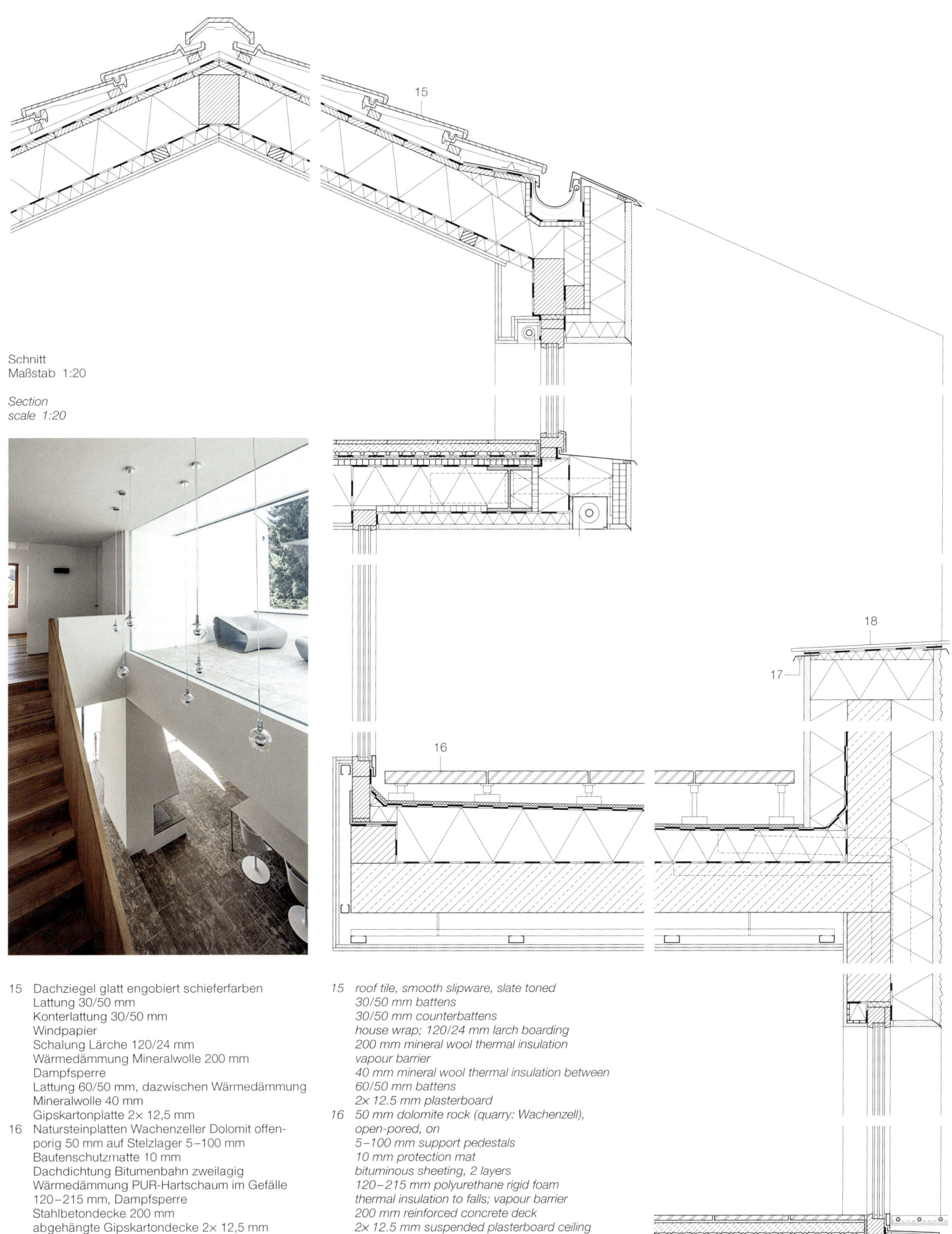

Schnitt
Maßstab 1:20

Section
scale 1:20

15 Dachziegel glatt engobiert schieferfarben
Lattung 30/50 mm
Konterlattung 30/50 mm
Windpapier
Schalung Lärche 120/24 mm
Wärmedämmung Mineralwolle 200 mm
Dampfsperre
Lattung 60/50 mm, dazwischen Wärmedämmung
Mineralwolle 40 mm
Gipskartonplatte 2× 12,5 mm
16 Natursteinplatten Wachenzeller Dolomit offen-
porig 50 mm auf Stelzlager 5–100 mm
Bautenschutzmatte 10 mm
Dachdichtung Bitumenbahn zweilagig
Wärmedämmung PUR-Hartschaum im Gefälle
120–215 mm, Dampfsperre
Stahlbetondecke 200 mm
abgehängte Gipskartondecke 2× 12,5 mm
17 LED-Lichtleiste
18 Abdeckung Attika aus einem Stück Mineral-
werkstoff acrylgebunden 10 mm

15 roof tile, smooth slipware, slate toned
30/50 mm battens
30/50 mm counterbattens
house wrap; 120/24 mm larch boarding
200 mm mineral wool thermal insulation
vapour barrier
40 mm mineral wool thermal insulation between
60/50 mm battens
2× 12.5 mm plasterboard
16 50 mm dolomite rock (quarry: Wachenzell),
open-pored, on
5–100 mm support pedestals
10 mm protection mat
bituminous sheeting, 2 layers
120–215 mm polyurethane rigid foam
thermal insulation to falls; vapour barrier
200 mm reinforced concrete deck
2× 12.5 mm suspended plasterboard ceiling
17 LED strip lights
18 coping: 10 mm acrylic solid surface material,
single element (without seams)

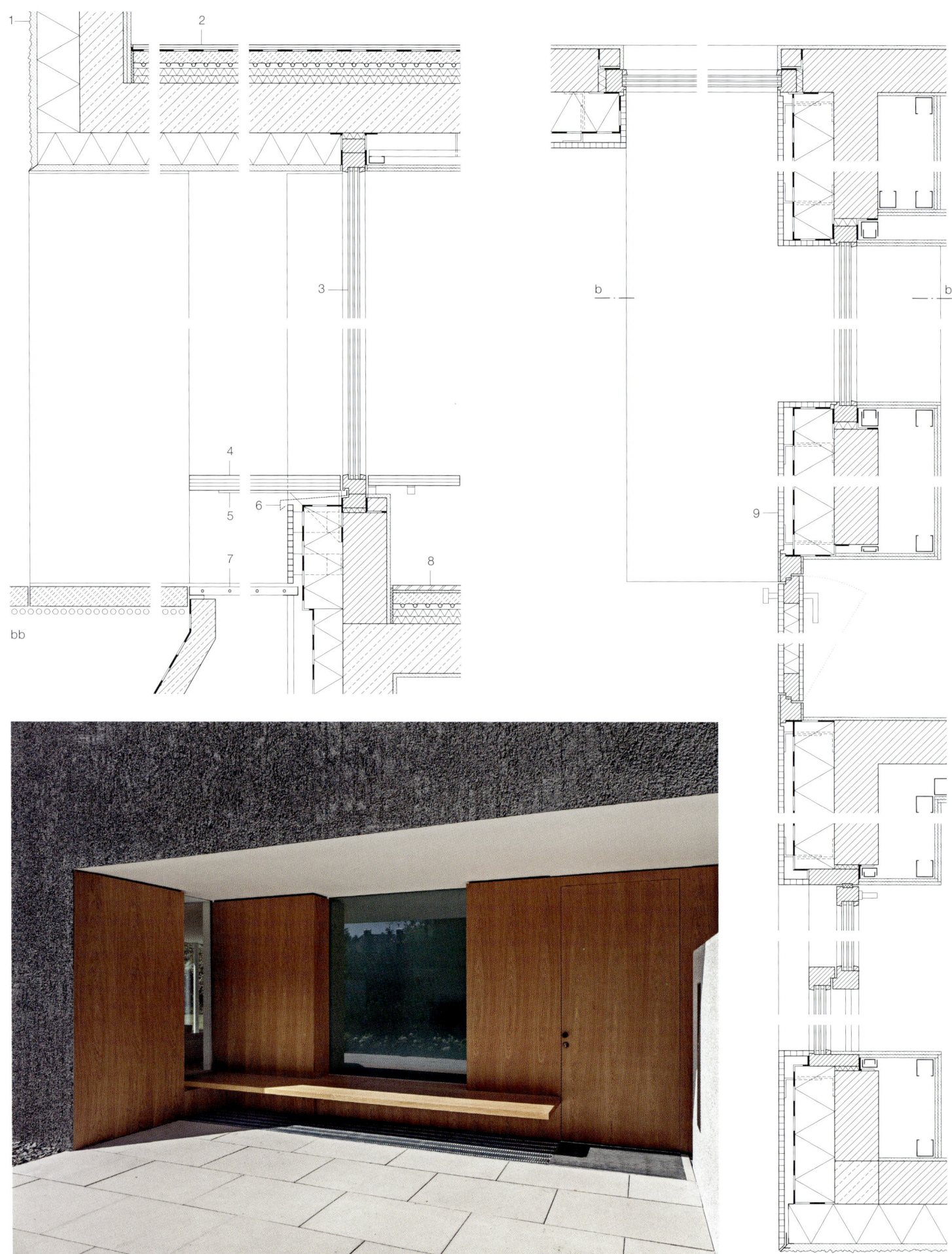

bb

1
2
3
4
5
6
7
8
9

b

b

Vertikalschnitte • Horizontalschnitt
Maßstab 1:20

1 Rauputz mit Pilzschutzanstrich anthrazit
  durchgefärbt 40 mm
  Wärmedämmung EPS 160 mm
  Klebeschicht 10 mm
  Stahlbeton 175 mm, Putz 15 mm
2 Parkett Eichendielen 16 mm
  Klebeschicht 4 mm
  Flächenabdichtung Kunststoffanstrich 3 mm
  Zementestrich 68 mm
  Fußbodenheizung in Noppenbahn 22 mm
  Trittschalldämmung 30 mm
  Installationsschicht/Wärmedämmung 30 mm
  Stahlbetondecke 200 mm
  Klebeschicht 10 mm
  Wärmedämmung EPS 120 mm
  Feinputz 25 mm
3 Dreifachverglasung ESG 4 mm + SZR 16 mm +
  Float 4 mm + SZR 16 mm + ESG 4 mm in Holz-
  rahmen Eiche, U_W = 1,0 W/m²K
4 Sitzbank Eiche aus Stäben verleimt und furniert,
  geölt 60 mm
5 Konsole Stahlprofil T 40/80/7 mm verzinkt
6 Abdeckung Lochblech gekantet 2 mm
7 Gitterrost 30 mm
8 Natursteinplatten Wachenzeller Dolomit,
  offenporig 20 mm, Mörtelschicht 10 mm
  Zementestrich 58 mm
  Fußbodenheizung in Noppenbahn 22 mm
  Trittschalldämmung 30 mm
  Installationsschicht/ Wärmedämmung 30 mm
  Stahlbetondecke 200 mm, Putz 15 mm
9 Dreischichtplatte Eiche furniert 20 mm an
  justierbaren Kunststoffhaltern
  Hinterlüftung 45 mm, Windpapier
  Wärmedämmung Mineralwolle 160 mm
  Mauerwerk 175 mm, Installationszone 220 mm
  Gipskartonplatte 2× 12,5 mm
10 Dreischichtplatte Eiche furniert 20 mm
  Luftzwischenraum max. 160 mm, Windpapier
  Wärmedämmung Mineralwolle 80 mm
  Mauerwerk 90 mm, Putz 15 mm
11 Regenrinne Zinkblech beheizbar, schiefergrau
  gekantet
12 Ringanker Stahlbeton
13 Befestigung Sonnenschutzkasten Edelstahlprofil
14 Wärmedämmstreifen Resol-Hartschaum 25 mm

Vertical sections • Horizontal section
scale 1:20

1 *40 mm rough stucco with anti-fungal treatment,*
  dark grey
  160 mm EPS thermal insulation
  10 mm adhesives
  175 mm reinforced concrete; 15 mm plaster
2 *parquet: 16 mm oak planks*
  4 mm adhesives
  surface sealing: 3 mm plastic coating
  68 mm cement screed
  22 mm underfloor heating in knobbed foil
  30 mm impact-sound insulation
  30 mm installation layer / thermal insulation
  200 mm reinforced concrete deck
  10 mm adhesives
  120 mm EPS thermal insulation
  25 mm finishing plaster
3 *triple glazing: 4 mm toughened glass +*
  16 mm cavity + 4 mm float glass + 16 mm cavity +
  4 mm toughened glass in oak frame
  U_W = 1.0 W/m²K
4 *bench: 60 mm oak blocks, glued and veneered,*
  oiled
5 *bracket: 40/80/7 mm steel T-profile, galvanised*

6 *sill: 2 mm perforated metal, bent to shape*
7 *30 mm grating*
8 *20 mm dolomite rock (quarry: Wachenzell),*
  open-pored
  10 mm mortar; 58 mm cement screed
  22 mm underfloor heating in knobbed foil
  30 mm impact-sound insulation
  30 mm installation layer / thermal insulation
  200 mm reinforced concrete deck; 15 mm plaster
9 *20 mm lumber-core plywood (3-ply), oak veneer,*
  on adjustable plastic fasteners
  45 mm ventilated cavity; house wrap
  160 mm mineral wool thermal insulation
  175 mm masonry
  220 mm installations layer
  2× 12.5 mm plasterboard
10 *20 mm lumber-core plywood (3-ply), oak veneer,*
  max. 160 mm air cavity; house wrap
  80 mm mineral wool thermal insulation
  90 mm precast concrete unit; 15 mm plaster
11 *sheet steel gutter, bent to shape, slate grey,*
  heated
12 *reinforced concrete ring beam*
13 *mounting of solar protection box:*
  stainless steel profile
14 *25 mm rigid phenolic foam thermal insulation strips*

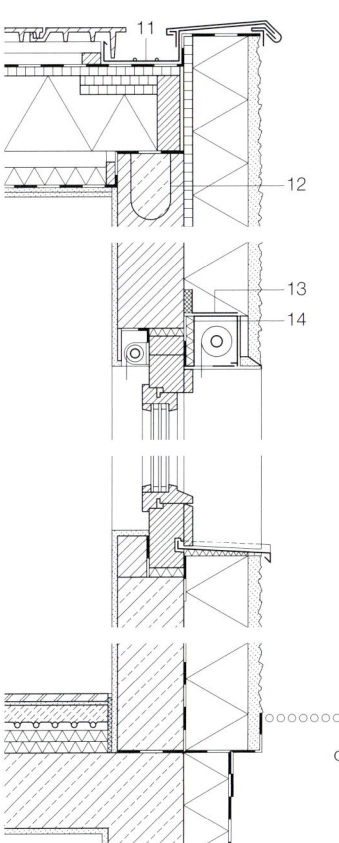

cc

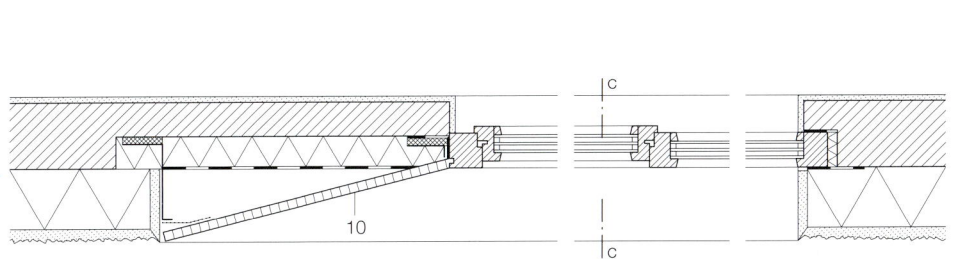

Wohnsiedlung in Chantepie

Residential Development in Chantepie

Architekt • *Architects*:
Eric Lenoir, Charleville-Mézières
Tragwerksplaner • *Structural engineers*:
OMS, Thorigné-Fouillard

aa   Haustyp 420 / *House type 420*

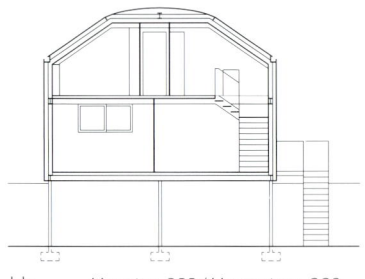

bb   Haustyp 360 / *House type 360*

Schnitte • Grundrisse
Maßstab 1:250
1 Eingang / Terrasse
2 Wohnen / Essen
3 Küche
4 Zimmer
5 Bad

*Sections • floor plans
scale 1:250
1 Entrance / terrace
2 Living / dining
3 Kitchen
4 Room
5 Bathroom*

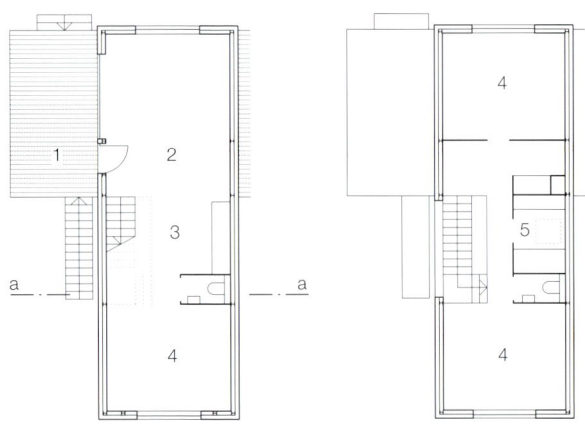

1. Obergeschoss / *First floor*   2. Obergeschoss / *Second floor*

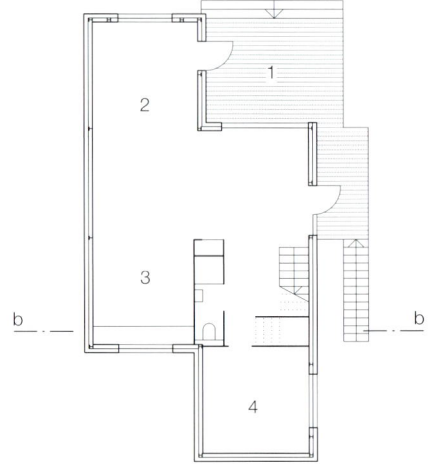

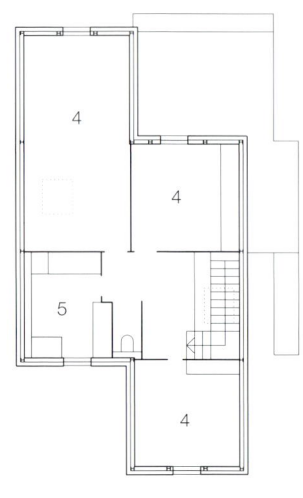

1. Obergeschoss / *First floor*   2. Obergeschoss / *Second floor*

The 26 units of this residential development near Rennes are based on a modular system that permits serial assembly of repetitive elements for structural system, roof, and facade. The building forms, however, are inspired by gabled roof house archetypes. The steel structural frame consists of prefabricated standard profiles that enable simple and quick assembly on site. Roof components are assembled on the construction site into a complete building element with windows and lifted on top of the steel structure. In the next step, the steel structure is panelled with horizontally mounted corrugated sheet metal elements that are then equipped with a layer of thermal insulation. Depending on the house type, corrugated sheet metal with black or silver finish or cedar siding is used as external skin. For the project presented here, three different house types were developed that are all based on a 60 cm grid with column spans of 480, 420, and 360 cm. The load-bearing steel frame permits flexibly dividing interior space with gypsum board partitions. In all types, floors are elevated 2.20 m off the street level, with visible steel columns towards the street and with a concrete base towards the gardens. This system, especially developed for small housing construction, can be adapted to different dwelling types. Most of all, it is characterised by low costs, low transport expenditure, and short manufacturing time.

Lageplan
Maßstab 1:2000
6 Haustyp 420
7 Haustyp 360
8 Haustyp 480

Site plan
scale 1:2000
6 House type 420
7 House type 360
8 House type 480

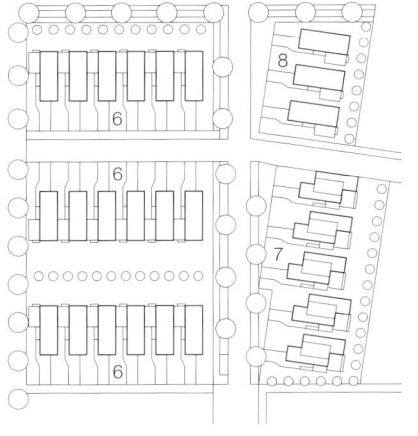

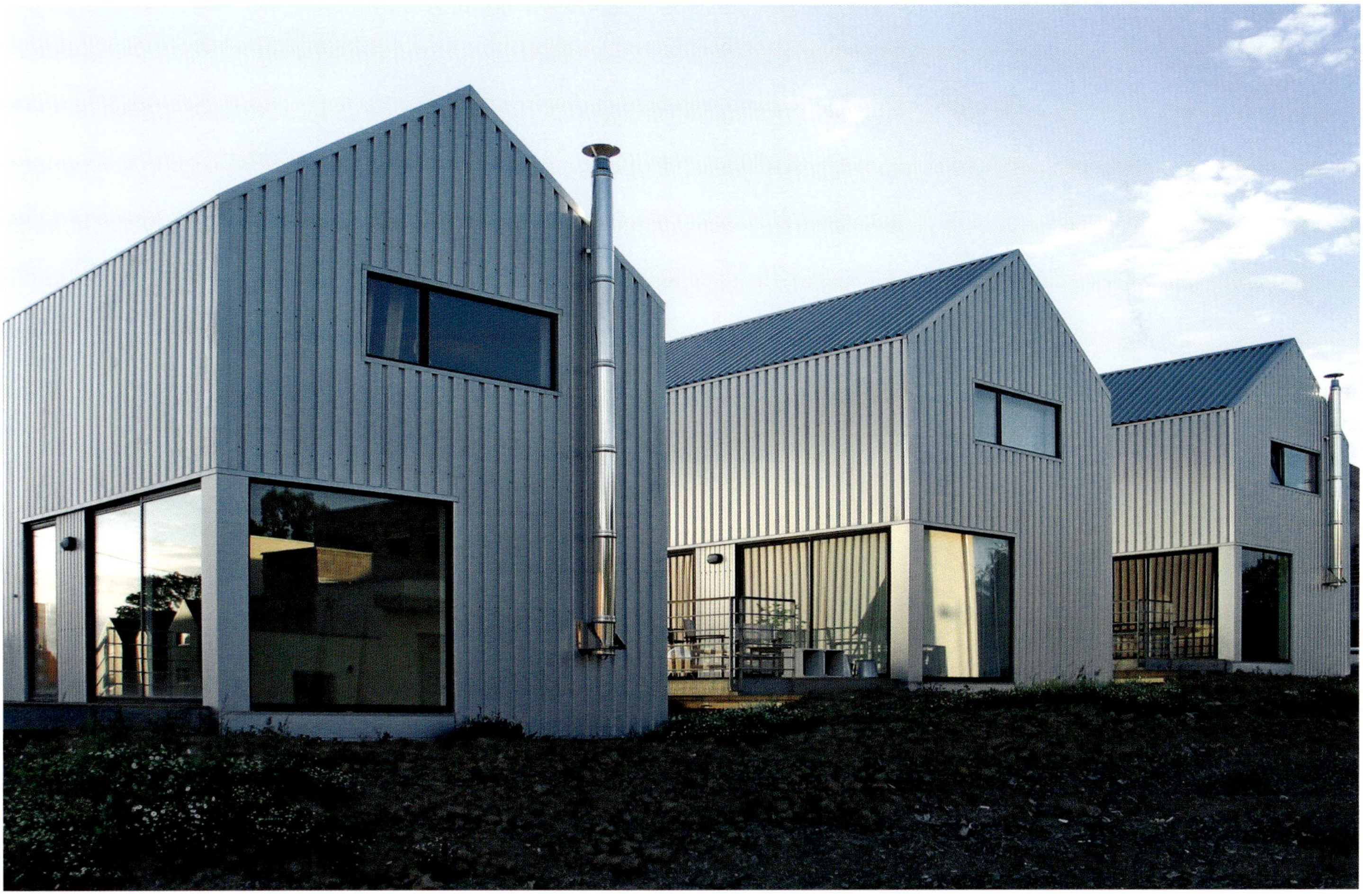

Den 26 Einheiten dieser Wohnsiedlung bei Rennes liegt ein Baukastensystem zugrunde, mit dem sich Tragstruktur, Dach und Fassade aus repetitiven Elementen in Serie montieren lassen. Während der Entstehungsprozess sich am Industriebau orientiert, bleibt die Gebäudeform klassisch: Sie ist inspiriert von archetypischen Satteldachhäusern.
Das tragende Stahlskelett besteht aus vorgefertigten Standardprofilen, die eine einfache und schnelle Montage vor Ort ermöglichen. Das Dach wird zu einem kompletten Element inklusive Fenstern auf der Baustelle zusammengesetzt und dann als fertiges Bauteil auf die Stahlkonstruktion gehoben.
Im nächsten Schritt erhält die Stahlstruktur eine Verkleidung aus horizontal montierten Profilblechelementen, auf die die Wärmedämmung aufgebracht wird. Als äußere Haut kommt je nach Haustyp schwarzes oder silberfarbenes Trapezblech oder eine Zedernholzschalung zum Einsatz.
Für das vorliegende Projekt wurden drei verschiedene Haustypen entwickelt, die alle auf einem Raster von 60 cm basieren, mit Achsbreiten von 480, 420 und 360 cm. Das tragende Stahlgerüst erlaubt eine flexible Raumaufteilung im Inneren mit Trockenbauwänden. Auf diese Weise ist es möglich, auf individuelle Wohnsituationen und unterschiedliche Grundstücksformen zu reagieren. Bei allen Typen sind die beiden Wohngeschosse um 2,20 m gegenüber dem Straßenniveau angehoben – zur Straßenseite auf sichtbaren Stahlstützen, zum Garten hin mittels eines Betonsockels. Dadurch entsteht ein überdachter Freibereich sowie ein zusätzlicher, flexibel nutzbarer Raum im Erdgeschoss.
Dieses speziell für kleine Wohnbauten entwickelte System lässt sich an verschiedene Wohnformen anpassen – vor allem aber zeichnet es sich durch niedrige Kosten, geringen Transportaufwand und kurze Herstellungsdauer aus. So konnten die Baugruppen mit zwölf Häusern jeweils in 24 Wochen montiert werden. DETAIL 11/2010

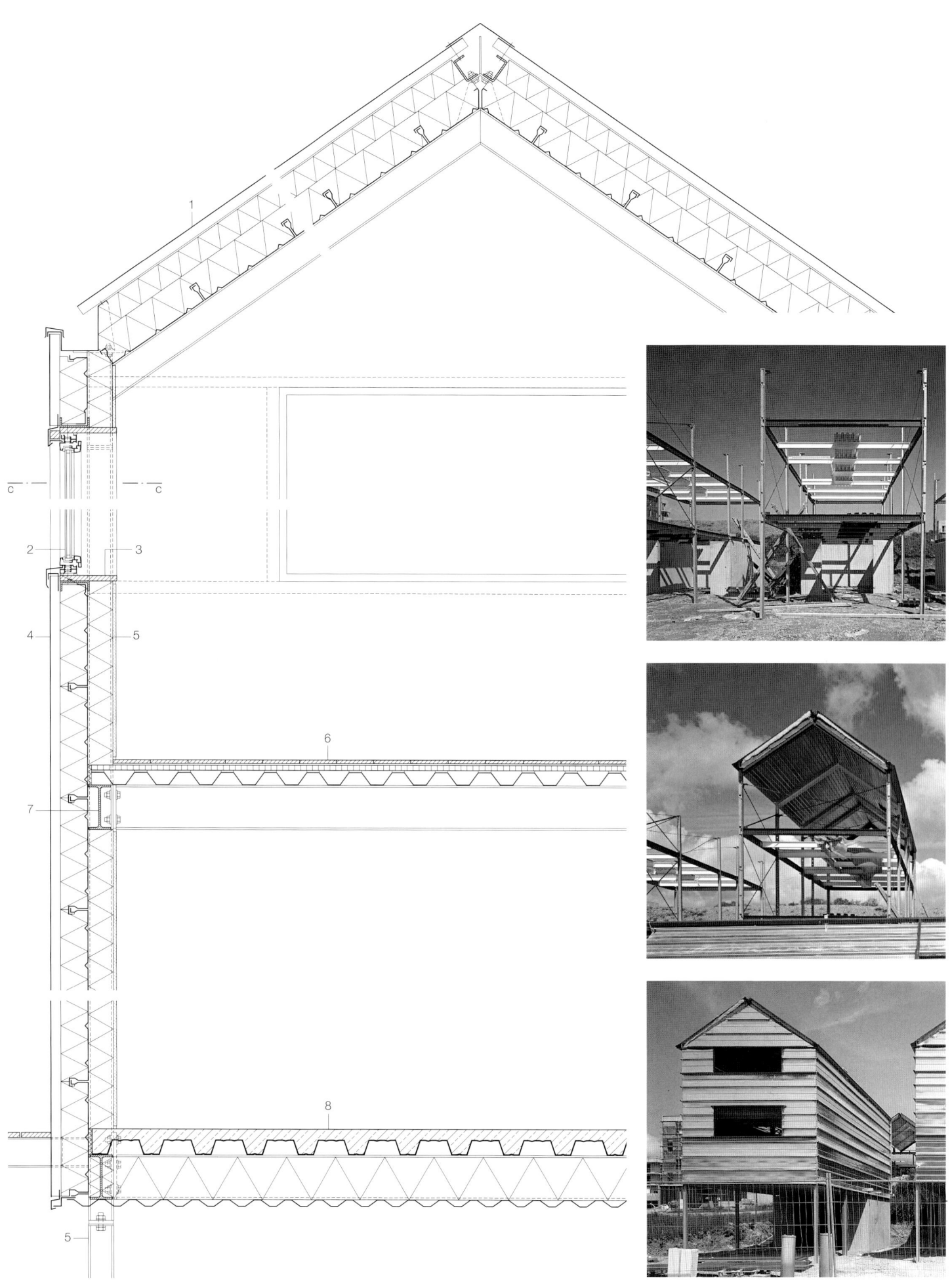

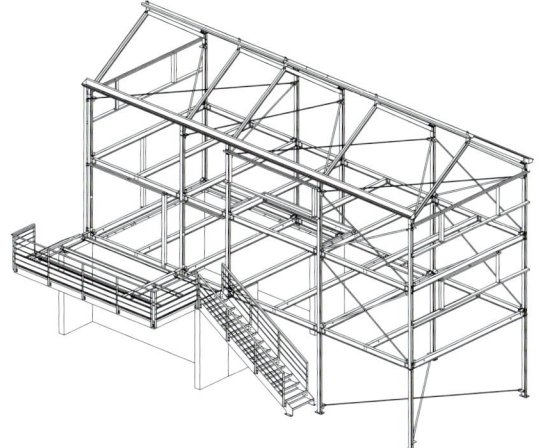

Axonometrie ohne Maßstab
Axonometric illustration n.t.s.

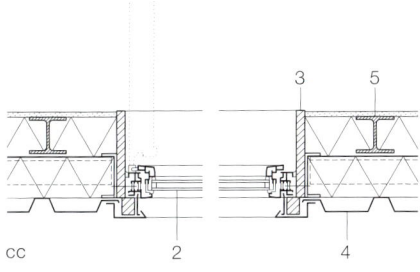

cc   2   4

Vertikalschnitt · Horizontalschnitt
Maßstab 1:20
1   Dachelement vormontiert:
    Trapezblech verzinkt,
    schwarz lackiert 39 mm
    Wärmedämmung Glaswolle 100 mm
    Wärmedämmung Steinwolle 130 mm
    Stahlblech verzinkt, gefalzt 3 mm
    Sparren Stahlprofil IPE 120
2   Isolierverglasung in Aluminiumrahmen
3   Laibung Holz 265/22 mm
4   Fassadenaufbau:
    Trapezblech verzinkt,
    schwarz lackiert 39 mm
    Wärmedämmung Steinwolle 110 mm
    Stahlblech verzinkt, gefalzt 3 mm
    Wärmedämmung Glaswolle 100 mm
    Gipskartonplatte 13 mm
5   Stütze Stahlprofil HEA 100
6   Fußbodenaufbau OG:
    Parkett 14 mm
    OSB-Platte 20 mm
    Akustikvlies 7 mm auf den Stegen
    Trapezblech tragend 50 mm
    Träger IPE 180
7   Randträger Stahlprofil IPE 180
8   Fußbodenaufbau EG:
    Aufbeton poliert 45 mm
    Trapezblech verzinkt 58 mm
    Träger IPE 180, dazwischen
    Wärmedämmung Glaswolle 150 mm
    Trapezblech verzinkt 25 mm

Vertical section · Horizontal section
scale 1:20
1   pre-assembled roof element:
    39 mm corrugated steel sheet metal, galvanised,
    black paint finish
    100 mm thermal insulation, glass wool
    130 mm thermal insulation, rock wool
    3 mm steel sheet metal, galvanised, canted
    120 mm steel I-beam
2   insulation glass in aluminium frame
3   265/22 mm wood reveal
4   wall construction
    39 mm corrugated steel sheet metal, galvanised,
    black paint finish
    110 mm thermal insulation, rock wool
    3 mm steel sheet metal, galvanised, canted
    100 mm thermal insulation, glass wool
    13 mm gypsum board
5   100 mm steel I-beam column
6   floor construction, upper level:
    14 mm parquet flooring
    20 mm OSB panel
    acoustic fleece 7 mm on decking
    50 mm corrugated steel sheet metal,
    load bearing
    180 mm steel I-beam
7   180 mm steel I-beam
8   floor construction, ground level:
    45 mm screed, polished
    58 mm corrugated steel sheet metal, galvanised
    180 mm steel I-beam
    150 mm inlaid thermal insulation, glass wool
    25 mm corrugated steel sheet metal, galvanised

Einfamilienhaus in Riedikon

House in Riedikon

Architekten • *Architects*:
Gramazio & Kohler, Zürich
Tragwerksplaner • *Structural engineers*:
ibeg bauengineering, Uster

Mit seiner vertikalen Holzstruktur passt sich das kleine Einfamilienhaus in die ländliche Umgebung ein. Erst aus der Nähe offenbart sich eine außergewöhnliche, subtile Modulation der Oberfläche. Auch der Baukörper, der von Süden ein einfaches Satteldach zeigt, erweist sich beim Rundgang um das Gebäude als unerwartet komplex. Um dem Nachbarn den Blick auf den Greifensee freizuhalten und einen Stellplatz auf dem knappen Grundstück zu ermöglichen, ist das Volumen im Norden beidseitig asymmetrisch angeschnitten – der First liegt über der fünften, leicht spitzen Ecke. Die veränderte Geometrie erzeugt je nach Blickwinkel eine expressive Keilform oder den Eindruck eines Pultdachs. Die loftartigen Räume im Obergeschoss werden über ein der geknickten Dachkante folgendes Fensterband belichtet. Die örtlichen Gestaltungssatzungen schreiben jedoch stehende Fensterformate vor und veranlassten die Architekten, die Öffnungen hinter einem durchlässigen Vorhang aus rechtwinklig zur Fassade stehenden Kiefernlatten zu verbergen. Vor der Schiebetür zur Terrasse wurde diese Verkleidung ausgespart, um einen ungefilterten Außenbezug zu ermöglichen.

Ein »file to factory«-Vorfertigungsprozess erlaubte es, die geometrische Struktur der Holzverkleidung noch während der Planung durch organisch anmutende Verläufe zu verfeinern und diese in der Werkstatt mit einer CNC-Fräse auf die Einzelteile zu übertragen: Für jede einzelne Leiste wurde ein Fräsprofil generiert, das den vor einem Fenster liegenden Abschnitt in einer sanften Kurve ausdünnt und so die optische Durchlässigkeit der Hülle in diesem Bereich weiter erhöht. Ein schräges Anfräsen der Leistenvorder- und -rückseiten öffnet oder schließt zusätzlich den Blick in definierte Richtungen. So lässt sich das übergeordnete Fassadenmuster als mathematische Funktion der Lage der Fenster und der gewünschten Ausblicke lesen. Auf der Baustelle findet die rechnergestützte Fertigung im traditionellen Handwerk ihren Gegenpol: Für die Montage wurden die 315 Leisten einzeln nummeriert und von Hand angeschraubt. DETAIL 10/2010

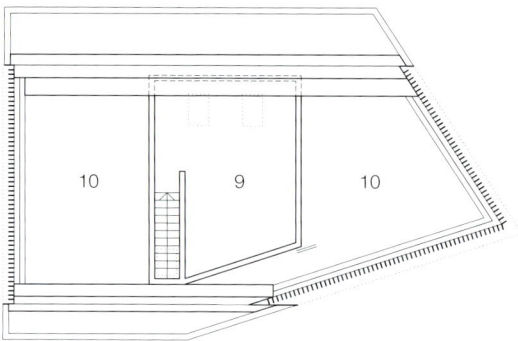

Dachgeschoss / *Roof storey*

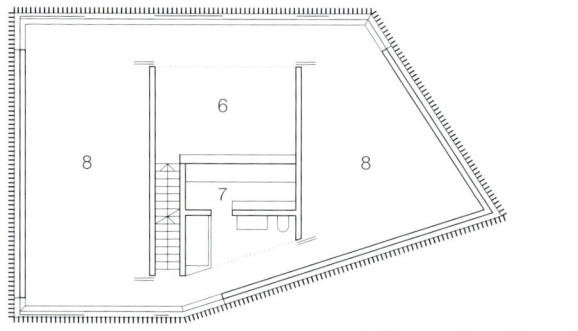

1. Obergeschoss / *Upper floor*

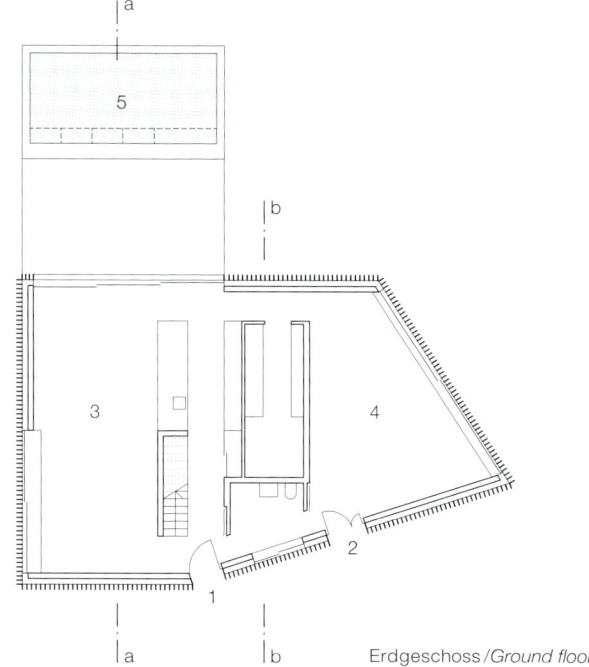

Erdgeschoss / *Ground floor*

1	Eingang
2	Eingang Atelier
3	Wohnen / Essen
4	Atelier
5	Pool
6	Vorraum
7	Ankleide
8	Zimmer
9	Dachkammer
10	Luftraum

1	*Entrance*
2	*Entrance to studio*
3	*Living-dining room*
4	*Studio*
5	*Pool*
6	*Landing space*
7	*Dressing room*
8	*Room*
9	*Attic space*
10	*Void*

Grundrisse · Schnitte
Maßstab 1:250
Lageplan
Maßstab 1:2000

Floor plans · Sections
scale 1:250
Site plan
scale 1:2000

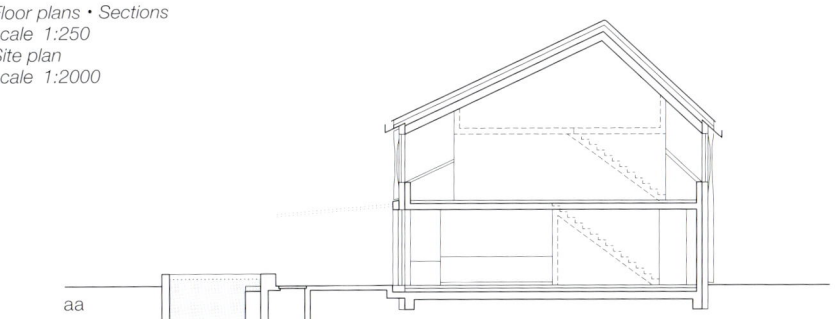

aa

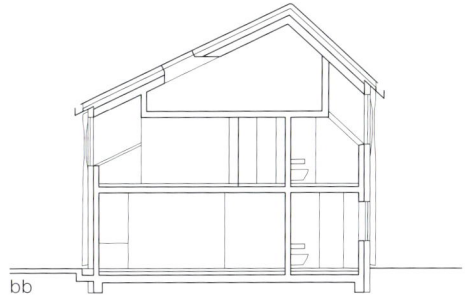

bb

To allow the neighbours an unimpeded view of the Greifensee, a nearby lake, and to create a parking space on the tight site, the northern part of the house is asymmetrically cut away on both sides. Depending on the viewpoint, the irregular geometry conjures the impression of a building with a single-pitched roof or of an expressive wedge-shaped form. The loft-like spaces on the first floor are daylighted via a window strip that follows the angular line of the eaves. Local building by-laws specify vertical rectilinear openings, however, so that the architects opted to conceal the windows behind an external screen of spaced pine fins. This open form of cladding was omitted in the area of the sliding door to the terrace to allow an unimpeded visual link with the outdoors. In a file-to-factory process, an individual, gently curved profile was created at the planning stage for each of the fins, so that their lines suggest organic forms. These profiles were applied to them in the workshop with a CNC milling machine. One outcome of this is that the fins are more slender in front of the fenestration, thereby increasing the transparency of the outer skin in these areas. By splay-cutting the strips on their front and/or back edges, it was also possible to open up or restrict sight lines in certain directions. The computer-aided manufacturing process had its counterpart on site in the traditional form of assembly: the 315 wooden strips were individually numbered and screw fixed by hand.

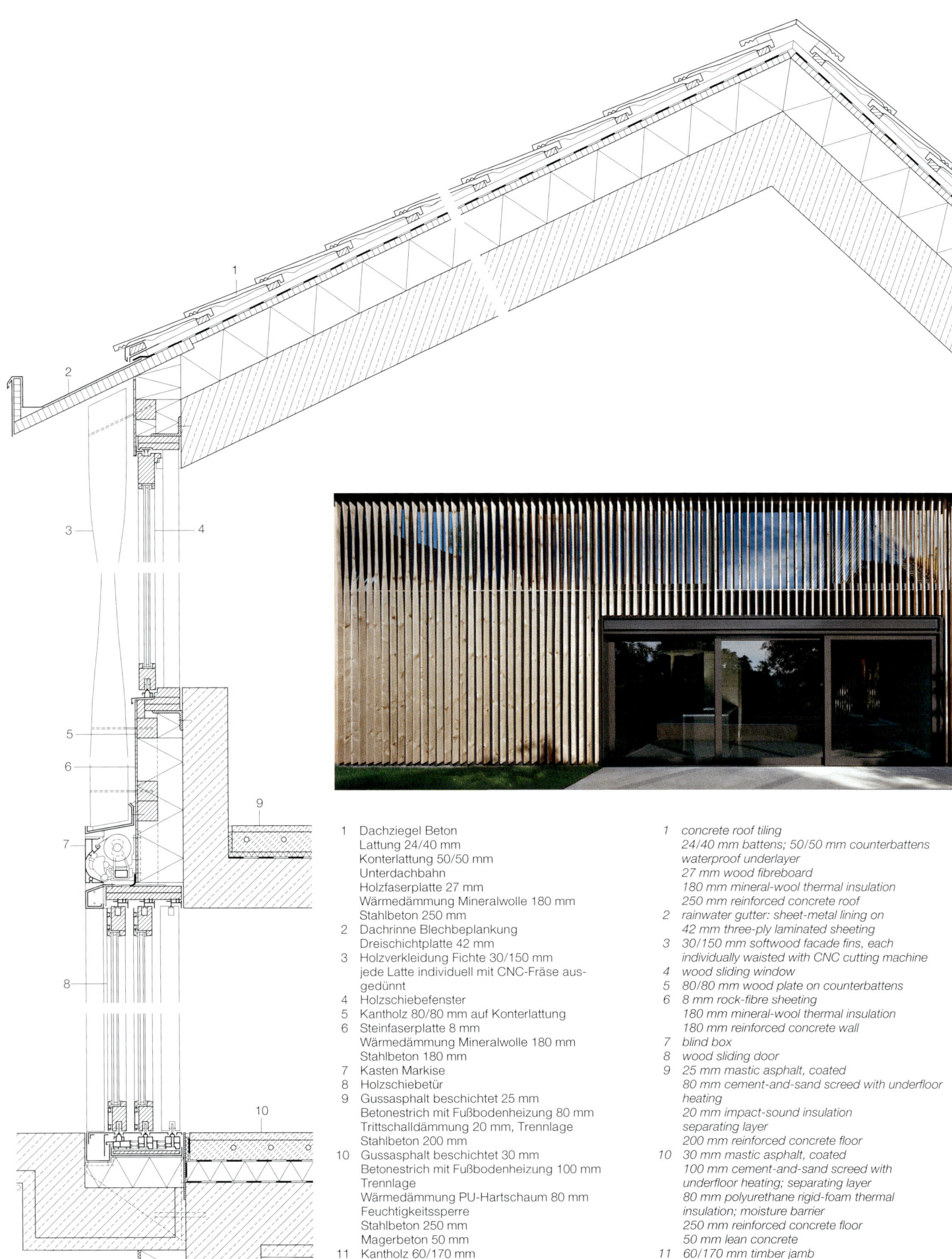

1   Dachziegel Beton
    Lattung 24/40 mm
    Konterlattung 50/50 mm
    Unterdachbahn
    Holzfaserplatte 27 mm
    Wärmedämmung Mineralwolle 180 mm
    Stahlbeton 250 mm
2   Dachrinne Blechbeplankung
    Dreischichtplatte 42 mm
3   Holzverkleidung Fichte 30/150 mm
    jede Latte individuell mit CNC-Fräse aus-
    gedünnt
4   Holzschiebefenster
5   Kantholz 80/80 mm auf Konterlattung
6   Steinfaserplatte 8 mm
    Wärmedämmung Mineralwolle 180 mm
    Stahlbeton 180 mm
7   Kasten Markise
8   Holzschiebetür
9   Gussasphalt beschichtet 25 mm
    Betonestrich mit Fußbodenheizung 80 mm
    Trittschalldämmung 20 mm, Trennlage
    Stahlbeton 200 mm
10 Gussasphalt beschichtet 30 mm
    Betonestrich mit Fußbodenheizung 100 mm
    Trennlage
    Wärmedämmung PU-Hartschaum 80 mm
    Feuchtigkeitssperre
    Stahlbeton 250 mm
    Magerbeton 50 mm
11 Kantholz 60/170 mm

1   concrete roof tiling
    24/40 mm battens; 50/50 mm counterbattens
    waterproof underlayer
    27 mm wood fibreboard
    180 mm mineral-wool thermal insulation
    250 mm reinforced concrete roof
2   rainwater gutter: sheet-metal lining on
    42 mm three-ply laminated sheeting
3   30/150 mm softwood facade fins, each
    individually waisted with CNC cutting machine
4   wood sliding window
5   80/80 mm wood plate on counterbattens
6   8 mm rock-fibre sheeting
    180 mm mineral-wool thermal insulation
    180 mm reinforced concrete wall
7   blind box
8   wood sliding door
9   25 mm mastic asphalt, coated
    80 mm cement-and-sand screed with underfloor
    heating
    20 mm impact-sound insulation
    separating layer
    200 mm reinforced concrete floor
10 30 mm mastic asphalt, coated
    100 mm cement-and-sand screed with
    underfloor heating; separating layer
    80 mm polyurethane rigid-foam thermal
    insulation; moisture barrier
    250 mm reinforced concrete floor
    50 mm lean concrete
11 60/170 mm timber jamb

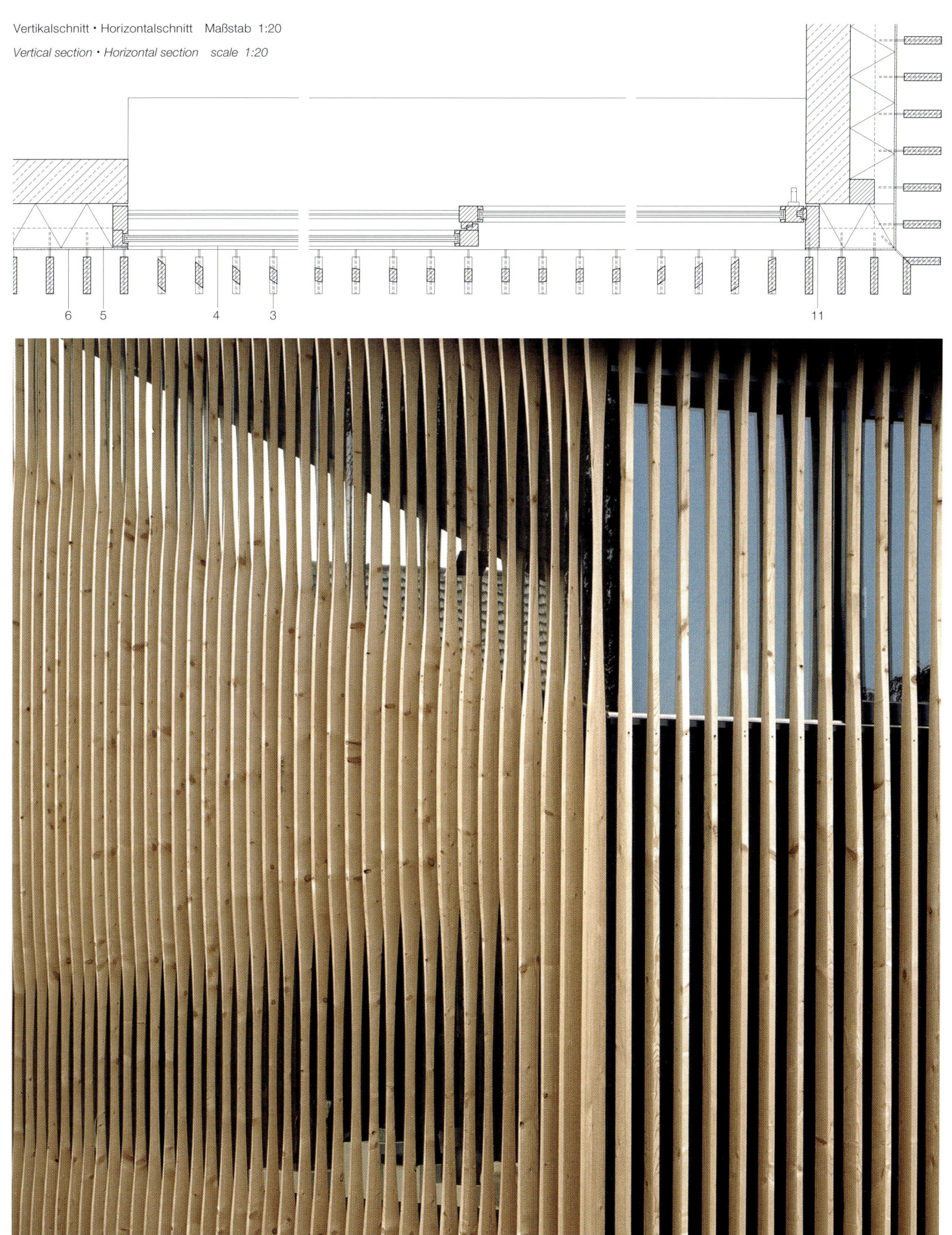

6   5   4   3   11

Wohnhaus in Zellerndorf

House in Zellerndorf

Architekt • *Architects*:
franz, Wien
Tragwerksplaner • *Structural engineers*:
Hauer Holztechnik, Langenlois

In Zellerndorf im niederösterreichischen Weinviertel liegt das Einfamilienhaus in einer Siedlung aus den 1970er-Jahren. Mit seinen containerartigen Baukörpern steht es in deutlichem Kontrast zu den Satteldachhäusern der Nachbarschaft. Auch die Unterteilung in drei gleich große Riegel, aufgefädelt an einem verglasten Gang, ist ungewöhnlich: Die Architekten interpretieren in neuer Form die Typologie traditioneller Streckhöfe, bei denen die einzelnen Nutzungen – Wohnhaus, Scheune, Stall – additiv aneinandergereiht sind. Hier ist das Raumprogramm auf drei separate 6,60 × 16,60 m große Boxen verteilt: Die straßenseitige dient als Garage und Werkstatt, im mittleren »Container« trifft

sich die Familie in der offenen Wohnküche, der dritte nimmt Schlafraum, Kinderzimmer und Bäder auf. Die Gebäudeteile verbindet der beidseitig verglaste Flur, der förmlich durch sie gesteckt ist, als Vordach über dem Eingang herausragt und auf der gegenüberliegenden Seite in einem verglasten Erker endet, den die Bewohner als Spiel- und Lesenische schätzen. Zwischen den Boxen entstehen geschützte Höfe; der größte bietet Platz für eine holzbeplankte Terrasse mit Pool, zu der sich Schlafräume und der Wohnbereich mit Fenstertüren öffnen. Durch die versetzt angeordneten Riegel wird der Garten mit dem Gebäude verzahnt, der Grünraum scheint durch den transparenten Gang

hindurchzufließen. Einfach und raffiniert zugleich ist die Gebäudehülle aus transluzenten Polycarbonat-Wellplatten. Ihre wabenartige Struktur streut das Licht und verleiht der Fassade einen leichten Schimmer, verstärkt durch den homogen schwarzen Hintergrund der dahinterliegenden Folie. Um die Baukosten zu minimieren, erbrachten die Bauherren einen Großteil der Arbeiten in Eigenleistung. Entsprechend einfach ist die Bauweise – gedämmtes, verkleidetes Ziegelmauerwerk, Dachelemente aus Holzfertigteilen, geklebte Glasstöße. Das Wohnhaus zeichnet sich vor allem durch die ungewöhnliche Kombination handelsüblicher Materialien aus. DETAIL 07–08/2010

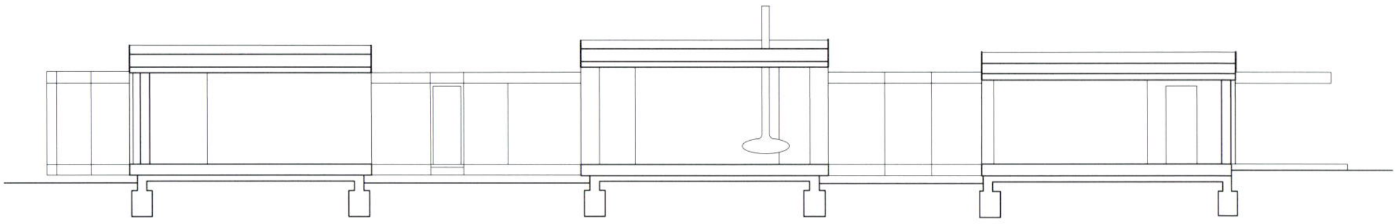

1 Lesenische
2 Schrankraum
3 Kinder
4 Bad
5 Schlafen
6 Flur
7 Pool
8 Arbeiten
9 Technik
10 Küche
11 Wohnen/Essen
12 Garage
13 Werkstatt
14 Eingang

1 *Reading alcove*
2 *Walk-in closet*
3 *Child*
4 *Bathroom*
5 *Bedroom*
6 *Hallway*
7 *Pool*
8 *Study*
9 *Technical systems*
10 *Kitchen*
11 *Dining/Living*
12 *Garage*
13 *Workshop*
14 *Entrance*

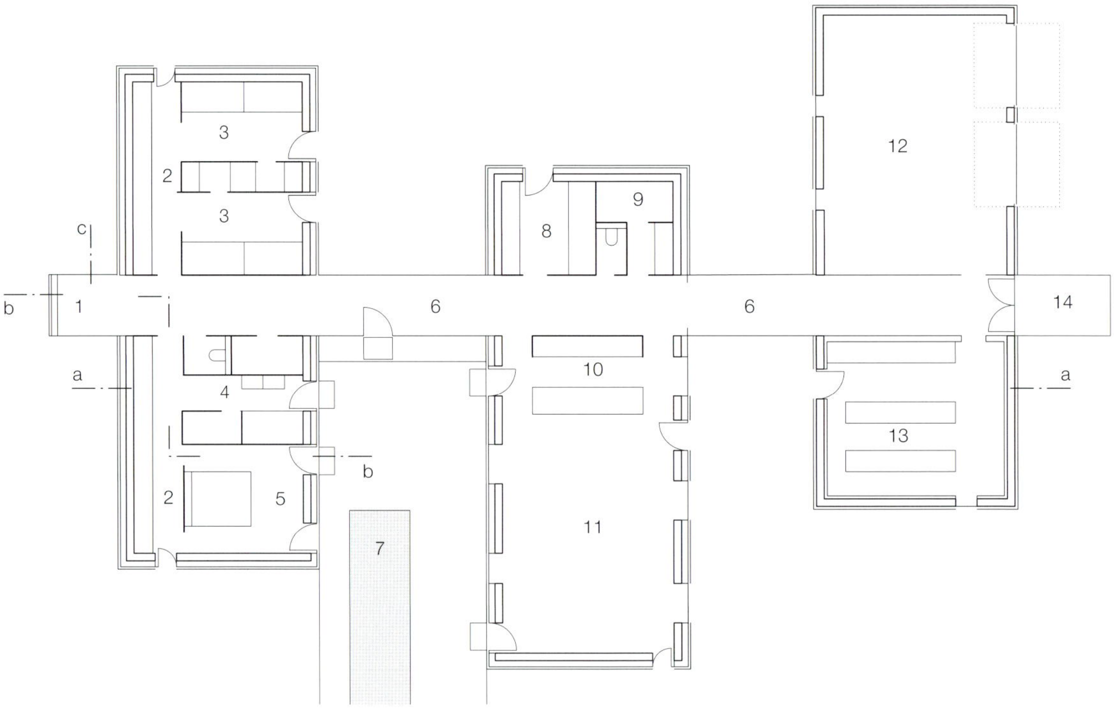

Schnitt · Grundriss
Maßstab 1:250
Lageplan
Maßstab 1:2000

Section · Floor plan
scale 1:250
Site plan
scale 1:2000

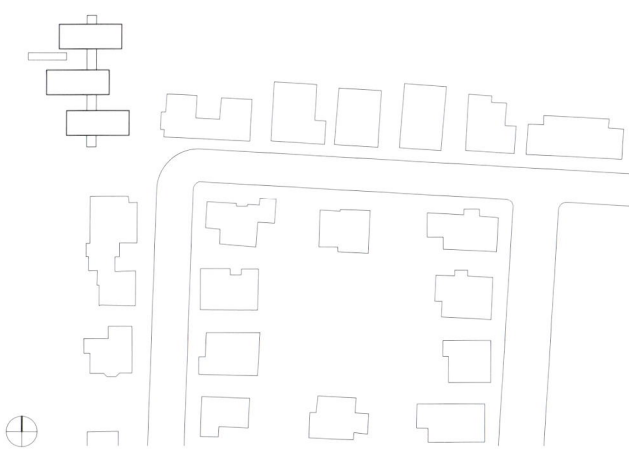

A subdivision dating to the 1970s in Zellerndorf, a town in Lower Austria's Weinviertel district, provides the setting for this single-family house. The building massing is reminiscent of shipping containers – in stark contrast to the neighbouring houses whose roofs are pitched. Dividing the program among three bar-shaped volumes of the same size and arranging them like a string of pearls along a glazed corridor is also out of the ordinary: the architect's design is a reinterpretation of the region's traditional extended-farmhouse typology in which the individual uses – residence, barn, stables – are placed in a row. In this instance the program is spread throughout three separate 6.60 × 16.60 m boxes. The

first, situated nearest the street, serves as garage and workshop; in the middle the family congregates in the open kitchen-living room; the third accommodates the master bedroom, children's rooms and bathrooms. The three wings are linked by the hallway – glazed on both sides – which literally penetrates them, protruding as a canopy above the entrance and culminating on the opposite end in a glazed bay window, which the residents use as an alcove for playing or reading.
Intimate courtyards were created between the boxes. The largest one has a boardwalk terrace with swimming pool; the French doors in the bedrooms and living spaces open on to it. Thanks to the offset arrangement of the bars,

the garden both interlocks with the building and appears to flow right through the hallway. At once simple and refined, the building envelope is constructed of translucent corrugated-polycarbonate sheet. Its honeycomb core disperses light and furnishes the facade with a slight sheen, reinforced by the homogeneity of the black membrane behind it. In order to reduce the building costs, the clients did a large part of the work themselves. Thus, the construction method is simple – load-bearing brick masonry, roof elements of prefabricated wood components, and adhesively bonded glazing. The building stands out largely owing to the unusual combination of readily available materials.

Vertikalschnitte
Horizontalschnitt
Maßstab 1:20

Vertical sections
Horizontal section
scale 1:20

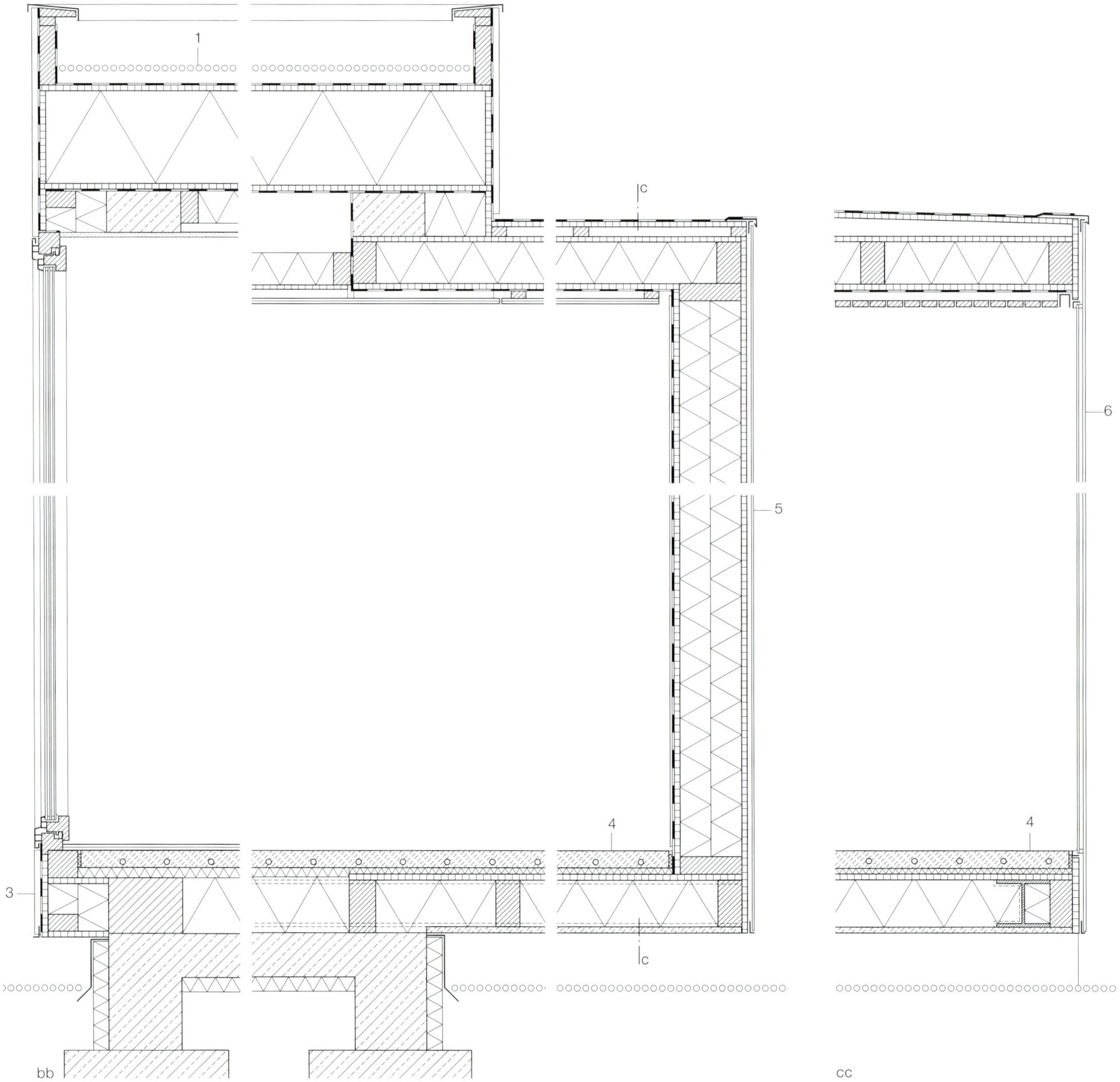

1

c

6

5

3

4

4

c

bb

cc

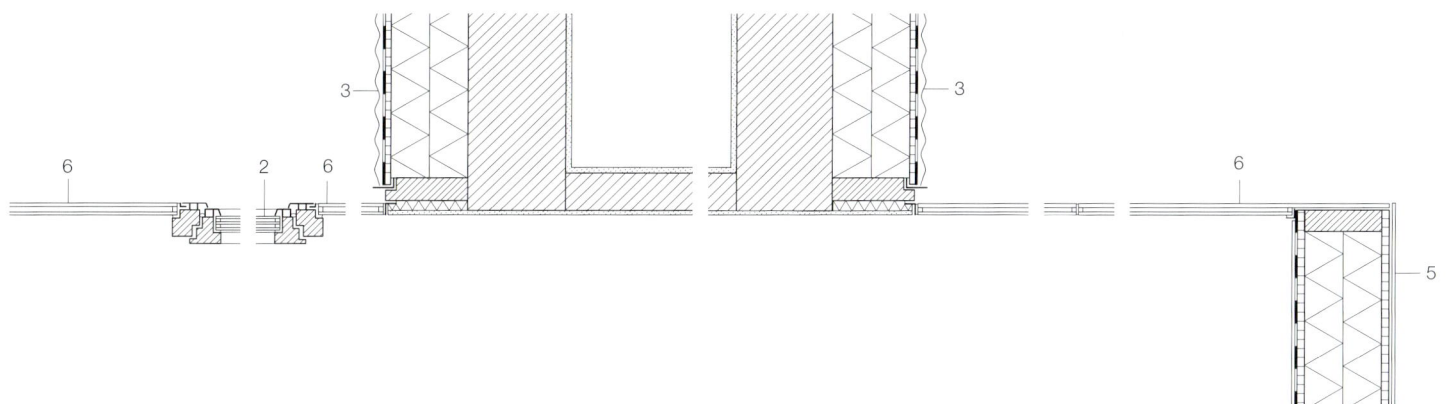

1 Kies 50 mm, Abdichtung EPDM
  OSB-Platte 20 mm
  Sparren 320/100 mm Vollholz
  dazwischen Wärmedämmung 320 mm
  OSB Platte 20 mm, Dampfsperre
  Lattung Vollholz 100/50 mm,
  dazwischen Wärmedämmung 100 mm
  Konterlattung 30/15 mm, Gipskarton 15 mm
2 Isolierverglasung Float 4 mm + SZR 16 mm +
  Float 4 mm + SZR 16 mm + ESG 4 mm
3 Polycarbonatplatte gewellt, transluzent mit
  Wabenstruktur 30 mm geschraubt
  Folie winddicht, diffusionsoffen, schwarz
  OSB-Platte 15 mm
  Konterlattung Vollholz 100/50 mm
  Lattung Vollholz 100/50 mm
  dazwischen Wärmedämmung 200 mm
  Mauerwerk Hochlochziegel 250 mm
  Gipsputz 15 mm
4 Heizestrich durchgefärbt, geschliffen,
  PU-beschichtet 60 mm
  Trittschalldämmung 30 mm
  OSB-Platte 20 mm

Träger Vollholz 180/80 mm
  dazwischen Wärmedämmung 180 mm
  Spanplatte zementgebunden 20 mm
5 Glas bedruckt 8 mm, OSB-Platte 20 mm
  Pfosten Vollholz 200/60 mm
  dazwischen Wärmedämmung 200 mm
  OSB-Platte 20 mm, Dampfsperre
  Spiegelglas geklebt 8 mm
6 Isolierverglasung ESG 8 mm +
  SZR 14 mm + Float 10 mm,
  geklebt auf Holzunterkonstruktion

1 50 mm gravel; EPDM sheeting
   20 mm oriented-strand board
   320 mm thermal insulation between
   320/100 mm timber rafters
   20 mm oriented-strand board; vapour barrier
   100 mm thermal insulation between
   100/50 mm timber battens
   30/15 mm counterbattens; 15 mm plasterboard
2 double glazing: 4 mm float glass + 16 mm cavity +
   4 mm float + 16 mm cavity + 4 mm toughened glass
3 30 mm corrugated polycarbonate sheet, translu-

cent, with honeycomb core, bolted to
wind-tight membrane, moisture diffusing, black
15 mm oriented-strand board
100/50 mm timber counterbattens
200 mm thermal insulation between
100/50 mm timber battens
250 mm brick masonry vertically perforated brick
15 mm gypsum plaster
4 60 mm heating screed, sanded, colour mixed in,
   polyurethane coating
   30 mm impact-sound insulation
   20 mm oriented-strand board
   180 mm thermal insulation between
   180/80 mm timber beam
   20 mm cement-impregnated chipboard
5 8 mm screen-printed glass
   20 mm oriented-strand board
   200 mm thermal insulation between
   200/60 mm timber posts; 20 mm OSB; vapour
   barrier; 8 mm mirror glass, fixed with adhesive
6 double glazing: 8 mm toughened glass +
   14 mm cavity + 10 mm float glass, adhesive bond
   to wood supporting structure

Wohnhaus in Chardonne

House in Chardonne

Architekten · *Architects*:
Made in, Genf
François Charbonnet, Patrick Heiz
Tragwerksplaner · *Structural engineers*:
Babel Ingénieurs Civils, Genf

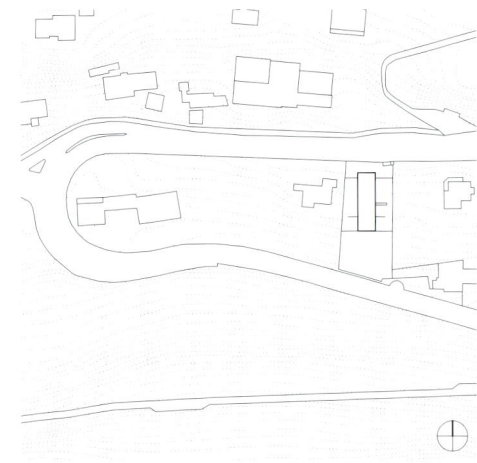

Dieses Wohnhaus steht nicht, nein, es schwebt förmlich über dem Hanggrundstück am Genfer See. Nur ein kleiner Teil der puristischen Stahl-Glas-Konstruktion liegt auf einer Stützmauer auf; der Rest kragt 21 m nach vorne aus und wird lediglich durch zwei schlanke Schrägstützen gehalten. Selbst die Eingangstreppe hat keinen Bodenkontakt, sondern wird nur bei Bedarf heruntergeklappt. Insofern wirkt das Gebäude eher wie ein zufällig gelandetes Flugobjekt – angesichts der Tatsache, dass der Bauherr Pilot ist, vielleicht kein Zufall. Der ungewöhnliche Entwurf entstand nicht zuletzt aus den strikten Vorgaben, die der Verkäufer des Grundstücks gemacht hatte:

Nur ein kleiner Teil der Grundfläche durfte bebaut werden, und die Gebäudehöhe war begrenzt auf das Niveau der oberhalb verlaufenden Straße. Nachdem die Bauherren – die Eltern eines der Architekten – das erste Konzept eines introvertierten, in den Hang gegrabenen Baus abgelehnt hatten, kehrten die Architekten die Idee in das Gegenteil um und entwarfen ein extrem offenes, ringsum verglastes Gebäude mit einem Rundum-Panorama und einem geschützten Freisitz darunter. Mit einer Elementgröße von 4,90 × 2,60 m und verdeckten Rahmen sorgt die Festverglasungen für maximale Transparenz.
Im Innern setzt sich die radikale Einfachheit

fort. Die Räume orientieren sich an dem Raster, das durch die Stahlkonstruktion aus Rechteckhohlprofilen vorgegeben ist. Sie sind durch Doppelwände voneinander getrennt, die den Kamin und den Kühlschrank, vor allem aber viel Stauraum aufnehmen und somit die Räume von unnötigem Mobiliar freihalten. In die Doppelwände integrierte Schiebetüren ermöglichen den Durchgang von Raum zu Raum, sodass ein klassischer Flur überflüssig ist. Ungewöhnlich ist auch die Platzierung der Bäder: Sie sind lediglich durch Glaswände von den Wohn- bzw. Schlafräumen abgetrennt – allein durch Vorhänge lässt sich etwas Privatsphäre erzeugen. DETAIL 06/2010

Lageplan Maßstab 1:3000	Site plan scale 1:3000
Schnitte · Grundriss Maßstab 1:250	Sections · Floor plan scale 1:250
1 Eingangstreppe ausklappbar 2 Schlafzimmer 3 Diele 4 Bad 5 Essen/Kochen 6 Wohnen 7 Haustechnik 8 Arbeiten	1 Fold-out entrance stairs 2 Bedroom 3 Hall 4 Bathroom 5 Dining room/Kitchen 6 Living room 7 Mechanical services 8 Study

Overlooking Lake Geneva, this steel-and-glass house hovers boldly above the ground, cantilevering out by more than 20 m from a retaining wall and supported by two slender raking struts. The clients opted for an open, fully glazed house with panoramic views. The radical simplicity of the design is continued internally with a layout based on the grid of the square-section steel structure. The rooms are separated by double walls that house the chimney, a refrigerator and plenty of storage space. Glazed sliding doors allow access from room to room, obviating the need for a corridor. The sanitary spaces are separated from the living areas solely by glass partitions, with curtains providing the necessary privacy.

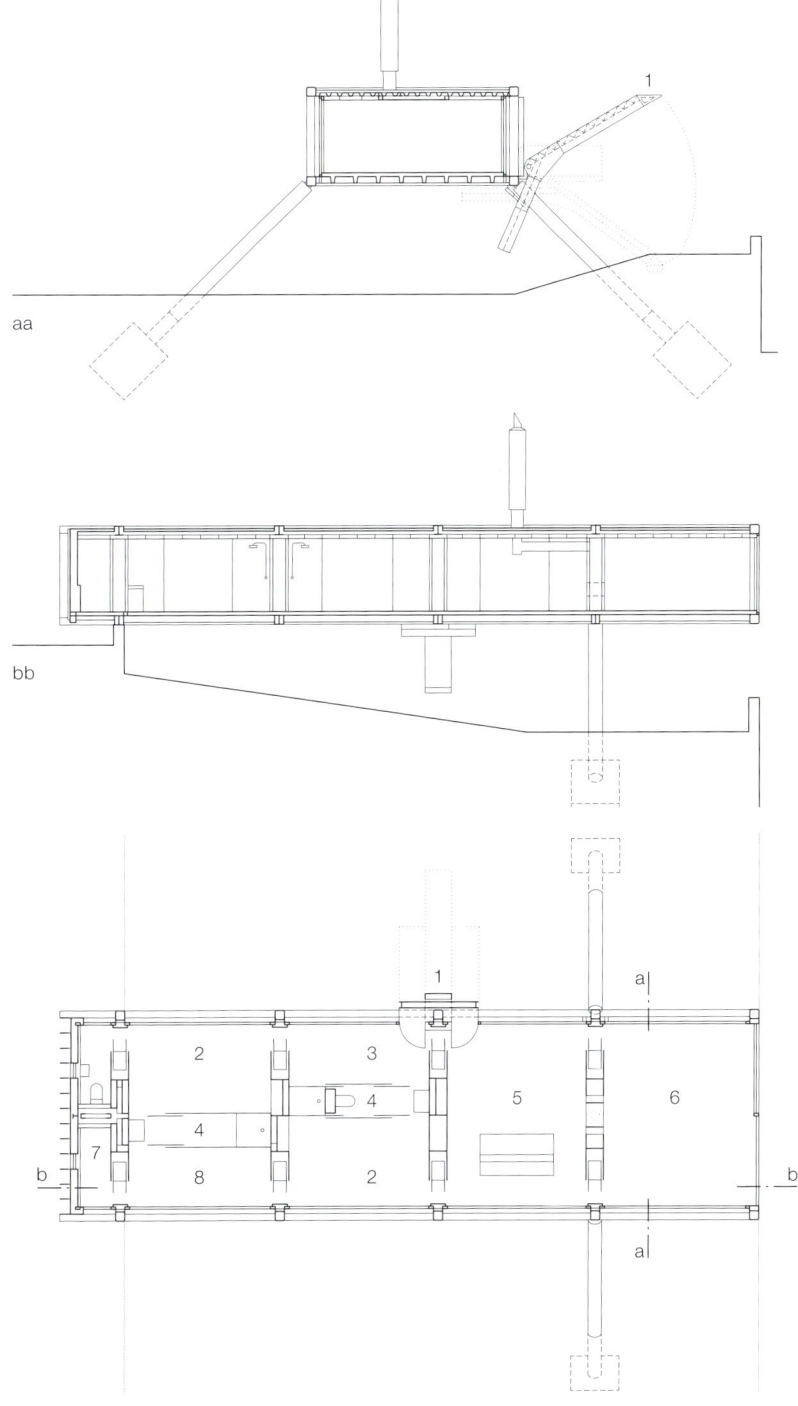

191

Horizontalschnitt
Vertikalschnitt
Maßstab 1:20

*Horizontal and
vertical sections
scale 1:20*

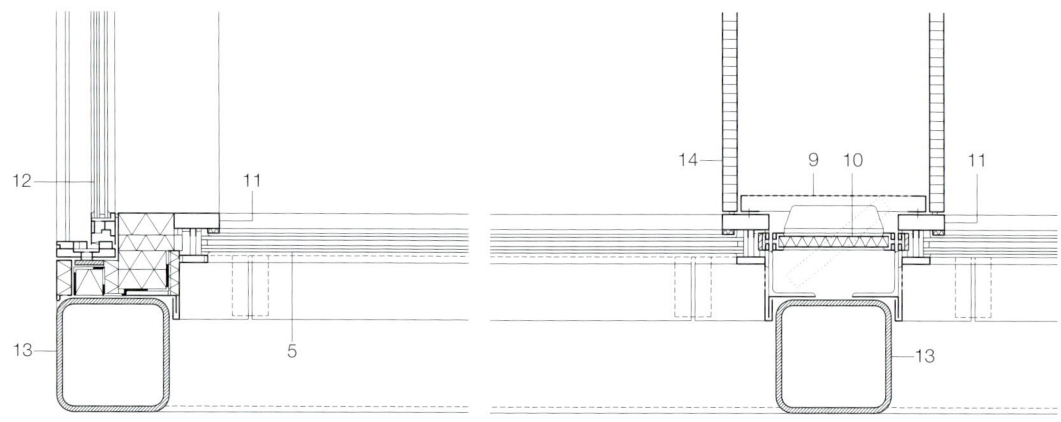

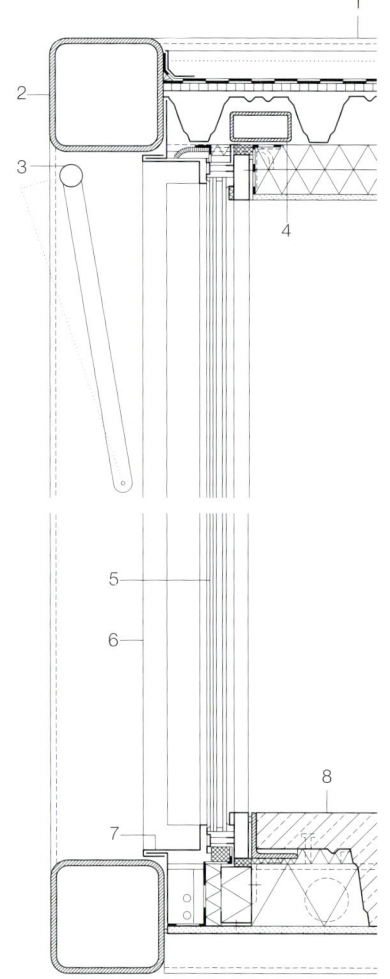

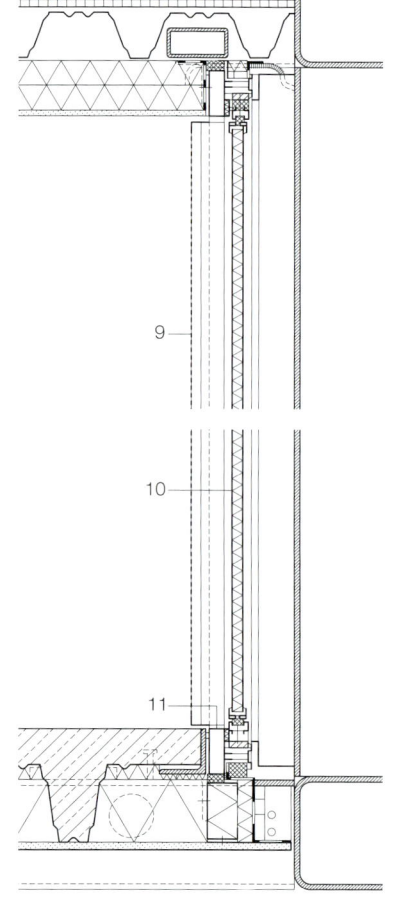

1 Dachaufbau:
   Träger Stahlrohr ⊡
   300/300/16 mm, dazwischen:
   Wasserfläche
   Abdichtung zweilagig
   Holzwerkstoffplatte 20 mm
   Trapezblech 120 mm
   Wärmedämmung Steinwolle
   2× 65 mm
   Gipsplatte 15 mm
2 Träger Stahlrohr ⊡
   300/300/16 mm
3 Sonnenschutz textil
4 Stahlrohr ⊡ 160/80/5 mm
5 Isolierverglasung
   VSG 17 mm + SZR 16 mm +
   ESG 10 mm
6 Verkleidung Lochblech
   Aluminium eloxiert
7 Aluminiumblech

8 Bodenaufbau:
   Beschichtung Epoxidharz
   Stahlbeton 100 bzw. 300 mm
   Trapezblech als verlorene Schalung
   Wärmedämmung Steinwolle
   40 + 160 mm
   Gipsfaserplatte 20 mm
   Abdeckung Aluminiumblech
9 Lochblech Aluminium eloxiert
10 Lüftungsflügel Sandwichpaneel
   Aluminium 24 mm
11 Stahlrohr ⊡ 120/40/3 mm
12 Hebeschiebetür mit Isolierverglasung VSG 13 mm +
   SZR 14 mm + ESG 8 mm
13 Stütze Stahlrohr ⊡ 300/300/16 mm
14 Schiebetür Holzwerkstoffplatte,
   innen gestrichen, außen mit Aluminium beschichtet

1 *roof construction:*
   water trough 50 mm deep
   two-layer waterproof barrier
   20 mm composite wood board
   120 mm trapezoidal-section metal
   sheeting
   2× 65 mm rock-wool thermal
   insulation
   15 mm plasterboard
2 *300/300/16 mm steel SHS beam*
3 *fabric sunscreen*
4 *160/80/5 mm steel RHS*
5 *double glazing: 17 mm lam.*
   safety glass + 16 mm cavity +
   10 mm toughened glass
6 *perforated anodised-aluminium*
   sheet cladding
7 *aluminium sheeting*
8 *floor construction:*
   epoxy-resin coating on concrete

   trapezoidal-section metal
   sheeting as permanent formwork
   40 + 160 mm rock-wool thermal
   insulation
   20 mm plasterboard
   sheet-aluminium lining
9 *perforated anodised aluminium*
   sheeting
10 *24 mm ventilation flap:*
   aluminium-lined sandwich panel
11 *40/120/3 mm steel RHS*
12 *lifting-sliding door with double*
   glazing: 13 mm lam. safety
   glass + 14 mm cavity +
   8 mm toughened glass
13 *300/300/16 mm steel*
   SHS column
14 *sliding door: composite wood*
   board, painted internally,
   with aluminium lining externally

Projektbeteiligte und Hersteller • *Design and Construction Teams*

Seite 60 / *page 60*
Stadthaus in Dublin
Townhouse in Dublin

No. 10 Grangegorman Lower
IRL–Dublin 7

• Bauherr / *Client*:
k. A. / *n. s.*
• Architekten / *Architects*:
ODOS architects, IRL–Dublin
Darrell O'Donoghue, David O'Shea
• Tragwerksplaner /
Structural engineering:
Roger Cagney Engineers, IRL–Dublin
• Bauleitung / *Construction management*:
Shale Construction, IRL–Dublin

Seite 64 / *page 64*
Einfamilienhaus in Sapporo
House in Sapporo

Minami-ku
J–064-0806 Sapporo

• Bauherr / *Client*:
k. A. / *n. s.*
• Architekten / *Architects*:
Akasaka Shinichiro Atelier, J–Sapporo
• Projektleiter / *Project architect*:
Shinichiro Akasaka, J–Sapporo
• Mitarbeiter / *Team*:
Hikari Sano
• Bauunternehmer / *Contractor*:
Housing Coyo Ltd., J–Sapporo
www.h-coyo.co.jp

Seite 68 / *page 68*
Einfamilienhäuser in Vorarlberg
Houses in Vorarlberg

Bergstraße
A–6832 Zwischenwasser

• Bauherr / *Client*:
Solarbau GmbH, A–Feldkirch
• Architekt / *Architect*:
Walter Unterrainer, A–Feldkirch
• Projektleiter, Bauleitung / *Project
architect, Construction management*:
Walter Unterrainer
• Tragwerksplaner /
Structural engineering:
Josef Hermann, D–Heimenkirch
• Elektroplaner / *Electrical planning*:
Walter Unterrainer, A–Feldkirch

Seite 72 / *page 72*
Reihenhaussiedlung in Zürich
Terraced-House Estate in Zurich

Glattwiesenstraße 168–256
CH–8051 Zürich

• Bauherr / *Client*:
Vitasana Bau- und
Siedlungsgenossenschaft, CH–Zürich
• Architekten / *Architects*:
Beat Rothen Architektur,
CH–Winterthur
• Projektleiter / *Project architect*:
Beat Rothen
• Mitarbeiterin / *Team*:
Julia Geissler
• Tragwerksplaner /
Structural engineering:
ATP Ingenieure GmbH, CH–Zürich
• Haustechnik / *Mechanical services*:
Leimgruber Fischer Schaub AG
Ingenieurbüro USCI, CH–Ennetbaden
• Elektroplaner / *Electrical planning*:
Elektro Design + Partner AG,
CH–Winterthur
• Landschaftsplaner /
Landscape planning:
Schweingruber Zulauf
Landschaftsarchitekten, CH–Zürich
• Bauphysik / *Building physics*:
Mühlbach Akustik + Bauphysik,
CH–Wiesendangen
• Generalunternehmer / *Main contractor*:
Allreal Generalunternehmung AG,
CH–Zürich
www.allreal.ch

Seite 62 / *page 62*
Atriumhaus in Ageo, Saitama
Atrium House in Ageo, Saitama

J–Ageo, Saitama

• Bauherr / *Client*:
k. A. / *n. s.*
• Architekten / *Architects*:
Tezuka Architects, J–Tokio
Takaharu Tezuka, Yui Tezuka
• Projektleiter / *Project architects*:
Ryuya Maio, Shoko Wakami
• Tragwerksplaner /
Structural engineering:
Ohno Japan, Hirofumi Ohno,
J–Tokio
• Bauleitung / *Construction management*:
Kenroku Group, J–Tokio
• Lichtplanung / *Lighting design*:
Masahide Kakudate Lighting
Architect & Associates Inc., J–Tokio

Seite 66 / *page 66*
Doppelhaus in Friedrichshafen
**Semi-Detached Houses
in Friedrichshafen**

Mömpelgardweg 27
D–88048 Friedrichshafen

• Bauherr / *Client*:
k. A. / *n. s.*
• Architekten / *Architects*:
oberschelp architekten,
D–Friedrichshafen
Daniel Oberschelp, Nina Merkel,
Manfred Oberschelp
• Projektleiter, Bauleitung / *Project
architects, Construction management*:
Daniel Oberschelp, Nina Merkel
• Tragwerksplaner /
Structural engineering:
IB-Segelbacher GmbH,
D–Friedrichshafen
• Elektroplaner / *Electrical planning*:
Oberschelp Architekten,
D–Friedrichshafen
• Landschaftsplaner /
Landscape planning:
Ingo Kooß, Garten- und Landschaftsbau,
D–Friedrichshafen

Seite 70 / *page 70*
Einfamilienhäuser in Stadel
Houses in Stadel

Bergstraße
CH–8174 Stadel

• Bauherr / *Client*:
k. A. / *n. s.*
• Architekten / *Architects*:
L3P Architekten, D–Regensberg
Martin Reusser, Markus Müller,
Boris Egli
• Projektleiter / *Project architects*:
Martin Reusser, Boris Egli
• Bauleitung / *Construction management*:
L3P Architekten, D–Regensberg
• Tragwerksplaner /
Structural engineering:
Ingenieurbüro André Deubelbeiss
GmbH, CH–Niederweningen
• Elektroplaner / *Electrical planning*:
Holder Huber AG, CH–Dällikon
• Baumeister / *Master builder*:
Schäfer Bau AG, CH–Dielsdorf
www.schaeferbau.ch

Seite 74 / *page 74*
Reihenhaus-Villen in Winterthur
Terraced Villas in Winterthur

Oberes Alpgut
CH–8400 Winterthur

• Bauherr / *Client*:
Eigentümergemeinschaft
Oberes Alpgut, CH–Winterthur
• Architekten / *Architects*:
Peter Kunz Architektur, CH–Winterthur
• Projektleiter / *Project architect*:
Felix Rutishauser

• Tragwerksplaner /
Structural engineering:
Gruner + Wepf AG, CH–Zürich
• Bauleitung / *Construction management*:
Martin Markwalder Baumanagement,
CH–Brüttisellen
Herbert Buser
• Elektroplaner / *Electrical planning*:
Elprom AG, CH–Schwerzenbach
Bruno Mutzner
• Heizungsplanung, Lüftungsplanung /
Heating planning, Ventilation planning:
B&G Ingenieure AG, CH–Winterthur
Holger Geisthardt
• Innenarchitektur / *Interior design*:
Andome AG, CH–Kloten
Jürg Brawand
• Sanitärplanung / *Sanitary planning*:
Russo Haustechnik-Planung GmbH,
CH–Winterthur
• Landschaftsplaner /
Landscape planning:
Westpol, CH–Basel

Seite 78 / *page 78*
Wochenendhaus am Scharmützelsee
Weekend House on Lake Scharmützel

Friedrich-Engels-Damm 295
D–15526 Bad Saarow

• Bauherr / *Client*:
k.A. / *n.s.*
• Architekten / *Architects*:
Augustin und Frank Architekten,
D–Berlin
www.augustinundfrank.de
• Projektleitung / *Project architects*:
Alexander Ammon
• Mitarbeiter / *Team*:
Jan Blifernez
• Tragwerksplanung und
Wärmeschutznachweis /
*Structural engineering and thermal
insulation certificate*:
Pichler Ingenieure, D–Berlin
www.pichleringenieure.com
• Heizung- und Sanitärplanung /
Heating and plumbing engineering:
GfH Gesellschaft für
Haustechnikplanung Schönefeld mbH,
D–Schönefeld
• Elektroplaner / *Electrical planning*:
Ingenieurbüro Nielitz,
D–Frankfurt/Oder

Seite 82 / *page 82*
Werkhaus in der Uckermark
Workshop in Uckermark

Friedenfelder Weg 13
D–17268 Gerswalde

• Bauherr / *Client*:
Gerhard Schütze
• Architekt / *Architect*:
Thomas Kröger Architekt, D–Berlin
www.thomaskroeger.net
• Projektleitung / *Project architects*:
Thomas Kröger
• Mitarbeiter / *Team*:
Georg Bosch, Urs Walter
• Tragwerksplaner /
Structural engineering:
StudioC, D–Berlin
Nicole Zahner
www.studioc.de
• Brandschutz / *Fire protection*:
Rössel Brandschutz, D–Berlin
www.roesselbrandschutz.de

Seite 86 / *page 86*
Wohnhaus in München
House in Munich

Nockherstraße 27,
D–81541 München

• Bauherr / *Client*:
Angelika und Martin Hautum,
D–München
• Architekten / *Architects*:
leonardhautum, D–Berlin/München
Kristin Leonard, Lisa Hautum,
www.leonardhautum.com
• Tragwerksplaner /
Structural engineering:
Gruppe Ingenieurbau, D–München
www.gim-tg.de
• Beratende Ingenieure /
Consulting engineers:
CL MAP GmbH, Martin Hautum,
D–München
www.clmap.de
• Haustechnik / *Mechanical services*:
M&E Consulting GmbH, D–München
www.me-consulting.com
• Rohbau / *Shell construction*:
Hibic Bau e.K. Maurer und Betonbau,
D–Blankenhain

Seite 90 / *page 90*
Wohnhaus in Melbourne
House in Melbourne

Edward Street
AUS–3056 Melbourne

• Bauherr / *Client*:
Confidential, AUS–Melbourne
• Architekten, Lichtplanung /
Architects, Lighting design:
Sean Godsell Architects,
AUS–Melbourne
www.seangodsell.com
• Projektleitung / *Project architects*:
Sean Godsell
• Mitarbeiter / *Team*:
Hayley Franklin
• Tragwerksplaner /
Structural engineering:
Perrett Simpson Stantin Pty Ltd,
AUS–Melbourne
www.perrettsimpson.com.au
• Innenarchitekt / *Interior designer*:
Sean Godsell Architects,
AUS–Melbourne
www.seangodsell.com
• Landschaftsplaner /
Landscape planning:
Sean Godsell Architects,
AUS–Melbourne
www.seangodsell.com
mit / *with*
Damon Fuhrer, AUS–Melbourne

Seite 96 / *page 96*
Wohnhaus in Collonges-sous-Salève
House in Collonges-sous-Salève

153, Allée des Etournelles
F–74160 Collonges-sous-Salève

• Bauherr / *Client*:
k.A. / *n.s.*
• Architekt / *Architect*:
Pierre-Alain Dupraz Architecte, CH–Genf
www.padupraz.ch
• Mitarbeiter / *Team*:
Julian Behrens, Nicola Chong,
Pierre Mencacci
• Tragwerksplaner /
Structural engineering:
Jean Regad & Roger Todesco
Ingénieurs Civil, CH–Genf
• Bauleitung / *Construction management*:
Pierre-Alain Dupraz Architecte, CH–Genf
www.padupraz.ch

Seite 99 / *page 99*
Wohnhaus in Hiroshima
House in Hiroshima

Onomichi
J–Hiroshima

• Bauherr / *Client*:
k.A. / *n.s.*
• Architekten / *Architects*:
UID Architects, J–Hiroshima
Keisuke Maeda
www.maeda-inc.jp
• Projektleiter / *Project architect*:
Keisuke Maeda
• Tragwerksplaner /
Structural engineering:
Konishi Structural Engineers, J–Tokio
www.konishi-se.jp
• Landschaftsplaner /
Landscape planning:
Toshiya Ogino, J–Osaka
www.o-g-m.co.jp

Seite 104 / *page 104*
Wohnhäuser in Bullas
Houses in Bullas

Camino del Portugalés 195
E–30180 Bullas

• Bauherr / *Client*:
Hermanas Carreño, E–Bullas
• Architekten / *Architects*:
blancafort-reus arquitectura, E–Barcelona
www.blancafort-reus.com
• Projektleiter / *Project architect*:
Jaume Blancafort, Patricia Reus
• Mitarbeiter / *Team*:
Pepo Devesa Carrión, Arturo García
Agüera, Tomás Larios Roca, Jose
María Mateo Torres, Antonio J. Martínez
Espinosa, Mario Méndez Cervantes
• Innenarchitekt / *Interior designer*:
Candy García
• Tragwerksplaner /
Structural engineering:
Ginés Sabater, E–Murcia
• Bauleitung / *Construction management*:
Octavio Artés
• Bauunternehmer / *Contractor*:
Antonio Martínez

• Projektleiter / *Project architect*:
Armando Ruinelli
• Mitarbeiter / *Team*:
Fernando Giovanoli, Fabio Rabbiosi
• Tragwerksplaner /
Structural engineering:
Toscano AG, CH–St. Moritz
www.toscano.ch
• Bauphysik / *Building physics*:
Kuster & Partner, CH–St. Moritz
www.kusterpartner.ch

Seite 108 / *page 108*
Wohnlandschaft in Weißenbach
Landscape for Living in Weißenbach

Weißenbach 117
A–2371 Weißenbach

• Bauherr / *Client*:
Tobias Baldauf, Marie-Theres Okresek
A–Weißenbach
• Architekten / *Architects*:
AL1 ArchitektInnen, D–München
www.al1-architektinnen.de
bauchplan, D–München
www.bauchplan.net
grundstein, A–Wien
www.grundstein.cc
Peter Kneidinger, A–Wien
www.kneidingerpeter.net
• Projektleitung / *Project architects*:
Peter Kneidinger, Tobias Baldauf
• interdisziplinäre Projektgruppe /
interdisciplinary project group:
Marie-Theres Okresek, Nicole Heiss,
Irene Prieler, Michael Wildmann,
Josef Rott
• Tragwerksplaner /
Structural engineering:
Peter Kneidinger, A–Wien
www.kneidingerpeter.net

Seite 114 / *page 114*
Même-Experimentalhaus in Taiki
Même Experimental House in Taiki

158-1 Memu
J–Taiki-chō

• Bauherr / *Client*:
LXIL JS Foundation, J–Tokio
• Architekten / *Architects*:
Kengo Kuma & Associates, J–Tokio
www.kkaa.co.jp
• Projektleiter / *Project architects*:
Kengo Kuma, Takumi Saikawa
• Tragwerksplaner /
Structural engineering:
Yasushi Moribe, J–Tokio
www.swu.ac.jp
• Haustechnik, Elektroplaner /
Mechanical services, Electrical planning:
Bumpei Magori, Factor M
Institute of Industrial Science,
Universität von Tokio, J–Tokio
www.iis.u-tokyo.ac.jp
• Visualisierung Temperatur- und
Feuchteverlauf /
*Visualisation system of temperature
and humidity*:
Tomonari Yashiro labotory,
Institue of Industrial Science,
Universität von Tokio, J–Tokio
www.yashirolab.iis.u-tokyo.ac.jp
• Bauunternehmer / *Contractor*:
Takahashi Construction Co.Ltd.,
J–Sapporo
www.tlp.co.jp
• Membran / *Membrane*:
Kyoritsu Industries Co.Ltd., J–Tokio
www.kyoritsukogyo.co.jp

Seite 123 / *page 123*
Reihenhäuser in München-Riem
Townhouses in Munich-Riem

Mutter-Teresa-Str. 27–49
Heinrich-Böll-Str. 78–100
D–81829 München

• Bauherr / *Client*:
Baugemeinschaft »Solarreihenhäuser
am Park«, D–Münsing
• Architekten / *Architects*:
Bucher-Beholz Architekten,
D–Gaienhofen
Ingo Bucher-Beholz
www.bucherbeholzarchitekten.de
• Projektleiter, Bauleiter /
Project architect, Construction manager:
Martin Frey
• Mitarbeiter / *Team*:
Isabelle Honeck, Marc Jöhle
• Tragwerksplaner /
Structural engineering:
Helmut Fischer, D–Bad Endorf
fischer.planungsbuero@t-online.de
• Haustechnik / *Mechanical services*:
Martin Rimmele, D–Überlingen
planung-rimmele@t-online.de
• Landschaftsplaner /
Landscape planning:
Heiner Luz, D–München
heiner.luz@heiner-luz.de
• Rohbau / *Shell construction*:
Mutter Bau KG,
D–Deggenhausertal
mutterbau-kg@t-online.de

Seite 128 / *page 128*
Einfamilienhaus in Gent
House in Ghent

Twaalfkameren
B–9000 Gent

• Bauherr / *Client*:
Mr. & Mrs. Van Eeckhout-Blancke,
B–Gent
• Architekten / *Architects*:
Dierendonckblancke architecten
Alexander Dierendonck,
Isabelle Blancke, B–Gent
www.dierendonckblancke.eu
• Projektleiter / *Project architect*:
Marie Decoene
• Tragwerksplaner /
Structural engineering:
Arthur De Roover, B–Gent
arthur@drvr.be
• Haustechnik, HLS /
Mechanical services, Building services:
JAP Bvba, B–Knesselare
Jap_bvba@yahoo.com
• Elektroplaner / *Electrical planning*:
Dierendonckblancke architecten,
NL–Gent, www.dierendonckblancke.eu
• Rohbau / *Shell construction*:
Simaco bvba, B–Zomergem
Simaco.Patrick@skynet.be

Seite 111 / *page 111*
Ferienhütte in Helsinki
Cabin in Helsinki

Lauttasaari ulkoilupuisto
FIN–00210 Helsinki

• Bauherr / *Client*:
Riina and Jussi Palva, FIN–Helsinki
• Architekten / *Architects*:
Verstas architects, FIN–Helsinki
www.verstasarchitects.com
• Mitarbeiter / *Team*:
Riina Palva, Jussi Palva
• Tragwerksplaner /
Structural engineering:
Stora Enso Building and Living,
FIN–Pälkäne
Simo Hakkarainen
www.storaenso.com

Seite 118 / *page 118*
Wohnhaus in Soglio
House in Soglio

CH–7610 Soglio

• Bauherr / *Client*:
k. A. / *n. s.*
• Architekten / *Architects*:
Ruinelli Associati Architetti SIA,
CH–Soglio
www.ruinelli-associati.ch

Seite 132 / *page 132*
Wohnhaus in London
House in London

St. Paul's Crescent 36
GB–NW19TN London

• Bauherr / *Client*:
David Liddicoat, Sophie Goldhill
• Architekten / *Architects*:
Liddicoat & Goldhill LLP, GB–London
David Liddicoat, Sophie Goldhill
www.liddicoatgoldhill.com
• Tragwerksplaner /
Structural engineering:
Peter Kelsey Associates,
GB–Brentwood
Andy Martin

• Tragwerksplaner /
Structural engineering:
Trachsel AG Bauingenieure, CH–Luzern
www.trachsel-ing.ch
• Holzbauingenieure /
Timber construction engineers:
Pirmin Jung Ingenieure für Holzbau AG,
CH–Rain
www.pirminjung.ch
• Bauphysik / *Building physics*:
Ragonesi Strobel & Partner AG,
CH–Luzern
www.rsp-bauphysik.ch
• Haustechnik / *Mechanical services*:
Zurfluh Lottenbach GmbH, CH–Luzern
www.zurfluhlottenbach.ch
• Elektroplaner / *Electrical planning*:
Häfliger Jules AG Elektroplanung SBHI,
CH–Luzern
www.jhaefliger.ch
• Lichtplanung / *Lighting design*:
Sphinx Lichttechnik AG, CH–Luzern
www.sphinx-licht.ch
• Landschaftsplaner /
Landscape planning:
Appert & Zwahlen GmbH, CH–Cham
www.appert-zwahlen.ch

Seite 136 / *page 136*
Wohnhaus in Grünwald
House in Grünwald

• Bauherr / *Client*:
k. A. / *n. s.*
• Architekten / *Architects*:
Titus Bernhard Architekten BDA,
D–Augsburg
www.titusbernhardarchitekten.com
• Mitarbeiter / *Team*:
Helmut Schmid, Szabolcs Sóti,
Stefan Krippl
• Tragwerksplaner /
Structural engineering:
Dr. Schütz Ingenieure, A–Kempten
Gerhard Pahl, Andreas Jocham
www.ibdrs.de
• Fassadenplaner / *Facade planner*:
Brandl Metallbau, D–Eitensheim
www.brandl-eitensheim.de

Seite 144 / *page 144*
Wohnhaus in Sulz
House in Sulz

A–6832 Sulz

• Bauherr / *Client*:
k. A. / *n. s.*
• Architekt / *Architect*:
Bernardo Bader, A–Dornbirn
www.bernardobader.com
• Mitarbeiter / *Team*:
Sven Matt, Dietmar Fetz
• Tragwerksplaner /
Structural engineering:
Mader & Flatz Ziviltechniker GmbH,
A–Bregenz
office@mader-flatz.at
• Generalunternehmer, Bauleitung,
Haustechnik /
*General contractor, Construction,
management, Mechanical services*:
Berchtold Holzbau GmbH & Co KG.,
A–Wolfurt
www.berchtoldholzbau.com
• Elektroplaner / *Electrical planning*:
Elektro Willi GmbH, A–Andelsbuch
www.elektrowilli.at
• Baumeister / *Master builder*:
Frank-Bau GmbH, A–Kennelbach
www.frankbau.at

Seite 158 / *page 158*
Ferienhaus auf Gotland
Holiday Home on Gotland

Hamra
S–62010 Burgsvik

• Bauherr / *Client*:
Morten Johansson
• Architekten / *Architects*:
DinellJohansson, S–Stockholm
www.dinelljohansson.se
• Projektleiter / *Project architect*:
Morten Johansson
• Baumeister / *Master builder*:
Allan Wahlby Bygg, S–Havdhem

Seite 140 / *page 140*
Wohnhaus in Ávila
House in Ávila

Carretera a Balbarda (av-p-610)
E–05530 Muñogalindo

• Bauherr / *Client*:
Rafael Celda und Hoa Melgar
• Architekten / *Architects*:
Herreros Arquitectos, E–Madrid
Juan Herreros
www.herrerosarquitectos.com
• Projektleiter / *Project architects*:
Juan Herreros, Verónica Meléndez
• Mitarbeiter / *Team*:
Alejandro Valdivieso, Margarita Martínez
• Tragwerksplaner /
Structural engineering:
Eduardo Barrón, E–Madrid
barron@arquired.es
• Bauleiter / *Construction manager*:
Ramón Paradinas, E–Ávila
• Bauunternehmer Haustechnik,
Elektroplaner / *Construction company
Mechanical services, Electrical planning*:
IDM Ingeniería y Diseño de
Edificaciones Modulares, E–Madrid
www.idmmodular.com

Seite 149 / *page 149*
Ferienhaus in Vitznau
Holiday House in Vitznau

Wilenstraße 27
CH–6354 Vitznau

• Bauherr / *Client*:
k. A. / *n. s.*
• Architekten / *Architects*:
Lischer Partner Architekten Planer,
CH–Luzern
Daniel Lischer, Nicole Frey,
Emanuel Tobler
www.lischer-partner.ch
• Bauleitung / *Construction management*:
Tripol Architekten AG, CH–Luzern
www.tripol-architekten.ch

Seite 154 / *page 154*
**Hausboot auf dem Eilbekkanal
in Hamburg**
**Houseboat on the Eilbek Canal in
Hamburg**

Eilbekkanal-Liegefeld 2.3
Uferstraße 8c
D–22081 Hamburg

• Bauherr / *Client*:
Florentine-Amelie Rost, D–Hamburg
• Architekten / *Architects*:
Rost Niderehe Architekten und
Ingenieure, D–Hamburg
Florentine-Amelie Rost,
Jörg Niderehe
www.rost-niderehe.de
• Projektleiter / *Project architect*:
Florentine-Amelie Rost,
Jörg Niderehe
• Tragwerksplaner (Aufbau) /
Structural engineering (house):
Niderehe Design & Engineering,
N–Stavanger
stephan.niderehe@rost-niderehe.de
• Tragwerksplaner (Schwimmkörper) /
Structural engineering (boat):
Buschmann und Söhne,
D–Hamburg
www.buschmann-soehne.de
• Bauleitung / *Construction management*:
Jörg Niderehe

Seite 162 / *page 162*
**Ökologisches Einfamilienhaus in
Deitingen**
Eco-Friendly House in Deitingen

Schulhausstr. 2
CH–4543 Deitingen

• Bauherr / *Client*:
Ueli Flury, CH–Deitingen
• Architekten / *Architects*:
spaceshop Architekten, CH–Biel
Raphaël Oehler, Beno Aeschlimann,
Stefan Hess, Reto Mosimann
• Tragwerksplaner Holzbau /
Structural engineering timber construction:
TS Holzbauplanung, CH–Ersigen
• Beratung Lehmbau /
Earth construction consultant:
Ralph Künzler, Baubiologie Lehmbau,
CH–Winterthur
• Bauphysik / *Building physics*:
Heinz Leuthe, CH–Biel
• Ökologische Beratung /
Ecological consultancy:
Ryszard Gorajek, AAB-Atelier für
Architektur & Bauökologie, CH–Bern
• Planung Abwasser /
Waste water consultant:
OEKAG Wasser Technik AG,
CH–Luzern

Seite 170 / *page 170*
Containeranbau in Nantes
House extension in Nantes
using containers

16 Rue Eugène Delacroix
F–44100 Nantes

• Bauherr / *Client*:
Alain Lafarge, F–Nantes
• Architekt / *Architect*:
Christophe Nogry, F–Nantes
• Entwurf Regal / *Design shelf*:
Jean François Godet, F–Nantes
• Tragwerksplaner /
Structural engineering:
Meca, F–Nantes
• Erdarbeiten, Fundament /
Groundwork, foundation:
Patrick Borde, F–La Planche
• Holzbau / *Timber construction*:
Nicolas Sechet, F–Oudon

Seite 178 / *page 178*
Wohnsiedlung in Chantepie
Residential development in Chantepie

Zac des Rives du Blosne/
Secteur Neuf-Journaux
F–35135 Chantepie

• Bauherr / *Client*:
Sccv Les Lofts des Neuf-Journaux,
F–Saint-Grégoire
• Architekt / *Architect*:
Eric Lenoir, F–Charleville-Mézières
• Mitarbeiter / *Team*:
Emmanuel Deôm
• Tragwerksplaner /
Structural engineering:
OMS, F–Thorigné-Fouillard
• Stahlkonstruktion, Trapezbleche Dach
und Fassade / *steel construction, corru-*
gated steel sheet metal roof and facade:
Arcelor Mittal, L–Luxemburg
www.arcelormittal.com

Seite 186 / *page 186*
Wohnhaus in Zellerndorf
House in Zellerndorf

Lindenstr. 36
A–2051 Zellerndorf

• Bauherr / *Client*:
Martin Diem
• Architekt / *Architect*:
franz, A–Wien
• Tragwerksplaner /
Structural engineering:
Hauer Holztechnik GmbH,
A–Langenlois
• Fassade / *Facade*:
Gamma Kunststofftechnik GmbH,
A–Wien
www.gammakunststoff.at

Seite 173 / *page 173*
Einfamilienhaus in Krailling
House in Krailling

D–82152 Krailling

• Bauherr / *Client*:
k. A. / *n. s.*
• Architekten / *Architects*:
Unterlandstättner Architekten,
D–München
www.u-architekten.de
• Mitarbeiter / *Team*:
Thomas Unterlandstättner,
Telemach Rieff
• Tragwerksplaner /
Structural engineering:
a.k.a Ingenieure, D–München
www.aka-ingenieure.de
• Bauphysik / *Building physics*:
Möhler + Partner, D–München
www.mopa.de

Seite 182 / *page 182*
Einfamilienhaus in Riedikon
House in Riedikon

Riedikerstraße 94b
CH–8616 Riedikon

• Bauherr / *Client*:
k. A. / *n. s.*
• Architekten / *Architects*:
Gramazio & Kohler, CH–Zürich
• Projektleiter / *Project architect*:
Raffael Gaus
• Mitarbeiter / *Team*:
Anya Meyer, Cristian Veranasi,
Manuel Bader, Damaris Baumann,
Gabriel Cuellar, Peter Heckeroth,
Claudia Nasri, Silvan Oesterle
• Tragwerksplaner /
Structural engineering:
ibeg bauengineering GmbH, CH–Uster
• Bauplanung / *Construction planning*:
Thomas Mellinger, CH–Zürich
• Bauphysik, Heizungsplanung /
Building physics, Heating engineering:
Raumanzug GmbH, CH–Zürich
• Beratung Bauökonomie /
Consultant for building economics:
Archobau AG, CH–Chur
• Programmierung / *Programming*:
Ralph Bärtschi, CH–Zürich

Seite 190 / *page 190*
Wohnhaus in Chardonne
House in Chardonne

Route de Châtel 12
CH–1803 Chardonne

• Bauherr / *Client*:
H. Heiz, S. Heiz, CH–Chardonne
• Architekten / *Architects*:
Made in, CH–Genf
François Charbonnet, Patrick Heiz
• Tragwerksplaner /
Structural engineering:
Babel Ingénieurs Civils, CH–Genf
• Bauleitung / *Construction management*:
Made in, CH–Genf

Die Nennung der Projektbeteiligten und
der Hersteller erfolgt nach Angabe der
jeweiligen Architekten.

Details of design and construction teams
are based on information provided by the
respective architects.

Bildnachweis • *Picture Credits*

Seite/*page:* 5, 136–139
Jens Weber, D–München

Seite/*page:* 8–14
Yasuhiro Ishimoto/Japan Foundation,
Japan

Seite/*page:* 18, 19
Hermann Rupp, D–Kempten

Seite/*page:* 28 links, 29
Thoma Holz GmbH, A–Goldegg

Seite/*page:* 28 oben, 33
EPEA Internationale Umweltforschung
GmbH, D–Hamburg

Seite/*page:* 31
Christian Richters, D–Münster

Seite/*page:* 32
Steelcase Werndl AG, D–Rosenheim

Seite/*page:* 34
Bionorica AG, D–Neumarkt

Seite/*page:* 39 unten, 40
Ulrich Schwarz, D–Berlin

Seite/*page:* 35 unten
Frank Kaltenbach, D–München

Seite/*page:* 39 rechts oben
Bastiaan IngenHousz, NL–Dordrecht

Seite/*page:* 42
Claudia Fuchs, D–München

Seite/*page:* 43 oben
Goode Green, USA–New York

Seite/*page:* 43 unten
Tim Griffith, USA–San Francisco

Seite/*page:* 44 links
DBU–Deutsche Bundesstiftung Umwelt,
D–Osnabrück

Seite/*page:* 44 rechts
Bolon/Myrzik und Jarisch, D–München

Seite/*page:* 45, 47
Optigrün, D–Krauchenwies-Göggingen

Seite/*page:* 46 oben
ZinCo GmbH, D–Unterensingen

Seite/*page:* 48
Stora Enso Timber, A–Bad St. Leonhard

Seite/*page:* 49 oben
Bruno Klomfar, A–Wien

Seite/*page:* 53
Iwan Baan, NL–Amsterdam

Seite/ page: 54
Christine Blaser, CH–Bern

Seite/*page:* 55, 56
Adam Mørk, DK–Kopenhagen

Seite/*page:* 57
Lukas Schaller, A–Wien

Seite/*page:* 58
Frank-Heinrich Müller, D–Leipzig

Seite/*page:* 59
Tom Roch, D–München

Seite/*page:* 60, 61 oben
Barbara Corsico, IR–Dublin/I–Turin

Seite/*page:* 61 unten
Ros Kavanagh, IR–Dublin

Seite/*page:* 62, 63
Katsuhisa Kida/FOTOTECA

Seite/*page:* 64, 65
Koji Sakai, J–Sapporo

Seite/*page:* 66, 67
www.oliverjung.de

Seite/*page:* 68, 69
Roswitha Natter, A–Bregenz

Seite/*page:* 70, 71
Vito Stallone/Fotostudio Letizia GmbH,
CH–Baar

Seite/*page:* 72, 73
Hannes Henz, CH–Zürich

Seite/*page:* 74, 75
Dominique Marc Wehrli, CH–Regensdorf

Seite/*page:* 78–81
Werner Huthmacher, D–Berlin

Seite/*page:* 82/83, 83 oben, 84, 85
Thomas Heimann, D–Berlin

Seite/*page:* 86, 88, 89 unten
Yatri Niehaus, D–Berlin

Seite/*page:* 87, 89 oben
Christian Schittich, D–München

Seite/*page:* 90 oben
Aerial Impressions, AUS–Beaconsfield

Seite/*page:* 90 unten, 91–95
Earl Carter, AUS–St. Kilda

Seite/*page:* 96, 98 oben
Thomas Jantscher, CH–Colombier

Seite/*page:* 99–103
Hiroshi Ueda, J–Kanagawa

Seite/*page:* 104–107
David Frutos/Bis Images, E–Murcia

Seite/*page:* 108–110
Clemens Franke, A–Wien

Seite/*page:* 111–113
Andreas Meichsner, D–Berlin

Seite/*page:* 114–116
Shinkenchiku-sha, J–Tokio

Seite/*page:* 118, 120, 121, 122
Archiv Ruinelli Associati, CH–Soglio

Seite/*page:* 119
Ralph Feiner, CH–Malans

Seite/*page:* 123–127
Florian Holzherr, D–München

Seite/*page:* 128–131
Filip Dujardin, B–Gent

Seite/*page:* 132, 134, 135 rechts
Keith Collie, GB–London

Seite/*page:* 133
Tom Gildon, GB–London

Seite/*page:* 135 links
Heide Wessely, D–München

Seite/*page:* 140–143
Javier Callejas, E–Sevilla

Seite/*page:* 144–148
Adolf Bereuter, A–Dornbirn

Seite/*page:* 149–150, 152
Roger Frei, CH–Zürich

Seite/*page:* 156, 157
Jens Kroell, D–Hamburg

Seite/*page:* 159–161
Elisabeth Toll, S–Stockholm

Seite/*page:* 162, 163, 166–169
Stephan Weber, CH–Nidau

Seite/*page:* 170–172
Stéphane Chalmeau, F–Nantes

Seite/*page:* 173–177
Michael Heinrich, D–München

Seite/*page:* 182–185, 190–193
Walter Mair, CH–Zürich

Seite/*page:* 186–189
Lisa Rastl, A–Wien

Rubrikeinführende Aufnahmen • *Full-page plates:*

Seite/*page* 5:   Wohnhaus in Grünwald/*House in Grünwald*
                   Architekten/*Architects:*
                   Titus Bernhard Architekten, Augsburg
                   Fotograf/*Photographer:* Jens Weber, D–München

Seite/*page* 7:   Einfamilienhaus in Gent/*House in Ghent*
                   Architekten/*Architects:*
                   Dierendonckblancke architecten, Gent
                   Fotograf/*Photographer:* Filip Dujardin, B–Gent

Seite/*page* 51:   Haus in Warschau/*House in Warsaw*
                   Architekten/*Architects:*
                   Jakub Szczęsny, Warschau
                   Fotograf/*Photographer:* Bartek Warzecha/
                   Fundacja Polskiej Sztuki Nowoczesnej, PL–Warschau

Seite/*page* 77:   Wohnanlage in Berlin/*Residential Development in Berlin*
                   Architekten/*Architects:*
                   zanderroth architekten, Berlin
                   Fotograf/*Photographer:* Simon Menges, D–Berlin

Cover • *Cover:*

Einfamilienhaus in Krumbach/*House in Krumbach*
Architekten/*Architects:*
Bernardo Bader Architekten, Dornbirn
Fotograf/*Photographer:* Adolf Bereuter, A–Dornbirn